本书荣承

东北师范大学教师教育研究院
东北师范大学教师教育省部共建协同创新中心

资助

谨此致谢!

2019年国家社会科学基金教育学重大招标课题"新时代中国教育高质量发展的路径和对策研究"（VFA190004）阶段成果

教育部教师工作司委托项目"教师教育政策文献研究"（JSSKT2019022）后续成果

中国教师发展报告

2020—2021

中小学教师职业幸福感发展态势、面临挑战与提升举措

李 广 柳海民 梁红梅 等 ○著

科学出版社

北 京

内 容 简 介

本书依托东北师范大学教师教育省部共建协同创新中心、教师教育研究院、中国农村教育发展研究院,针对教师职业幸福感开展调查研究,调查覆盖我国东部、中部、西部和东北地区,涵盖小学、初中、普通高中三个学段。建构了教师职业幸福感的维度结构,编制了教师职业幸福感调查问卷,全面、客观地呈现了我国中小学教师职业幸福感的发展态势;分别对教师职业认知幸福感、主观幸福感、健康幸福感和社会幸福感进行了现状描述、问题呈现与挑战分析;建构了教师职业幸福感影响因素模型,提出了教师职业幸福感的提升策略,并对教师职业幸福感进行了发展预测分析。

本书适合教师教育研究者、教师教育政策研制者、中小学教师阅读与参考,同时也对关注中国教师发展的其他读者有参考价值。

图书在版编目(CIP)数据

中国教师发展报告 2020—2021:中小学教师职业幸福感发展态势、面临挑战与提升举措 / 李广等著. —北京:科学出版社,2022.2
ISBN 978-7-03-070764-2

Ⅰ. ①中… Ⅱ. ①李… Ⅲ. ①中小学-师资培养-研究报告-中国-2020-2021 Ⅳ. ①G635.12

中国版本图书馆 CIP 数据核字(2021)第 247653 号

责任编辑:孙文影 / 责任校对:杨 然
责任印制:李 彤 / 封面设计:润一文化

科 学 出 版 社 出版
北京东黄城根北街16号
邮政编码:100717
http://www.sciencep.com

北京建宏印刷有限公司 印刷
科学出版社发行 各地新华书店经销
*
2022年2月第 一 版 开本:720×1000 1/16
2022年2月第一次印刷 印张:27 1/4
字数:580 000
定价:198.00元
(如有印装质量问题,我社负责调换)

前 言

教师发展报告应重在预测教师发展

进入新时代以来，我国基本建成了世界范围内最大规模的教育体系，教育事业逐渐从规模扩张转向高质量、内涵式发展，教师的可持续、高质量发展成为我国教育改革的核心议题。教师的发展既是教师的专业成长过程，也是其个人的全面发展过程，其发展质量关乎教育改革成败和人才培养质量。一般认为，教师发展研究要着重对教师的发展情况和现实问题进行考察，然而事实上，澄清和勾勒教师发展的未来愿景、预测并指引教师发展的基本方向是其更加深层的功能导向与价值追求。

一、从教师发展报告走向教师发展预测报告

随着我国教育内涵式发展的不断推进，教师面临着角色定位、自身发展的转型困境，教师发展问题的探讨由单一现实向度转变为历史、现实、未来等多维向度，从教师发展报告走向教师发展预测报告是当前教师教育研究的一大趋势。在这一趋势下，我们开展教师发展研究需要明确以下几点。

第一，教师发展报告重在描述教师发展现实样态。综合审

视我国已有研究，在教师发展方面，以立足于现实的专业发展研究居多，教师发展报告往往与这些研究一样，强调跟踪调查教师在实践和发展中表现出的真实情况、出现的关键问题以及影响教师发展的重要因素，在描述教师发展现实样态的基础上进一步提出教师发展的完善建议与相关策略，为我们解决教师发展过程中存在的现实问题提供启发。

第二，教师发展预测报告重在预测教师发展愿景。教师的发展伴随教师的整个职业生涯，它是一个多维度、持续性的发展过程。从根本上说，教师发展报告仍然是一种单一现实取向的问题解决和情况反馈机制。不同于从现实层面出发去进行研究的教师发展报告，教师发展预测报告更加主动地关注教师发展的未来愿景、前进动力以及发展方向，具有一定的前瞻性和科学性。

第三，教师发展预测报告要基于现实并指向未来。教师发展预测报告对于教师发展愿景具有强大的引导和统领作用，但是如果没有现实的基础，教师发展的目标、愿景就会缺乏切实可行的规划和思考，只是一种没有依据的愿望或空想。因此，教师发展预测报告不仅要以未来为价值指向，更要以现实为首要前提，积极地将未来的愿景转化为现实的实践路径，预见性地规避教师发展过程中可能存在的潜在问题和隐患，推动教师的持续性、高质量发展。

教育预测是根据教育发展客观规律，推测和判断未来教育发展的可能性的活动，属于人类预测活动的分支，其研究对象是未来教育的发展。[①]教师职业幸福感预测作为教育预测活动，是教师教育和预测科学的结合，不仅包括对教师职业幸福感的总体预测，还包括对教师职业幸福感的结构和影响因素预测，对教师职业幸福感产生的社会功能预测，以及对未来教师职业幸福感的提升决策和发展战略预测，其预测结果关乎未来教师的职业发展方向，也关乎未来教育的价值取向。

二、教师职业幸福感预测报告服务国家安全

统筹发展与安全是党的十九届五中全会以来的重大工作部署，发展与安全的辩证统一关系已经在社会各界达成基本共识。教师职业幸福感以职业安全需要为

[①] 宁虹. 教育预测学. 沈阳：辽宁教育出版社，1989：1-3.

基础，是发展与安全统一关系在教师教育层面的高级体现，也是统筹发展与安全战略贯穿国家发展具体领域的重要表征。教师职业幸福感是教育高质量发展的重要指标，关涉国家安全的多个侧面，其预测报告事关教师发展的未来愿景，事关安全风险与隐患的防范与调控，可以有效地服务于国家安全，集中反映在以下两个方面。

第一，教师职业幸福感提升是国家教育政策关注的重要内容。党和国家在教师教育政策的制定与实施过程中始终对提升教师职业幸福感表现出重大关切，多次提出提高教师待遇和地位的相关举措，关心教师的职业成就感、职业荣誉感和职业幸福感。习近平总书记在有关教师职业的重要阐述中指出："让广大教师在岗位上有幸福感、事业上有成就感、社会上有荣誉感，让教师成为让人羡慕的职业。"[①] 目前，我国教师教育政策不仅注重教师专业发展方面的外部环境支持，还更加关注教师的内在心理层面和情感层面的软性因素，诸如教师幸福感，这是新时代教师发展走向高质量、内涵式发展的重要特征。

第二，教师职业幸福感预测研究为国家安全发展提供政策咨询。国家发展与安全统筹工作强调把安全发展贯穿国家发展各领域和全过程，教育作为国家发展的关键领域和重要过程，其安全态势关乎国家整体格局安全稳定与否，关乎国家民族的未来走向。另外，教师职业幸福感本身与人民安全、政治安全、文化安全、信息安全等国家总体安全观的多个侧面息息相关，所以有关教师职业幸福感的预测在国家安全层面显得尤为重要。针对教师职业幸福感开展有效预测，不仅是促进教师发展的迫切需要，也是保障国家安全的基本要求，其预测结果对国家制定、调整和实施相关政策具有重要的参考价值，从而为国家安全发展提供政策层面的有效咨询，有助于积极防控和化解教育领域为首的系统性风险和潜在安全隐患，为我国教育事业乃至现代化进程行稳致远保驾护航。

本报告采用定性分析和定量分析的方法，以教师职业幸福感为研究对象，基于教师职业幸福感发展的连续性原理、因果性原理和相似原理，分析已知教师职业幸福感发展过程的变化与结果，进而建立科学规范的预测模型，根据调研数据和预测模型，开展未来教师职业幸福感的有效预测。为了保证预测的准确性，不仅需要把握教师职业幸福感发展的外部条件、内在依据及其内外因作用机制，还

---

① 习近平. 全面贯彻落实党的教育方针 努力把我国基础教育越办越好. 人民日报, 2016-09-10 (001).

要在建立预测模型之后不断重复实施预测运算和模型修改，最终得到教师职业幸福感预测结果，进而针对预测结果展开评价，对预测结果的不确定性和误差做出分析和阐释。一言蔽之，本报告将积极引入现代科学技术手段来预测教师职业幸福感发展，获取有关教师职业幸福感发展的前瞻性、预见性信息，其目的在于为研究和制定教师职业发展战略和政策提供科学的依据及可行的决策方案，从而促进教师职业幸福感和教育质量的提升，进而促进国家及社会发展。

目 录

前言　教师发展报告应重在预测教师发展

第一章　绪论　教师职业幸福感何以成为时代命题 / 1

　　第一节　教师职业幸福感研究的时代背景与现实意义 / 2

　　第二节　教师职业幸福感研究的核心内容与逻辑理路 / 5

　　第三节　教师职业幸福感研究的基本结论与预测分析 / 14

第二章　教师职业幸福感文献研究 / 23

　　第一节　教师职业幸福感的概念研究 / 24

　　第二节　教师职业幸福感的影响因素 / 28

　　第三节　教师职业幸福感的提升策略 / 37

　　第四节　总结与启示 / 42

第三章　教师职业幸福感基础理论研究 / 47

　　第一节　教师职业幸福感核心概念界定 / 48

　　第二节　教师职业幸福感研究价值取向 / 54

　　第三节　教师职业幸福感专业特征分析 / 60

　　第四节　教师职业幸福感基本维度建构 / 63

第四章 教师职业幸福感调查设计实施 / 71

    第一节 明确教师职业幸福感的测评依据 / 72

    第二节 突出中国教师职业幸福感特点 / 77

    第三节 构建教师职业幸福感测评体系 / 84

    第四节 开发教师职业幸福感测评工具 / 92

第五章 教师职业幸福感总体状况解析 / 103

    第一节 教师职业幸福感现实样态特征 / 104

    第二节 教师职业幸福感区域比较分析 / 110

    第三节 教师职业幸福感差异比较分析 / 117

    第四节 教师职业幸福感动态发展趋势 / 127

第六章 教师职业认知幸福感调查报告 / 135

    第一节 教师职业认知幸福感基本内涵 / 136

    第二节 教师职业认知幸福感基本现状 / 136

    第三节 教师职业认知幸福感问题分析 / 157

    第四节 教师职业认知幸福感提升策略 / 167

第七章 教师职业主观幸福感调查报告 / 173

    第一节 教师职业主观幸福感的基本内涵 / 174

    第二节 教师职业主观幸福感基本现状 / 176

    第三节 教师职业主观幸福感问题分析 / 186

    第四节 教师职业主观幸福感提升策略 / 195

第八章 教师职业健康幸福感调查报告 / 203

    第一节 教师职业健康幸福感的基本内涵 / 204

    第二节 教师职业健康幸福感基本现状 / 210

第三节 教师职业健康幸福感问题分析 /223

第四节 教师职业健康幸福感提升策略 /228

第九章 教师职业社会幸福感调查报告 /233

第一节 教师职业社会幸福感基本概述 /234

第二节 教师职业社会幸福感基本现状 /236

第三节 教师职业社会幸福感问题分析 /244

第四节 教师职业社会幸福感提升策略 /251

第十章 教师职业幸福感群像素描报告 /257

第一节 班主任教师职业幸福感调查报告 /258

第二节 乡村教师职业幸福感调查报告 /273

第三节 特岗教师职业幸福感调查报告 /291

第四节 公费师范生教师职业幸福感调查报告 /303

第五节 高级职称教师职业幸福感调查报告 /313

第十一章 教师职业幸福感影响因素 /329

第一节 教师职业幸福感影响因素的逻辑理路 /330

第二节 教师职业幸福感影响因素的模型结构 /338

第三节 教师职业幸福感影响因素的动态流变 /353

第十二章 教师职业幸福感提升策略 /361

第一节 提升专业胜任力：教师职业幸福感提升的永恒动力 /362

第二节 塑造专业尊严：教师职业幸福感提升的专业价值性 /366

第三节 给予专业保障：教师职业幸福感提升的人文性关怀 /374

第四节 加强专业规约：教师职业幸福感提升的内外一致性 /380

第五节 提高专业地位：教师职业幸福感提升的文化引领性 /386

第十三章　教师职业幸福感发展预测分析 / 393

　　第一节　教师职业幸福感预测的价值取向 / 394

　　第二节　教师职业幸福感预测的基本依据 / 400

　　第三节　教师职业幸福感预测的模型建构 / 406

　　第四节　教师职业幸福感预测分析的维度 / 412

后记 / 421

第一章
绪论　教师职业幸福感何以成为时代命题

　　幸福是人类有关个体生存状态的永恒追求，教师的职业幸福感影响着教师对于工作的投入程度，影响到教育教学的整体质量。随着教育内涵式发展转型、庞大教育体系的建成，教育变革走入深水区，我国教师面临着更加宏大的使命与期待以及前所未有的挑战与压力，职业倦怠加剧和幸福感缺失成为教育高质量发展亟待解决的重要问题，如何提升教师职业幸福感成为我国教育事业实现现代化的时代命题。

第一节　教师职业幸福感研究的时代背景与现实意义

一、时代背景

教师职业幸福感是影响教师发展的关键性因素，是衡量教师作为个体生活质量高低的重要指标。为了"办好人民满意的教育"，推动教育高质量发展，党和国家高度重视教师的发展，对教师的职业幸福感予以深切关怀，教师职业幸福感的重要性在国内外社会各界已经获得普遍认同。

（一）教师职业幸福感深受国际社会的关注

伴随全球教育改革的热潮，教师的发展日益成为全球教育发展的重大课题，教师职业幸福感受到国际社会的广泛关注。2020年1月，经济合作与发展组织（Organization for Economic Co-operation and Development，OECD）首次将教师幸福感作为重要内容纳入PISA2021整体框架，发布《教师职业幸福感：数据收集与分析框架》（Teachers' well-being：A framework for data collection and analysis）报告。该报告结合个人幸福感、职业幸福感和学生幸福感的相关研究，界定教师职业幸福感为"教师对与其工作和职业相关的认知、主观、健康、社会等方面的反应"[1]，在此定义基础上，进一步划分教师职业幸福感的四个维度：认知幸福感、主观幸福感、健康幸福感（physical and mental well-being）以及社会幸福感。[2] 这为我国教师职业幸福感研究提供了重要参考依据，对教师职业幸福感预测评估框架的建构具有启发意义。

（二）教师职业幸福感引起党和国家的重视

近年来，我国社会的主要矛盾已经转化为人民日益增长的美好生活需要和不平衡不充分的发展之间的矛盾，人民群众的主要诉求发生了由物质需要到精神追求的重大转变。满足人民对美好生活的向往，不断增强人民群众的幸福感、获得

---

[1] 李刚，吕立杰. PISA2021教师职业幸福感测评：框架与特点. 中国考试，2020（11）：48-60.
[2] OECD. Teachers' well-being：A framework for data collection and analysis.（2020-01-30）. https://dx.doi.org/10.1787/19939019[2021-04-28].

感、安全感，成为社会主义进入新时代的核心追求。教师作为人民群众的组成部分，其职业幸福感是人民幸福感、美好生活满足感在教育领域的具体表征。2018年1月，《中共中央 国务院关于全面深化新时代教师队伍建设改革的意见》发布，明确提出到2035年要实现"广大教师在岗位上有幸福感、事业上有成就感、社会上有荣誉感，教师成为让人羡慕的职业"[①]。由此可见，我国对教师职业幸福感予以了充分重视，教师职业幸福感不仅是教师专业成长的发展需要，也是人民生活质量的重要参数。

（三）教师职业幸福感成为学术的热点话题

相较于紧跟心理学发展的欧美国家，我国对幸福感的研究起步较晚，且内部存在较大的差异，受积极心理学和生活质量研究的深刻影响，研究对象以国民整体、老年人、青少年为主。随着新时代教师主体性逐渐凸显，教师职业幸福感成为教育领域的学术热点话题，不少研究针对教师职业幸福感的概念内涵与基本特征、发展现状与存在问题，以及影响因素与提升策略等方面开展了理论与实践的探索，但大多数研究侧重对主观幸福感的探讨，未能全面考察教师职业幸福感的发展特征及其主体性质，相关实证研究成果也有待转化为未来的实际应用。因此，基于教师职业幸福感预测教师发展方向，是符合教师教育研究趋势的有益探索。

二、现实意义

在新时代背景下，关注教师职业幸福感是我国顺应社会转型要求和全球教育改革热潮的主动选择，是改变教师职业倦怠、幸福感缺失积弊的自觉之为。针对教师职业幸福感展开测试，进一步预测教师发展方向，指导教师教育教学实践，具有重大的现实意义，主要体现在以下几个方面。

（一）促进教育质量提升

进入"十四五"，我国开始"建设高质量教育体系"的全面部署工作。把高质量当作教育发展水平的检验标准十分必要。高质量教师队伍是高质量教育体系

---

① 中国政府网. 中共中央 国务院关于全面深化新时代教师队伍建设改革的意见.（2018-01-31）. http://www.gov.cn/zhengce/2018-01/31/content_5262659.htm[2021-04-28].

的基本支撑,教师质量在一定程度上决定了教育教学的质量和教育改革的成败。高质量发展模式是典型的内生式发展模式,除了需要政策、举措和项目等有力的外部支持,还需要与之协调的内部力量加以驱动,教师主体是推动教育体系有序运行的重要内生力。教师职业幸福感研究可以有效加深社会各界对其关心和重视,为教师教育顶层设计工作提供参考借鉴,进而能够帮助开发和施行教师职业幸福感提升的相关举措,吸引更多的优质人才加入教师队伍,为教育高质量发展创造不竭的核心动力。

(二)促进教师专业发展

一直以来,党和国家对于教师专业发展的高度重视在诸多教师教育政策的制定和实施中均有所体现。教师作为从事教育事业的特殊个体,其发展过程不仅是专业知识、专业能力的增长过程,也是个人全面发展需要得以实现的过程,更是教师主体参与、主动学习的过程。教师的职业幸福感既是其专业发展的组成要素,也是其生活质量的重要方面,是教师主体性的彰显。保证教师职业幸福感的提升,有助于调动教师主体的主动性和积极性,激发教师投入教育教学实践的热情、活力以及对未来自身发展的美好期待,激励教师不断获取新知识、提升专业能力、自主开发专业发展的内在潜力,促进自身专业发展走向可持续性发展、高质量发展。

(三)促进学生健康成长

教师职业幸福感不仅与教师专业发展密切相关,与此同时,它也是教师个人身心健康的重要衡量标准。教师能否实现自身健康发展,直接影响到其所教学生能否实现健康成长,影响到整个教育体系能否健康运行。教师职业幸福感的研究有益于教师自身的健康以及科学发展,教师个人的全面发展对学生的健康成长起着至关重要的引导和示范作用。除此之外,立德树人是我国教育事业的根本任务,学生能够实现作为人类个体的幸福是我国建设教育强国、教育高质量发展的出发点和落脚点。同样,教师能够在教育教学实践中获得职业幸福感,为学生的一生幸福奠基,是我们开展教师职业幸福感研究、关注教师专业发展长期追求的目标和恒久的主题。

第二节　教师职业幸福感研究的核心内容与逻辑理路

一、核心内容

（一）教师职业幸福感本体内容研究

"教师职业幸福感"是一个复杂的、多维的概念，无法通过单一指标来测评，经济合作与发展组织将其定义为"教师对与其工作和职业相关的认知、主观、健康、社会等方面的反应"，即教师针对教育职业所产生的在认知、主观、健康和社会方面的主体生存状态。① 根据开放性问卷调查、专家咨询以及文献查阅结果，教师职业幸福感可划分为经济合作与发展组织2020年发布的《教师职业幸福感：数据收集与分析框架》报告中提出的认知幸福感、主观幸福感、健康幸福感和社会幸福感四个维度。

1. 认知幸福感

认知幸福感是指教师在有效工作时所需要的一系列知识和技能，其核心要素侧重教师的认知能力，尤其是教师自我效能及专注工作所体现出来的能力水平，具体包含工作专注度、自我效能感、教师胜任力、职业安全感、职业吸引力。

2. 主观幸福感

教师主观幸福感是教师对自己工作生活积极或消极的情绪反应，具体包含工作满意度、工作价值感、自我成就感、职业荣誉感、精神状态。

3. 健康幸福感

教师的健康状况是教师职业幸福的基本保障。工作压力过大会导致教师身心不适，直接影响教师的职业幸福感水平。健康幸福感具体包括身体健康状况、正向情感与负向情感。

---

① OECD. Teachers' well-being：A framework for data collection and analysis.（2020-01-30）. https://dx.doi.org/10.1787/19939019[2020-02-01].

4. 社会幸福感

社会幸福感是教师与他人的人际关系水平。教学不是一项独立的工作，而是整个教育体系乃至于整个社会系统的一部分，教师与他人（学生、同事、领导等）接触的频率以及相互关系的质量对于教师社会幸福感有着积极或者消极的影响。社会幸福感具体包含领导关系、同事关系、师生关系、家校关系、社会声誉。

（二）教师职业幸福感测评工具开发

本次研究对31个省（自治区、直辖市，不含港澳台）的3万余名中小学教师进行了问卷调查，在编制、开发调查问卷的过程中，研究团队借鉴了国内外有关幸福感及教师职业幸福感的分析框架与测量维度，根据本次研究的研究逻辑与研究需求，建构中小学教师职业幸福感分析框架，编制了由5个部分构成的"中小学教师职业幸福感调查问卷"。

第一部分是教师的背景信息，包括教师的人口学变量信息、教师职业背景及学校组织信息等28个题项。

第二部分是对教师职业幸福感的现状调查，包括教师总体职业幸福感与满意度调查的10个题项，以及由健康幸福感、认知幸福感、主观幸福感、社会幸福感四大维度71个题项构成的教师职业幸福感量表。量表采用利克特5点计分，从"完全不符合"到"完全符合"依次计为1~5分。

第三部分是对教师职业幸福感影响因素的调查，包括个体层面、专业发展、工作环境、社会环境四大部分影响因素共64个题项，同样采用利克特5点计分，从"完全不符合"到"完全符合"依次计为1~5分。

第四部分是对教师职业幸福感影响因素补充调查，包括教师收入与工作量、职业信念、自我工作评价、心态、精力与压力状况以及对教师对幸福感因素、幸福感提升措施的排序问题调查。

第五部分为开放问题，调查中小学教师对教师职业幸福感的提升建议以及对问卷改进的建议。

（三）教师职业幸福感发展态势分析

教师职业幸福感的形成与发展贯穿教师整个职业生涯，即从成为教师开始，止于教师退休或离开教师岗位，是一个动态变化的过程。

1. 教师职业幸福感水平呈"U"形波动趋势

教师职业幸福感的发展是不同阶段不同优势需要满足的过程。处于不同教师职业生涯阶段的教师遇到的问题不同，产生的优势需要也不同，只有不同发展阶段的优势需要得以满足，教师才能在职业生涯中不断感到幸福。

（1）初任教师处于角色转换期，对待工作认真负责、有热情，职业幸福感水平较高。

（2）中青年教师面临角色冲突，理想角色与实际角色之间产生的差距使其职业幸福感水平下降。

（3）高教龄教师角色认同感强，经过经验的积累，在情感与态度上更能接受自身角色状况，职业幸福感水平回升。

2. 教师健康幸福感相对失衡

据调查结果显示，在教师职业幸福感水平各维度中，认知幸福感均值为3.74，主观幸福感均值为3.76，健康幸福感均值为3.14，社会幸福感均值为3.81，由此可见，教师健康幸福感水平相对失衡。

（1）教师压力来源多元化。教师具有多重社会角色与身份，不仅要承担学校的教学与科研工作，面临职业发展方面的压力，来自社会和家庭方面的压力也越来越大，肩负着来自生活中的琐事及子女教育等方面的压力。

（2）教师工作总量超负荷。教师日常工作内容繁杂。超负荷的工作量使教师身心俱疲，过度劳累使健康水平直线下降，进而使健康幸福感难以平衡。

（3）教师隐性工作时间长。部分中小学教师每天工作时间甚至超过12小时。超长的工作时间使教师产生懈怠，也直接影响着教师的健康状况及健康幸福感水平。

（4）教师缺乏对健康的关注。很多教师由于工作劳累繁忙，无暇顾及自身健康状况，导致健康水平下降。

3. 教师职业幸福感水平在过高的角色期望中下降

在整个社会发展进程中，教师一直扮演着传承文化、继往开来的重要角色，没有教师就没有人类社会的文明与进步，也正因为如此，社会和人们一直对教师寄予较高的期望。人们对教师的讴歌和赞美，也反映了人们对教师过高的理想化的角色期望。

（1）社会的期望。社会对教师的期望直接影响着人们对教师职业的情感、态度和行为。适当的社会期望能够转变为教师工作的动力和责任感,但是过于理想化的期望会增加教师心理的压力。

(2)学生的期望。学生对教师的合理角色期望有利于教师角色意识的发展和不断调整自己的角色行为;而不切实际的期望易使教师产生角色冲突,进而影响其职业幸福感水平。

(3)教师的自我期望。当教师的自我期望与社会及学生的期望一致时,教师的幸福感水平会得到提升。当教师的自我期望不能兼顾,或与社会及学生的期望分歧扩大时,幸福感水平则受到负面影响。

4. 提高经济待遇成为提升幸福感的主要诉求

教师享有较高的社会声望,同时肩负着社会的责任,承受着来自社会、学校、家长、学生的精神压力,更背负着巨大的工作压力,但其工资待遇始终没有与其享有的声望、承担的压力相对应。高薪酬福利能使教师减轻一些生存负担,提升工作满意度,降低在工作中的负面感受,使教师在工作中更有动力,进而幸福感得到提升。

(四)教师职业幸福感影响因素厘定

教师职业幸福感影响因素分为个体层面、专业发展、工作环境、社会环境4个层面。

1. 个体层面

个体层面的影响因素包括性格特点、从业动机、职业信念、职业愿景、家庭关系5个维度。性格特点指教师的个性特征;从业动机指从事教师职业的原因;职业信念指教师对教育事业的执着追求;职业愿景指教师对自己发展的期待和规划,包含教师对自己发展之路的憧憬和提升的意愿;家庭关系指家庭成员对教师的关注情况和家庭氛围。

2. 专业发展

专业发展具体包含发展路径、发展空间、发展共同体和专业自主权。发展路径,指学校提供的发展途径,包含参加培训和学习的机会等。发展空间,指学校提供的发展机会和平台。发展共同体,指教师之间拥有共同的目标,并组建在一起的学习共同体，学校内的团队文化建设等。专业自主权，指教师关于教育教学、学生管理等方面的自主权，在教学或学术活动中充分表达自己的学术意见等权力。

3. 工作环境

工作环境是指教师工作的硬环境和软环境。工作环境具体包含学校文化、工作条件、工作强度、管理制度、政策支持。学校文化，指学校的办学理念和对科研文化的重视情况。工作条件，指学校的硬性条件，比如办公条件、活动空间的使用情况等。工作强度，指工作任务的多少、工作是否会占用过多生活时间等。管理制度，指学校的管理制度建立情况和实施情况。政策支持，指国家有关部门关于教师队伍建设的政策出台和落实情况。

4. 社会环境

社会环境是指社会对教师的影响。社会环境具体包含社会舆论、社会地位和生活环境。社会舆论，指社会各界对教师群体的评价。比如舆论导向和舆论影响等。社会地位，指教师这份职业在社会中地位的高低情况。生活环境，包含生态环境、教育环境和经济环境等。

（五）教师职业幸福感提升策略建议

1. 提升专业胜任力：教师职业幸福感提升的永恒动力

教师作为专业人员在专业知识、专业意识和专业能力等方面不断发展和完善，主动和积极地实现自我价值，享受工作带来的成就感，这是提升教师职业幸福感的内在途径。教师主要可以通过读书、实践、研究等促进专业发展，提升专业胜任力。

（1）在读书中丰富理论，建构专业知识体系。教师在理论方面不一定要有原创性的贡献，但需要具有一定的理论运用能力，善于汲取各个理论中的精华，经过本土化过滤加工，重构自身独特的专业知识体系，提升自身专业素质。

（2）在实践中聚焦问题，确立专业发展意识。相比理论的高深性和原创性，教师的研究更注重创造性地运用理论解决教学实践中复杂问题的能力，善于从实践中发现问题，这样的研究来源于一线而又回归一线，从宏观的理论视角找到并尝试解决微观的现实问题，再从微观的表象问题上升到本质问题层面。

（3）在研究中反思行动，发展专业教育研究能力。优秀的教育工作离不开实践与理论的持续对话，教师的成熟与发展离不开实践与理论的相互结合，教师要把学习和工作结合起来，把工作与研究结合起来。

2. 塑造专业尊严：教师职业幸福感提升的专业价值性

教师尊严的重塑，必须依赖专业化，专业化是保障教师实现自我尊严的唯一途径。专业尊严来自教师的专业自信、专业自能和专业自我。[1]

（1）增强教师专业自信。专业自信的确定和提升，需要以教师专业素质为保障。教师专业素质的内容主要包括专业知识、专业道德和专业精神。

（2）加强教师专业自能。教师专业能力包括教学实践能力、教育研究能力和教学反思能力。

（3）实现教师专业自我。教师专业自我是教师专业发展的重要因素，亦是塑造教师专业尊严的保障。

3. 给予专业保障：教师职业幸福感提升的人文性关怀

通过教师职业幸福感影响因素问卷调查结果可知，环境因素会对教师职业幸福感产生直接影响。人文化的环境氛围既是提升教师职业幸福感的需要，也是实践幸福教育的重要保障。

（1）创建环境，营造和谐工作氛围。应采用民主的管理方式；建设特色校园文化，健全校园基础设施；搭建双向平台供教师交流和成长。

（2）完善管理，为教师的发展服务。应构建培训模式，为教师提供更多的机会和平台；在物质上满足教师的需求，促进教师在精神需求上的探索；宽松教学环境，给予教师自主发展的空间和保障。

（3）尊重教师，增强教师的归属感。应构建良好的工作氛围与和谐的人际关系；维护教师的心理健康，保持乐观心态；切实满足教师物质与精神需求。

4. 加强专业规约：教师职业幸福感提升的内外一致性

当前社会，教师在"制度"的刚性要求和"道德"的内在动机之间矛盾挣扎，国家可以通过对专业进行规约，帮助教师走出道德模糊地带，从外在规范和内在道德的张力中思考教师幸福感提升的路径，调动教师工作的积极性，促进教

---

[1] 窦桂梅. 做一名有专业尊严的教师. 天津教育, 2006（2）: 1.

师职业幸福感的提升。

（1）内化专业道德。对教师专业道德的规约是将外部的规范内化为教师内部的心理需要，使教师对自身严格要求，继而体现于外部行为之中，这一过程对于提升教师的个体素质、提升教师职业幸福感具有重大意义，能够使教师专业道德从规范走向自律，从理想走向现实。

（2）细化专业标准。建立分级教师专业标准、确立职后教师专业发展的专业标准，有利于进一步推进教师教育职前、职后一体化建设。教师专业标准作为一项制度需要动态、持续更新，以适应时代的要求。

（3）规范专业政策。政策制定重视与教师的对话，教师教育政策在制定和执行中都要重视与教师对话，提高教师教育政策的科学化、民主化水平。注重对教师政策的评价与监控，依据一定的标准，对教师教育政策运行的全过程进行系统的、综合的分析与判断，总结政策运行的成绩与经验，揭示存在的问题与不足，为实现教师教育政策的更良性运行服务，加强对教师职业幸福感的政策保障。

5. 提高专业地位：教师职业幸福感提升的文化引领性

建设高质量的教师队伍必须提高教师的专业地位。教师一直作为有影响力的职业存在，其职业幸福感不仅影响教师自身，更影响着学生的发展，关乎国家未来人才的培养。专业地位是衡量职业社会地位的重要指标，提高教师的专业地位是提升教师社会地位和提高教师职业幸福感的重要途径。提高教师专业地位的措施主要包括以下几个方面。

（1）给予优厚的待遇："经济"的文化引领。教师队伍的建设需要吸引大批优秀人才从教，其决定性因素是教师的社会地位和待遇的改善。教师待遇的提高能够凸显政府行为，使教师这个职业更具有认可性，从而使教师提高自我认同，进而提高职业幸福感。

（2）弘扬宪法精神："依法治校"的文化引领。长期以来，教师在很多政策制定方面缺失话语权，包括学校政策的制定。从政策制定的科学性来说，"依法治校"、倾听并采纳教师的意见具有重要价值。而且，让更多的教师参与到决策制定的讨论中来是体现多元治理的方式之一。

（3）推动教师自我完善："自强"的文化引领。在提高教师职业幸福感的路径中，营造尊师重教的社会风气固然重要，但是广大教师也应在教育教学中发挥专业自主权，并承担相应的专业责任。一旦教师这个职业的专业被社会成员所认可和接受，就会自然带来教师地位的提高，形成良性循环，使教师职业成为优秀人才的首选职业。

（4）创建"教师为本"的评价机制："以人为本"的文化引领。坚持以人为本，就是要树立科学的人才观，尊重知识、尊重人才、尊重教师的需要。政府及学校都应该坚持公平、公正、公开的原则，充分考虑教师的正当利益和合理需求，加快完善教师职称评定制度、表彰奖励制度等，建立健全的教师保障体系。

（5）重塑"尊师重教"的地位："子贡尊师"的文化引领。"尊师重教"的氛围不仅会提升教师的专业地位，也会增强教师的职业认同与幸福感知。"尊师重教"新风尚的重构不仅是落实教师队伍建设战略的重要部署，需要全社会的共同努力，更需要教师自身的自重、自尊和自爱。

二、逻辑理路

（一）历史逻辑：教师职业幸福感与教师职业发展历程共进退

教师职业幸福感不仅影响着教师自身的生活质量和专业发展，而且也影响着学生的成长、学校的发展以及教育教学质量的提高。因此，重视教师职业幸福感的研究、增强教师的幸福体验就显得尤为重要。

教师专业发展不只为线性的知识、技能的积累，而是教师个人的整体性发展。这种发展不是依赖外在的技术性知识的灌输而被塑造的，而是一种自我理解的过程，即通过反思性实践变革自我、自主发展的过程。① 如果教师的专业发展只重视技术化提升，那么教育会失去其自身的生命价值。

要实现教师的专业发展，也需要关注人文因素，即从关注"知识"转向关注"生命"，重视教师的主体需要与职业幸福。教师的职业幸福是专业发展的动力，教师在工作中自身职业理想与需要的实现，会使其产生自我满足感与自我愉悦感，这决定着教师对待工作的情绪及投入程度。而教师在教育活动中幸福感体验差，则会产生消极的情绪，工作积极性减退，造成职业倦怠，使其在专业上追求和发展的愿望不够强烈。

---

① 钟启泉. 我国教师教育制度创新的课题. 北京大学教育评论，2008（3）：46-59.

（二）政策逻辑：政策引领教师职业幸福感研究发展

2018年1月，《中共中央 国务院关于全面深化新时代教师队伍建设改革的意见》发布。该意见指出，要明确教师的特别重要地位；突显教师职业的公共属性；强化教师承担的国家使命和公共教育服务的职责；明确中小学教师的权利和义务，强化保障和管理；提升教师的政治地位、社会地位、职业地位，吸引和稳定优秀人才从教。2019年初，教育部部长陈宝生表示，教育部将出台专门的政策为教师减负。[1]可见，国家层面在逐渐关注教师的幸福感，不断采取政策保障的形式来提高教师在工作中的幸福感。实际上，近些年随着课程改革的进行，素质教育不断普及，教师职业也面临更多的挑战和压力，关于教师职业幸福感的一系列问题理应受到教育行政部门的强烈关注。

（三）理论逻辑：理论推动教师职业幸福感研究发展

教师专业发展理论为教师职业幸福感研究提供了理论支撑。教师职业是一个形成中的专业，针对教师个体而言，它既是目标，更是一种价值追求，也是教师由不成熟走向成熟的动态、持续的终生发展过程。教师的职业幸福感随着专业发展阶段的变化产生波动，是一个长期的、动态的、纵贯整个职业生涯的变化过程。教师在各个发展阶段所具有的特性和兴趣，都可转化为发掘专业生活中的有利因素，从被动学习到主动探寻，从外部生硬的功利性目的到强调自我专业发展的意识，在追求个人专业结构的不断改进的同时，从中获得极大的职业满足感与职业幸福感。人的需求是多种多样的，与之相适应的客体满足主体需要产生的价值也是多种多样的，从职前培养、在职培训，直至结束教职为止的整个过程都需要教师通过不断学习、反思和探究来丰富其专业内涵、提高专业水平，从而在专业发展的过程中获取职业幸福感。教师发展是一个多维度发展的过程，专业知识发展、心理发展和职业周期发展三个维度既相互独立，又相互依赖。对于教师，只有在内心深处真正建立起职业认同，才能从自己的经历中逐渐发展、确认自己的教师角色，进而追求其价值与意义的认定，感受到职业带来的幸福与生命价值。

（四）实践逻辑：教师职业幸福感研究带动教育高质量发展

在教师的职业生涯当中，教育往往是一生的事业，教师职业幸福感决定着教

---

[1] 新华网. 教育部部长陈宝生：将专门出台中小学教师减负政策.（2019-01-18）. http://www.xinhuanet.com/politics/2019-01/18/c_1124012090.htm[2021-01-18].

师整个生命的力量和质量。职业幸福感是教师衡量日常生活质量的重要指标，也是教师工作生活的重要内容。职业幸福感是每位教师做好教育工作的重要前提，也是教师不断提升的动力。为此，教师职业幸福感水平的高低不仅能够影响教师生命价值，而且关系教育教学质量的提高和教育能否高质量发展。

教师幸福感与教师各项发展之间是既制约又促进的复杂关系。教师各项发展是教师获得职业幸福感的首要源泉。教师的成长过程本身就是职业幸福感的提升过程，这种成长本身就会提高教师幸福感的指数。同时，职业幸福感是促进教师提升自身素质的一种潜动力。教师在成长和知识结构不断更新、进化的过程中，对事物的认识也更加全面、深刻，职业幸福感要求也不断发生变化。所以说，教师的幸福感可以让教师在工作中实现自我价值，产生强烈的不断进取的理念和提高教育教学能力的欲望，增强教师对教学实践的追求，进而提升教育质量。

第三节　教师职业幸福感研究的基本结论与预测分析

一、基本结论

（一）教师职业幸福感总体较高

从教师群体来看，调查结果显示，超过80%的教师能够在工作中体验到职业幸福感，其中，有33.30%的教师在工作中经常能够体验到职业幸福感，21.60%的教师在工作中总是能体验到职业幸福感。高频率的职业幸福感体验体现了教师职业幸福感的较高水平。

从自然信息来看，不同性别教师的职业幸福感存在显著差异。女教师职业幸福感水平较高，男教师职业幸福感水平较低。其中，女教师的认知幸福感、主观幸福感、社会幸福感水平均显著高于男教师，而男教师的健康幸福感水平显著高于女教师。

从发展态势来看，教师职业幸福感水平呈"U"形波动上升趋势。教师刚任教时职业幸福感水平最高，参与调查一年前的职业幸福感水平较刚任教时有所下降，现阶段职业幸福感水平较前一阶段有所提升，预计未来三年职业幸福感水平会稳步提升。

从职业比较来看，教师职业是教师认为幸福感水平最高的三种职业之一，这一方面体现在教师职业幸福感总体水平较高上，另一方面体现在教师对教师职业的认同以及对教师职业的社会地位的认同上。

（二）教师职业幸福感呈现多维差异性

1. 专业发展阶段差异性

教师现阶段（$M=6.63$）、一年前（$M=6.58$）、刚任教时（$M=7.33$）以及三年后的职业幸福感（$M=6.92$）水平呈上下浮动式发展特征。其中，任教初期是教师职业幸福感水平最高的阶段，当前职业幸福感水平较低，但对未来职业充满期望，三年后的职业幸福感水平高于当前的职业幸福感水平。

2. 内容维度差异性

教师职业幸福感各维度存在显著差异，社会幸福感均值最高（$M=3.81$）、主观幸福感（$M=3.76$）、认知幸福感（$M=3.74$）次之，健康幸福感均值最低（$M=3.14$）。在社会幸福感方面，教师整体表现出较高的水平，具体体现在能够较好地处理与领导、同事、师生、家校之间的关系，感受到社会对教师职业的尊重。在主观幸福感方面，教师对工作满意度、价值感、自我成就感、职业荣誉感以及精神状态有较高的评价。在认知幸福感方面，教师普遍具备良好的工作专注度、较强的自我效能感与职业安全感、突出的教师胜任力与职业吸引力。然而在健康幸福感方面，教师的身体健康、正向和负向情感以及健康预测方面欠佳。

3. 地理区域差异性

四大区域教师认知幸福感、主观幸福感、健康幸福感和社会幸福感均高于中间值3分，处于中等偏上水平，总体良好。其中在各维度上，东部、中部教师幸福感水平显著高于西部教师，中部、西部地区教师在各维度上的幸福感水平基本持平。东北地区教师职业幸福感水平最高，中部、东部教师职业幸福感水平基本持平，西部地区教师职业幸福感水平最低。

4. 学科差异性

音乐、体育、美术教师的职业幸福感水平较高，其中，音乐教师职业幸福感水平最高，其次是美术教师与体育教师。物理、化学、生物、地理、历史教师的职业幸福感水平较低。

5. 职称差异性

不同职称教师的职业幸福感存在显著差异。正高级教师和未定级教师的职业幸福感水平显著高于三级、二级、一级教师。其中，正高级教师职业幸福感水平最高，其次是高级教师和未定级教师，二级教师的职业幸福感水平最低。

6. 教龄差异性

不同教龄教师的职业幸福感存在显著差异。综合来看，0~2年教龄和36~40年教龄的教师职业幸福感水平较高，11~15年教龄的教师职业幸福感水平较低。其中，0~2年教龄的教师职业幸福感水平显著高于3~25年教龄的教师，而36~40年教龄的教师职业幸福感水平最高，显著高于其他教龄的教师。

7. 其他

除上述分析外，本次研究对中小学教师职业幸福感影响因素的补充调查内容进行了初步分析，结果表明，在最能获得幸福感的题项选择中，选择"喜欢当教师"的教师最多，占37.80%，其次为"学生的成长进步和成就"，占27.80%；在最能失去幸福感的题项选择中，选择"薪酬和付出不相称"的教师占比最多，为45.81%，其次为"工作量大且烦琐"，占22.72%；在提高教师幸福感最重要的措施方面，选择"提高经济待遇"的教师占比最多，为47.35%，其次为"优化办公环境"，占26.86%。可见，教师对教师职业的热爱程度、教师工作环境、工作量以及教师工资福利待遇对教师职业幸福感具有不同程度的影响。

（三）教师职业幸福感影响因素具有动态变化性

1. 描述发展阶段影响因素的变化

在教师职业幸福感受到关注的初期，研究者主要关注教师个体因素的影响，即影响因素的考量较为单一，大多是从个体因素角度出发对教师职业幸福感进行探索。这里的个体因素可以分为多个层面：物质层面包括教师的薪酬待遇、教师自身的身心健康状况等；精神层面包括教师的自我效能感、人际关系以及教师的自我定位等；专业层面包括教师的专业技能、教学自主权等。

伴随社会、经济、教育等的快速发展，对于教师职业幸福感的影响因素也在随之不断增多，至20世纪60—80年代，教师职业幸福感影响因素研究由刚开始的偏重对个体因素的考量转至对组织因素的考量。本次考察的教师职业幸福感影响因素更加多样、全面，增加了对组织因素的考量，组织因素主要包括学校资源、学校管理和教育行政部门配置等。综合学校的硬件、软件各方面资源配置，结合学校教学管理制度等因素，有效全面考量教师职业幸福感的来源、当前现状以及教师职业幸福感缺失的根本原因，可以更加清晰、全面地评价和衡量教师职业幸福感。

进入21世纪，无论是从教师自身的需求角度，还是从社会对于教师行业的要求角度，教师职业幸福感这一主题均越来越受到各方重视。与此同时，教师职业幸福感的影响因素也变得更为综合，这充分体现出教师职业幸福感的影响因素在不断完善丰富，由原始的单一个体因素逐渐发展得更加丰富、综合、科学。影响教师职业幸福感的因素不单单局限于教师的个体因素，也不仅限于学校组织、教育行政部门等的影响，而是需要将教师职业幸福感放之于更大的格局，充分考量各方因素的影响，例如教师职业的特殊性、社会发展等因素，从多方位、多角度进行综合、全面的把握，这也体现了教师的职业幸福感影响因素会随着社会、经济、教育水平的发展与进步不断革新，向综合化、科学化发展。

2. 构建模型图

为了探寻个体层面和社会环境两方面对教师职业幸福感产生的影响，研究团队构建了模型图。具体来看，个体层面因素和社会环境因素存在显著相关关系（$r=0.44$，$p<0.001$）。个体层面因素对教师职业幸福感具有显著正向影响（$\beta=0.74$，$p<0.001$），个体层面可解释教师职业幸福感73.50%的变异量。社会环境对教师职业幸福感也存在显著正向影响（$\beta=0.35$，$p<0.001$），社会环境可解释教师职业幸福感34.90%的变异量。

（四）教师职业幸福感提升策略的"内外有别"性

1. 对内强调认知维度

教师的职业幸福感来源于自身的主观认知，是教师对自身存在和发展状况的一种积极的心理体验。教师若想提高主观幸福感，其自身的认知尤为重要，需要自身有主动的观念和行为，增强主观能动性。教师专业发展是教师自身影响职业幸福感的重要因素，教师的专业发展来源于教师不断完善的专业知识与不断提升的专业水平，因此，教师专业知识的积累与专业能力的提升显得尤为重要。教师的职业幸福感也来源于教师自身价值的实现，这一价值具有独特性和不可替代性。教师的这种独特且不可或缺的价值，只有在教师专业化过程中才能实现。教师要增强专业自信，加强教师专业自能，实现教师专业自我，从而塑造教师专业尊严，实现教师专业价值。自主的职业发展意愿是教师个体专业成长的内在动力源，它能引导教师激发自身潜能。实践中的问题是研究的起点，当教师具有敏锐的问题意识时，其教育教学工作会一直充满活力和激情，会发现自身在教学改革中的重要价值，提高专业发展意识。

2. 对外强调社会维度

社会保障与认可也是影响教师职业幸福感水平的重要因素。学校宽松的校园软环境、完善的教学基础设施、人文性的制度要求、可观的薪酬福利，都是教师职业幸福感的重要保障。与此同时，教师职业的专业地位以及社会认可度的提升也成为教师心中越来越急迫的需求。根据新时代的新要求、新内涵、新任务，应着眼于构建政府、社会、教师多级一体的"尊师重教"体制。社会、学校和家长赋予了教师多重角色，使其承担了很多无形的压力，付出了难以衡量的劳动。他们不仅是"学为人师、行为世范"的师者，是"苟日新，日日新，又日新"的学者，同时也是普通的人、平凡的劳动者。社会对教师提出了要求和期望，与此同时，教师也需要全社会的理解和关心，全社会应怀有"尊师重教"的情感，发自内心地关心、关怀和感恩教师。

新时代对教师队伍建设提出了更高的要求，习近平总书记的"四有好教师"及"四个引路人"都对教师的专业素质和角色定位提出了明确要求。"尊师重教"新风尚的重构是落实教师队伍建设战略的重要部署，在舆论上、氛围上为教师队伍整体素质的提升奠定了良好的社会基础，这不仅有助于提升教师的专业地位，也能够增强教师的职业认同与幸福感知。

3. "内外有别"中的统一性

不论是教师自身专业素养的提升与完善，还是社会给予教师的保障与尊重，其最终目的都指向教师职业幸福感的提升。教师自身的专业价值使其拥有崇高的地位，社会的保障也促进了教师价值的实现，二者相辅相成。当教师自身发展需求与外部制度要求相契合时，才能真正促进教师职业幸福感的提升。随着教师专业化步伐的不断前进，对专业规约成为教师幸福感提升的重要举措，一方面要加强对教师自身专业道德的规约，另一方面要从外部加强对教师专业的规范。教师面临制度的刚性要求和道德的内在动机的矛盾，当无法平衡自我职业期待与发展现实之间的差异时，就可能产生自我怀疑，担心误人子弟，甚至产生职业倦怠。制度规范是一种管理教师行为活动的规则，具有强制性和普适性，而教师的道德在具体的教育情境中具有灵活性，通过对专业的规约帮助教师走出道德模糊地带，可以促进教师职业幸福感的提升。

二、教师职业幸福感发展态势特征分析

（一）教师职业幸福感发展态势呈"U"形，乐观中存在美好"隐忧"

教师职业幸福感的发展是不同发展阶段不同优势需要满足的过程，在教师职业生涯中处于不同阶段的教师，遇到的问题不同，产生的优势需要也不同，只有教师不同发展阶段的优势需要得到满足，教师才能在职业生涯中不断地感到幸福。

教师职业幸福感整体呈波动上升趋势，根据教龄来衡量，初任教师职业幸福感较高，中青年教师职业幸福感显著下降，高教龄教师职业幸福感逐渐回升。教师职业幸福感水平总体发展态势良好，但曲折发展在一定程度上突出了中青年教师的发展困境。中青年教师具有多重身份与社会角色，在学校是教学与科研工作的主力军与中坚力量，在家庭中是重要支柱，肩负着多方期待。教学的任务及自我发展的欲望使中青年教师每天超负荷工作，大大增加了中青年教师的压力感，也使其渐渐失去了对重复工作的热情，极易出现职业倦怠。从社会生活角度而言，中青年教师面临着角色冲突，生活中的责任与工作上的压力难以平衡。这种角色冲突会给教师带来较大的压力感，适度的压力会变成动力，但是压力过度可能会导致教师的情感疲劳、情绪耗竭，在极限上挑战教师的自我效能感和成就感。角色之间的冲突和高期待也会使教师幸福感水平降低。

（二）教师职业幸福感来自主观认知，高尚中包含"想说爱你不容易"

幸福是一种主观感受，它主要依赖于教师自身设定的标准，而不是外界的其他因素。根据个人评判标准的不同，人们会获得不同程度的幸福感。据统计，有

37.80%的教师从事教育行业是源于热爱。热爱教育是一种初衷，教师会因为从事自己喜欢的行业而感到幸福。教师职业在社会上具有较高的认可度，是许多人青睐并向往的职业。但教师职业本身对专业素养有着高标准和严要求，工作强度大、内容繁杂，同时承载着较高的社会期望。精神上与身体上的压力往往会在日复一日的工作中影响教师职业幸福感水平，随着工作年限的增长，幸福感水平并非稳步上升，其中的波折也映射出教师自身职业认同度的变化。

（三）教师职业幸福感本体维度不均衡，高幸福感中有"健康缺失"现象

调查结果显示，教师健康幸福感水平与各维度相比相对失衡。面对巨大的工作强度，教师的身心状态都受到了一定程度的影响，不仅身体状况堪忧，心理素质也欠佳。专业发展、社会期待、生活责任等种种压力都在无形中成为教师的心理负担，过度的焦虑影响了教师的健康幸福感水平。同时，超负荷的工作量、超长的隐性工作时间使教师身心劳累，甚至无暇顾及自身的健康状况，长此以往，教师的健康幸福感水平直线下降，关注教师健康也成了提升教师职业幸福感水平过程中亟待解决的问题。

（四）教师职业幸福感影响因素凸显价值性，复杂因素中易现"道德绑架"

在整个社会发展进程中，教师一直扮演着传承文化、继往开来的重要角色，没有教师就没有人类社会的文明与进步，也正因为如此，社会和人民一直对教师寄予较高的期望。人们对教师的讴歌和赞美反映了人们对教师过高的理想化的角色期望。人们也习惯于对教师提出种种要求，特别是在新课改背景下，管理者、家长及社会大众对教师的角色期望更是越来越理想化。社会对教师的期望直接影响着人们对教师职业的情感、态度和行为。适当的社会期望，能够转变为教师工作的动力和责任感，但是过分理想化的期望却会引起教师心理的压力。教师作为现实社会中的人，其思想、意识与价值观念不可能超越现实，他们同样有物质上与精神上的需要与追求。如果他们的合理需要不能得到满足，甚至不被理解，就会使教师职业幸福感水平下降。社会应客观地看待教师，对教师抱有合理的角色期望，这样才能使教师职业幸福感水平得到提升。

（五）教师职业幸福感提升策略直指薪酬待遇，暗示教育政策实施有"衰减"效应

教师的经济待遇指教师通过劳动依法应该享受的工资、福利、津贴、补贴、奖励等物质报酬。科教兴国，要坚持教育为本，办教育就离不开教师。据研究统计，有47.35%的教师认为提高经济待遇是提升教师职业幸福感最重要的措施。教师的职业幸福感深切地影响着其劳动质量，教师劳动质量的保障需要教师全身心地投入，而影响这种投入的一个重要因素就是教师从事教育事业和付出教育劳动所能得到的报酬。《国家中长期教育改革和发展规划纲要（2010—2020年）》明确提出要保障教师地位、维护教师权益、提高教师待遇，使教师成为受人尊重的职业。但目前，教师经济待遇整体不高，中小学教师薪酬待遇问题依然是阻碍教师职业幸福感获得的焦点问题。对薪酬待遇提升的强烈呼求从另一侧面显示出了教育政策随着时空的转移，在实践与再推广过程中式微力衰乃至于近乎销声匿迹的衰减效应。[①] 其主要表现在三个方面：其一，主观认识上的衰减，对相关政策的理解重视呈现递减趋势；其二，实施过程上的衰减，对政策的具体建议缺乏全方位落实；其三，效果评估上的衰减，监督保障不足引发落实缓慢。针对教育政策实施中的"衰减"效应，理性认识并深度剖析，对优化政策实施效果、提升教师幸福感具有重要价值。

三、教师职业幸福感发展预测分析

（一）教师职业幸福感预测以发展与安全为价值取向

深刻把握并处理好发展与安全之间的关系，一直是我们党治国理政的重大课题和重要原则。把安全发展贯穿国家发展各领域和全过程，重在启示我们在新发展阶段将忧患意识、底线思维贯彻到社会主义各项事业、各个领域。教师职业幸福感作为教育高质量发展的重要方面，关乎人民安全、政治安全、文化安全、信息安全等总体国家安全观的多个侧面，秉持发展与安全辩证统一的理念，针对教师职业幸福感开展有效预测，既是教师实现专业成长的职业需要，也是忧患意识、底线思维在教育领域的高度表征，充分展现了以人民为中心的统筹发展与安全的核心要义，不仅有利于从教师职业幸福感要素出发，努力防控教育领域系

---

① 石鸥. 教育实验推广中效果递减现象之研究. 中国教育学刊, 1995, 2: 22-25.

性风险，还有助于国家将统筹发展和安全重大战略落到实处。

（二）教师职业幸福感预测以合理性、合法性为基本依据

教师职业幸福感预测以马克思主义哲学、系统科学理论、统计规律为理论基础；以坚持实事求是、用联系和发展的观点看问题、坚持系统性原则、坚持连贯性和类推性原则、坚持关联性原则、坚持动态性原则、正确选择和运用预测方法为基本原则；以提出、分析预测问题，制定预测计划、搜集、审核和整理数据资料，并建立数据库、选择预测方法和建立数学模型、检验模型，进行预测、计算、分析预测误差，评价预测结果、向决策者提交预测报告、预测结果的事后验证为基本步骤。

（三）教师职业幸福感预测分析从内容、原因、策略切入

从内容维度来看，对教师职业幸福感进行预测分析时要关注教师的主体间差异；关注不同区域的经济发展、社会发展、文化发展、生态文明发展；遵循发展性与辩证性原则，充分把握随着时间的推移教师幸福感的动态发展变化趋势。从原因维度来看，要从个体层面、专业发展、工作环境和社会环境因素等方面进行合理的预测。从策略维度上看，本报告从教师的职前政策、准入政策和职后政策三个层面对策略维度的预测影响因素进行分析。

第二章
教师职业幸福感文献研究

在教育改革与发展的进程中,人们越来越意识到,教师的主动参与是教育质量提高的一个重要因素,只有"过一种幸福而完满生活"的教师才能更好地投入到工作中。在"以人为本"的教育理念下,职业幸福应该成为教师的追求,提升教师的职业幸福感也成为建设高质量高水平教师队伍的重要命题。进入21世纪以来,学界越来越重视教师职业幸福感问题,研究者从多学科、多视角对教师职业幸福感展开深入研究,形成了大批重要学术成果。本章在已有研究基础上,围绕教师职业幸福感的内涵、影响因素、提升策略等问题进行研究,探析教师职业幸福感的研究现状,为本报告奠定研究基础,并对既往研究进行总结和反思,借以挖掘可进一步研究的问题。

第一节　教师职业幸福感的概念研究

对概念的研究是认识和分析教师职业幸福感的根基。随着经济发展水平和生活水平的提升，人本主义浪潮的回归，以及现代心理学的发展，"幸福"从理论思辨的研究迈向科学实证的研究，幸福感研究就是从心理学的角度以实证的方法来研究和解释"幸福"。在心理学领域对幸福感的研究基础上，教育学领域的研究者整合了主观幸福感和心理幸福感的概念，阐释了教师职业幸福感的内涵，构建了教师职业幸福感的结构维度。

一、幸福感的内涵阐释

1967年，Wilson发表了一篇《自称幸福的相关因素》（Correlates of Avowed Happiness）的文章，对幸福感的研究由此拉开序幕。对于幸福感的阐释主要分为两种取向，分别是主观幸福感（subjective well-being，SWB）和心理幸福感（psychological well-being，PWB）

主观幸福感以快乐论（hedonism）为哲学基础，将主观的愉悦或快乐体验视作幸福感的内涵，主观幸福感来源于生活中的事件判断以及由此而生的愉快情绪体验。[①] Diener认为主观幸福感是个体对自己生活质量的整体性评价，它包括对情感反应的评估和认知判断，即包括积极情绪、消极情绪和生活满意度三个维度。[②] 这种观点得到学界的普遍认同，并以此为基础来定义幸福感。苗元江认为，它是人们根据内化了的社会标准对自己的生活质量的整体性、肯定性的评估，是人们对生活的满意度及其各个方面的全面评价，是主体与现实生活情境的协调及自我达到完满统一的自我认同及自我欣赏的感觉，并由此而产生的积极性情感占优势的心理状态。[③] 主观幸福感重视的是个体的主观快乐，认为幸福感是基于个体本身的价值标准。

心理幸福感则以实现论（eudaimonic）为哲学基础，更加强调自我实现的意

[①] Oishi S, Diener E. Can and should happiness be a policy goal? Policy Insights from the Behavioral and Brain Sciences, 2014, 1（1）: 195-203.

[②] Diener E. Subjective well-being. Psychological Bulletin, 1984, 95（3）: 542-575.

[③] 苗元江. 幸福感，社会心理的"晴雨表". 社会，2002（8）: 40-43.

义。心理幸福感认为幸福感不能简单地等同于主观的快乐体验，有学者指出，心理幸福感由实现论演化而来，幸福并不只是情感上的体验，而是个人潜能的实现，应以客观的标准来评定个人的幸福。[1] Waterman 认为只有当人们从事的活动符合其深层价值并且全身心投入其中，从中感受到激动兴奋，并且实现了自我价值的时候，幸福感才会产生，这种状态被他称之为人格显现。[2]

尽管两种取向的研究者都从各自的角度提出了对幸福感的看法，但都只是从某一单一侧面去理解幸福感，未能窥见其全貌。随着对幸福感逐步深入的研究，有学者指出"幸福感是快乐与意义、享受与发展、主观与客观的统一"[3]。所以要真正科学地阐释幸福感的内涵，就不能将主观幸福感和心理幸福感割裂开来，应以快乐体验为基础，以自我实现为本质，使二者能够有效统一和完美整合。

二、教师职业幸福感的内涵阐释

在已有研究中，"教师幸福感""教师职业幸福感"的内涵表达是基本一致的。在心理学对幸福感研究的基础之上，有学者从主观幸福感的角度来阐释教师职业幸福感。唐志强认为教师的职业幸福感主要是指教师在教书育人的职业活动中所产生的认知满意度和所获得的情绪情感体验。[4] 但更多学者已认识到幸福感的统一性，将快乐体验与自我实现整合在教师职业幸福感的内涵阐释当中，且更加注重教师职业理想与人生意义的实现。檀传宝认为教师幸福是教师在自己的教育工作中自由实现自己的职业理想的一种教育主体生存状态，对自己生存状态的意义的体味构成教师的幸福感。[5] 束从敏认为教师职业幸福感是教师需要获得满足、理想得以实现、潜能得以发挥时，伴随而生的持续快乐体验。[6] 王传金认为教师的幸福感就是教师在教育工作中实现自己的职业理想，体味人生价值并获得自身发展的精神愉悦状态。[7] 刘次林认为教师职业幸福感主要是指工作给教师带来的快乐感、满足感，在这个过程中，教师能够实现自己的职业理想和潜能，需

---

[1] 张陆，佐斌. 自我实现的幸福——心理幸福感研究述评. 心理科学进展，2007（1）：134-139.
[2] Waterman A S. Two conception of happiness: Contrast of personal expressiveness (eudaimonia) and hedonic enjoyment. Journal of Personality and Social Psychology，1993，64（4）：678-691.
[3] 苗元江. 心理学视野中的幸福——幸福感理论与测评研究. 南京：南京师范大学，2003.
[4] 唐志强. 提升小学教师职业幸福感的对策. 现代教育科学，2010（4）：89-91.
[5] 檀传宝. 论教师的幸福. 教育科学，2002（1）：39-43.
[6] 束从敏. 幼儿教师职业幸福感研究. 南京：南京师范大学，2003：9.
[7] 王传金. 教师职业幸福研究. 上海：上海师范大学，2008.

要也能得到满足。① 苗元江等认为教师幸福感就是教师能自由发挥潜能、满足自我物质性和精神性需要、实现自我理想和自身价值的体验。② 曹众指出，教师的职业幸福感应是教师在正确认识幸福的基础上，通过自己的不懈努力实现自己的职业理想、实现自身和谐自由发展而产生的一种自我满足、自我愉悦的生存状态。③ 苏会佳提出"教师职业幸福感是指教师在从事教育教学工作时感受到这个职业可以满足自己的需要，能够实现自身的价值，并且能够产生愉悦感"④。

总体来看，研究者对教师职业幸福感内涵的认知，虽定义描述不同，但兼顾了心理学上主观幸福感和心理幸福感两种取向对幸福感的理解，体现了教师职业幸福感的核心要素。第一，教师职业幸福感是个体主观的快乐感与满足感。尽管教师职业幸福感会受到客观因素的制约，但主观性是其基本属性，"感"即教师自身的体味与感受，是教师对其职业生活的个人评价。第二，教师职业幸福感充分体现在教师职业理想和人生价值的实现上。同时先前研究也存在一定不足，没有对教师幸福感与教师职业幸福感的概念区分做出说明，大多数研究将二者混为一谈，这还需要进一步研究。已有研究普遍强调教师个体价值的实现，而较少关注教师的社会价值的实现对教师职业幸福感的重要意义。

三、教师职业幸福感的结构解析

心理学领域对幸福感结构的研究是教师职业幸福感结构研究的基础。研究者认为幸福感应该包括生活满意度、积极情绪和消极情绪，这样的幸福感结构分析还较为粗糙。随着幸福感研究的持续推进，学者提出了较为完整的幸福感模型。Ryff认为幸福感是"努力表现完美的真实的潜力"，并将心理幸福感的维度划分为六种，包括自我接受、独立自主、生活目的、人格成长、积极关系、环境控制。⑤ Warr更加关注工作情境中的幸福感，提出幸福感的结构维度包括：①抱负，指个体对工作、生活有积极的目标和追求，并积极寻找合适的途径来实现自身的抱负，高抱负水平的个体无论遇到多少困难、阻碍，都不会轻易放弃，会努力坚持直至抱负实现，而低抱负水平的个体则没有多高的目标和追求，遇事也容

---

① 刘次林. 教育幸福论. 北京：人民教育出版社，2003：202-207.
② 苗元江，朱晓红，赵姗，等. 追寻卓越——教师幸福感探究. 中小学心理健康教育，2011（18）：4-7.
③ 曹众. 中小学音乐教师职业幸福感研究. 长沙：湖南师范大学，2011.
④ 苏会佳. 中小学教师自我情绪智力与职业幸福感的关系研究. 信阳：信阳师范学院，2017.
⑤ Ryff C D. Happiness is everything, or is it? Explorations on the meaning of psychological well-being. Journal of Personality and Social Psychology, 1989, 57（6）：1069-1081.

易妥协和放弃；②胜任力，指一个人能够拥有应对工作、生活的能力，能够积极处理周围事物；③自主，指个体有自己的想法，能够自主决策；④情感幸福，由抑郁－愉悦、疲惫－活力、生气－冷静等多种情感种类组成。[1] 研究者整合了两大研究取向幸福感的结构维度，提出了关于教师职业幸福感的结构模型（表2-1）。

表2-1 教师职业幸福感的结构模型

研究者	结构模型
Van Horn 等，2004年	专业幸福感，情感幸福感，认知幸福感，社会幸福感，身心幸福感[2]
OECD，2010年	认知幸福感，主观幸福感，健康幸福感，社会幸福感[3]
赵斌，李燕，张大均，2012年	收益满意感，职业高尚感，社会支持感，身心愉悦感，工作效能感，情感幸福感[4]
王钢，2013年	心理幸福感，情绪幸福感，社会幸福感和认知幸福感[5]
胡忠英，2015年	教师专业身份认同感，教育教学满意感，人际交往和谐感，职业情境舒适感[6]

通过梳理以往研究我们发现，无论是主观幸福感还是心理幸福感研究，都对教师职业幸福感的结构提供了一定的参考，Van Horn、OECD、赵斌等、王刚等提出的教师职业幸福感结构参考了主观幸福感研究中的情感维度，认知幸福感结构则借鉴了心理幸福感的研究成果。在主观幸福感和心理幸福感的基础之上，研究者也关注教师的身心健康和人际关系。胡忠英提出教师职业幸福感的结构模型包括教师专业身份认同感，教育教学满意感，人际交往和谐感，职业情境舒适感，聚焦到了教师职业本身。到目前为止，以往的研究有些受到研究对象的限制，有些受到测评方法的限制，有些受到文化差异的限制，有些受到研究时代和背景的限制，研究者对教师职业幸福感结构的探讨并没有达成共识。

---

[1] Warr P B. A conceptual framework for the study of work and mental health. Work and Stress，1994（8）：87.
[2] Van Horn J E, Taris T W, Schaufeli W B, et al. The structure of occupational well-being: A study among Dutch teachers. Journal of Occupational and Organizational Psychology，2004（4）：365-375.
[3] OECD. Teachers' well-being: A framework for data collection and analysis.（2020-01-30）. https://dx.doi.org/10.1787/19939019[2021-03-02].
[4] 赵斌，李燕，张大均. 川渝地区特殊教育学校教师职业幸福感状况及影响因素的研究. 中国特殊教育，2012（1）：42-46，68.
[5] 王钢. 幼儿教师职业幸福感的特点及其与职业承诺的关系. 心理发展与教育，2013，29（6）：616-624.
[6] 胡忠英. 教师幸福感结构的实证研究. 全球教育展望，2015，44（4）：86-94.

第二节　教师职业幸福感的影响因素

教师职业幸福感概念具有复杂性、多层次性，由于这些特性，教师职业幸福感的影响因素也是多层次的，且处在动态变化之中。目前，学界从人口统计学变量因素、内部因素与外部因素三个方面对其进行研究。

一、人口统计学变量因素

幸福感因人而异，不同身份、不同地位的教师对自身幸福的判定各有差别，因此，不同的人口统计学变量因素会对教师职业幸福感产生不同影响。在实证研究中，通常会讨论性别、教龄、职称、岗位等人口统计学因素对教师职业幸福感的影响，但可能由于所选择的样本差异过大出现相反的结论。

第一，在性别方面，不同性别的教师在职业幸福感方面会有所差异。杨宏飞[1]和孙卫红等[2]发现男教师比女教师在工作中获得更多的幸福感。而一些学者发现了相反情况，如姚茹、王蓓等[3]、赵斌等[4]、张玉柱等[5]的研究发现，在教师职业幸福感方面，女教师的得分高于男教师。也有学者指出教师职业幸福感无性别差异。[6]第二，在年龄和教龄方面，Warr通过研究发现，教师的职业幸福感状况与年龄和教龄都呈"U"形曲线关系[7]，处于中间年龄段和教龄的教师的幸福感水平最低。第三，在职称方面，教师职称幸福感水平与职称呈正相关。姚茹认为一级和二级职称教师的职业幸福感得分显著低于高级职称教师。[8]李吉调查了小学教师，发现在幸福感总体得分上从高到低依次是小学高级教师、小学二级教师、

---

[1] 杨宏飞. 301名小学教师主观幸福感与自我概念测评. 中国心理卫生，2002（5）：322，330.
[2] 孙卫红，蒋新国，陈荔. 中小学体育教师职业幸福感的现状调查与分析——以广东省为例. 广州体育学院学报，2016，36（3）：17-22.
[3] 王蓓，苗元江，黄海蓉，等. 高校教师幸福感现状及影响因素. 医学研究与教育，2011，28（3）：49-54.
[4] 赵斌，李燕，张大均. 川渝地区特殊教育学校教师职业幸福感状况及影响因素的研究. 中国特殊教育，2012（1）：42-46，68.
[5] 张玉柱，金盛华. 高校教师职业幸福感调查与影响因素分析. 教育科学，2013，29（5）：51-57.
[6] 谭贤政，卢家楣，张敏，等. 教师职业活动幸福感的调查研究. 心理科学，2009，32（2）：288-292.
[7] Warr P B. A conceptual framework for the study of work and mental health. Work and Stress，1994（8）：90.
[8] 姚茹. 中国中小学教师幸福感现状调查与教育建议. 中国特殊教育，2019（3）：90-96.

小学一级教师。① 张文强调查了小学教师，却发现小学教师初级职称者幸福感水平显著高于高级职称者。访谈结果表明，随着新课改的推进，初级职称小学教师由于比较年轻，教育理念较新，容易接受新的教学要求，困惑较少。而不少高级职称的小学教师对于传统的教学得心应手，是传统教学方面的精英，对于新课改的必要性部分高级教师持不同看法，并且他们要从特别拿手的传统教学转向新课程理念的教学确实困难多于初级职称的年轻教师。他们对教育的热忱和内心中的困惑，可能是导致其幸福感水平较低的原因。② 第四，在学段方面，低学段教师的职业幸福感水平比高学段教师高。崔云调查幼儿园、小学、初中、高中四个学段的教师发现，其主观幸福感水平随学段升高呈递增趋势③，姜艳调查发现小学低年级组教师职业幸福感水平高于中、高年级组教师④。第五，不同岗位教师的职业幸福感也有所差异。姚茹考察了班主任、非班主任两种岗位的教师，发现班主任的幸福感总量表平均分显著低于非班主任，进一步的单变量方差分析发现，健康、心理两个维度得分存在显著的岗位差异，班主任得分显著低于非班主任。⑤ 张旭东等调查了农村教师，将农村教师职务分为年级组长及以上、普通教师、其他教师三个等级。总体上，对于农村教师，担任年级组长及以上职务教师的主观幸福感得分（76.11±11.02）显著高于普通教师。⑥

实证研究由于研究对象与所选样本的差异性，难以说明人口统计学变量因素对教师职业幸福感影响的整体情况，甚至出现一些相悖的结论，但仍能为探究不同身份教师职业幸福感的研究提供参考。

二、内部因素

内部因素即教师主观因素。教师职业幸福感具有极强的主观性，教师自身特质对教师职业幸福感具有直接影响。综合已有研究来看，目前最受关注的内部因素是教师的心理因素、职业认同、职业道德。

---

① 李吉. 群体参照与小学教师职业幸福感——基于深圳的实证调查. 教育学术月刊, 2014（12）: 58-65.
② 张文强. 欠发达地区农村教师整体幸福感调查分析——以河南省D市为例. 中国教育学刊, 2013（6）: 20-22.
③ 崔云. 教师主观幸福感影响因素的调查研究. 上海教育科研, 2016（7）: 56-60.
④ 姜艳. 教师职业幸福感研究. 思想理论教育, 2008（9）: 75-78.
⑤ 姚茹. 中国中小学教师幸福感现状调查与教育建议. 中国特殊教育, 2019（3）: 90-96.
⑥ 张旭东, 黎嘉媺, 欧嘉雯. 农村教师主观幸福感现状的调查研究. 中小学教师培训, 2017（2）: 72-74.

（一）心理因素

教师职业幸福感强调教师的个人感受与主观体验，因此教师个人心理层面的因素是教师职业幸福感的重要影响因素之一。人格特质是预测主观幸福感的重要指标。陈灿锐运用元分析方法，探究了人格特质对主观幸福感的影响，得到以下结论：主观幸福感与外向性存在正相关，与神经质、精神质存在负相关。[①] 外向型人格的教师更容易拥有积极情感，体验强烈的职业幸福感。此外，拥有坚韧不拔的良好品质，在困难挫折面前保持乐观心态的教师，容易成为幸福的教师。更有研究者进一步研究了性格优势对教师职业幸福感的影响。性格优势是指个体的认知、情绪以及行为等各个心理层面的积极人格特质。[②] 性格优势作为积极心理资源，不仅能缓冲过高的工作压力带来的生理与心理消耗，缓解职业倦怠，而且能激发个体工作动机，进而使教师体验较高的工作满意度。[③]

除人格特质外，心理资本也是影响教师职业幸福感的重要心理因素。心理资本作为一种积极心理能力/资源，影响着个体的态度和行为。比如一项针对51份独立样本的元分析指出，心理资本对个体的积极态度（如工作满意度、组织承诺）、行为（如组织公民行为）和工作绩效有正向预测作用；对消极态度（如讥诮态度、离职意向、工作压力、焦虑）、行为（如越轨行为、反生产力行为）有负向预测作用。[④] 心理学研究发现，心理资本能直接影响教师的职业幸福感，亦可通过中介效应来影响教师职业幸福感。一方面，心理资本通过影响职业压力[⑤]、职业认同[⑥]等中介变量来影响教师职业幸福感；另一方面，心理资本也可作为中介变量，如彭欧等通过研究发现特殊教师心理资本在胜任力对职业幸福感的积极影响中起部分中介作用。[⑦] 李亚云发现心理资本在高校教师工作绩效和职业幸福

[①] 陈灿锐，高艳红，申荷永. 主观幸福感与大三人格特征相关研究的元分析. 心理科学进展，2012，20（1）：19-26.

[②] Dahlsgaard K，Peterson C，Seligman M E P. Shared virtue：The convergence of valued human strengths across culture and history. Review of General Psychology，2005，9（3）：203-213.

[③] 齐亚静，伍新春. 工作要求-资源模型：理论和实证研究的拓展脉络. 北京师范大学学报（社会科学版），2018，（6）：28-36.

[④] Avey J B，Reichard R J，Luthans F，et al. Meta-analysis of the impact of positive psychological capital on employee attitudes，behaviors，and performance. Human Resource Development Quarterly，2011，22（2）：127-152.

[⑤] 张西超，胡婧，宋继东，等. 小学教师心理资本与主观幸福感的关系：职业压力的中介作用. 心理发展与教育，2014，30（2）：200-207.

[⑥] 王钢，张大均，刘先强. 幼儿教师职业压力、心理资本和职业认同对职业幸福感的影响机制. 心理发展与教育，2014，30（4）：442-448.

[⑦] 彭欧，黄旭，王钢，等. 特殊教育教师胜任力对职业幸福感的影响：心理资本的中介作用. 中国特殊教育，2018（10）：51-55.

感间起部分中介作用。[1]

（二）职业认同因素

有研究者提出，职业认同为教师提供了一个建构其工作和社会地位的认知框架，是教师职业生活与专业发展的核心要素，在很大程度上决定教师的教学效果、教育态度、职业承诺，以及留任或离职等职业化发展过程。[2]孙钰华认为，一位形成了职业认同的教师更容易产生内在发展动力，将他个人的全方面力量都调动到教书育人的工作中来，感受工作带给他的成就感、满意感以及幸福感。[3]因此，职业认同对教师职业幸福感有着深远影响，学者普遍认为职业认同对教师职业幸福感具有保护作用和正向预测作用。王姣艳等调查了特殊教育教师，发现职业认同对其职业幸福感有显著正向预测作用。职业认同水平较高的教师，会对职业产生较积极评价，倾向解决问题而不是回避问题，也更容易体验到从事教师职业的幸福感。反之，职业认同水平较低的教师，倾向于消极评价所从事职业，会采取消极方式解决遇到的职业问题，往往也会感受到较少的幸福感。[4]职业认同是教师职业幸福感的重要影响因素，许多其他因素诸如胜任力[5]、应对方式[6]、工作压力[7]等因素都是通过影响职业认同这一中介变量来影响教师职业幸福感的。

（三）职业道德因素

教师获得职业幸福感不仅仅是物质上的满足，更重要的是精神上的享受。徐生梅认为教师道德与教师幸福总体上是趋于一致的。教师道德与教师幸福，不一

---

[1] 李亚云. 心理资本在高校教师职业幸福感与工作绩效间的中介作用. 西北师大学报（社会科学版），2018，55（4）：125-129.

[2] 张晓辉，赵宏玉，李庆安，等. 不同来源教师支持对师范生职业效能及职业认同的作用差异研究. 教育学报，2017，（2）：77-84.

[3] 孙钰华. 教师职业认同对教师幸福感的影响. 宁波大学学报（教育科学版），2008（5）：70-73.

[4] 王姣艳，万谊，王颖. 特殊教育教师职业认同对职业幸福感的影响：一个有调节的中介作用机制. 中国特殊教育，2020（3）：35-41.

[5] 王钢，范勇，黄旭，等. 幼儿教师政府支持、组织支持和胜任力对职业幸福感的影响：职业认同的中介作用. 心理与行为研究，2018，16（6）：801-809.

[6] 李东斌，邵竹君. 贫困地区中小学教师应对方式与职业幸福感的关系——职业认同的中介作用. 教育学术月刊，2018（10）：90-97.

[7] 杨玲. 小学教师工作压力对职业幸福感的影响：职业认同的中介作用. 中国成人教育，2014（24）：136-138.

致是例外，一致才是常规。① 有研究指出人作为生物性的存在，具有感性的规定，如果缺乏必要的德性，幸福往往易与感性欲望的片面追求相结合，导致感性的放纵，并影响真正幸福的获得。德性的作用在于通过对人的尊严和人的理性本质的确认，为幸福的获得提供一个前提。因为德性能使人的生活更加人性化，并能提升精神生活在生活中的位置，从而提升幸福的层次。② 高尚的道德情操能使人免于沉溺于物欲享受，摆脱从享乐主义角度庸俗地理解幸福，更注重实现自己的价值意义。檀传宝认为一个没有较高精神追求的教师、一个缺乏起码道德水平的教育工作者都极有可能像芸芸众生一样沉溺于感官生活，习惯于病态的幸福，从而失去对真正幸福的感受力和创造力。③ 李郭保的研究表明，24.9%的教师选择获得幸福感是基于对基础教育事业的热爱，教师每天从事大量平凡而又琐碎的工作，勤勤恳恳，忠于职守，任劳任怨，以奉献为乐趣、为幸福。有些教师为教育事业奉献自己的一生，环境艰苦、物质贫乏，却仍然能坚持为人生价值的实现而奋斗，为桃李满天下而自豪。④ 王传金认为职业道德是教师幸福的关键要素，教师职业道德贯穿于教师职业生活的全过程，始终关联着教师对职业生活的创造和享受，是促成教师获得职业幸福的一种较为稳定的因素。幸福的主观感受性决定了教师是否体验到幸福，幸福的道德规约则决定了教师的职业幸福是否正当。高尚的职业道德给教师以深刻而持久的精神需求满足，也影响着教师满足物质需求的具体行为方式，是达到教师职业幸福境界的一个重要阶梯。⑤

三、外部因素

教师职业幸福感是主观与客观的统一，除教师主观因素外，外部因素也对教师职业幸福感产生着重要影响，是教师对职业生活质量评价的客观标准。研究者主要从职业、学校、社会这三个层面来探究影响教师职业幸福感的外部因素，包括经济收入、工作压力、学校管理、教师评价制度以及社会支持等。

---

① 徐生梅. 论教师道德对教师幸福的影响. 内蒙古师范大学学报（教育科学版），2006（4）：54-56.
② 赵小兰. 以教师德性提升教师职业幸福. 教育理论与实践，2015，35（34）：39-42.
③ 檀传宝. 论教师的幸福. 教育科学，2002（1）：39-43.
④ 李郭保. 农村初中教师职业幸福感的调查研究. 上海：华东师范大学，2007.
⑤ 王传金. 论教师职业幸福实现的要素. 教师教育研究，2009，21（2）：39-44.

（一）经济收入因素

职业是获得稳定收入的主要来源，是维持个体社会存在的主要手段和方式。较高的经济收入能提高教师的生活质量，能为教师带来物质与精神上的享受与满足。苗元江认为较高的收入会带来更多的物质享受、更多的权力和更高的地位，伴有更高的自尊心和自信心，因而幸福感较高。[①] 郅庭瑾等认为工作性收入是教师重要的收入来源，直接决定教师生活的客观物质条件和生活质量，并最终影响教师的社会地位。教师普遍不满于目前的薪酬水平，薪酬过低不仅影响到教师的生活质量，同时也对教师的职业心理和专业心态产生负面影响，成为诱发教师离职的重要因素。教师薪酬水平与教师的身心健康、工作体验及其对教育的认知之间显著相关。随着薪酬水平的提高，教师出现身心问题的比例不断下降，教师心理焦虑与教师薪酬水平呈负相关；教师的学校工作体验也更为乐观，满意度和幸福感不断上升。[②] 目前我国农村教师的经济收入相对而言处于较低水平，有研究者专门对农村教师进行了调查。如肖正德调查发现，大多数农村教师表示，无论是与考取公务员的同学相比，还是与到城里当教师的同学相比，他们的工资收入都很低。这使得乡村教师心态失衡，对职业的满意度降低。[③] 谢蓉和曾向阳认为，教师行业的复杂性要求教师付出更多，但教师的收入并不与其付出相等。教师的经济待遇一般偏低，特别是农村偏远地区中小学教师的经济待遇更低。经济基础决定上层建筑，由于教师的经济收入偏低，其社会地位明显处于劣势。[④] 然而研究发现经济收入的增加对幸福感提升的作用是有限的，Diener和Biswas认为，只有当生活的主要目标是满足基本生理需要时，收入才会影响人们的满意度，随着基本生理需要的满足，收入增加对主观幸福感的影响就较小了[⑤]。幸福感与经济收入并不是简单的线性关系，因为当人们的收入增加之后，其期望标准也在不断变化，当收入达到一定水平之后，人们可能会去关注自主需要、关系需要、自我实现等内在因素。

---

① 苗元江. 幸福感：研究取向与未来趋势. 社会科学，2002（2）：51-56.
② 郅庭瑾，马云，雷秀峰，等. 教师专业心态的当下特征及政策启示——基于上海的调查研究. 教育研究，2014，35（2）：96-103.
③ 肖正德. 城镇化进程中乡村教师生存境遇与改善策略. 中国教育学刊，2011（8）：1-4.
④ 谢蓉，曾向阳. 幼儿教师职业倦怠的缓解与职业幸福感的提升. 学前教育研究，2011（6）：67-69.
⑤ Diener E，Biswas D R. Will money increase subjective wellbeing? Social Indicators Research，2002（57）：119-169.

（二）工作压力因素

大量研究发现，工作压力是教师职业幸福感的重要影响因素之一。对于工作压力对教师职业幸福感形成了怎样的影响，研究者主要是进行心理学方面的研究，目前核心的观点有二。一是工作压力对教师职业幸福感的影响主要是负面的。根据身心反应论的观点，压力是个体对环境刺激产生的一系列戒备身心反应，表现为恐惧、焦虑等紧张方式；根据刺激-反应交互论，压力是人和环境刺激之间发生交互作用的产物，反映个体与环境的匹配性与关联性，是促进个体健康成长的重要因素。①身心反应论的观点得到了大多数学者的支持，研究者经过研究得出的普遍结论是工作压力对教师职业幸福感的作用是负面的。张国礼等通过研究得出结论：工作压力各维度与主观幸福感之间具有显著的负相关，即各维度的工作压力越大，主观幸福感就越小。②Lu等对大学教师的研究发现，高工作压力与低工作满意度及负性情绪呈显著相关③。较大的工作压力会导致教师工作效率降低，影响教师的身心健康并阻碍个人的专业发展；如果工作压力长期得不到有效的控制和缓解，就会导致一个更为严重的后果——职业倦怠。④二是工作压力对教师职业幸福感的影响是间接的。在工作压力与教师职业幸福感之间，职业认同、职业倦怠、应对方式等起着中介作用。杨玲对职业认同的中介作用进行检验，发现职业认同在工作压力与职业幸福感之间起部分中介作用。⑤王钢等认为教师职业倦怠是职业压力降低职业幸福感的中介，此外职业压力还通过职业认同的单独中介以及职业倦怠→职业认同的链式中介降低职业幸福感。⑥还有学者以中国教师与新西兰教师为样本进行研究，发现控制学校性质和教师教龄影响后，幼儿教师积极应对中介心理资本对职业幸福感的影响，消极应对中介职业压

---

① 杨玲. 小学教师工作压力对职业幸福感的影响：职业认同的中介作用. 中国成人教育，2014（24）：136-138.

② 张国礼，边玉芳，董奇. 中小学教师教学素养、工作压力、主观幸福感的关系. 中国特殊教育，2012（4）：89-92.

③ Lu L, Kao S F, Siu O L. Work stress, Chinese work values, and work well-being in the Greater China. Journal of Social Psychology, 2011, 151（6）：767-783.

④ Kalliath T J, O'Driscoll M P, Gillespie D F, et al. A test of the Maslach Burnout Inventory in three samples of health care professionals. Work and Stress, 2000, 14（1）：35-50.

⑤ 杨玲. 小学教师工作压力对职业幸福感的影响：职业认同的中介作用. 中国成人教育，2014（24）：136-138.

⑥ 王钢，苏志强，张大均. 幼儿教师胜任力和职业压力对职业幸福感的影响：职业认同和职业倦怠的作用. 心理发展与教育，2017，5：622-630.

力对职业幸福感的影响①。

（三）学校管理因素

学校管理影响着教师的工作环境，研究者普遍认为人性化的管理能营造和谐的学校环境，对教师职业幸福的实现具有积极作用。郅庭瑾等调查发现，学校的管理制度与教师的日常工作和专业生活具有十分密切的联系，它不仅影响教师的工作方式，同时也直接影响教师的工作情绪及专业心态。教师参与学校管理、考核评价、进修培训等与教师专业工作密切相关的学校管理制度，与教师对学校工作满意度的感受之间存在显著相关。② 以人为本的民主化管理能促进教师职业幸福感水平的提升，而专制型的管理对教师职业幸福感起负面作用。马雪通过研究发现不少农村中小学采用专制型的管理模式，教师参与权不同程度受到限制，教师意见得不到充分尊重，业绩考核、职称评聘、培养培训、奖励惩罚等措施不公，使得不少农村中小学教师感到焦虑、愤怒、烦躁和郁闷，导致他们情绪低落，职业幸福感水平越来越低。③ 杨雪琴和王国忠认为学校管理不当，特别是用人、绩效考评和收入分配上的导向功能趋向偏离，除了会引起教师角色模糊和冲突以外，还会使教师工作超负荷或不足，时间被占用，缺乏自主权，没有参与学校管理的机会，因个人角色的评估标准不明确而造成失误等，导致职业满意度降低。④

近年来，有研究者特别关注了学校领导者，尤其是校长的领导力对教师职业幸福的影响。张兆芹和庞春敏调查发现，作为学校发展的关键人物，校长首先必须在工作上成为教师的榜样，尤其是在目前教师职业压力日益增大的情况下，校长的工作态度直接影响教师的工作情绪。校长勤业敬业的态度是激励教师以积极肯定的态度面对工作的重要因素。校长在学校管理中所彰显的人文精神是教师职业幸福感的重要来源。教师职业幸福感具有精神性，它更多地强调精神的满足，学校领导的精神关怀是教师职业幸福的源泉。⑤ 王恒等经过调查分析发现，校长

---

① 王钢，黄旭，张大均. 幼儿教师职业压力和心理资本对职业幸福感的影响：应对方式和文化的作用. 心理与行为研究，2017，15（1）：83-91，120.
② 郅庭瑾，马云，雷秀峰，等. 教师专业心态的当下特征及政策启示——基于上海的调查研究. 教育研究，2014，35（2）：96-103.
③ 马雪. 新型城镇化视角下农村中小学教师幸福感研究. 教学与管理，2017（3）：28-30.
④ 杨雪琴，王国忠. 提升教师幸福感的思考. 学校党建与思想教育，2011（3）：48-49.
⑤ 张兆芹，庞春敏. 教师职业幸福感及其提升策略. 教学与管理，2012（4）：25-28.

教学领导力通过两种路径正向作用于教师幸福感：一是校长教学领导力对教师幸福感有显著的直接效应；二是"教师集体效能感→教师自我效能感"在两者之间起到显著的链式中介效应。①

（四）教师评价因素

教师评价是指依据一定的价值标准对教师的教育教学工作进行价值判断，评价结果代表着他人对教师工作的认可程度，体现着教师的职业价值。张兆芹和庞春敏认为，科学合理的评价制度有助于教师进行自我定位，扬长补短，激发教师工作积极性，引导教师公平竞争，为教师合作文化的形成提供空间。②而在我国的教师评价当中，功利化的标准长期存在，使教师将大量精力投入到绩效完成当中，而忽略了对职业幸福的体验。张金认为，中小学对教师的评价绝大多数还是以学生成绩或升学率论英雄。"一白遮百丑"的评价体系导致小学教师不得不加大对学生成绩的关注，而有较少精力关注其身心发展。在这种重复机械的成绩"操练"中，作为思想独立的知识分子，小学教师很容易进入心理倦怠的状态中。③孙彬研究了高校教师职业幸福感的影响因素，也认为单一科研导向的教育评价体系导致教师职业幸福感的缺失。他在研究中指出，科研成果由于具有易量化的特征，成为一个学校的办学质量的衡量指标，功利化教育迫使教师脱离"以人为本"的教学工作，而将大量的精力投入到学术科研中。这种本末倒置的现状已经在一定程度上偏离了教育的本质。在这样的教育中，教师难以宁静地追求工作的内在价值，更难以体验到"教书育人"的职业幸福感。④学校对教师工作的评价原本是为了激励教师，提高教师的工作积极性，而不合理的教师评价却增加了教师的工作压力，忽视了教师的精神需求，降低了教师的职业幸福感。

（五）社会支持因素

社会支持是幸福感的一个重要影响因素。宋海燕研究发现，具有良好的社会支持的个体会有比较高的主观幸福感、生活满意度、积极情感和较低的消极情

---

① 王恒，宋萑，王晨霞. 校长教学领导力对教师幸福感的影响——以教师集体效能感和自我效能感为链式中介. 全球教育展望，2020，49（6）：90-101.
② 张兆芹，庞春敏. 教师职业幸福感及其提升策略. 教学与管理，2012（4）：25-28.
③ 张金. 小学教师职业幸福感的影响因素及其提升策略. 当代教育科学，2019（7）：52-54，60.
④ 孙彬. 高校教师职业幸福感缺失原因与路径探析. 江苏高教，2018（2）：43-46.

感。[1]他人的支持是对教师的鼓舞与激励，意味着对教师工作的满意认可。社会支持包括客观支持和主观支持。客观支持指客观存在的支持，包括可见的物质上的帮助和拥有的社会关系所给予的直接帮助；主观支持指个体主观上所体验到的支持，主要是心理上的支持。[2]苗元江认为社会支持可以提供物质或信息的帮助，增加人们的喜悦感、归属感，提高自尊心、自信心；当面对不公平等情境时，人们还可以阻止或缓解应激反应，安定神经内分泌系统，增加健康的行为，从而增强正性情感并抑制负性情感，防止主观幸福感降低。[3]童富勇和金优尤认为领导的赏识一定程度上意味着教师工作成绩得到认可、获得奖励与发展的机会；家长的肯定是对教师辛勤劳动、教学水平和人格的肯定，对教师树立自信心和进一步发展有巨大的激励作用。这些社会反馈所载荷的感激和尊重等价值信息有助于提高教师的职业幸福感水平。[4]

社会对教师职业的神圣化加大了教师的压力，而减少了教师的社会支持度。在社会公众的观念中，教师职业一直被誉为太阳底下最光辉的职业，教师应该是崇高而伟大的"圣人"。张道理等认为，如果全社会都用"圣人"的标准去要求教师，势必形成一种幸福观的文化心理强势，迫使教师知其不可而为之，小心翼翼地维护着世人设定的幸福标准——清高、节制，甚至扭曲自己的内心意愿，舍弃正当的俗世欲求，舍弃追求幸福的日常生活过程，企图以"圣人"的幸福来代替凡人的幸福，从而使幸福失去了现实生活的根基，淘空了个人幸福的现实内容。[5]

第三节 教师职业幸福感的提升策略

《中共中央 国务院关于全面深化新时代教师队伍建设改革的意见》中提出要使广大教师在岗位上有幸福感、事业上有成就感、社会上有荣誉感，教师成为让人羡慕的职业。对于如何提升教师职业幸福感水平，学术界也进行了诸多富有成

---

[1] 宋海燕. 我国主观幸福感的研究现状与趋势. 社会心理科学, 2006, (2): 44-48.
[2] 李斌. 社会支持、自我概念与教师总体幸福感的关系. 学前教育研究, 2013 (10): 50-54.
[3] 苗元江. 幸福感：研究取向与未来趋势. 社会科学, 2002 (2): 51-56.
[4] 童富勇, 金优尤. 影响教师职业幸福感要素的调查与分析——以杭州市中小学为例. 杭州师范大学学报(社会科学版), 2009, 31 (6): 105-109.
[5] 张道理, 华杰, 李晓燕. 教师职业幸福感的缺失与重建. 黑龙江高教研究, 2010 (12): 108-111.

效的研究与讨论。现将具有代表性的对策建议归纳如下。

一、提升教师心理健康水平

身心健康是教师获得职业幸福的客观基础，健全的人才拥有感受幸福的能力。有研究者将积极心理品质的培育作为保障教师心理健康、提升教师幸福感的主要途径。积极心理品质的培育可以帮助教师积累心理资本，对抗消极情绪对教师职业幸福感的负面影响。余欣欣和李山认为"教师的积极心理品质是教师职业幸福感的基石"[1]，王新波指出积极心理品质是指个体在先天潜能和环境教育交互作用的基础上形成的相对稳定的正向心理特质，这些心理特质影响或决定着个体思想、情感和行为方式的积极取向，继而为个体拥有幸福有成的人生奠定基础。[2] 姚茹提出学校可以对教师开设积极心理健康教育课程，帮助教师牢牢树立积极的教师幸福观，培养积极心理品质，提高感知幸福的能力。[3] 此外，有学者提出教师可以运用情绪管理、增加积极情绪来提升对幸福的感知。杜丽丽认为教师是一种心智付出极大的职业，为避免职业倦怠、提升主观幸福感，教师要建立自身情绪维护系统，客观分析情绪产生的根源，掌握情绪管理方法，提升情绪管理能力。[4] 兰晶通过研究发现，悲观性解释风格倾向会阻碍教师积极情绪的产生，从而使教师对自身工作产生消极认知。她基于塞利格曼幸福理论的基本观念和基本原理，提出学校要树立乐观解释性风格，增加教师的积极情绪，教师要学习和掌握ABCDE情绪调节技术，增加积极情绪，学会运用突出优势练习增进积极情绪管理。[5]

二、树立正确的职业价值观

职业价值观深刻影响着教师的职业幸福感。正确的职业价值观是教师理解幸福、收获幸福的前提。有研究者认为，教师的教育境界有三重：一是谋生之境，把教师作为维持生计的职业；二是责任之境，把做教师作为承担社会责任的事

---

[1] 余欣欣，李山. 积极心理品质：教师职业幸福感的基石. 广西师范大学学报（哲学社会科学版），2012，48（2）：88-95.
[2] 王新波. 中国中小学生积极心理品质数据库建设新进展. 中国特殊教育，2010（4）：90-94.
[3] 姚茹. 中国中小学教师幸福感现状调查与教育建议. 中国特殊教育，2019（3）：90-96.
[4] 杜丽丽. 应用情绪管理提高教师主观幸福感. 中国成人教育，2017（18）：138-140.
[5] 兰晶. 基于塞利格曼幸福理论的中小学教师幸福感提升研究. 哈尔滨：哈尔滨师范大学，2020.

业；三是幸福之境，把教师职业融入生命状态而存在。① 柳海民和林丹认为，教师职业幸福感的真正来源在于将"生活方式"作为教师职业观。职业观是人们对职业范畴的认识、观念和态度，是价值观在职业认识、观念和态度上的具体体现。职业幸福感的获得与职业观实质上是紧密相关的。② 张宪冰等从积极心理学的角度对教师职业认同进行了理论阐释，遵循积极心理学的理论框架提出策略，以促进教师的职业认同的发展。③ 关荐等提出，要增强教师的职业认同感，首先要提高教师对职业价值的认识。要坚定他们为教育事业献身的决心。其次，要实施以人为本的人性化管理。教师劳动具有情绪劳动特点，需要尊重、理解和支持。才能激发教师创造性劳动的热情。并为不同教龄的教师创设不同职业成功的机会，激发教师成就感。再次，要合理地使用教师制度和薪资奖励强化教师角色意识和对工作职责的认识，激发教师劳动的热情，引导教师出色地完成教学任务。④ 有研究者提出要在教师职前培养与教师选拔的过程中，从源头强化其对职业的认同。教师在择业初期的兴趣和在专业发展过程中发展起来的专业志趣会为他们的教育工作提供源源不断的精神动力和智力支持，培养院校在选拔和考核生源时应该进行相应的专业动机和职业兴趣测评，选拔那些热爱教育工作的学生进行培养。最后，在培养的过程中也要不断通过优化课程体系和强化教学实践来发展教育专业学生的职业情感和职业情怀。⑤

三、促进教师专业发展

教师的职业幸福感在很大程度上来源于职业理想的实现。教师专业发展是教师不断完善自我、提高综合素质、锤炼专业能力的过程。如果一位教师的专业储备扎实，在工作中就会胸有成竹、游刃有余地处理好工作中的具体问题。反之，如果知识储备少，专业水平低，就很难胜任本职工作，导致其在工作中时常感到挫败，职业幸福感就无从谈起。⑥ 教师专业发展首先需要的是外部支持。熊少严

---

① 李小敏. 论教师的教育境界. 大学教育科学，2011（3）：66-68.
② 柳海民，林丹. 教师职业幸福感来源的误解及澄清. 陕西师范大学学报（哲学社会科学版），2008（1）：10-14.
③ 张宪冰，杨桐桐，张蓓蓓. 积极心理学视角下教师职业认同的提升策略. 教育理论与实践，2017，37（26）：24-26.
④ 关荐，勉小丽，王雪玲. 资源贫乏地区中小学教师职业认同和工作幸福感的关系. 教学与管理，2019（3）：20-23.
⑤ 段碧花. 贫困地区幼儿园教师职业认同现状与提升建议. 学前教育研究，2021（2）：71-74.
⑥ 孙彬. 高校教师职业幸福感缺失原因与路径探析. 江苏高教，2018（2）：43-46.

提出政府应加快招考制度的改革步伐，制定符合国情的更合理的人才选拔制度，让教师从分数的重负下解脱出来，为教师从心理上和具体工作任务上"松绑"，让教师有一个相对宽松的环境钻研教学、追求专业成长、体验职业幸福。[1]要促进教师专业发展，需要教育行政部门及学校从长远出发，制订师资队伍建设规划，有计划地从工作出色的教师中选拔有潜质的教师参加各种形式的学科进修和培训，以提高教师的教育教学技能及业务素质[2]。为教师专业发展提供培训，不单单只是提供培训机会，更要根据教师专业发展的需求构建培训模式。例如，高校教师的职业发展历程是一个动态发展的过程，每个阶段有着不同的发展任务，不同发展阶段的高校教师有着不同的发展需求。学校应构建与教师职业发展阶段相适应的培训模式，使教师的培训计划可持续发展，并能够纵贯教师的整个职业发展过程。如此，处在不同发展阶段的教师都能体会并享受到来自学校的支持。[3]教师专业发展的路径是多元的，除了环境创设与教师培训之外，也需要教师自身的努力。教师自身的修炼则是一种最具活力的内在源泉，这需要教师追求专业理想、提升专业能力、锤炼专业品格。王玮和何芳也提出教师在不断接受各种在职培训和继续教育学习的同时，应对自己的教学工作进行反思，对自己未来的发展方向做出规划，努力成为自身专业发展的主人，以精湛的教学艺术、优质的服务、高尚的人格魅力感悟自己的价值，赢得学生和社会的认可，享受教师的职业幸福感。[4]

四、改革教师管理和评价机制

学校是教师职业生活的最主要场所，学校管理机制与教师职业幸福感的提升息息相关。对于现代学校管理，以人为核心、以人为本的管理机制才有利于教师的发展，让教师能充分地体验职业幸福。以人为本的管理要改变以往重"事"不重"人"、只"管"不"理"的管理倾向，要树立服务意识和"教师第一"的思想，尊重教师，把教师视为管理的根本，建立便捷的上下级信息沟通渠道，真诚与教师用心交流。学校一要关注教师的个体需要，关心教师的生活，了解教师的困难，尽力帮助教师解决困难，了解每位教师在不同时期不同环境中的精神需

---

[1] 熊少严. 教师如何在专业成长中实现职业幸福——基于对广州市教师的调查. 上海教育科研，2013（11）：40-43.
[2] 徐富明，申继亮. 中小学教师工作满意度的研究及其提高对策. 教育科学研究，2001（9）：23-26.
[3] 蔡玲丽. 高校教师职业幸福感的影响因素及增进策略. 教育理论与实践，2010，30（36）：39-41.
[4] 王玮，何芳. 高校英语教师职业幸福感的影响因素分析. 山西师大学报（社会科学版），2014，41（S4）：41-43.

求，并且努力创造一切条件，为满足教师高层次需要提供平台；二要给予教师充分的尊重，避免采取呵斥、行政命令、处罚等非人性化手段，而应在彼此间建立起充分的理解与尊重。[1]

除学校管理理念的观念转变之外，研究者更注重改革教师评价机制，以合理评价促进教师发展，从而促进教师职业幸福感的提升。贾会彦认为教师评价要以"注重发展"为评价的指导方向，对每位教师的评价应是基于其现有水平，对工作的态度和未来发展需求及其可能性展开的。[2]张金提出以学生成绩或升学率为标准的评价制度使教师很容易进入心理倦怠的状态中，要进行评价体制改革，实行领导评价、平行评价和学生评价相结合的多元主体评价模式，从而真正取代传统的单一评价制度。学校应该面向未来，将重点放在学生的发展而不是成绩上，增强教师的发展性评价意识，以学生发展为本，强调教师的自我完善。[3]2020年10月，中共中央、国务院颁布了《深化新时代教育评价改革总体方案》，明确了要扭转不科学的教育评价导向，坚决克服唯分数、唯升学、唯文凭、唯论文、唯帽子，提出教师评价要坚持把师德师风作为第一标准、突出教育教学实绩、强化一线学生工作、改进高校教师科研评价、推进人才称号回归学术性和荣誉性。[4]这为教师发展提供了正确的导向和清明的环境。新时代破"五唯"而立"四有"的教师评价改革是教师评价正本清源的体现，扭转了不科学的评价观，指明了教师评价的方向，有利于教师树立育人为本的职业观，促进自身专业发展，将教书育人与教学研究、专业发展等有机统一起来。[5]

五、构建并完善支持保障体系

完善的保障体系能为教师职业幸福感提供物质和精神上的支持。要切实提升教师的职业幸福感，首先就要提升教师的薪酬待遇。陈亚玲认为"物质基础是保障"，教师合理的物质需要应该得到满足。国家与政府要关注教师的待遇，使教师的付出与回报成正比，提高教师的工资标准，改善教师的福利待遇，完善教师

---

[1] 史凤山. 教师职业幸福感缺失的现状、原因及培养策略——以太原市实验小学为例. 教育理论与实践，2013，33（35）：34-36.

[2] 贾会彦. 教师职业幸福感缺失现象探析. 继续教育研究，2009（4）：130-131.

[3] 张金. 小学教师职业幸福感的影响因素及其提升策略. 当代教育科学，2019（7）：52-54，60.

[4] 中国政府网. 中共中央 国务院印发《深化新时代教育评价改革总体方案》.（2020-10-13）http://www.gov.cn/zhengce/2020-10/13/content_5551032.html[2021-08-31].

[5] 王鉴，王子君. 新时代教师评价改革：从破"五唯"到立"四有". 中国教育学刊，2021（06）：88-94.

津贴制度，这样教师才能同时得到成就感和认可度上的满足。[①] 除了薪酬待遇之外，还要保障教师的其他合法权益。孙彬认为社会必须对教师的物质追求给予认可，提出加大教育投入改善办学条件，提高教师的经济待遇，保障教师的合法权益，完善教师的医疗、社会、失业保险，加强对教师职业病的防治，为教师提供良好的社会环境，实现社会对教育的持续关注和各种资源投入的稳定增加。[②] 除了物质保障之外，教师更需要精神上的尊重与支持，对此研究者提出要提升教师的社会地位和职业声望。王伟霞认为提高教师的职业声望要从外在和内在两个方面着手：一是社会各界要大力宣传教育在培养人、塑造人、改变人生命运等层面的重要性，二是提升教师的教学技能、人格魅力和职业道德修养。[③] 邓坚阳和程雯认为要想使教师从工作中获得更强的主观幸福感并立志献身于该职业，国家必须通过政策倾斜和舆论宣传等手段，促使全社会形成尊重教师、支持教师的意识倾向与心理氛围。[④] 不合理的角色期待是教师工作压力增加、职业声望和幸福感降低的一大诱因。张金认为社会要为教师提供大力的支持，给教师合理的角色期待。[⑤] 社会需要对教师持有理性的认知，避免将教师神圣化，帮助教师建立合理的自身角色期待，使其重拾职业尊严。

第四节　总结与启示

任何研究的进一步推进都有赖于对既往研究的总结与反思。经过对文献的梳理与分析，笔者发现既往的研究者对教师职业幸福感进行了诸多卓有成效的研究，从对幸福、幸福感、教师职业幸福感概念的内涵解析、维度构建，到对教师职业幸福感的影响因素和提升策略深入系统的探究，为本次研究奠定了坚实的理论基础。既往研究的不足是后续研究新的出发点，并为本报告提供了可进一步研究的问题与创新的可能性。

---

① 陈亚玲. 教师幸福感调查与分析——以兰州市为例. 西北人口, 2012, 33（6）: 120-123.
② 孙彬. 高校教师职业幸福感缺失原因与路径探析. 江苏高教, 2018（2）: 43-46.
③ 王伟霞. A市普通高中教师职业幸福感研究. 武汉: 武汉大学, 2017.
④ 邓坚阳, 程雯. 教师主观幸福感的影响因素及其增进策略. 教育科学研究, 2009（4）: 70-72.
⑤ 张金. 小学教师职业幸福感的影响因素及其提升策略. 当代教育科学, 2019（7）: 52-54, 60.

一、既往研究成果为本报告奠定了理论基础

（一）为教师职业幸福感研究提供了基本的认识前提

教师是教育活动的组织者、参与者和指导者，只有高质量的教师队伍才能组织高质量的教育活动，才有可能培养出高质量的学生。对于教育发展来说，起决定作用的依然是教师队伍的素质和质量。研究者普遍认识到，要建设高质量高素质的教师队伍，不仅要提高教师的专业素质，更要提升教师的成就感和幸福感，让教师的人生价值与职业理想得以实现。既往成果中出现了许多关于教师职业幸福感内涵阐释的话语。这些成果借鉴心理学中对幸福感的研究，逐步加深对教师职业幸福感的理解。研究者综合主观幸福感和心理幸福感的内涵对教师职业幸福感进行定义与结构剖析，强调教师教育教学过程中职业理想实现带来的满足感与成就感，主张教师职业幸福感是"物质满足"和"精神享受"的整合，是"快乐体验"与"自我实现"的统一。综合分析既往研究成果，研究者从情感幸福感、认知幸福感、社会幸福感、身心幸福感、收益幸福感、社会支持感、工作效能感等要素来构建教师职业幸福感的结构维度，并以此为基础对其进行测量。也有研究者聚焦教师职业本身，从教师专业身份认同感、教育教学满意感、人际交往和谐感、职业情境舒适感来衡量教师职业幸福感，考察了教师职业幸福感的特殊性。这些既往研究成果为本报告明确教师职业幸福感的现实意义、厘清教师职业幸福感的科学内涵、厘定教师职业幸福感的重点观测维度、分析教师职业幸福感的发展态势提供了基本的认识前提，也为进一步深入研究教师职业幸福感提供了逻辑起点。

（二）为提升教师职业幸福感提供了基本思路

面向新时代，教师既面临来自国家、社会及家长等多方的亲切期望，又承担培养德智体美劳全面发展的社会主义接班人的时代重任，在我国教育高质量发展的进程中发挥着至关重要的作用。提升教师职业幸福感是教师队伍建设的关键途径。研究者从人口统计学变量、心理因素、职业认同因素、职业道德因素、经济收入因素、工作压力因素、学校管理因素、教师评价因素以及社会支持因素等诸多方面剖析了教师职业幸福感的可能影响因素，从教师个人、学校、社会三个层面为教师职业幸福感的提升做出努力。从既往研究可以看出，尽管教师职业幸福

感会受到客观因素的制约，但主观性是其基本属性，"感"即教师自身的体味与感受，是教师对其职业生活的个人评价。因此，既往研究关注教师自身的能动性，提出了提升教师心理健康水平、树立正确职业价值观、促进教师专业发展等对策，重视教师自身幸福能力的建设。同时，研究者也认为良好的外部环境是教师职业幸福感的生成土壤，提出要改革学校管理机制、构建并完善社会保障体系，为提升教师职业幸福感提供强有力的外部保障。另外，既往研究分析了教师职业幸福感的影响因素，寻找到提升教师职业幸福感的关键突破点；既往研究扎根中国大地，结合我国教育发展和教师队伍建设的特点提出了较为有针对性的提升措施，这些对策、措施为本报告构建教师职业幸福感的路径选择与政策供给提供了基本参照与思路。

二、提供了进一步可研究的问题与创新可能性

在既有文献中，关于教师职业幸福感的内涵、构成要素、影响因素以及对策建议等成果，对推动教师职业幸福感的研究、改善教师职业幸福感现状发挥了应有的作用。在新时代，如何深化教师队伍建设，提升广大教师的满足感、成就感和幸福感，尚有许多问题需要深入研究。分析了既往研究成果，本报告做出了如下几点创新。

（一）进行大规模的教师职业幸福感调查研究

随着我国教育规模的扩张，教师队伍也愈加壮大。据《2020年全国教育事业发展统计公报》，2000年底，全国专任教师有1792.97万人，比上年增加60.94万人，增长了3.52%。① 面对庞大的教师队伍，既往研究并未针对教师职业幸福感进行大规模、多层次、多维度的调查研究，多是对某一地区、某一学段或某一学科的教师进行研究，且样本量通常不足1万人，结果存在片面性，甚至在人口统计学变量上出现了相悖的结论。本报告为全面深入地探析我国教师职业幸福感的情况，采用线上调研和现场调研相结合的方式，进行了全国性的大规模深入调研。并且报告调查了不同地域（东部、中部、西部、东北地区，城、乡）、性别、年龄和教龄、学段、学科、职称、职务、收入、学校类型的教师，多维度比

---

① 教育部网站. 2020年全国教育事业发展统计公报.（2020-10-13）. http://www.moe.gov.cn/jyb_sjzl/sjzl_fztjgb/202108/t20210827_555004.html［2021-08-30］.

较教师职业幸福感的差异，体现不同类型教师职业幸福感的特殊性。报告通过大规模、全方位、多层次的调研，既全面描绘了教师职业幸福感的现实图景，也兼顾了教师群体的差异，探察了各级各类教师职业幸福感的真实面貌。

（二）进行教师职业幸福感影响因素的结构性剖析

通过分析既往研究结果，可以看出教师职业幸福感的影响因素是多层次、多维度的，但既往研究者未能对其进行整合性的分析，探究其影响机制。既往研究分析教师职业幸福感的影响因素时，一是从理论上阐释个人因素、职业因素、学校因素和社会因素对教师职业幸福感的影响，缺乏实证研究的支撑；二是通过实证研究探析个别因素与教师职业幸福感的关系，研究缺乏全局性。本报告对于教师职业幸福感影响因素的研究具有全面性、层次性和结构性。本报告将教师职业幸福感的影响因素分为个人层面、专业发展、工作环境和社会环境4个维度，囊括主观和客观两大因素，又将4个维度细分为17个二级指标，理清了教师职业幸福感影响因素的逻辑思路。为进一步研究各个影响因素如何作用于教师职业幸福感，以及各个因素的作用如何，报告构建了教师职业幸福感影响因素的结构模型，研究其影响机制。

（三）进行重点和特殊教师群体职业幸福感群像素描

在我国庞大的教师队伍中，由于工作性质、地域差异、教育改革需求等因素的影响，有着许多特殊身份的教师，这些教师的职业幸福感的发展态势、影响因素、提升策略展现着群体独特性。既往研究虽会在研究中考虑到不同类型的教师，但基本上是在不同性别、学段、年龄和教龄、学科等层面比较其职业幸福感水平的差异性，并未对特殊教师群体的职业幸福感进行针对性的研究。本报告在对教师职业幸福感进行全景描绘的同时，对重点和特殊的教师群体的教师职业幸福感进行了群面素描，展现了这些教师群体职业幸福感的特殊性。本报告在大规模调研的基础之上，结合当前国家和社会对特别身份的教师群体的重点关注，进一步调查了班主任、乡村教师、特岗教师、"公费师范生"教师、高级职称教师这些教师群体，了解他们教师职业幸福感的群体独特性，以便于提出具有针对性的提升策略。

（四）进行教师职业幸福感发展预测分析

随着时间的推进，教师职业幸福感处于动态变化的过程中。既往研究者对于教师职业幸福感的研究往往是横向的静态研究，考察教师职业幸福感在某一时间点的状态，进而分析影响因素、提出相应对策，缺乏动态分析与预测分析。本报告将理论研究与实践研究相结合，进行教师职业幸福感发展预测分析。本报告以发展与安全辩证统一作为教师职业幸福感预测的价值取向，从合理性、合法性两个角度确立预测的基本依据，构建了教师职业幸福感预测的模型与分析维度，并以此为理论前提与基础，注重研究教师职业幸福感发展预测如何在实践中运行并发挥功能。进行教师职业幸福感发展预测分析，最重要的是将预测内容有效运用到教育实践当中，以科学有效的预测内容为政策建议与政策供给提供基本参照与未来方向，促进教师专业发展、建设高质量教师队伍。

第三章
教师职业幸福感基础理论研究

第一节 教师职业幸福感核心概念界定

一、幸福

幸福不仅是人生的主题,也是人类发展过程中一个永恒的话题。费尔巴哈说:"生活和幸福原来就是一个东西,一切的追求,至少一切健全的追求都是对于幸福的追求。"① 马克思说:"在每一个人的意识或感觉中都存在着这样的原理,它们是颠扑不破的原则,是整个历史发展的结果,是无须加以证明的……例如,每个人都追求幸福。"② 显然,幸福在人类生活中具有极重要的意义。但从古至今,幸福还没有一个公认的、放之四海而皆准的定义,对幸福下一个准确的定义是十分困难的工作。以至于康德都无奈地感叹:"幸福的概念是如此模糊,以致虽然人人都想得到它,但是,谁也不能对自己所决意追求或选择的东西,说得清楚明白,条理一贯。"③ 罗素在《幸福之路》中从幸福与不幸福两个角度进行阐释,他指出:"幸福的人生活是客观的,有着自由的情爱,广大的兴趣,因为这些兴趣与情爱而快乐,也因为他们使他成为许多别人的兴趣和情爱的对象而快乐。""一切的不幸都由于某种破裂或缺乏全部的一致;意识界与无意识界缺少了相互的联络,便促成自身之内的破裂;自己与社会不曾由客观的兴趣和情爱之力连接为一,便促成了两者之间的缺少一致。"④

在词源上,英语通常采用"happiness"表述幸福,源自形容词"happy",意为愉快、满意、喜悦、幸运的。《新英汉词典(增补本)》对"happiness"的解释表明,幸福与快乐有关,是一种持续进行的状况;幸福也与伦理规定有关,并需要一种无障碍的外部条件。而更科学的幸福术语为"well-being",其含义为"良好存在",指的是健康快乐的状态,《新英汉词典(增补本)》对其释义为"幸福、健康、福利"。⑤ 显然,"well-being"的含义与"happy"有一定的区别:前者指

---

① 路德维希·费尔巴哈. 费尔巴哈哲学著作选集. 荣振华,李金山,等译. 北京:商务印书馆,1984:543.
② 中共中央马克思恩格斯列宁斯大林著作编译局. 马克思恩格斯全集. 第42卷. 北京:人民出版社,1960:373.
③ 周辅成. 西方伦理学名著选辑·上卷. 北京:商务印书馆,1987:366.
④ 罗素. 幸福之路. 傅雷译. 北京:台海出版社,2019:177-179.
⑤ 《新英汉词典》编写组. 新英汉词典(增补本). 上海:上海译文出版社,1985:1602.

的是一种生存状态，而后者却仅是一种心理状态。此外，英语中还有一个词"joy"可以表示幸福，其含义为快乐、愉快、喜悦或令人快乐的人或事。

在古代汉语中，"幸"的含义是：偶然有所得益或意外免去灾祸、侥幸、幸运；幸福、喜悦；高兴等。"福"的含义是：福气；造福；保佑；与"祸"相对等。① 在现代汉语中，"幸"的含义是：侥幸、幸运；幸福、希望；因为幸福而高兴等；"福"的含义是：幸福；福气；与"祸"相对等。② 各著名词典对"幸福"的定义也稍有区别。《现代汉语词典》对幸福的解释是：使人心情舒畅的境遇和生活；（生活、境遇）称心如意。③《辞海》对幸福的解释是：人们在为理想奋斗过程中以及实现了预定目标和理想时感到满足的状况和体验。对幸福含义的理解因理想、追求的内容不同而有不同。④《教师百科辞典》对幸福的解释是：幸福是人们对生活的态度和评价。是一种同人们所追求的理想、目标紧密相连的道德现象。所谓幸福观，是人们对幸福的不同看法和态度，它是社会生活条件在人们思想感情中的反映，在阶级社会里，不同阶级有不同的幸福观。⑤

古往今来的各位学者对幸福做出了各种各样的解释。西方思想史上第一位对幸福做理论探讨的思想家是梭伦。他认为，最幸福的人并不是最富裕的人，而是拥有中等水平财产的人。伯里克利认为，幸福通过获得自由而实现，而要想获得自由，就必须成为勇敢的人。苏格拉底认为善可以帮助人们理解幸福，也是实现幸福的前提。亚里士多德继承和发扬苏格拉底的思想，认为幸福是一种"实践善"，合乎德性的实践活动就是幸福。到了中世纪，哲学家把爱上帝和进入天堂作为人奋斗的目标，因此尘世生活中没有任何幸福可言，只有到达"极乐世界"才能享受到幸福。文艺复兴时期的思想家，力求打破中世纪时上帝带给人的枷锁，蒙太涅等就明确提出只要凡人的幸福，从人实际生活的需要本身扛起追求幸福的大旗，把实现幸福的途径从天堂拉回了人间。现代对幸福含义的阐述更加丰富。陶行知曾说，一切的学问，都要努力向着人民的幸福瞄准。孙英认为，幸福是对于人生具有重要意义的需要、欲望、目的得以实现的心理体验。⑥ 赵汀阳认

---

① 古代汉语词典编写组. 古代汉语词典. 北京：商务印书馆，2005：427，1752.
② 中国社会科学院语言研究所词典编辑室. 现代汉语词典（第5版）. 北京：商务印书馆，2005：422，1527.
③ 中国社会科学院语言研究所词典编辑室编. 现代汉语词典（第5版）. 北京：商务印书馆，2005：1527.
④ 辞海编辑委员会. 辞海. 上海：上海辞书出版社，2002：1998.
⑤《教师百科辞典》编委会. 教师百科辞典. 北京：社会科学文献出版社，1987：58.
⑥ 孙英. 幸福论. 北京：人民出版社，2004.

为，假如一个人的某个行动本身是自成目的的，并且这一行动所试图达到的结果也是一个具有自足价值的事情，那么，这一行动必定使他获得幸福。[1] 邢占军认为，幸福包括三个方面的内容：一是人们对生活总体以及主要生活领域的满意感；二是人们所体验到的快乐感；三是人们由于潜能实现而获得的价值感。[2]

根据以上对幸福的种种解释和界定，我们认为幸福大致有以下几个方面的含义。第一，幸福是现实生活中的客观存在，是主观与客观的统一。真正的幸福不仅存在于人的头脑中，而是以人的主观体验为形式，以现实中真实存在的、人们能够体验到的、积极的发展状况为内容。第二，幸福是一种愉悦的状态，与人的基本需要相联系。这里的"基本需要"既包括人的内部需要，即身体感觉舒适，这是幸福感形成的前提和基础；也包括外部需要，即在社会实践过程中达到目的、实现价值等。内外需要同时得到满足，人才会感觉到幸福。第三，幸福不是一成不变的，而是历史的、发展的。在不同的历史时期，幸福有不同的概念；对同一个体而言，随着身心的发展和阅历的变化，其对幸福也会有不同的理解。第四，幸福离不开快乐，但幸福并不等同于快乐。单纯的持续不断的快乐，可能是一种虚幻的快乐，而不能带来真正的幸福。幸福产生于快乐和痛苦之后，是人在苦乐比较后的一种正向的心理感受和情绪体验。第五，幸福是多层次的，包含物质幸福、人际幸福和精神幸福等种类。第六，幸福可以通过个体的努力而获得。对幸福的理性认知、对个体潜能的激发、对生活的积极态度，都有助于个体实现幸福。

二、幸福感

《新牛津词典》定义"幸福感"为舒适、健康、愉快的状态。英国学者霍尔姆斯指出，幸福感是一种模糊的表达，难以给出准确的定义。[3] 幸福感是一个心理学名词，是一种主观状态，也有其客观规定性。20世纪50年代以来，研究者开始对幸福感的含义进行研究。有的学者从认知层面加以理解，认为幸福感等同于满意感。还有的学者从情感层面加以理解，认为幸福感等同于快乐感。这里的快乐既可以来源于需求得到满足，也可以来源于个人的自我潜能充分发挥、自我

---

[1] 赵汀阳. 论可能生活（第二版）. 北京：中国人民大学出版社，2010：152.
[2] 邢占军. 测量幸福——主观幸福感测量研究. 北京：人民出版社，2005：39.
[3] 转引自：Elizabeth Holmes. 教师的幸福感. 闫慧敏译. 北京：中国轻工业出版社，2006：2.

价值得到实现。美国学者迪纳对幸福感的定义很有代表性，他将幸福感定义为"个人根据自定的标准对其生活质量所做的总体评估，包括生活满意度、积极情绪和消极情绪"[①]。这个定义显然是认知（生活满意度）与情感（积极与消极情绪）两个维度的统一。

邢占军在国内外已有研究成果的基础上，提出了对幸福感的定义："幸福感是由人们所拥有的客观条件以及人们的需求价值等因素共同作用而产生的个体对自身存在与发展状况的一种积极的心理体验，它是满意感、快乐感和价值感的有机统一。"[②]这一定义也将认知和情感统一起来，同样具有很强的代表性。程浩彬总结了国内外的幸福感研究变革的三个阶段：第一阶段是认知幸福感与情绪幸福感的整合，形成了现代成熟的主观幸福感；第二阶段是主观幸福感与心理幸福感的整合，实现了个人情绪体验与人生意义的统一；第三阶段是在主观幸福感和心理幸福感的基础上融入了社会幸福感，实现了人与社会的统一。[③]

从以上研究和定义中可以看出，幸福感的形成离不开认知维度的满意感和情感维度的快乐感。需要指出的是，满意感不仅是需要的满足，也是个人期望的体现。如果两个人的需要满足到相同程度而个人期望不同，也会导致幸福感存在差异。因此，幸福感是在期望基础上的需要的满足。结合前面的阐述，我们认为，幸福感受身体状况等内部条件和实践过程中各种外部条件的影响，是对个人需要满足和个人期望实现的反映，表现为幸福、快乐等愉悦的心理体验。

三、职业幸福感

职业幸福感，也可称为工作幸福感。我国学者朱启臻在其《职业指导理论与方法》一书中对"职业"进行了界定："所谓职业，是人们为了谋生和发展而从事相对稳定的、有收入的、专门分类的社会活动。"[④]《现代汉语词典》将"职业"一词解释为"个人在社会中所从事的作为主要生活来源的工作"[⑤]。《台湾职业分类典》指出，职业是个人所担任的任务或者职务，它需满足三个条件：有报酬；有持续性而非机会性；为善良风俗所认可。[⑥]

[①] 转引自：张俊. 中学教师职业幸福感形成与发展规律的研究. 大连：辽宁师范大学，2012.
[②] 邢占军. 幸福指数的指标体系构建与追踪研究. 数据，2006（8）：10-12.
[③] 陈浩彬. 幸福感理论模型探索. 南昌：南昌大学，2008.
[④] 朱启臻. 职业指导理论与方法. 北京：人民教育出版社，1996.
[⑤] 中国社会科学院语言研究所词典编辑室编. 现代汉语词典（第5版）. 北京：商务印书馆，2005：1750.
[⑥] 转引自：翁琴雅. 我国中学校长职业幸福感研究. 上海：华东师范大学，2012.

罗丹说过，工作就是人生的价值，人生的欢乐，也是幸福之所在。通过工作，人们能够创造自我、实现自我、成就自我，从而感受幸福。Bakker 和 Oerlemans 以情绪环形模型（the circumplex model of affect）为理论框架，将员工的工作幸福感界定为"个体对自己的工作满意，并体验到更多的积极情绪、更少的消极情绪"。这种界定既包括工作认知评价，也包括工作积极情绪，如投入、快乐和作为情绪体验的满意。[①] Xanthopoulou 等将积极工作幸福感定义为"从低到高唤醒的高愉悦体验状态"，包括工作满意、工作投入、工作卷入和积极情绪。[②] 基于对幸福感的理解，我们可以说，职业幸福感受身体状况等内部条件和工作过程中各种外部条件的影响，是在所从事的职业中个人需要满足和个人期望实现的反映，表现为幸福、快乐等愉悦的心理体验。

四、教师职业幸福感

职业是一个较为宽泛的概念，各个职业在专业化程度和稳定性上都有差异。教师职业的专业性较强，也具有较强的稳定性。结合前面的阐述我们认为，教师职业幸福感受教师身体状况等内部条件和教学活动中各种外部条件的影响，是教师在教育实践活动中个人需要满足和个人期望实现的反映，依然表现为幸福、快乐等愉悦的心理体验。只有幸福的教师，才能教出幸福的学生。那么什么是教师职业幸福感？怎样才能让教师获得幸福呢？著名教师陈自鹏指出："教师是否幸福，于个人是一种感受，更是一种体会。教师是否幸福，于职业是一种态度、一种精神、一种义务、一种责任……教师的幸福不是别的，就是在自己学习、工作、思考、研究、传播、交流和些许的成就中能够得到满足和快乐。"[③]

一些学者对教师职业幸福感的界定具有很强的参考价值。刘次林认为，教师职业幸福感就是指教师在教育工作中需要获得满足、自由实现自己的职业理想、发挥自己潜能并伴随着力量增长所获得的持续快乐的体验。教师的幸福也称教育幸福，对自己生存状态的意义的体味构成教师的幸福感。教师的幸福感是指教师通过艰辛的创造性劳动，把学生培养成材后，因目标和理想的实现而在心理上和

---

① 转引自：邹琼，佐斌，代涛涛. 工作幸福感：概念、测量水平与因果模型. 心理科学进展，2015，11（23）：669-678.

② Xanthopoulou D, Bakker A B, Ilies R. Everyday working life: Explaining within-person fluctuations in employee well-being. Human Relations, 65（9）：1051-1069.

③ 陈自鹏. 教师幸福追求之道. 北京：人民教育出版社，2017：14.

精神上感受到的职业乐趣和人生欢愉,这是其他任何职业所无法享受到的幸福。[①]"创造性劳动"和"培养人"的职业属性使得教师职业具有独特性,从而产生了教师职业幸福感相比其他职业的独特性。陈艳华认为,教师幸福感的产生依赖于教师的辛勤劳动、积极创造,依赖于教师对教育理念的科学把握。教师的幸福体现在对学生的理解和关怀中,体现在学生的成长中,体现在对教育事业的真诚奉献中,体现在自我修养的不断提高中,体现在学生对教师的真诚热爱中。[②]张俊认为,教师职业幸福感首先是基于教师岗位本身,是教师在履行岗位职责过程中所获得成功的一种体验。其次是教师岗位上的成功与其个人专业发展的紧密联系,岗位上的成功是个人职业能力在岗位上的实现。最后是教师在履职过程中优势需要得到满足而产生的愉悦状态。因此,张俊将教师职业幸福感界定为"教师在履职过程中对满足自己优势需要的积极评价和愉悦的心理体验"[③]。曹众认为,教师的职业幸福感是教师在正确认识幸福的基础上,通过自己的不懈努力实现自己的职业理想、实现自身和谐自由发展而产生的一种自我满足、自我愉悦的生存状态[④]。

　　从以上学者的分析和界定可以看出,教师职业幸福感内涵大致包括以下几个方面。第一,精神与物质相统一。教师的个人需要满足和个人期望达成,离不开因学生快乐成长而产生的精神层面的愉悦和满足。但我们也必须注意到,教师也是人,也有自己的喜怒哀乐和物质需求。一味弘扬教师"春蚕到死丝方尽"的奉献精神,却刻意忽视其物质层面的需求,绝不合理,也必将导致教师职业幸福感下降。第二,付出与收获相统一。在培养人的过程中,教师需要付出很多。但是这些劳动与付出对教师职业幸福感并不只是起负面作用,因为它可以使教师积累经验、提升教学能力,并在陪伴学生快乐成长的过程中产生快乐,并感受到人生的价值。教师职业的付出与收获是相辅相成的,它们共同影响着教师职业幸福感。第三,个体性与集体性相统一。教师职业能力的提高,有助于教师提升个体幸福感。教育实践活动又具有集体性的特点,集体中的每位学生,都是教师劳动的结晶,学生集体的健康发展能够提升教师的"快乐感"和"价值感",也能促进教师职业幸福感的提升;同时,每位学生的成长也是多位教师的集体劳动所共

---

① 刘次林. 幸福教育论. 南京:南京师范大学出版社, 1999.
② 陈艳华. 谈教师的幸福. 济南大学学报, 2003, 13(1):78-81.
③ 张俊. 中学教师职业幸福感形成与发展规律的研究. 大连:辽宁师范大学, 2012.
④ 曹众. 中小学音乐教师职业幸福感研究. 长沙:湖南师范大学, 2011.

同作用的结果。教师职业既有个体性也有集体性，教师幸福也是个人幸福与集体幸福的统一。

第二节 教师职业幸福感研究价值取向

教师队伍是新时代教育高质量发展的主力军。提升教师职业幸福已成为新时代教师队伍建设的基本目标与重要话语。2018年，为深入贯彻落实党的十九大精神、造就党和人民满意的高素质专业化创新型教师队伍，《中共中央 国务院关于全面深化新时代教师队伍建设改革的意见》发布，明确提出使"尊师重教蔚然成风，广大教师在岗位上有幸福感、事业上有成就感、社会上有荣誉感，教师成为让人羡慕的职业"的建设目标[①]。该意见的颁布使"教师职业幸福感"这一既具专业理性又富人文情感的概念回归研究者的视野之中。笔者梳理教师职业幸福感相关研究后发现，教师职业幸福感研究的核心取向表现为三个方面：以教师为本、以心理为根、以发展为重。

一、以教师为本

以教师为本是我国教师职业幸福感研究的根本立场，是人本主义思想在教师幸福感研究中的具体体现。这一取向在研究的理念上表现为尊重教师幸福追求的正当性，在研究的逻辑上表现为立足教师职业实践的主体性，在研究的内容上表现为聚焦教师幸福观念的科学性。

（一）尊重教师幸福追求的正当性

尊重教师幸福追求的正当性是我国教师幸福感研究的根本价值前提。教师职业幸福是教师职业生活质量的标志，享受职业幸福是教师的正当权益是其典型观点。研究者不仅要将中小学教师幸福感问题视为一个科学问题，更要将其视为一个人文问题，深度聚焦教师职业身份背后更为基础的身份——人的身份。因此，

---

① 教育部网站. 中共中央 国务院关于全面深化新时代教师队伍建设改革的意见.（2018-01-20）. http://www.moe.gov.cn/jyb_xxgk/moe_1777/moe_1778/201801/t20180131_326144.html[2021-01-18].

研究者普遍认为，教师职业幸福追求正是人类幸福追求的特殊形式与具体表现，前者的正当性是后者正当性存在的根本依据。正如吴康宁提到的，教育实践已经反复证明了一个道理：不论教育者这个行当被套上多少光环，如"人类灵魂工程师""太阳底下最光辉的职业"等，被期待做出怎样的贡献，教育者所具有的"人"这个第一属性都不会改变，都应当享有正常人为了自身生存发展而主张并追求体面物质生活与自由精神生活的权利。①

（二）立足教师职业实践的主体性

立足教师职业实践的主体性主要表现在研究的分析与论证逻辑中，即从教育实践活动与教师职业活动的关系中讨论作为实践主体的教师的职业幸福感。因此，一些研究者尝试从主体性入手阐释教师职业幸福的内涵，如檀传宝认为教师的幸福就是教师在自己的教育工作中自由实现自己的职业理想的一种教育主体生存状态。②冯建军认为教师的幸福是教师作为人、职业人和教育主体的幸福。③亦有研究者明确指出关注实践主体、使用主体哲学分析教师职业幸福问题的现实针对性。如闫守轩和朱宁波认为，长期以来，知识、技术本位的教师观把教师定位为课程知识的"代言人"和教学的"熟练技师"，忽视了教师作为主体人的存在，消解了教师作为鲜活的生命个体在教育教学活动中的生命激情和多维感悟，难以体验职业生命中的内在幸福感。④而立足教师职业实践的主体性所指向的和必须回答的关键问题是主客体统一的问题，主要包含统一的内涵、依据、条件与形式等。如刘次林认为幸福是主客体相统一时的体验，而教师的幸福就表现在他与教材、学生、自己的融合之中；教育的丰富客体内容使它得以能够在职业活动中体验到最丰富的情感内容，因而它也最有理由成为一种幸福的职业。⑤

（三）聚焦教师幸福观念的科学性

帮助教师形成正确的职业幸福观念是以教师为本的重要表现。尽管教师作为职业实践主体享有追求幸福的权利，但这种追求的正当性并不能在教师的思维与实践中直接转化为职业幸福观念的科学性。因此，改造教师所持有的对教师职业

---

① 吴康宁. 教育究竟是什么——教育与社会的关系再审思. 教育研究，2016（8）：4-12.
② 檀传宝. 论教师的幸福. 教育科学，2002（1）：39-43.
③ 冯建军. 教育幸福：教师专业发展的重要维度. 人民教育，2008（6）：23-26.
④ 闫守轩，朱宁波. 教师教育中生命体验的缺失及回归. 全球教育展望，2011（12）：61-66.
⑤ 刘次林. 教师的幸福. 教育研究，2000（5）：21-25.

幸福的错误观念成为重要的研究问题。对于职业幸福观念科学性的分析主要聚焦职业幸福的科学来源。这既包含对错误思想形成的解构，也包含对科学思想生成的引导。如柳海民和林丹指出，人们对于教师职业幸福感的来源问题是存在诸多误解的，主要表现为把工作快乐、职业声望和利益获得等同于职业幸福感。而将"生活方式"作为教师职业观，才是教师职业幸福感的真正来源。[①][②] 范桂兰认为教师幸福感的内在根源在于学习创造与自我实现的职业劳动特点、教书育人与收获成长的职业人际快乐、丰富多彩与自由优雅的职业生活方式。[③]

二、以心理为根

以心理为根是指心理学研究范式在教师幸福感研究中占据重要地位。从广义上讲，教师职业幸福感研究主要包括思辨研究与实证研究两种基本类型。逻辑思维的严密性与心理测量的实证性共同构成了教师职业幸福研究的科学性。但在两种基本类型中，心理研究范式是最核心的范式，比思辨研究更加受重视。

从研究的目的与对象的角度看，以心理为根主要表现为教师幸福感研究必须围绕三种变量进行：第一种是对结构性变量的研究，其核心目的是明晰教师幸福感的核心维度；第二种是对标志性变量的研究，其核心目的是探寻幸福感的群体差异；第三种是对调控性变量的研究，其核心目的是确立幸福感的提升手段。

（一）明晰幸福感的核心维度

结构性变量是研究者对教师幸福感心理结构拆解的产物，主要存在于教师职业幸福感调查工具中。结构性变量是在测量工具的开发过程中确定的，信效度分析是保障其科学性的主要依据。21世纪初，我国主要使用外国学者编制的幸福感量表。如Ryff和Singer的心理幸福感量表，其结构性变量主要包括自我接纳、与他人的积极关系、掌控环境、自主性、生活目标感、个人成长6个维度。[④] 也

---

① 柳海民，林丹. 教师职业幸福感来源的误解及澄清. 陕西师范大学学报（哲学社会科学版），2008（1）：10-14.
② 林丹. 教师职业幸福感缺失的背后——"生活方式"抑或"谋生手段"的教师职业观探讨. 教育发展研究，2007（12）：46-50.
③ 范桂兰. 论教师幸福感的内在根源. 云南民族大学学报（哲学社会科学版），2009（1）：69-71.
④ Ryff C D，Singer B. The contours of positive human health. Psychological Inquiry，1998（1）：1-28.

有学者使用Diener等编制的主观幸福感量表，其中包括整体生活满意度、积极情感体验、消极情感体验3方面。[1] 还有学者使用美国国家健康统计中心（National Center for Health Statistics）制定的"总体幸福感量表"，该量表主要包括对健康的担心、精力水平、对生活的满足和兴趣、心情忧郁或愉快、对情感和行为的控制、精神松弛或紧张等6个维度。[2] 随着研究的不断深入，我国学者不再借助一般幸福感的框架，而是开始尝试编制更有针对性、更加本土化的教师幸福感测量工具。如姜艳自编了教师职业幸福感问卷，下设领导关系、躯体健康、从业动机、成就感、同事关系、学生关系、工作情感、工作热情8个维度。[3] 谭贤政等编制了教师职业活动幸福感量表，内含期望性活动幸福感、成就性活动幸福感、自主性活动幸福感、人际性活动幸福感4个方面。[4]

（二）探寻幸福感的群体差异

教师幸福感的标志性变量是一些不具有实践操作性，但又与教师幸福感呈显著相关的变量。在教师职业幸福感研究中寻找标志性变量，是建立在对教师幸福感存在群体差异的假设之上的。这种差异可能表现在整体幸福感中，也可能表现在一个或多个幸福感的具体维度中。在此种假设下，研究者发现标志性变量可以帮助人们有效识别，进而能更有针对性、有重点地关注与提升特定教师群体的幸福感。目前，我国教师幸福感研究对于标志性变量的选取一般围绕与教师队伍结构紧密相关的人口统计学变量展开。这些变量包括教师的性别、年龄、教龄、职称、学历、专业、婚姻状况、学校类型、任教学段、执教学科、聘任状况、学校所在区域等。例如，许多研究发现，男、女教师的幸福感存在显著差异，低年级教师幸福感得分一般高于中高年级教师，已婚教师的幸福感得分一般高于未婚教师的幸福感，教龄与教师幸福感之间一般呈"U"形曲线关系。还有一些研究发现，年龄、性别等与教师幸福感的一些结构性变量存在显著的相关关系。

（三）确立幸福感的提升手段

作为同样与教师幸福感呈显著相关的变量，相比于标志性变量调控性变量的

---

[1] Diener E. Subjective well-being. Psychological bulletin, 1984（3）: 542-575.
[2] Robinson J P, Shaver P R, Wrightsman L S. Measures of Personality and Social Psychological Attitudes. California: Academic Press, 1991: 76.
[3] 姜艳. 教师职业幸福感研究. 思想理论教育, 2008（9）: 75-78.
[4] 谭贤政, 卢家楣, 张敏, 等. 教师职业活动幸福感的调查研究. 心理科学, 2009（2）: 288-292.

突出特点是其具有实践操作性。这意味着研究一旦证明某些调控性变量与教师幸福感具有显著相关性，我们便能够通过对这些变量进行控制与调节来提升教师职业幸福感水平。迄今为止，研究者主要关注两类调控性变量：一类是内部调控性变量，另一类是外部调控性变量。内部调控性变量主要是指教师内部的，且与教师幸福感显著相关的调控性变量。研究发现工作投入、心理健康、核心自我评价、自我效能感、心理资本、教学胜任力、应对方式、职业承诺、职业人格、职业认同、教学素养、教学动机等内部调控性变量与教师幸福感显著正相关。外部调控性变量主要是指外在于教师，且与教师幸福感显著相关的调控性变量。其中，社会支持、组织支持感、组织资源、校长教学领导力等外部调控性变量与教师幸福感显著正相关，工作压力、工作家庭冲突[①]等外部调控性变量与教师幸福感显著负相关。

三、以发展为重

以发展为重是指我国中小学教师幸福感研究聚焦于教师职业幸福与教师专业发展间的辩证关系。2020年1月，OECD发布《教师幸福感：数据搜集与分析框架》。这份教育工作文件对教师职业幸福研究定位于解决当前教师职业的"两高一低"——高流失、高短缺和低职业吸引力问题。[②]与OECD不同的是，我国研究者最为关注的是教师职业幸福与教师专业发展间的辩证关系。在对这一关系的讨论中，研究逐渐形成了两个基本议题。

（一）以教师专业发展作为提升教师职业幸福感的核心目的

学术研究的科学性以目的的科学性为基石。研究问题、方法、过程的科学性均是目的科学性的延伸。这正是我们必须关注研究目的的原因。教师职业幸福感研究具有复杂的目标体系。提升教师职业幸福感绝不以自身为终极目的，它既是自身的目的，同时更是实现更高目的的手段。一旦忽视和违背这种目的与手段的内在联系，就将令幸福感研究走向异化。

以教师自我实现为个体目的，以教师队伍发展为集体目的，以教育质量提升

[①] 杨玲，付超，赵鑫，等. 职业倦怠在中小学教师工作家庭冲突与主观幸福感间的中介效应分析. 中国临床心理学杂志，2015（2）：330-335.

[②] OECD. Teachers' well-being: A framework for data collection and analysis.（2020-01-30）. https://dx.doi.org/10.1787/c36fc9d3-en[2021-07-21].

为根本目的，这是"以教师专业发展作为提升教师职业幸福感的核心目的"的主要内涵，也是研究者对于目的手段关系问题的目标体系。以教师专业发展为核心目的，是社会主义教育现代化发展对教师职业幸福研究提出的理论诉求。从历史与国情的角度看，教师职业幸福感研究的兴起是我国改革开放以来教育发展的必然结果。其间，教育发展战略挑战教师心理资本，依法治教格局释放教师发展空间，幸福形象认同激活教师主体意识。以推动我国教师职业幸福感研究的三大历史动因为视角，我们便可发现教师职业幸福的实质是什么，且其将长期作为中国特色社会主义教育现代化发展的重要子问题。正因如此，研究者将教师专业发展置于价值体系核心地位。

（二）以教师专业发展作为提升教师职业幸福感的核心手段

在上文讨论调控性变量时，我们曾提及提升教师职业幸福感的相关因素具有内部与外部之分。对内部与外部因素协同并用，是教师职业幸福提升的两点论问题。而以教师专业发展作为提升教师职业幸福的核心手段是与之相对应的重点论问题。

以教师专业发展作为提升教师职业幸福感的核心手段，反映了教师职业幸福感对教师专业发展的促进作用。教师的专业态度和动机是影响教师专业发展的关键因素。我国学者目前已经普遍认识到其在教师专业发展过程中的重要价值，并提出幸福感是教师专业发展的内在动力，是解决教师自我发展内动力不足问题的重要手段。[1] 因此，研究者纷纷强调教师职业幸福感的获取必须以教师的专业发展为前提条件。如冯建军认为幸福的教师是具有专业自由、富有创造、持续发展的教师。[2] 斯日古楞也认为教师只有主动追求专业发展，教师的幸福感才能不断萌发和扩展。[3]

---

[1] 李方安. 论教师自我发展. 教育研究，2015（4）：94-99.
[2] 冯建军. 教师的幸福与幸福的教师. 中国德育，2008（1）：24-29，90.
[3] 斯日古楞. 教师的幸福感——促进教师专业发展的有效学校文化. 前沿，2009（1）：194-196.

第三节　教师职业幸福感专业特征分析

教师职业幸福感专业特征分析，即在探讨教师作为特定群体，其职业幸福感在具有一般幸福感的主观性、相对性、持续性等共性特征基础之上，区别其与其他职业群体相较之下的独特性。教师职业幸福感专业特征是把握教师职业幸福感本质及作用其机制的重要基础，其有助于我们更好地打开教师职业幸福感的大门。

一、精神性：在教书育人中奉献给予

幸福的真正核心在于精神的幸福。精神性作为教师职业幸福的第一特性，指教师在教书育人的过程中通过无私的奉献与给予而收获的深沉、醇厚的精神幸福。虽然教师职业幸福以一定的物质条件为基础，但鲜明的精神性是其与其他职业幸福的显著不同之处。"捧着一颗心来，不带半根草去"，这是教师职业幸福精神性的真实写照与典型体现。它支配和调节着教师的物质幸福和社会幸福，在现代社会主要体现在教师的劳动过程、劳动结果以及劳动报酬上。

首先，教师职业幸福的精神性表现在教师劳动过程的精神性上。教师的职业劳动过程不同于工人的物质资料生产过程，也不同于学者的科学知识创造过程，而是将人类历史上长期积淀形成的优秀文化传递给学生的过程。教师不是在操纵可触可感的物质资料，而是以自身为媒介，通过人格魅力、学识修养、教学技能、道德情操来影响和感化学生，传递精神力量。整个过程更多地表现为师生精神上的交流与融通。

其次，教师职业幸福的精神性体现在教师的劳动结果上。教师劳动的产物不是即时即地的、有形的产品，而是学生知识的内化、能力的提升、品德的修炼。教师的劳动成果虽然不能直接产生经济效益，但是在人类社会的发展进程中发挥着不可或缺的重要作用。教师通过学生的成长以及其对他人和社会所形成的影响与做出的贡献，感受到教师职业的独特价值，从中汲取源源不断的力量。

教育活动本质上是一种精神活动，不仅教育过程本身是精神性的，教育的结果也是精神性的。教师职业幸福的精神性特征还体现在教师的劳动报酬上。教师的主观幸福感不可能脱离物质条件而独立存在，但是教师的劳动报酬相较于其他

职业而言展现出鲜明的精神性。师生间在教学过程中的精神交流和情感融通、学生的道德成长和学业进步等都是教师职业生命意义的确证。教师因此在心理上和精神上感受到的职业乐趣和人生欢愉，是其他任何职业所无法享受到的幸福。正如杜威所言，对教师而言教育随时都是自己的报酬。

二、关联性：在学生成长中自我实现

因教师工作对象的特殊性，教师职业幸福感的另一个重要特征是关联性。关联性是指教师的幸福与学生的成长休戚相关，师生在幸福上是相互感染、相互促进与相互依赖的[1]，对方的幸福是自身幸福的重要基础与前提保障，展现出极强的关联性。这种关联性也成为教师区别于职业幸福感的独特之处。

一方面，教师的幸福影响学生的成长。教师"幸福地教"，学生才会"幸福地学"。学生发展维度反映出教师职业幸福感的特殊来源。育人是教师的基本职责，教师的劳动成果通过学生的发展而得以实现。在教育教学过程中，没有教师的幸福，就没有学生的幸福；没有幸福的教师，也就难以有幸福的学生。教师幸福的直接结果是学生学习生活的幸福和健康成长。教育是生命间的活动，即一个心灵唤醒许多心灵，一个智慧开启许多智慧，一种人格去影响另一种人格，一种热情去温暖许多生命的过程。正如弗洛姆所言，幸福本身不是结果，而是伴随着力量增长的体验。教师在职业生活中所表现出的幸福、对生活的乐观态度、对学生的无私关爱，在学生幸福成长中具有举足轻重的作用。

另一方面，学生的成长助力教师的幸福。学生"幸福地学"，教师更能"幸福地教"。教师作为学生精神生命的缔造者，相较于其他职业，其职业幸福感在很大程度上建立在学生的成长和进步上，将学生的发展当作自己幸福的来源。[2]如孟子所言，"得天下英才而教育之"（《孟子·尽心章句上》）。教师的自我价值与学生的成人、成才息息相关，培养出适应新时代发展需求的、高质量的创新型人才是教师工作的目标，也是教师职业理想、个体价值的实现。在学生的成长与进步中，教师能够充分体验到"给予"所带来的幸福，享受到塑造学生美好心灵的幸福，享受着开发学生潜力的幸福，享受到学生贡献社会的幸福，享受着学生在成长与发展中收获幸福的幸福。

---

[1] 刘次林. 教师的幸福. 教育研究，2000（5）：21-25.
[2] 冯建军. 教师的幸福与幸福的教师. 中国德育，2008（1）：24-29，90.

三、整体性：在主客因素中融合体验

教育是特定时空下师生对话交往的过程。主客因素的相互作用决定了教师幸福感不是一个"孤岛"，而是呈现出复杂交织的整体性状态。它不是教师的即时感受，而是由教师自身的内在环境因子和外界环境因子共同构成的、统一能动的微观生态系统。这种整体性状态主要表现在关系群体的交往、无限时空的延展以及自我社会的统一三个方面。

在关系群体的交往中体验幸福。教师的劳动不是一个人的单打独斗，而是全体成员的群力群策，具有集体性的典型特征。在教师的职业生活中存在着诸多关系，如教师个体与学生个体之间的关系、教师个体与教师集体之间的关系、教师个体与学生集体之间的关系、教师集体与学生集体之间的关系、教师与家长之间的关系、教师与领导之间的关系等。教师在与他人频繁的互动、交往中得到幸福体验，处理好这些关系、形成合力是教师职业幸福的应含内容，也是教师职业幸福的必要条件。

在无限时空的延展中体验幸福。教师职业幸福具有无限性，主要表现在时间和空间两个维度[①]。从时间上看，教师对学生的影响是无限的。教师虽然只存在于学生生命长河中的一瞬，但是这一瞬足以影响学生的终身发展。同样，教师所收获的幸福也是超越时间限制的，贯穿其职业生涯的始终。从空间上来看，教师的劳动效果不会局限于某一个校园之内，因而它具有空间上的无限性。一代一代的伟人、一代一代的普通劳动者皆因教师的劳动而对社会的进步做出贡献，教师因而通过自己的劳动对整个世界的影响而理解工作的意义，体会自己的成功和幸福。

在自我社会的统一中体验幸福。人的幸福是在分享中升值、在给予中升华，犹如细胞在人体中增殖一样，个人幸福不能没有它所必需的社会条件。教育教学不是一项独立的工作，而是整个教育体系乃至整个社会系统的一部分。教师职业幸福因而也是个体幸福与集体幸福的统一体，是人生价值、教育价值和社会价值平衡和谐的整体。教师职业幸福建立在超越个人打算或个体利益计较的基础之上，在境界上具有相对崇高的特征。

[①] 檀传宝. 教师伦理学专题. 北京：北京师范大学出版社，2000：42-44.

四、发展性：在积极创造中收获提升

教育作为一种培养人的活动，主要指向个体的精神世界，是人类社会中极具挑战性和创造性的工作之一，需要教师富有创造性地开展主体间的交往。该目标的实现离不开教师自身专业素养的不断提升，这也为教师职业幸福感打上了深深的烙印。发展性即教师通过自身教学实践能力的提升和自我价值的实现而带来的主观幸福感与效能感。

教师职业幸福源于教师对专业发展的追求。物质欲望的满足可以得到自然性、即时性的快乐，却难以体验到长久的、弥漫且富有意义的幸福。人的幸福动力源于主体强烈的精神追求与内在发展需要，这种幸福就是一种内生性幸福或内源性幸福。[1] 教师职业幸福作为一种精神性幸福，同样源于教师对自身专业发展的不懈追求。教师通过提升专业能力与发展境界，在学生成长和成功的同时，自己也不断成长并走向成功，从专业发展上体验到巨大的幸福感。

教师职业幸福推动教师对专业发展的追求。教师的专业成长和教师幸福是相互促进的关系，二者呈现出一种螺旋上升的状态。教师在职业生涯的过程中感受来自学生成长的幸福，感受来自学校关怀的幸福，感受来自社会尊重的幸福，这些幸福的积淀和汇聚会帮助教师对其专业身份有一个清晰的认知，并最终达到职业认同与承诺，增添教师职业的内在尊严与劳动价值，从源头上推动教师提升自身专业素养，优化课堂教学，进行创造性地劳动，探索教育科研，摘取专业的丰硕成果，培养专业精神，升华教师的精神世界。

第四节 教师职业幸福感基本维度建构

职业幸福是推进教师发展的动力源泉，也是提升教育质量的重要基石。《中共中央 国务院关于全面深化新时代教师队伍建设改革的意见》强调："到2035年，尊师重教蔚然成风，广大教师在岗位上有幸福感、事业上有成就感、社会上

---

[1] 王传金. 教师职业幸福解读. 教育理论与实践，2008，28（34）：36-40.

有荣誉感，教师成为让人羡慕的职业。"[①]近年来，世界各国和国际组织都陆续出台相关的政策和文件，从多重维度来建构教师职业幸福感。2020年1月，作为最具代表性的全球教育治理机构之一，OECD发布《教师职业幸福感：数据收集与分析框架》报告，首次将教师职业幸福感测试作为PISA2021的重要内容，以"影响教师职业幸福感的核心因素有哪些，影响教师职业健康的工作条件有哪些，教师对职业幸福感的预期结果是什么"三个问题为基本导向，围绕四个关键维度来建构和测量教师职业幸福感[②]，为我国教师职业幸福感研究提供了学理参照与实践指导。基于此背景，本章尝试从教师职业认知幸福感、教师职业主观幸福感、教师职业健康幸福感和教师职业社会幸福感出发，建构具有中国特色的教师职业幸福感基本维度。

一、"根基点"：教师职业认知幸福感

认知是指获取和理解事实知识的心理活动或过程，包括注意力、知识形成、判断评价、问题解决和决策等内容。教师职业认知幸福感，一方面指教师在有效工作时所展示出来的认知能力，尤其是教师接受新信息和专注工作的程度；另一方面指教师的自我效能感，也就是教师对自身执行能力的信念。越来越多的证据表明，教师自我效能感影响教师的教学实践、工作满意度以及工作热情等，具有较强教学效能感的教师乐于接受并且尝试新思想和新方法，以更好地满足学生的需求；教师自我效能感在一定程度上与学生成就、动机和效能感呈正相关关系。基于此，本章借鉴OECD对于职业幸福感的测量要素，将专注工作和自我效能感作为测评教师职业认知幸福感的下位指标。

（一）专注工作

专注，要求做到专心注意、精神贯注、心神专一。专注工作是一种积极的心理状态，指教师工作时能够集中精力、充满激情地沉浸于自己的工作之中。教师专注工作会受到其自身和外部环境等因素的影响，具体而言，当教师处于积极的身心状态时，专注工作程度高，反之则比较低；当外部环境对教师身心状态产生

[①] 教育部网站. 中共中央 国务院关于全面深化新时代教师队伍建设改革的意见.（2018-01-20）http://www.moe.gov.cn/jyb_xwfb/moe_1946/fj_2018/201801/t20180131_326148.html [2018-01-20].

[②] OECD. Teachers' well-being: A framework for data collection and analysis.（2020-01-30）https://doi.org/10.1787/c36fc9d3-en [2020-01-30].

正面影响时，教师更加乐于集中精力、专注工作，反之教师则可能感到思维不清、心烦意乱等。同时，专注工作也是一种相对稳定的心理状态，一般情况下，专注工作度高的教师，由于有积极的身心状态和职业认知，即使偶尔出现不能专注工作等情况，也能通过自我调整，而集中精力投入工作，将内心笃定且钻研、执着、坚定的专注精神贯穿于工作全过程。专注工作体现了教师对自身职业的情感认同，展现了教师对教育事业的执着投入，因而笔者将专注工作作为建构教师职业认知幸福感的重要指标之一。

（二）自我效能感

教师自我效能感，指教师对自身教育价值和教育能力的认知与判断，其影响教师的教学行为和教学效果，是推动教师职业发展的内在动力，也是教师职业认知幸福感的重要组成内容。具体来说，教师自我效能感可以分为课堂管理效能、教学效能及学生参与效能三个分支。教师课堂管理效能指教师对自己成功执行课堂管理任务的信心，如控制课堂上的破坏行为、使学生遵守课堂规则或使学生安静下来等，从而保持有序的课堂秩序。教学效能指教师对教育在学生发展中所起作用的自我判断、感受以及对教学效果的评价，这是评判教学有效性的重要依据。学生参与效能指通过教师组织有效教学，让学生相信他们能在学业上做得很好，帮助学生重视学习，特别是激励对学习不感兴趣的学生产生学习热情和信心，积极参与课堂教学活动。三个分支效能是教师职业认知幸福感中教师自我效能感的重要构成，在一定程度上与教师职业认知幸福感存在正相关关系。

二、"关键点"：教师职业主观幸福感

在2013年发布的《主观幸福感测量指南》中，OECD将主观幸福感定义为良好的心理状态，即人们对自己生活的各种评价（积极的和消极的）以及对自身经历的情绪反应。主观幸福感的定义包括三个要素：第一，生活评价，即对个体的生活或者其某些特定方面的反思性评价；第二，情绪影响，指个体特定的感觉或情绪状态；第三，幸福实现，指个体对生活的意义和目的的感知，以及良好的心理功能。[①] OECD在以上三个要素的基础上，结合教师职业幸福感的特殊性，新加入了工作满意度和生活满意度，将其作为教师职业主观幸福感的二级指标。本

---

① OECD. OECD Guidelines on Measuring Subjective Well-being. Parts：OECD Publishing，2013.

部分依据OECD评估教师主观幸福感的要素指标,聚焦教师实实在在的要求和获得感,将工作满意度、生活满意度、情绪的影响、工作目的性作为教师职业主观幸福感的重要组成要素,同时这些也是建构教师职业幸福感的"关键点"。

(一) 工作满意度

工作满意度指教师从工作中获得的成就感和满足感,其与教师自我效能感、职业幸福感呈正相关,同时还对教师在日常工作中的态度起关键作用。工作满意度可分为对教师职业的满意度以及对所处工作环境的满意度等内容。具体而言,工作满意度作为教师职业主观幸福感的重要组成内容,可以通过教师对"做老师的好处明显大于坏处""我喜欢在这所学校工作"等表述的同意程度来了解教师的工作满意度,进而将其作为分析教师职业主观幸福感的重要参照。重视教师的工作满意度,是保持教师队伍稳定性的重要举措,也是增强教师职业满意度的重要支撑,同时还是提高教师职业主观幸福感的必要条件。

(二) 生活满意度

生活满意度是教师职业主观幸福感维度的重要组成部分,指个体在特定时间内,以自己选择的标准为依据,对自身生活状况的总体认知与评价。教师的生活满意度影响着教师的职业热情和工作成效,代表着教师在生活中的幸福感指数,体现了教师对生活状况的主观感知,因而也成为评估教师职业幸福感的重要因素。需要注意的是,生活满意度也是影响教师产生职业倦怠的重要因素之一。因而,必须重视提高教师的生活满意度,在政策允许的范围内优化对于教师的保障条件,关注教师的身心健康,真正落实"福利待遇",进而加强教师的工作动力和生活满意度,帮助教师感受职业幸福感。

(三) 情绪的影响

情绪是个体在不同活动中内在心理状态的外在表现形式。教师的情绪指教师在教学活动中体验到的开心、紧张、愤怒、伤心等具体情绪,也包括教师的情绪衰竭、情绪劳动等。教师的情绪受教师自身、教学情境、学生状况等多种因素的影响。同时,教师的情绪又受产生组织、动机、信号和感染等影响,积极的教师情绪对课堂教学活动具有推动作用,对学生学习具有感染作用,进而对教师职业幸福感产生正面影响；反之，消极的教师情绪会对课堂教学活动、学生学习、职业幸福感产生负面影响。由此，教师应善用调节情绪的策略，恰当处理情绪的影响，缓解不良情绪，在轻松和谐的氛围中积极教学，在教学实效中收获教师职业主观幸福感。

（四）工作目的性

工作目的性指教师在工作中有方向感和使命感。教师的工作目的性很大程度上决定了其个人工作的效率和幸福感系数。具有较强工作目的性的教师群体会将教师职业作为自身潜能得以发挥的平台，并且能够在自身职业生涯中体会到成就感和幸福感。职业使命感是强化教师工作目的性的内在动力源泉，这种使命感起初表现为一种信念或愿景，继而持续激发教师的行为动机，在实践教学活动中指引教师朝着特定目标而努力工作。目标是行为的先导，将坚守教师职业的初心和使命作为教师的工作目的性，可以强化教师的工作动力，帮助教师在完成职业使命的过程中获得职业主观幸福感。

三、"支撑点"：教师职业健康幸福感

身心健康是个体体验幸福感的基本保障和有效支撑。然而，个体所承受工作压力可能会导致其产生胃痛、情绪低落、疲劳、焦虑、失眠等身心不适的症状，并且随着时间增长，这些身心症状发生的频率也会越来越高。当前，教学任务重、科研和生活压力大等问题使得大多数教师处于亚健康状态，重视教师职业健康幸福感显得尤为重要。本章尝试从教师身心症状和身心症状的发生频率两个指标来衡量教师的身心健康状况，进而建构教师职业健康幸福感。

（一）身心症状

身心健康素质是教师素质体系中的"根基"，分为身体素质和心理素质两个方面的内容。针对教师工作、生活压力大等问题，情绪低落、易怒、感到紧张等心理问题会随之产生，还会产生很多身体上的不适症状，例如头痛、胃痛、背痛、疲劳、头晕、焦虑、失眠等身心症状。对教师开展身心健康教育，已然成为推动教师职业发展的重中之重。依据教师群体的职业特殊性，有针对性地进行身心症状保健知识教育，向教师传授身心健康知识，教授其合理体育锻炼的技能，

通过健康运动和心理调节来提升教师的身心健康素养，实现身心症状保健知识和社会健康实践的有机统一，帮助教师形成较为稳定的身心健康素养。使教师在调整与保持中达到身心健康，进而感受教师职业健康幸福感的积极能量。

（二）身心症状的发生频率

身心症状的发生频率指教师的身心症状在单位时间内发生问题的度量，对教师的职业健康幸福感具有直接影响。自我调适是降低身心症状发生频率的关键策略。首先，教师应培养自身积极、乐观的人生态度，面对问题迎难而上，对前途充满信心。其次，要树立正确的职业观，教师是太阳底下最光辉的职业，教师的幸福来源于学生的成长与进步，来源于他人的尊重与肯定。再次，要加强体育锻炼，保持健康的体魄是教师从事教育教学工作的前提条件，也是获取职业幸福感的重要保障。最后，要合理宣泄自己的情绪，教师在产生不良情绪后，可以通过与他人沟通交流等消除负面情绪带来的消极影响，做自己的"身心保健医生"。在自我调适中，教师可以降低不良身心症状的发生频率、感悟教师职业健康幸福感的魅力。

四、"生长点"：教师职业社会幸福感

OECD在教师职业幸福感的社会维度分析中指出，教学是整个教育系统，甚至于整个社会系统的一部分，在这个系统中，教师与他人（学生、学生家长；同事、校长、顾问等专业人员；社区、生活中的其他人员等）共同工作与交流，教师与他人的互动频率和关系质量会对教师职业幸福感产生积极或消极的不同影响。基于此，教师职业社会幸福感评估可以分为四个部分——与同事的关系、与校长的关系、师生关系、信任感，这是建构教师职业社会幸福感的"生长点"。

（一）与同事的关系

保持和谐的同事关系，是教师开展教育教学工作的重要基础。教师除了与学生相处之外，在学校的其他时间基本都在与同事相处，同事之间真诚相处、相互学习，有助于彼此之间协同发展、共同进步。通过教师对"我感觉自己被学校遗忘了""我和同事相处得很好""我在学校里感到尴尬和不适应""我的同事们似乎喜欢我""与同事们谈论我在校外的生活时，我感到很舒服"等问题的同意程度，我们可以分析教师与同事的关系，并将其作为建构教师职业社会幸福感的重

要指标。教师不应固守思维,应该建立"教学共同体",达成学科之间、班级之间的合作,在与同事的沟通互动中,获得双方的协同发展。并从同事的支持和认可中,建构与感知职业社会幸福感。

(二)与校长的关系

从职业来看,教师和校长都是教育工作者,但从学校内层级关系来看,又属于领导者和被领导者的关系。校长是学校教育教学工作的指挥者和助推者,教师是学校教育教学工作的解读者和实施者,校长通过引领教师、激励教师,发挥教师的潜能,与教师形成育人合力,从而不断优化教育教学工作。教师与校长的关系受多方面因素的影响。面对教学和科研等多重任务,以及教师与学生、家长、同事、学校各级领导和学校之外其他社会关系之间复杂的人际关系,教师可能会产生一定的人际交往压力。因而,在实际的教育教学工作中,教师与校长会存在冲突与和谐两种关系。和谐的教师与校长的关系是共同努力的结果,正如课堂上教师离不开学生的支持、学生离不开教师的指导一样,切实完成好教育教学工作,既需要教师支持和信任校长,又需要校长重新定位角色,校长与教师之间相互理解,在和谐的教师与校长关系中建构教师职业社会幸福感。

(三)师生关系

师生关系是教师与学生在教育教学以及日常交往过程中所形成的,以认知、情感、行为等为主要表现形式的心理关系。师生关系可以分为回避型、冲突型、亲近型三种类型。回避型师生关系主要是指学生在态度上和行为上回避教师,不愿和教师进行沟通与交往。冲突型师生关系指教师和学生之间在认知和行为上的不一致与不和谐。亲近型师生关系是指学生和教师能够互相欣赏与接纳,实现心与心之间的碰撞与互动。在教育教学活动中,教师和学生在有效互动过程中追求共同成长与发展。我们要以师生双方的发展作为处理师生关系的出发点和落脚点,以民主平等作为建立师生关系的重要导向,以情感交融作为构建师生关系的基础前提,进而将融洽和谐的师生关系作为建构教师职业社会幸福感的要素。

(四)信任感

信任感是因对他人的积极期望而愿意接受由此产生的结果。增强教师人际关系网络中的信任感有利于建设和谐校园,适应现实发展要求,对全社会的精神文明建设产生辐射作用；也有利于发挥整体功能，塑造组织内部的信任感，巩固和发展学校组织；并有利于促进师生发展，提高教育教学质量，实现"育人"初心。让学校从整体上形成教师信任学校的专业管理支持，同事之间相互信任、相互依赖，师生之间相互尊重、相互理解的组织环境，塑造组织内部人际关系之间的信任感，以"信任"助力教师形成"绿色、和谐"的人际关系网络，让教师对其人际关系网络生成信任感，是建构教师职业社会幸福感的要素指标。

教师职业认知幸福感、教师职业主观幸福感、教师职业健康幸福感和教师职业社会幸福感，这四个基本维度相互促进、相互贯通，有机统一于教师职业幸福感的维度框架。教师是教育教学活动的组织者、参与者和实践者。建构教师职业幸福感的基本维度，不仅影响教师自身的发展与进步，而且还关系到整个教育组织生态系统的内在和谐与共生发展，因而具有重要的现实意义。

第四章
教师职业幸福感调查设计实施

孟子有云"人生有三乐。父母俱在,兄弟无故,一乐也;仰不愧于天,俯不怍于人,二乐也;得天下英才而教育之,三乐也"(《孟子·尽心上》)。的确,教育天下英才实乃一大乐事。当前,教师职业幸福感成为教育高质量发展的重要内容,如何提升教师职业幸福感成为我国教育事业实现现代化的时代命题。那么,当前我国教师职业幸福感现状究竟如何,又如何开展研究?本章将在已有研究的基础上进行理论探讨,并考虑中国教师职业幸福感的独有特点,构建教师职业幸福感的测评体系并形成相应工具。

第一节　明确教师职业幸福感的测评依据

教师职业幸福感是教师专业发展和教师教育政策关注的重要内容。本节从已有研究和实际政策出发，探究教师职业幸福感的测评依据。除了已有的测评工具和理论，"教师本位"的教师专业发展理念和教师教育政策也为教师幸福感的测评提供了重要依据。

一、已有研究成果依据

（一）理论基础

截至目前，教师幸福感和教师职业幸福感的概念内涵基本上都是相同的，并且大多数研究对教师职业幸福感的理解都将快乐体验与自我实现整合在教师职业幸福感的内涵阐释当中，更加体现教师本位，注重教师职业理想与人生意义的实现。例如，檀传宝认为，幸福是教师在自己的教育工作中自由实现自己的职业理想的一种教育主体生存状态，对自己生存状态的意义的体味构成教师的幸福感。[1] 曹众认为，教师的职业幸福感应是教师在正确认识幸福的基础上，通过自己的不懈努力实现自己的职业理想、实现自身和谐自由发展而产生的一种自我满足、自我愉悦的生存状态。[2]

教师职业幸福感是一个复杂的、多维的概念，经过反复研究并借鉴经济合作与发展组织的定义，本次研究将教师职业幸福感的定义确定为：教师对其职业及教育工作中所产生的在健康、认知、主观、社会、成就等方面的持续快乐体验，包括认知幸福感、主观幸福感、健康幸福感、社会幸福感。

对于教师职业幸福感的测量，目前影响力较大的主要是Diener的主观幸福感理论，他假设幸福感本质上是主观的。因此，他倾向于用主观幸福感来描述幸福感，他将其描述为一个总括性术语，用来描述人们根据对生活的主观评价所体验到的幸福感水平，他认为主观幸福感既来自积极因素的存在，也来自消极因素的缺失。他认为主观幸福感衡量的是一个人的整个生活，而不是一个特定的

---

[1] 檀传宝. 论教师的幸福. 教育科学，2002（1）：39-43.
[2] 曹众. 中小学音乐教师职业幸福感研究. 长沙：湖南师范大学，2011.

领域。① 除此之外还有以诺丁斯为代表的关心理论，受存在主义哲学和人本主义心理学影响较深，其主张以人为本，承认并尊重人与人之间的差异，关注人的价值和需要。

（二）工具借鉴

为更好地研究教师职业幸福感，国内外学者都开发了相关量表进行测量，已有研究中使用较多的量表为总体幸福感量表（General Well-being Schedule，GWB）。该量表由美国国家卫生统计中心指定Fazio制订，用于评估个体对幸福的陈述的一种定式型测量工具。量表总计33个项目，6个因子，分别为对健康的担心、精力、对生活的满足和兴趣、忧郁或快乐心境、情感和行为控制、松弛与紧张。

我国学者苗元江编制的综合幸福感问卷应用较广，该问卷分为心理幸福感和主观幸福感两个模块，采用7点计分方式，共有9个维度，分别是生活满意、友好关系、自我价值、利他行为、健康关注、生命活力、正性情感、负性情感、人格成长，共50个题项，苗元江从多种角度建构了我国本土化的幸福感量表，被国内学者在研究教师、学生、老人等不同群体的幸福感时广泛应用。

OECD注意到教师职业幸福感对教师活动和教育质量的重大影响，开始对教师职业幸福感进行调查研究，并将其纳入到PISA2021测试中。基于已有研究，OECD从个人幸福感、职业幸福感以及学生幸福感的相关研究出发，指出教师职业幸福感是一个复杂的、多维的概念，并将其定义为"教师对与其工作和职业相关的认知、主观、健康、社会等方面的反应"，也即教师针对教育职业所产生的在认知、主观、健康和社会方面的主体生存状态，包括认知幸福感、主观幸福感、健康幸福感以及社会幸福感4个观测维度，其中每个核心要素都包含一组与教师职业幸福感相关的特定指标。

本次编制的幸福感量表主要借鉴OECD的教师职业幸福感量表，并在此基础上进行了增删和调适，确定为教师职业幸福感结构和教师职业幸福感影响因素"两指标"。其中，教师职业幸福感结构又具体分为主观幸福感、认知幸福感、健康幸福感和社会幸福感4个维度；教师职业幸福感影响因素具体分为个体层面、专业发展、工作环境和社会环境4个维度。

---

① Diener E. Subjective well-being. Psychological Bulletin, 1984, 95 (3): 542-575.

（三）结论参考

我国当前对教师职业幸福感的研究对象多元，包括各学段（幼儿园、基础教育阶段以及高等教育阶段都有涉及）、各类型（普通教育或特殊教育都包括在内）以及各地区（城市、乡村都被调研在内）学校的教师。从总体上看，我国教师的职业幸福感处于中等偏上水平。从影响因素来看，经济收入对教师的职业幸福感有很大影响，并且两者呈正相关。但由于不同研究使用的测量工具和测量的侧重点不同，不同研究得出了不同的结论。

二、教师专业发展依据

幸福不是单纯的感官满足，也不是完全脱离现实生活的精神满足，真正的幸福是在基本需要得到充分满足的同时，发展需要也得到一定程度的满足。所以，教师是一项物质与精神、专业发展与职业幸福相结合的工作。

（一）教师专业发展的重要内容

在教师的专业发展过程中，生理、心理、伦理组成教师幸福的不同层次，生命的健康状态、生活的优秀品质和生存的道德信仰构成三位一体的生命实践，教师专业发展不仅局限在教学技能、教学管理等方面，教师幸福也需要受到关注，以使教师实现有价值的人生、过有意义的生活，从而进一步实现职业理想和生命价值。[①]

职业幸福感获得和教师专业成长是相辅相成的，教师可以从自身的专业成长中获得职业幸福感，同时较高的工作幸福感水平能够给教师带来更加愉悦和充实的工作体验。在一个能够体会到工作幸福的氛围中工作，教师能够更充分地发挥自己的积极性、主动性和创造性，从而创造更多的工作价值、推动自身的专业化发展。教师专业发展是一个动态的过程，当教师在工作中体会到自身价值的实现并感受到幸福愉悦的时候，也更愿意积极主动地克服工作中的困难，更愿意花时间钻研教学任务以及思考工作中的问题，缓解职业倦怠感，这样才能够积极促进自身的专业进步，因此，促进教师专业发展的关键之一就在于提升教师的职业幸福感。

---

① 刘燕楠，李莉. 教师幸福：当代教师发展的生命意蕴. 教育研究与实验，2019（6）：53-56.

（二）教师专业发展的关键前提

教师职业幸福感是教师职业生活的重要组成部分之一，也是衡量其工作生活质量的重要因素。教师的职业幸福感体验能够促进教师做好教育教学工作，不断提升专业水平和能力，不断升华教师个人的人生价值。

对教师职业幸福感的现状进行调查能够帮助教师群体以及学校等清楚地认识教师工作时内心真实的体验和感受，了解影响教师职业幸福感的因素，为教师专业发展的前景和具体培养方式指明方向。教师专业发展不仅需要教师自身的积极意愿和辛勤付出，也需要学校提供发展的机会和平台，明确影响教师职业幸福感的影响因素后，同时通过对教师职业幸福感进行研究，能够引起教育管理机构和学校领导对教师职业幸福感的关注，为教育管理机构和学校领导提供参考，使其促进教师身心健康发展，更加合理化、人性化地对教师进行培训和管理，学校也能够有的放矢地为教师专业发展提供资源和指导，从而更好地促进教师专业发展。

（三）教师教育研究的主要方向

在新时代背景下，关注教师职业幸福感是我国顺应社会转型要求和全球教育改革热潮的必然之举，要想缓解教师的职业倦怠，必须对教师职业幸福感进行研究。针对教师职业幸福感展开测试，指导教师教育教学实践，是教师教育研究领域的重要内容。

教师教育主要研究和揭示教师教育活动及其规律，阐明教师教学工作基本原理与应用规范。[①]更确切地说，它是汇聚教育学、心理学、管理学、社会学等多个学科，并借助现代信息技术的理念、理论与方法，探究教师教育发展规律及应用特征的一门具有"实践教育学"旨趣的新兴学科。[②]通过对教师职业幸福感进行调查研究，可以更好地探究教师专业发展的内在情感因素，揭示教师发展的内在规律，从而在教师教育过程中更加合理地分配资源，提高教师教育的质量和水平。

---

① 肖正德. 我国教师教育学科创立的背景与时代使命. 教师发展研究，2019，3（3）：56-61.
② 杨跃. 关于教师教育学科构建的理性思考. 教师教育研究，2007（1）：1-5.

三、教师教育政策依据

（一）教师教育政策的基本价值取向

我国教师教育政策的价值取向逐渐转向教师本位，关注教师个体的发展。21世纪以来，伴随着"以人为本"科学发展观的提出，教师教育的人本价值取向逐渐被大家接受。教师教育政策逐渐把人作为教育政策的基本价值取向，制定教师教育政策的根本目的就是促进教育事业的发展，同时也是为了使每个教师的个体利益充分实现。①

"教师本位"的教师教育政策就是要正视和关注教师的真实工作生活状态，为教师个体提供生存和发展的合理平台和机会，提升他们的生命质量。马斯洛提出人的需要包括五个层次：生理的需要、安全的需要、爱和归属的需要、尊重的需要以及自我实现的需要。教师作为一般的人，必然有生理安全的基本需要，还有被尊重和享受职业幸福乐趣的需要，也就是说，教师职业幸福感是教师教育政策教师本位的重要体现和基本价值取向。

（二）教师教育政策的重点关注领域

如何提升教师职业幸福感是国家教育政策重点关注领域，各类政策多次提出提高教师待遇、保障教师合法权益、健全教师社会保障机制等举措，关心教师的职业成就感、职业满足感和职业幸福感。习近平总书记在有关教师职业的重要阐述中多次指出，要"让广大教师在岗位上有幸福感、事业上有成就感、社会上有荣誉感，让教师成为让人羡慕的职业"。②我国教师教育政策不仅强调教师专业发展的外部资源支持，也注重教师情绪、感受等内在心理因素。提升教师幸福感不仅能够促进教师专业成长，也对教师队伍良好建设有重大意义，同时"教师本位"的教师教育政策必然将教师放在中心位置，不仅关注教师职业的外部条件，还关注教师的内在心理感受，帮助教师实现人生价值，不断提高教师的社会地位。

（三）教师教育政策的重要研究课题

对教师职业幸福感进行研究，能够呈现我国教师幸福感的总体样态和现状，

---

① 王小红. 关涉教师幸福：教师教育政策的伦理诉求. 现代教育论丛，2008（1）：82-84，51.
② 习近平. 全面贯彻落实党的教育方针 努力把我国基础教育越办越好. 人民日报，2016-09-10（001）.

还能够找到影响教师职业幸福感的因素，并进一步提出解决问题的相应对策和方法，从而不断提升教师的职业幸福感。教师职业幸福感和教师教育政策都是指向教师本身，体现了"以人为本"的科学发展观，对教师职业幸福感的研究可以帮助学者以及政策制定者发现政策的短板并进行优化，最终指向提升教师幸福感，更好地落实教师教育政策。

第二节　突出中国教师职业幸福感特点

中华文化中对于幸福用"福""喜""乐"等词语表述。"幸福感"一词并非中国的本土产物，是对于西方文化的学习和借鉴。作为舶来品的幸福感，在中国受到了充分重视，近年来关于教师职业幸福感的研究亦是愈加丰富。但是，已有研究多是直接使用或简单改用西方量表测试中国教师职业幸福感现状，研究设计并未凸显中国教师的职业幸福感特点。

中国教师的职业幸福感不仅受社会舆论的影响，学校与家长的关系、教师工作稳定性以及职称晋升等问题，更是与教师的日常生活密切相关。为进一步了解中国教师对于幸福的诉求，本次研究在设计过程中进一步明晰社会声望、家校关系、职业安全感和发展空间与教师幸福感的关系，着重突出中国教师职业幸福感特点。

一、社会声誉：历史与现实的冲突

社会声誉指教师在社会中获得的积极性评价与社会承认，多以公众的接受、尊重、认同等形式出现。习近平总书记提出："全社会要大力弘扬尊师重教的良好风尚，使教师成为最受社会尊重的职业。"[①] 从历史发展的脉络来看，中国自古以来便有尊师重教的历史传统，"师者，所以传道授业解惑也"（韩愈《师说》）。从横向比较来看，有研究表明，中国在全球教师地位指数（Global

---

① 教育部网站. 全社会要大力弘扬尊师重教良好风尚——十二论学习贯彻习近平总书记致全国教师慰问信精神.（2013-09-24）. http://www.moe.gov.cn/jyb_xwfb/s5148/201309/t20130924_157656.html［2021-05-10］.

Teacher Status Index，GTSI）的35国教师地位排名中位居第一。① 中国教师的社会声誉在全球享有至高地位。中国教师对社会声誉的重视是历史的传承，社会声誉水平亦是中国教师职业幸福感的重要组成部分。

（一）"尊师重教"的历史传统

在我国的传统文化中，教师享有很高的社会声望。《学记》作为世界上最早论述教育问题的专著，就曾提到尊师重教的问题："入学之道，严师为难。师严然后道尊，道尊然后民知敬学。"孟子认为"天佑下民，作之君，作之师"（《尚书·周书·秦誓》），荀子更是将天地君亲师并列，论述"天地者，生之本也；先祖者，类之本也；君师者，治之本也"（《荀子》）。由此可见，"尊师重教"并非新概念，是历史传承的产物。但是，从韩愈的《师说》中可见教师的地位已然下降。在魏晋南北朝时期，重教的风气受到影响。教师的社会地位由汉代以前的与天地同位，与君亲同尊，到南宋末年降至极端低下的地步。②

习近平总书记提到"全党全社会要弘扬尊师重教的社会风尚"③是与历史一脉相承的。但随着社会的变化，教师的社会声誉有了一定的变化，教师未一直享有较高的社会声誉。因此，我们需要客观审视今天教师的社会声誉。

（二）教师声誉的实然状态

有研究指出，与日本、韩国、芬兰、以色列等国家相比，中国教师的社会声望位居第一，远超其他四个国家。④ 在2005年中国社会声望分层调查中，教师（包括大学教师、中学教师和小学教师）的声望排名明显提高。这反映出人们对于教育资源（或人力资本）给予了越来越高的价值评价，而提供或掌握这种资源的人（教师）就获得了越来越高的声望地位。⑤ 但是，《中国教师发展报告2019：中小学教师队伍建设的成就、挑战与举措》中指出，"当前中小学教师的

---

① 沈伟，李倩儒. 教师地位及其支持制度的国别比较：基于中国、日本、韩国、芬兰、以色列的考察. 外国教育研究，2020，47（10）：39-53.
② 邵燕. 我国教师地位的历史检视与现实思考. 当代教育论坛，2006（12）：66-68.
③ 中国政府网. 习近平出席全国教育大会并发表重要讲话.（2018-09-10）. http://www.gov.cn/xinwen/2018-09/10/content_5320835.htm [2021-08-10].
④ 沈伟，李倩儒. 教师地位及其支持制度的国别比较：基于中国、日本、韩国、芬兰、以色列的考察. 外国教育研究，2020，47（10）：39-53.
⑤ 李春玲. 当代中国社会的声望分层——职业声望与社会经济地位指数测量. 社会学研究，2005（2）：74-102，244.

社会声望水平不高,且在社会人士认为近三年(2015—2018年)职业声望下降幅度较大的职业中,中小学教师位列第3名"[1]。同时,本次调查显示,中小学教师的社会幸福感均值为3.81,其中,领导关系、同事关系、师生关系、家校关系的均值分别为3.57、4.03、3.82、4.09,而社会声誉的均值仅为3.54(表4-1),显著低于社会幸福感中其他维度的均值,更低于社会幸福感整体维度的均值,可见中国中小学教师的社会声誉实然状况需要予以重视。

表4-1 教师社会幸福感结构(N=33 590)

项目	最小值	最大值	M	SD
社会幸福感	1.00	5.00	3.81	0.65
领导关系	1.00	5.00	3.57	0.80
同事关系	1.00	5.00	4.03	0.71
师生关系	1.00	5.00	3.82	0.80
家校关系	1.00	5.00	4.09	0.70
社会声誉	1.00	5.00	3.54	1.02

目前,社会给予了教师很多关注,但部分媒体报道的以偏概全导致社会对个别不符合师德风范的教师行为的不满上升为对全体教师的攻击,这也从另一方面体现出社会民众对"尊师重道"的期待,同时这亦是提高教师幸福感的诉求。

二、家校关系:中国特有的困境

家校关系指学校教师与学生家长之间的关系。美国、英国和澳大利亚三国的中小学生家长依照各自国家的教育法规参与学校管理的各个领域,在学校重大事项上有参与决策权。[2]与此不同,中国没有关于学生家长参与学校管理的教育法规。但是,在社会经济文化改革浪潮下,学校不再扮演绝对权威的角色,家校关系成为社会关注的热点,甚至成为一些社会问题。家校关系存在"教育理念不同,互相拆台""责任边界不清,互相抱怨""家校纠纷不断,你防我范"等现象[3],甚至出现了"退出微信群"等教育热点。目前,我国的家校关系处于一个特殊阶段,面临着特殊的困境。

---

[1] 李广,柳海民等. 中国教师发展报告2019:中小学教师队伍建设的成就、挑战与举措. 北京:科学出版社,2020:303.
[2] 邱兴. 家长参与学校管理的中外比较研究. 外国中小学教育,2006(12):25-28,32.
[3] 陈松信. 让家校合作走向"深度". 中国教师报,2021-02-03(013).

（一）中国家校关系现状

从家校关系总体情况来看，目前家校关系维度均值为4.09，但不同问题的得分存在显著差异。在涉及教师行为方面，"学生家长提出的问题，您总是耐心解答和沟通"的得分为4.20，显著高于维度均值。但涉及学生家长行为方面的问题"您的工作经常得到学生家长的支持和认可"题项的均值为4.05，"学生家长对您很尊重"题项的均值为4.03（表4-2）。此问卷发放对象为教师群体，说明从教师群体视角来看，教师在家校关系中会主动配合、耐心解答，而家长在家校关系中对教师工作的尊重、支持和认可却不容乐观。

表4-2 家校关系调查问题（N=33 590）

项目	最小值	最大值	M	SD
家校关系	1.00	5.00	4.09	0.70
T60.学生家长提出的问题，您总是耐心解答和沟通。	1.00	5.00	4.20	0.71
T61.您的工作经常得到学生家长的支持和认可。	1.00	5.00	4.05	0.80
T62.学生家长对您很尊重。	1.00	5.00	4.03	0.81

有研究指出，在家校合作问题上，许多学校的态度非常暧昧。他们鼓励家长参与，以支持学校工作；但反感家长的"过度"参与，视之为侵犯其地盘的行为。[1] 有些教师不认同家长参与能带来更好的协作关系。[2] 与此同时，部分家长自身文化水平较高，愿意主动参与家校合作中。而处境不利家长拥有的社会资本匮乏[3]，他们在参与学校活动中亦处于被动地位。

目前中国的家校关系受到多方面因素的影响，情况复杂。而教师作为家校关系中的主角之一，其在主观上认为自身得到的认可与尊重是低于付出的。但教师群体对于家校关系的评价能否代表家校关系的整体面貌，有待进一步探究。

（二）家校关系紧张成因

科举制在中国历史中占据的地位不容小觑，甚至对中国现代的人才选拔制度存在一定的影响。镌刻于国人文化基因中的观念使中国的学校对于学生有充分的

---

[1] 林玲.家校合作关系的检视——一种批判的视角.教育科学研究，2013（6）：44-49.
[2] 梁亦华.家校冲突与冲突管理的质性研究.教育学报，2015, 11（3）：62-76.
[3] 林玲.家校合作关系的检视——一种批判的视角.教育科学研究，2013（6）：44-49.

受教育权。一直以来，学校都充当教育的绝对权威者。但是，伴随着社会的转型，家庭结构和生活方式的变化，计划生育、人口流动、婚恋观念、养育责任承担薄弱等，对学校相关工作提出了新的挑战。[①] 同时，随着教育的普及，更多的家长拥有丰富的知识，他们有能力质疑教育工作者的专业性，干预学校的教学活动。[②] 上述情况从客观上引起了家校关系的转变。同时，某些极端功利主义教育观对各行为主体的价值影响，导致学校形成错误的发展观、教师形成错误的职业观、家长形成错误的人才观。[③]

社会的发展对传统的教育方式提出了挑战，而与此同时，中国又缺少相关的教育法律法规。在多种因素的综合作用下，家校关系存在较多问题，家校合作更是进展不顺利。

三、职业安全感：中国教师的诉求

在马斯洛需求层次理论中，安全需要是个体第二层次的需要。职业安全感是幸福感的重要组成部分。研究表明，工作不安全感对员工工作幸福感、工作绩效都造成了显著的消极影响。[④] 国外对于安全感的研究，伴随工业改革大背景下员工面临失业等压力而兴盛。其中，有卓越贡献的学者Greenhalgh和Rosenblatt对工作不安全感给出如下定义：工作不安全感是在一个受到威胁的工作情境中，对于维持所希望的继续性的一种无力感。[⑤] 本次研究中，教师职业安全感指教师在职业中获得的信心、安全和自由，特别是满足现在或将来各种需要的感受。

（一）职业安全感的影响力

在现有研究中，关于职业安全感的研究主要集中于安全感对其他心理状态的影响，着重集中于探讨工作不安全感的危害性。一些流行病学调查及纵向研究也确证了工作不安全感对各类雇员身心健康的消极危害。[⑥] 首先，工作不安全感对

---

① 黄河清，马恒懿. 家校合作价值论新探. 华东师范大学学报（教育科学版），2011，29（4）：23-29.
② 林玲. 家校合作关系的检视——一种批判的视角. 教育科学研究，2013（6）：44-49.
③ 唐文琴. 协同教育视角下中国家校关系的失衡与反思. 重庆：西南大学，2013.
④ 冯冬冬，陆昌勤，萧爱铃. 工作不安全感与幸福感、绩效的关系：自我效能感的作用. 心理学报，2008（4）：448-455.
⑤ Greenhalgh L，Rosenblatt Z. Job insecurity: Toward conceptual clarity. Academy of Management Review，1984，3：438-448.
⑥ 胡三嫚. 工作不安全感的研究现状与展望. 心理科学进展，2007（6）：938-947.

员工工作幸福感和工作绩效都有显著的消极影响。① 工作不安全感是员工工作幸福感负面影响的显著来源，它不仅对工作幸福感总分有负面预测作用，对于工作幸福感的工作价值、环境驾驭、福利待遇、自主性、自我接受、人际关系、发展前景等维度也具有负面影响效应。② 其次，工作不安全感作为一种重要职业压力源，严重影响员工的身心健康，对情绪耗竭有正向促进作用。③ 同时，工作不安全感通过抑制雇员的创新自我效能间接对其创造力产生显著的负向影响；并通过抑制人-工作匹配对创新自我效能的正向影响，弱化了其对创造力的间接效应。④

由此可见，职业安全感不仅作为自变量直接影响教师的幸福感，同时可通过影响个体的自我效能、情绪等影响教师的幸福感。因此，本次研究将职业安全感列为教师职业幸福感的组成部分。

（二）职业安全感的影响因素及结构

不安全感的形成因素主要有社会因素、组织因素和个人因素。⑤ 在社会因素方面，社会的快速发展对教师提出越来越高的要求，而与此同时却缺乏相应的法律和物质保障，个别家长的"无成本"举报造成教师的不安全感。在组织因素方面，一方面，个别组织对教师提出过高的要求，教师难以达标；另一方面，在家校冲突、舆论压力发生时，组织若不站在教师立场处理问题，会将教师置于被动局面。在个人因素方面，因个体差异的存在，不同教师对安全感的感知有所不同。

有学者将职业安全感分为认知安全感和情感安全感。⑥ 胡三嫚认为，工作不安全感主要由工作丧失不安全感、工作执行不安全感、薪酬晋升不安全感、过度竞争不安全感与人际关系不安全感五个部分所构成。⑦ 考虑到教师这一职业的工作性质，我们最终明确教师职业安全感由心理安全感、职业稳定性、组织归属感和身体安全4个方面构成。

---

① 冯冬冬，陆昌勤，萧爱铃. 工作不安全感与幸福感、绩效的关系：自我效能感的作用. 心理学报，2008（4）：448-455.

② 胡三嫚，钟华. 工作不安全感、自我感知可雇佣性与工作幸福感的关系. 中国临床心理学杂志，2015，23（2）：321-325.

③ 张莉，林与川，张林. 工作不安全感与情绪耗竭：情绪劳动的中介作用. 管理科学，2013，26（3）：1-8.

④ 张勇，龙立荣. 人-工作匹配、工作不安全感对雇员创造力的影响——一个有中介的调节效应模型检验. 南开管理评论，2013，16（5）：16-25，50.

⑤ 陈兴华，凌文辁，方俐洛. 你的员工有安全感吗? 中国人力资源开发，2004（4）：30-33.

⑥ 张莉，林与川，张林. 工作不安全感与情绪耗竭：情绪劳动的中介作用. 管理科学，2013，26（3）：1-8.

⑦ 胡三嫚. 工作不安全感及其对组织结果变量的影响机制. 武汉：华中师范大学，2008.

在当前的社会背景下，教育一直被高度重视，教师也因此被重点关注。在如此巨大压力的情况下，教师的职业安全感不仅是幸福感的重要组成部分，亦是广大教师的心理诉求。

四、发展空间：温柔的困局

教师发展空间是指教师随着自身专业技术水平、能力以及成就的提升而获得相应的专业技术职务称号和任职资格的状况。我国的教师职称晋升制度不同于美国的职级制、日本的年功序列制。为增强教师的工作积极性，促进教师的发展，我国在1986年出台了《中小学教师职务试行条例》，明确了中国的职称晋升制度。但是，伴随制度的逐步深化与实施，中小学教师职称结构比例不合理、西部中小学教师高级职称比例低于东部和中部、中小学高级职称教师比例省际差距过大、乡村教师高级职称比例过低等问题逐渐暴露出来。① 职称制度成为教师发展的困局，也成为影响教师幸福感的重要因素。

（一）比例结构不合理

中国教师工资主要由岗位工资、薪级工资、绩效工资和津贴补贴四部分构成。② 其中，除了津贴补贴，其他三项工资都与教师的职称直接相关，教师的职称直接决定了其工资水平。但是，职称和岗位的名额却十分有限。研究显示，对湖北省普通中小学的调查发现，大概有将近95%的中小学教师不能评上副高级职称。③ 由此可见，真正拥有较高职称和待遇的教师仅占广大教师队伍的极小部分，整体上，教师职称存在"供不应求"的现象。不晋升职称就不能提升工资，而职称的岗位却是有限的，职称也就成为中小学教师的一块"心病"，由此可见其制度弊端。④

（二）评价标准不科学

职称的评定应以教师的个人能力水平为标准，但是在实际操作过程中却存在

---

① 高慧斌. 中小学教师职称制度改革特征与现状分析. 教师教育研究，2016，28（6）：25-31.
② 庞丽娟，杨小敏，金志峰. 乡村教师职称评聘的困境、影响与政策应对. 教师教育研究，2019，31（1）：31-36.
③ 蔡群青，夏海鹰. 中小学教师职称制度改革探究. 教育探索，2016（5）：122-124.
④ 魏志强，杨克瑞. 中小学教师职级制可行性思考. 上海教育科研，2018（9）：59-62.

很多问题。第一，标准难以量化。职称的评定应考虑到教师的师德师风和教师的实际教学成绩等方面，但这些方面难以具体化为可操作、可量化的指标，为教师评价带来一定难度。第二，评定标准不全面。只是对教师的教学成果、论文发表、工资以及学历等方面进行量化，而忽视了对教师的工作表现、道德素质以及教学效果等方面的定性考核。[①] 评价标准的不明确，外加"人情世故"等因素的影响，有些教师职称评定过程存在争议，教师职称评定也成为影响教师人际关系的重要因素。

（三）打消教师积极性

事业单位的职称基本为"终身制"。这种职称评定制度一方面保障了教师工作的稳定性，另一方面却大大打消了教师工作的积极性。很多学校为了避免职称评定中的诸多问题，保障职称评定的公平性，将工龄作为主要标准，这样很多奋战一线的年轻班主任未得到应有的工作报酬，而依靠教龄取胜的老教师却享受优厚的待遇。很多中小学教师被聘任高级职称之后出现职业倦怠，不再承担应有的教学、班主任工作，也不再积极参加教学相关活动。而没有被聘任高级职称的教师往往在教学一线工作。[②] 在这种情况下，年轻教师的工作积极性备受打击。

在现今的发展形势下，在"尊师重教"的历史传统下，中国教师在家校关系、职业安全感和职称评定方面面临着新的困难与挑战。这是中国教师独有的挑战，亦是中国教师独有的幸福感。

第三节　构建教师职业幸福感测评体系

教师职业幸福感评价工具的编制以发展为评价目的、以评价内容力求综合为基本理念，经历了开放式问卷调查、专家座谈、开发专家咨询问卷和试测问卷分析等过程，最终确定的教师职业幸福感问卷包括"两指标"，分别是教师职业幸

---

① 蔡群青，夏海鹰. 中小学教师职称制度改革探究. 教育探索，2016（5）：122-124.
② 李廷洲，陆莎，金志峰. 我国中小学教师职称改革：发展历程、关键问题与政策建议. 中国教育学刊，2017（12）：66-72，78.

福感结构和教师职业幸福感影响因素。其中，教师职业幸福感又具体分为认知幸福感、主观幸福感、健康幸福感和社会幸福感 4 个维度，教师职业幸福感影响因素具体分为个体层面、专业发展、工作环境和社会环境 4 个维度。

一、编制过程

本次编制过程体现"多元化"，教师职业幸福感评价指标体系设计运用了多元组织形式：一是开放式问卷，通过发放开放式问卷了解中小学教师在教育教学中体会幸福和体会不幸福的因素；二是专家座谈讨论，项目组各位专家成员根据对教师职业幸福感内涵分析、开放式问卷统计结果梳理出教师职业幸福感的构成要素；三是专家咨询，设计专家咨询问卷对 8 位高校专家和 50 位一线教师进行咨询，确定教师职业幸福感的各级指标和具体题项；四是对试测问卷的数据分析，根据信效度检验结果确定教师职业幸福感的评价指标。最终使用教师职业幸福感正式问卷在全国范围内进行测评。

（一）开放式问卷

阅读有关教师职业幸福感评价指标文献之后，研究者在理论上了解了其他学者关于教师职业幸福感评价指标的构建情况，这是理论基础。那么一线教师在工作中认为在哪些情况下能够体会到幸福呢？

本次研究首先采用开放式问卷的方式，以获取在实践中关于教师职业幸福感的评价要素。收集回的开放式问卷有 415 余份，涉及小学、初中和普通高中三个学段的教师。通过分析可以得出一线教师在哪些方面能体会到教师职业幸福感。

根据一线教师的回答，师生关系包括两个方面。一是教师对学生的关怀，具体表现为教师对学生的关怀，表现在教师看见孩子们单纯的状态、看见孩子们开心的笑脸、对学生有爱、有关心和呵护、愿意接触一群可爱的孩子、乐于帮助学生解决生活中的困难。二是学生对教师的喜爱，具体表现为教师得到学生的尊重、听孩子们早晨的问好声、毕业多年后的学生依然记得我、在课下见面会打招呼、拥有学生的爱戴、被学生崇拜和信任、得到学生的认可、接触的学生懂得感恩、学生活泼开朗遵守纪律等。当教师给予学生爱时，学生也以一份真诚的爱来回报教师。对于教师的付出来说，学生的爱是最大的安慰和补偿，也是他们在工作中体验到幸福的重要因素。在教学中，教师在教育教学中对知识的渴望与追寻，对发展的期待与努力是影响教师职业幸福感的因素之一，当教师在学校所提供的环境中寻求向上的路径，不断提高自己的教育教学能力，便会有更好的工作体验，从而提高职业幸福感。

通过归纳总结，得到影响教师教学中的幸福感体验因素，包括职业声望、物质报酬、工作环境、职业认可、家校关系、教学本身、师生关系、职业性质、学生发展、工作内容、学生素养、学生成绩、工作时间、自我发展、身体状况、工作强度、同事关系、家庭关系和领导管理，这些因素为接下来的评价指标提炼提供了实践基础。

（二）专家座谈讨论

在开放式问卷的基础上，专家组成员通过研讨对教师职业幸福感评价指标进行了总结和提炼。通过头脑风暴，专家组成员和研究生们提出了一些关键词。专家组成员指出，作为教师，他的成就感与其他职业从业者是不同的，教师自我成就中应包括自我效能感、胜任力等。教师工作离不开与人的交往，因此要素中也包括人际关系和社会支持。对于社会支持，具体可以包括生态环境、工作环境、社会环境等。学校是否为教师的幸福体验提供了机会、平台也是影响教师职业幸福感的重要因素。专家组成员指出对于教师职业幸福感的评价指标还应有一部分是教师职业幸福感的总体感受。通过头脑风暴，专家组成员们提出了有关教师职业幸福感评价指标的一些关键词，包括7个一级指标，分别是总体感受、身心状态、生活环境、自我成就、社会关系、职业评估和发展愿景。

除了总体感受，每个一级指标下有5个二级指标。身心状态指标下有正向情感、负向情感、精神状态、身体状况、工作投入指标。生活环境指标下有自然环境、家庭环境、社区环境、工作环境和社会环境指标。自我成就指标下有职业信念、教师胜任力、教学效能感、职业尊严和职业满足感指标。社会关系指标下有同事关系、师生关系、家校关系、专业共同体和社交关系指标。职业评估指标下有薪酬待遇、职业魅力、工作压力、社会支持和职业安全感指标。发展愿景指标下有生涯规划、培训进修、职称晋升、专业兼职和职业期望指标。

（三）专家咨询

课题组就教师职业幸福感评价指标的拟定情况进行专家咨询。专家组成员包括8位专家和50位一线教师。咨询中理论均值为3分，满分为5分，各项指标平均数均在4.24以上，变异系数均小于0.30。专家组成员一致认为指标结构良好。

专家组的具体意见情况包括：①将一级指标中的生活环境指标改为环境氛围指标，这样便包含了工作环境和生活环境。②在自我成就指标下的职业信念指标中，职业信念会与专业信念混淆。③在教学效能感指标中，增加教师职业倦怠的相关观测点。④职业满足感指标中应包含学生对老师的态度。⑤在人际关系指标中增加家庭成员之间的关系指标。⑥职业评价指标中应包含教师与学生的相处方式。⑦专业发展指标下的发展愿景指标中，包含合理职业规划指标。⑧专业发展指标中应包括发展路径和平台指标，具体包括培训进修、学历提升、赛课等。

对于教师职业幸福感评价指标体系，专家组的整体意见为"总体合理，细节调整"。在8位专家和50位教师的意见反馈基础之上，东北师范大学教师教育研究院项目组成员对于教师职业幸福感评价指标的修改如下：身心状态指标下，除了工作压力指标，还可以增加生活压力方面的项目；在生活环境指标下删除社区环境指标；在人际关系指标下增加家庭关系这一二级指标。在专业发展维度中，将"培训进修"更改为"发展路径"，增加一个发展空间指标；把社会舆论指标下的相关问题放在声望指标下。也有专家组成员提出：要区分出教师职业幸福感的维度和影响因素，处理好他们之间的关系。建议把环境作为影响因素进行调查，与职业幸福感有关的因素主要是社会环境、学校环境和家庭环境；将社区环境指标和生态环境指标去掉。在人际关系指标中去掉社交关系指标，因为其与职业幸福感不直接相关。

通过专家咨询环节，我们确定了教师职业幸福感评价的一级指标为经济合作与发展组织2020年发布的《教师职业幸福感：数据收集与分析框架》中提出的认知幸福感、主观幸福感、健康幸福感和社会幸福感，二级指标则根据调研情况进行本土化处理，并且对教师职业幸福感的评价指标和教师职业幸福感影响因素的评价指标进行了区分。

（四）试测分析

通过开放式问卷调查、专家座谈讨论和专家咨询等，形成了教师职业幸福感的初拟问卷，教师职业幸福感状况和教师职业幸福感影响因素为主体调查内容，为检验问卷信度、效度情况，以及内容表述和题量是否适宜，课题组开展了小规模问卷试测，收集到 200 余名教师的试测数据。通过对试测问卷的信度分析、项目分析和因素分析，对问卷总体结构和具体题项进一步优化和修改，删除部分信效度不佳的题项，以保障测评工具的科学性和有效性。

（五）正式问卷

经过以上步骤，最终确定教师职业幸福感的正式问卷，问卷总体包括 5 部分内容：教师的背景信息、教师职业幸福感量表、教师职业幸福感影响因素量表、教师职业幸福感影响因素补充调查及开放问题调查。如表4-3、表4-4所示，教师职业幸福感评价指标具体包括认知幸福感、主观幸福感、健康幸福感和社会幸福感 4 个一级指标；教师职业幸福感影响因素评价指标具体包括个体层面、专业发展、工作环境和社会环境。

表4-3　教师职业幸福感结构

一级指标	二级指标				
认知幸福感	工作专注度	自我效能感	教师胜任力	职业安全感	职业吸引力
主观幸福感	工作满意度	工作价值感	自我成就感	职业荣誉感	精神状态
健康幸福感	身体健康	正向情感	负向情感	/	/
社会幸福感	领导关系	同事关系	师生关系	家校关系	社会声誉

表4-4　教师职业幸福感影响因素

一级指标	二级指标				
个体层面	性格特点	从业动机	职业信念	职业愿景	家庭关系
专业发展	发展路径	发展空间	发展共同体	专业自主权	/
工作环境	学校文化	工作条件	工作强度	管理制度	政策支持
社会环境	社会舆论	社会地位	生活环境		

二、指标构成

教师职业幸福感的"双指标"包含教师职业幸福感结构和教师职业幸福感影响因素。其中，教师职业幸福感结构又具体分为主观幸福感、认知幸福感、健康幸福感和社会幸福感 4 个维度。教师职业幸福感影响因素指标具体分为个体层面指标、专业发展指标、工作环境指标和社会环境指标。

（一）教师职业幸福感评价维度

1. 认知幸福感

认知幸福感是指教师在有效工作时所需要的一系列认知素养，其核心要素侧重教师的认知能力，尤其是教师自我效能及专注工作所体现出来的能力水平，具体包含工作专注度、自我效能感、教师胜任力、职业安全感、职业吸引力。①工作专注度，指教师热爱并享受本职工作，在工作中专注融入、积极探索和乐于奉献的精神状态，包含工作活力、工作奉献度。②自我效能感，指教师在教学活动中对自身能有效地完成教学工作、实现教学目标的能力的知觉与信念，包含教师的一般教育效能感、学生发展效能感、教学改进效能感及组织管理效能感，比如关于教学方法的灵活使用情况，对于教育教学中发生的突发事情处理能力等。③教师胜任力，指教师胜任其工作所需要具备的个人能力特征的总和，包含教师专业知识、专业技能、职业品格及人际沟通能力，是教师对自己教学能力的认知情况，比如对自身对知识能力的掌握情况、与他人沟通的成效性等。④职业安全感，指教师在职业中获得的信心、安全和自由，特别是满足现在或将来各种需要的感受，包括心理安全感、职业稳定性、组织归属感及身体安全感。在现代化的今天，社会各界对教师的评价已影响到了教师的职业安全感。⑤职业吸引力，指教师这个职业对学生和其他人员具有的吸引力。

2. 主观幸福感

主观幸福感可以代表人们对目前生活状况的评价，主观幸福感是对整体生活层面的评价，也可以是针对一些具体事件或领域的评价，如家庭、友谊、事业等。教师主观幸福感维度主要是教师对工作质量的主观感知程度，具体包括工作满意度、工作价值感、自我成就感、职业荣誉感、精神状态。

教师主观幸福感是教师对自己工作生活积极或消极的情绪反应，具体包含：①工作满意度，指教师对工作的满意情况，比如对工资、福利待遇和学校管理等方面的满意情况。②工作价值感，指认为教师这份职业是否具有价值，不仅是对自己的价值的评价，还有对国家的价值的评价。③自我成就感，指教师这份职业和学生带给自己的成就感，比如认可自己工作对他人的积极影响等。④职业荣誉感，指自己和他人对教师这份职业的认可情况。⑤精神状态，指教师个体在工作和生活中表现出的精力、活力、热情及兴趣等状态，比如教师在工作中的心理感受，包括是否拥有好心情、充满活力和热情等。

3. 健康幸福感

身心状况是教师幸福教育的基本保障。教师面对的工作压力可能导致教师身心不适。健康幸福感具体包含身体健康状况、正向情感、负向情感3个方面。①身体健康状况，指教师对身体健康状况的感知情况，包括教师的身体疾病、运动锻炼、睡眠质量、身体疼痛情况等。②正向情感，是指教师感到的快乐、满足、自豪、感激与爱等积极情感，比如是否在工作中感到愉快、获得快乐等。③负向情感，指教师感到的愤怒、沮丧、悲伤、悲观、焦虑、孤独等消极情感，比如是否会情绪失控，感到悲伤、焦虑等。

4. 社会幸福感

社会幸福感是与他人的人际关系水平。教学不是一项独立的工作，而是整个教育体系乃至整个社会系统的一部分。教师与他人（学生、同事、领导等）接触的频率以及相互关系的质量对教师社会幸福感有着积极或者消极的影响，具体包括领导关系、同事关系、师生关系、家校关系、社会声誉5个方面。①领导关系，指学校教师上下级之间的隶属关系，这里具体包括教师与领导的人际关系、领导的关心支持、领导的肯定认可，比如领导对自身能力的欣赏等。②同事关系，指学校内同级别的教师之间的关系，具体包含与同事的相处氛围、与同事的合作共事及同事的帮助认可，比如和同事相处的感受、是否受到同事的喜爱和认可等。③师生关系，指通过教师的教学过程和学生在校的学习过程共同建立、发展起来的人际关系，包括学生的尊重认可、师生的亲密和谐、师生的民主互动，比如教师对学生的关心、学生对教师的喜爱等。④家校关系，指教师与学生家长之间的关系，包括教师与家长的沟通、家长的支持配合、家长的肯定认可及教师与家长关系的融洽程度，也包含家长对教学工作的认可和尊重等。⑤社会声誉，指教师在社会中获得的积极性评价与社会承认。

（二）教师职业幸福感影响因素评价维度

1. 个体层面

个体层面指标具体包括性格特点、从业动机、职业信念、职业愿景、家庭关系。①性格特点，指教师的个性特征，包括是否热情开朗、是否喜欢新鲜事物等。②从业动机，指从事教师职业的原因，包括对教师这份职业的热爱、被教师职业性质所吸引等方面。③职业信念，是教师对教育事业的执着追求，包括面对困难的韧性等。④职业愿景，包括教师对自己职业发展之路的憧憬和提升意愿等。⑤家庭关系，指家庭成员对教师的关注情况和家庭氛围。

2. 专业发展

专业发展指标具体包括发展路径、发展空间、发展共同体和专业自主权。①发展路径，指学校提供的发展途径，包括参加培训和学习的机会等。②发展空间，指学校提供的发展机会和平台。③发展共同体，指教师专业发展过程中建立起来的、具有相同目标、共同参与专业发展的计划、实施和反思的智力团体。④专业自主权，指教师依照自己的专业知识做最佳的判断与决定，是教师关于教育教学、学生管理等方面的自主权。

3. 工作环境

工作环境指学校的物质设施、环境条件等方面的总和及感知，工作环境指标具体包括学校文化、工作条件、工作强度、管理制度、政策支持5个方面。①学校文化，指学校的办学理念和对教科研文化的重视等。②工作条件，如办公条件、活动空间的使用情况等。③工作强度，指工作任务的多少。④管理制度，指国家有关部门针对教师群体制定的一系列管理制度，包括教师聘用制度、教师评价制度、教师交流制度、教师荣誉制度等。⑤政策支持，是国家有关部门关于教师队伍建设的政策出台和落实情况。

4. 社会环境

社会环境指教师生存及活动的大社会背景的社会物质、精神条件的总和，包括当地经济状况、社会公平、教育重视程度及教育改革状况。社会环境具体包括社会舆论、社会地位和生活环境。①社会舆论，指公众基于社会媒体对教师群体中有争议的事物和现象所表达的、富有情感色彩的一致意见和倾向态度，这里包括舆论导向、舆论影响及教师对社会舆论的评价。②社会地位，指教师这份职业在社会中的地位高低情况。③生活环境，包括生态环境、教育环境和经济环境等。

第四节 开发教师职业幸福感测评工具

一、调查问卷的设计与构成

此次调查主要是针对中小学教师职业幸福感的考察，借鉴了国内外关于幸福感及教师职业幸福感的相关分析框架与问卷，主要参考了经济合作与发展组织2020年发布的《教师职业幸福感：数据收集与分析框架》，同时结合当前我国教师的现实状况和幸福感特点，建构了中小学教师职业幸福感分析框架，并编制了中小学教师职业幸福感调查问卷。

该问卷由5部分构成（表4-5）。第一部分是教师的背景信息，包括教师的人口学变量信息、教师职业背景及学校组织信息等28个题项。第二部分是对教师职业幸福感的现状调查，包括教师整体职业幸福感与满意度调查的10个题项，以及认知幸福感、主观幸福感、健康幸福感、社会幸福感四大维度的71个题项，量表采用利克特5点计分，从"完全不符合"到"完全符合"计为1~5分。第三部分是对教师职业幸福感影响因素的调查，包括个体层面、专业发展、工作环境、社会环境四大部分，共64个题项，采用利克特5点计分，从"完全不符合"到"完全符合"计为1~5分。第四部分是对教师职业幸福感影响因素的补充调查，包括教师收入与工作量、职业信念、自我工作评价、职业心态与工作压力题项，同时对教师的职业幸福感影响因素、幸福感提升举措进行调查。第五部分为开放问题，调查中小学教师对于职业幸福感的提升建议以及对初拟问卷的修改意见。

表4-5 中小学教师职业幸福感调查问卷总体构成

调查内容	一级指标	题项数
1. 背景信息	人口学变量信息、教师职业背景及学校组织信息等	28
2. 教师职业幸福感调查	教师总体职业幸福感与满意度	10
	认知幸福感	21
	主观幸福感	21
	健康幸福感	9
	社会幸福感	20

续表

调查内容	一级指标	题项数
3. 教师职业幸福感影响因素调查	个体层面	18
	专业发展	17
	工作环境	20
	社会环境	9
4. 教师职业幸福感影响因素补充调查	收入与工作量	4
	职业信念	2
	自我工作评价	2
	职业心态、工作压力	3
	幸福感影响因素排序	3
5. 开放问题	职业幸福感提升建议	1
	问卷改进建议	1

二、调查问卷的试测与分析

初拟问卷确立后，为检验问卷信度、效度情况，以及内容表述和题量是否适宜，课题组开展了小规模问卷试测。通过问卷星发放电子问卷，收集到了228位中小学教师的试测反馈信息，根据答题时间及反向题判断，筛选出有效问卷203份。一方面，分析接受调查的教师对问卷的改进建议，对问卷表述和题量进行调整；另一方面，采用Excel2019及SPSS26.0进行统计分析，其中主要对教师职业幸福感量表（题项用T代表）、教师职业幸福感影响因素量表（题项用F代表）进行更加深入的问卷质量分析。

（一）试测问卷的信度分析

本次研究对测验问卷的量表部分进行了信度分析，教师职业幸福感量表、影响因素量表及学生幸福感量表的克隆巴赫α系数分别为0.97、0.97和0.94，各维度分量表的克隆巴赫α系数均在0.70以上（表4-6、表4-7），说明初拟问卷信度较高。为了检验各个题项对总体信度的影响，依次对删除各题项后的克隆巴赫α系数进行检验，根据结果删除教师职业幸福感量表题项T10、T44、T65、T70以及影响因素量表题项F4，量表总体的克隆巴赫α系数会提高（表4-8、表4-9），考虑将这些题项删除，但还需要根据各题项的项目分析和因素分析结果进行最终判断。

表 4-6　教师职业幸福感量表的克隆巴赫 α 系数

维度	克隆巴赫 α 系数	基于标准化项的克隆巴赫 α 系数	题项数
认知幸福感	0.88	0.89	21
主观幸福感	0.90	0.92	21
健康幸福感	0.92	0.92	9
社会幸福感	0.92	0.93	20
总体	0.97	0.98	71

表 4-7　教师职业幸福感影响因素量表的克隆巴赫 α 系数

维度	克隆巴赫 α 系数	基于标准化项的克隆巴赫 α 系数	题项数
个体层面	0.85	0.89	18
专业发展	0.95	0.95	17
工作环境	0.94	0.94	20
社会环境	0.88	0.88	9
总体	0.97	0.97	64

表 4-8　删除题项后教师职业幸福感量表的克隆巴赫 α 系数

题项	删除题项后的标度平均值	删除题项后的标度方差	修正后的项与总计相关性	删除题项后的克隆巴赫 α 系数
T10	257.23	1867.46	0.05	0.98
T44	258.26	1846.48	0.21	0.98
T65	257.68	1856.66	0.14	0.98
T70	258.52	1867.20	0.05	0.98

注：仅呈现删除题项后克隆巴赫 α 系数提高的题项

表 4-9　删除题项后教师职业幸福感影响因素量表的克隆巴赫 α 系数

题项	删除题项后的标度平均值	删除题项后的标度方差	修正后的项与总计相关性	删除题项后的克隆巴赫 α 系数
F4	230.83	1500.70	−0.08	0.97

注：仅呈现删除题项后克隆巴赫 α 系数提高的题项

（二）试测问卷的项目分析

项目分析的主要目的在于检验编制的量表或测验个别题项的适切或可靠程度，它是确定问卷内容效度的一种有效方法，通常使用临界比率法和题总相关法对题项进行判断。通过项目分析，可以删除鉴别度不满足要求的题项，来提高问卷的效度。

1. 试测教师群体高分组与低分组的独立样本 t 检验结果

对反向计分题进行反向计分后，首先采用临界比率法进行高、低分组的差异显著性检验，将教师职业幸福感、影响因素量表总分按升序排序，前27%为低分组，后27%为高分组，分别对两组进行独立样本 t 检验，结果如表4-10、表4-11所示。教师职业幸福感量表的T10、T65、T70题项，影响因素量表的F4、F44、F56题项，在两组中的差异未达到显著性水平，予以删除。

表4-10 教师职业幸福感量表高分组与低分组检验结果

类别		莱文方差等同性检验		平均值等同性 t 检验		
		F	Sig.	t	df	Sig.（双尾）
T10	假定等方差	23.45	0.00	−0.88	108.00	0.38
	不假定等方差			−0.88	89.48	0.38
T65	假定等方差	36.81	0.00	−1.51	108.00	0.14
	不假定等方差			−1.51	89.82	0.14
T70	假定等方差	6.64	0.01	0.15	108.00	0.88
	不假定等方差			0.15	96.88	0.88

注：仅呈现 t 检验差异不显著的题项

表4-11 教师职业幸福感影响因素量表高分组与低分组检验结果

类别		莱文方差等同性检验		平均值等同性 t 检验		
		F	Sig.	t	df	Sig.（双尾）
F4	假定等方差	41.94	0.00	1.44	108.00	0.15
	不假定等方差			1.44	81.891	0.15
F44	假定等方差	31.87	0.00	−0.79	108.00	0.43
	不假定等方差			−0.79	86.672	0.43
F56	假定等方差	24.62	0.00	−1.32	108.00	0.19
	不假定等方差			−1.32	87.206	0.19

注：仅呈现 t 检验差异不显著的题项

2. 试测问卷各题项与总分之间的相关分析

接下来利用题总相关法对测试中所有被试的各题项得分与量表总得分进行相关分析。题总相关法采用同质性检验作为个别题项筛选的值标，对试测中所有被试的各题项得分与问卷总得分进行相关分析，各题项与总分的相关值越高，代表题项与整体量表的同质性越高，与所要测量的心理特质更为接近。一般情况下，个别题项与总分相关系数未达显著或二者为低度相关（Pearson积差相关系数值 r 小于0.300）时，表示题项与整体量表的同质性较低。分析结果如表4-12、表4-13所示，教师职业幸福感量表的T10、T44、T65、T70题项，以及影响因素量表的F4、F8、F17、F44、F56、F58题项，与总分的相关系数小于0.30，表明这些题项与整体量表同质性较低，可考虑予以删除。继续进行因素分析进行进一步判断。

表4-12 教师职业幸福感量表题项与总分间相关性（N=203）

项目		T10	T44	T65	T70
总分	r（Pearson相关）	0.08	0.26**	0.14*	0.06
	Sig.（双尾）	0.25	0.00	0.04	0.40

注：仅显示$|r|$<0.3的题项，*p<0.05，**p<0.01，下同

表4-13 教师职业幸福感影响因素量表题项与总分间相关性（N=203）

项目		F4	F8	F17	F44	F56	F58
总分	r（Pearson相关）	0.05	0.24**	0.25**	0.23**	0.25**	0.29**
	Sig.（双尾）	0.50	0.00	0.00	0.00	0.00	0.00

注：仅显示$|r|$<0.3的题项

（三）试测问卷的因素分析

试测问卷的项目分析完成后，接着要进行因素分析，用于检验问卷的结构效度以及问卷题项实际所测得的数据是否符合理论上建构的问卷维度。试测阶段采用探索性因素分析，在进行因素分析前，首先进行KMO（Kaiser-Meyer-Olkim）检验和Bartlett's球形检验。按照规定，KMO系数在0.90以上非常适合做因素分析，在0.80~0.90比较适合进行因素分析，在0.70~0.80可以进行因素分析。表明试测调查的样本数据非常适宜进行因素分析。本次研究中两个量表各个分量表的KMO系数在0.86~0.94，Bartlett's球形检验结果达到显著性水平（p<0.001），见表4-14、表4-15，表明试测调查的样本数据非常适宜进行因素分析。

表4-14 教师职业幸福感量表因素分析前的线性检验

维度	KMO系数	Bartlett's球形检验卡方值	df	Sig.
认知幸福感	0.87	2502.10	210	0.00

续表

维度	KMO 系数	Bartlett's 球形检验卡方值	df	Sig.
主观幸福感	0.93	3648.49	210	0.00
健康幸福感	0.91	1248.55	36	0.00
社会幸福感	0.91	3398.28	190	0.00

表 4-15　教师职业幸福感影响因素量表因素分析前的线性检验

维度	KMO 系数	Bartlett's 球形检验卡方值	df	Sig.
个体层面	0.90	2159.80	153	0.00
专业发展	0.94	3269.96	136	0.00
工作环境	0.92	3719.32	190	0.00
社会环境	0.86	1291.26	36	0.00

根据因素分析结果，部分题项因素负荷量小于 0.40，考虑予以删除，教师职业幸福感 4 个分量表的累计解释总变异量达到 69.08%～73.30%（表 4-16），教师职业幸福感影响因素 4 个分量表的累计解释总变异量达到 67.00%～75.58%（表 4-17），说明各个量表的整体结构效度处于中上水平。

表 4-16　教师职业幸福感量表各维度的累计解释总变异量

维度	题项数	因素负荷量	累计解释总变异量/%
认知幸福感	21	0.58～0.81	69.08
主观幸福感	21	0.47～0.86	72.17
健康幸福感	9	0.56～0.85	73.30
社会幸福感	30	0.40～085	72.56

表 4-17　教师职业幸福感影响因素量表各维度的累计解释总变异量

维度	题项数	因素负荷量	累计解释总变异量/%
个体层面	18	0.36～0.79	67.26
专业发展	17	0.36～0.85	67.25
工作环境	20	0.43～0.82	67.00
社会环境	9	0.67～0.84	75.58

综合信度分析、项目分析和因素分析结果，虽然各类指标可以作为筛选题项的依据，但不能仅依靠指标筛选题项，还需要考虑保留题项内容的实际含义、维度划分的实际意义以及教师答题过程中对试测问卷中的部分题项的反馈，最终删

除教师职业幸福感量表的T10、T31、T44、T60、T65、T70题项，以及幸福感影响因素量表的F4、F8、F17、F56、F58题项，同时对部分题项的表述方式进行修订，得到修改后的正式问卷。

三、正式调查问卷的形成与检验

（一）正式问卷的基本结构

经过对试测问卷进行修订和调整，得到中小学教师职业幸福感及学生幸福感的正式调查问卷，用于大规模施测和进一步分析。问卷的修订主要体现在两个量表的内容上，教师职业幸福感量表由认知幸福感、主观幸福感、健康幸福感、社会幸福感四大维度的65个题项构成，教师职业幸福感影响因素量表由个体层面、专业发展、工作环境、社会环境四大影响因素的59个题项构成。

（二）教师职业幸福感正式问卷的信度分析

信度是指测验或量表工具所测结果的稳定性以及一致性，利克特量表最常用的信度检验方法为检验克隆巴赫α系数，用来判断量表题项的内部一致性。克隆巴赫α系数愈大，代表量表的内部一致性越好。在社会科学领域的研究中，总量表的信度系数最好在0.80以上，分量表其信度系数最好在0.70以上则较为理想。如表4-18、表4-19所示，教师职业幸福感量表、影响因素量表的克隆巴赫α系数和基于标准化项的克隆巴赫α系数均在0.80以上，表明正式问卷测试结果的稳定性和一致性较高。

表4-18　教师职业幸福感量表的克隆巴赫α系数

维度	克隆巴赫α系数	基于标准化项的克隆巴赫α系数	题项数
认知幸福感	0.89	0.90	20
主观幸福感	0.94	0.94	19
健康幸福感	0.87	0.87	9
社会幸福感	0.94	0.95	17
总体	0.97	0.97	65

表4-19　教师职业幸福感影响因素量表的克隆巴赫α系数

维度	克隆巴赫α系数	基于标准化项的克隆巴赫α系数	题项数
个体层面	0.89	0.91	15

续表

维度	克隆巴赫α系数	基于标准化项的克隆巴赫α系数	题项数
专业发展	0.94	0.94	17
工作环境	0.93	0.93	19
社会环境	0.84	0.84	8
总体	0.97	0.97	59

（三）教师职业幸福感正式问卷的效度分析

1. 内容效度

内容效度是指问卷题项反映所要测量的内容能否达到测量目的的程度。在形成初测问卷之前，通过咨询专家及中小学教师确立了教师职业幸福感的分析框架维度，根据专家认可的职业幸福感维度设置问卷题项，并且题项内容借鉴了国内外已有量表或问卷，并考虑了中国中小学教师的实际情况；之后，课题组内多位专家又就问卷的结构和题项的表述等内容进行讨论，对问卷中存在问题的题项进行修改或删除，最终确定"中小学教师职业幸福感调查问卷"的题项，因此本问卷具有较高的内容效度。

2. 结构效度

结构效度是指测量结果体现出来的理论结构与测值之间的对应程度。正式问卷已经经过试测的修订和专家的进一步讨论完善，量表层面及所包含的题项较为明确，因此这一阶段采用验证性因素分析，以探究量表的因素结构能否与抽样样本匹配。验证性因素分析模型被归类于一般结构方程模型或共变结构模型之中，允许反映与解释潜在变量，属于结构方程模型的一种特殊应用[1]，因此其判断标准是结构方程模型的适配度指标。模型适配度指标可以细分为绝对适配度指标、增值适配度指标和简约适配度指标。在进行模型适配度评估时，需要综合考虑三种指标。本次研究对教师职业幸福感及影响因素量表的各维度分量表依次进行验证性因素分析，各个量表测量模型的绝大部分主要适配度指标达到标准值要求（表4-20、表4-21），部分指标处于边界水平，但仍然可接受，表明验证性因素分析的假设模型与实际数据较为适配。同时兼顾理论合理性准则，可以综合判断

---

[1] 吴明隆. 结构方程模型——AMOS 的操作与应用（第2版）. 重庆：重庆大学出版社，2019：212-213.

最终的测量工具总体上具有较好的结构效度。

表 4-20 教师职业幸福感量表验证性因素分析的主要适配度指标

项目	绝对适配度指标			增值适配度指标			简约适配度指标		
检验量	RMSEA	GFI	AGFI	NFI	TLI	CFI	PCFI	PNFI	PGFI
标准值	<0.08	>0.90	>0.90	>0.90	>0.90	>0.90	>0.50	>0.50	>0.50
认知幸福感	0.08	0.92	0.90	0.94	0.91	0.94	0.71	0.71	0.65
主观幸福感	0.09	0.90	0.87	0.92	0.90	0.92	0.76	0.76	0.65
健康幸福感	0.05	0.99	0.97	0.99	0.98	0.99	0.60	0.60	0.47
社会幸福感	0.06	0.95	0.92	0.97	0.96	0.97	0.78	0.78	0.67

表 4-21 教师职业幸福感影响因素量表验证性因素分析的主要适配度指标

项目	绝对适配指标			增值适配指标			简约适配度指标		
检验量	RMSEA	GFI	AGFI	NFI	TLI	CFI	PCFI	PNFI	PGFI
标准值	<0.08	>0.90	>0.90	>0.90	>0.90	>0.90	>0.50	>0.50	>0.50
个体层面	0.08	0.94	0.91	0.94	0.92	0.94	0.72	0.72	0.62
专业发展	0.08	0.92	0.89	0.94	0.93	0.94	0.78	0.78	0.68
工作环境	0.09	0.89	0.87	0.90	0.88	0.90	0.75	0.75	0.64
社会环境	0.10	0.92	0.88	0.91	0.89	0.91	0.55	0.55	0.45

四、访谈提纲的设计与构成

进行访谈是为了弥补问卷调查的不足，了解教师的想法、感受、需求等，补充调查某些地区的特殊情况。本次访谈的主要对象为学校校长、班主任、教师，依照各部分访谈提纲进行，访谈提纲中的维度与问卷大致相同。以下是教师访谈的具体问题。

（1）您为什么选择当老师？家人或长辈对您选择当老师怎么看？是否有过放弃教师职业、换行从事别的职业的想法？为什么？

（2）您如何看待您现在的工作环境？您理想的工作环境是怎样的？

（3）多数时间，您在学校的精神状态和身体状态如何？

（4）在学校，您的时间主要用在哪些事情上？在承担的工作中，哪些方面感觉有压力？为什么？工作上遇到问题和困难主要有哪些？怎么应对？

（5）您对自己未来三年的发展有何规划？发展目标是什么？学校帮助教师成长和发展的机制、条件如何？

（6）您对学校或当地的职称评定制度怎么看？对您有何影响？您对学校的管理和评价机制有哪些建议？

（7）学校为教师搭建的专业发展平台和机会如何？您觉得哪些做法比较好？

（8）学生的成长与外在指标（教学业绩、职称等）相比，您更在意哪方面？您觉得从哪方面获得的幸福感更强、更有持久性？

（9）工作中您的成就感和荣誉感如何？您在学校被关注的程度如何？

（10）在您的教育生涯中，您是否有过明显感觉不幸福/痛苦/不快乐的时刻/事件？请您简要讲述。在您的教育生涯中，您的幸福感水平有何变化？能否简要讲一下您感觉幸福的时刻/事件/场景？

（11）您与同事和领导的关系如何？与同事/同龄人相比，您的幸福感如何？与其他职业相比呢？为什么？

（12）您有遇见过工作和家庭相冲突的事件吗？您是怎样解决的呢？

（13）您觉得学生家长对教师的支持度怎么样呢？

（14）您认为教师这一职业在社会上的认同度怎么样？

（15）您觉得教师这一职业的哪些方面给您带来了幸福？

（16）在提升教师职业幸福感、成就感方面，学校和当地政府做过哪些事情？效果如何？

（17）您觉得通过哪些措施能够提升教师的幸福感（国家、社会、学校、自身等方面）？您觉得教师最需要哪些方面的帮助和支持？

第五章
教师职业幸福感总体状况解析

第一节 教师职业幸福感现实样态特征

教师是教育事业的重要资源，是教育系统中最重要的因素，也是影响教育质量最为关键的因素。[①]然而，长期以来，知识、技术本位的教师观把教师定位为课程知识的"代言人"和教学的"熟练技师"，忽视了教师作为主体人的存在，消解了教师作为鲜活的生命个体在教育教学活动中的生命激情和多维感悟，使其难以体验职业生命中的内在幸福感。[②]20世纪90年代以来，伴随人文主义取向的教师研究力量重新凸显，教师职业幸福感作为"高质量教师"或"好教师"的重要内涵之一得到教师教育研究者的关注。2018年，《中共中央 国务院关于全面深化新时代教师队伍建设改革的意见》发布，明确了教师队伍建设的重要意义和总体要求。该意见指出2035年的目标任务为"尊师重教蔚然成风，广大教师在岗位上有幸福感、事业上有成就感、社会上有荣誉感，教师成为让人羡慕的职业"[③]。教师职业幸福感的提升成为教师队伍建设的目标任务之一。因此，教师职业幸福感的现实样态如何、是什么影响了教师职业幸福感、如何提升教师职业幸福感正成为教师教育领域关注的重要议题。

基于此，本次研究借鉴国内外关于幸福感及教师职业幸福感的相关问卷，以及经济合作与发展组织2020年发布的报告《教师职业幸福感：数据收集与分析框架》等，编制了"中小学教师职业幸福感调查问卷"，问卷包括五个部分：教师背景信息、教师职业幸福感量表、教师职业幸福感影响因素量表、教师职业幸福感影响因素补充调查、开放问题。

调查采用随机取样的方法，通过网络问卷和纸质问卷相结合的方式进行问卷发放与回收，发放问卷34 399份，共回收有效问卷33 590份，教师样本的基本分布情况如表5-1所示。基于对有效问卷的分析，教师职业幸福感现实样态主要呈现以下特征。

[①] Cochran-Smith M. The politics of teacher education and the curse of complexity. Journal of Teacher Education，2005，56（3）：181-185.

[②] 闫守轩，朱宁波. 教师教育中生命体验的缺失及回归. 全球教育展望，2011，40（12）：61-66.

[③] 中国政府网. 中共中央 国务院关于全面深化新时代教师队伍建设改革的意见.（2018-01-31）. http://www.gov.cn/zhengce/2018-01/31/content_5262659.htm[2020-05-07].

表 5-1 教师样本的基本分布情况

变量	维度	样本数	占比/%
地区	东部地区	3 289	9.79
	中部地区	7 440	22.15
	西部地区	11 232	33.44
	东北地区	11 629	34.62
性别	男	7 729	23.01
	女	25 861	76.99
年龄	18～20岁	27	0.08
	21～25岁	2 752	8.19
	26～30岁	4 840	14.41
	31～35岁	4 918	14.64
	36～40岁	5 138	15.30
	41～45岁	6 254	18.62
	46～50岁	4 224	12.58
	51～55岁	4 031	12.00
	56～60岁	1 366	4.07
	61～65岁	40	0.12
教龄	0～2年	4 382	13.05
	3～5年	3 553	10.58
	6～10年	3 997	11.90
	11～15年	3 084	9.18
	16～20年	4 150	12.35
	21～25年	5 882	17.51
	26～30年	3 940	11.73
	31～35年	3 064	9.12
	36～40年	1 335	3.97
	41～50年	203	0.60
职称	未定级	4 801	14.29
	三级教师	547	1.63
	二级教师	8 868	26.40
	一级教师	13 778	41.02
	高级教师	5 505	16.39
	正高级教师	91	0.27

续表

变量	维度	样本数	占比/%
学段	普通高中	2 461	7.33
	初中	6 101	18.16
	小学	25 028	74.51
学校所在地	城市	9 090	27.06
	县城	7 582	22.57
	乡镇	10 282	30.61
	乡村	6 636	19.76
学校规模	0～100人	3 628	10.80
	101～200人	2 232	6.64
	201～300人	2 183	6.50
	301～600人	4 785	14.25
	601～900人	3 811	11.35
	901～1 200人	3 983	11.86
	1 201～1 500人	3 516	10.47
	1 500人以上	9 452	28.14
班级规模	0～10人	2 460	7.32
	11～20人	2 328	6.93
	21～30人	4 016	11.96
	31～45人	13 054	38.86
	46～60人	9 944	29.60
	60人以上	1 788	5.32
教师身份	在编教师	28 201	83.96
	长期合同制教师	1 744	5.19
	代课教师	567	1.69
	交流（或轮岗）教师	215	0.64
	临聘教师	472	1.41
	特岗计划教师	1 770	5.27
	退休返聘教师	59	0.18
	支教教师	132	0.39
	其他	430	1.28
最高学历	高中及以下	95	0.28
	中专/技校	348	1.04

续表

变量	维度	样本数	占比/%
最高学历	大学专科	7 154	21.30
	大学本科	24 558	73.11
	硕士研究生	1 396	4.16
	博士研究生	39	0.12
年收入	0~2万	2 962	8.82
	2.1万~4万	7 343	21.86
	4.1万~6万	13 261	39.48
	6.1万~8万	5 816	17.31
	8.1万~10万	2 359	7.02
	10.1万~12万	968	2.88
	12万以上	881	2.62
最高荣誉级别	国家级	3 602	10.72
	省级	4 757	14.16
	市级	7 445	22.16
	区（县）级	9 296	27.67
	校级	2 805	8.35
	其他	580	1.73
	没有	5 105	15.20
名师等级	非名师	27 215	81.02
	国家级名师	35	0.10
	省级名师	307	0.91
	市级名师	951	2.83
	区（县）级名师	2 366	7.04
	校级名师	2 716	8.09
培训最高级别	国培	19 374	57.68
	省培	4 085	12.16
	市级	4 023	11.98
	区（县）级	3 334	9.93
	校级	1 048	3.12
	其他	354	1.05
	没有	1 372	4.08

一、教师职业幸福感总体水平较高

教师职业幸福感由教师认知幸福感、主观幸福感、健康幸福感以及社会幸福感4个维度构成。为了解教师职业幸福感的总体水平，让参与调查的教师采用利克特5点计分对选项进行赋值。教师根据题项所描述的情况与自身相符程度进行选择，从1～5，分数越高代表符合程度越高。通过计算教师认知幸福感、主观幸福感、健康幸福感以及社会幸福感4个维度的均值，并比较均值大小，可以整体把握教师职业幸福感的总体水平。均值越高，表明教师在该维度和该指标下对自己的幸福感认同度越高。

调查数据显示，教师职业幸福感总体水平较高（M=3.68），其中认知幸福感（M=3.74）、主观幸福感（M=3.76）、健康幸福感（M=3.14）以及社会幸福感（M=3.81）的均值超过3，处于中等偏上水平。在认知幸福感方面，教师普遍具备良好的工作专注度，较强的自我效能感与职业安全感，且具备突出的教师胜任力。在主观幸福感方面，教师对工作的满意度、价值感、自我成就感、职业荣誉感以及精神状态呈现出较高水平。然而健康幸福感方面相对其他方面水平偏低，具体体现为教师的身体健康、正负向情感以及健康预测各方面水平欠佳。在社会幸福感方面，教师能够较好地处理领导、同事、师生、家校之间的关系，并能感受到社会对教师职业的尊重。

二、教师职业幸福感呈上下浮动式发展

让教师自评当前、一年前、刚任教时以及未来三年其职业幸福感水平。教师根据题项描述的情况与自身相符程度进行选择，从1～10，分数越高代表符合程度越高。调查结果显示，总体上，教师在刚任教时教师幸福感水平最高，均值为7.33；一年前职业幸福感较刚任教时有所下降，均值为6.58；现阶段职业幸福感较前一阶段有所提升，均值为6.63；预计未来三年职业幸福感水平会稳步上升，均值为6.92，整体呈现上下浮动式发展特征。多数教师对自己职业幸福感的未来发展趋势持积极立场和乐观态度。由此可见，尽管教师职业幸福感受到多种因素的制约和影响，然而这些都无法消解教师对于其自身未来发展的强烈愿望和信心动力。

通过比较不同教龄教师职业幸福感的发展动态发现，无论教师任教多少年，

任教初期教师的职业幸福感均值均高于7.13。任教初期，教师对职业有着高度的认同感、抱着积极的工作态度以及情绪情感全身心投入工作。然而随着工作时间的增长，在任教10年左右，职业倦怠、消极的工作态度与负向情绪的增长使教师感到迷茫与无助，教师职业幸福感水平下降。然而随着任教时间的增长，教师专业能力的发展与提高，教师逐渐明确个人发展方向，能够更好地处理社会关系，提高自身认知水平，进而职业幸福感水平也显著提升。

三、教师职业是教师认为幸福感水平最高的三种职业之一

教师职业认同调查发现，教师普遍认为教师职业是幸福感水平最高的三种职业之一。教师认为幸福感水平较高的三种职业排序依次为普通公务员（27.35%）、自由职业者（14.82%）以及中小学教师（11.96%）。中小学教师是教师心目中幸福感水平最高的职业之一，这体现了教师对职业的热爱与认可，也反映了教师职业的社会声誉与地位。

调查结果显示，有超过80%的教师认为自己能够在教学工作中体验到职业幸福感，33.28%的教师在教学工作中经常能够体验到职业幸福感，21.57%的教师在教学工作中总能体验到职业幸福感。高频率的职业幸福感体验体现了教师职业幸福感处于较高水平。同时教师对工作较高的满意度以及对工作中事情发展的积极乐观态度也为教师职业幸福感提升奠定了基础。

四、教师获得幸福感的首要原因是对教师职业的热爱

对影响教师获得幸福感的因素进行调查，数据显示，在众多因素中，"喜欢当教师"是教师获得幸福感的首要原因，有37.84%的教师因为喜欢当教师而获得较高水平的幸福感。学生的成长进步与成就也是教师获得幸福感的重要原因，选择这一原因的教师占比为27.80%。

五、教师幸福感缺失的首要原因是薪酬与付出的不对称

对教师幸福感缺失原因进行调查，数据显示薪酬和付出不相称是导致教师幸福感缺失的首要原因，有45.81%的教师认为薪酬和付出不相称影响其教师职业幸

福感，另外有22.72%的教师认为工作量大且烦琐是教师幸福感缺失的主要原因。

教师职业幸福感受多种因素的影响，这些因素导致教师表现出较高的工作满意度和较低的职业倦怠。通过比较分析教师获得幸福感的首要原因和教师幸福感缺失的首要原因发现，影响教师职业幸福感获得的主要因素为教师的心理因素，这些因素能够激发教师基于自身的满足感，使教师主观上产生欣喜与愉悦的情绪，进而职业幸福感得到提升。而影响教师职业幸福感缺失的主要因素为经济因素。基于资源保存理论，个体总是努力去寻求和占有资源，试图保存已有的资源并渴望获得更多的资源，当个人知觉到已有资源可能丧失、已经丧失或自己投入的大量资源没有得到充足的回报时，就会产生心理紧张。[①] 因此，当教师投入大量的时间和精力而没有得到充足的回报时，教师职业幸福感就会受到消极影响。因此，提高经济待遇是提升教师职业幸福感、防止职业幸福感缺失的最重要措施，调查结果显示，有47.35%的教师认为提高经济待遇是提升教师职业幸福感的重要措施。

第二节　教师职业幸福感区域比较分析

教师职业幸福感量表分为教师总体职业幸福感与满意度、认知幸福感、主观幸福感、健康幸福感和社会幸福感量表5个部分。其中，认知幸福感、主观幸福感、健康幸福感和社会幸福感量表采用5点计分，而教师总体职业幸福感与满意度水平则被划分为1~10个区间，分数越低代表幸福感和满意度水平越低，分数越高代表幸福感和满意度水平越高。

一、东北地区教师职业幸福感水平较高，中部、东部地区教师职业幸福感水平基本持平，西部地区教师职业幸福感水平最低

根据我国经济社会加速发展的新形势，全国可分为四大经济区域：东部地

---

① Hobfoll S E. The influence of culture, community, and the nested-self in the stress process: Advancing conservation of resources theory. Applied Psychology, 2001（3）: 337-421.

区、中部地区、西部地区和东北地区。东部省份包括山东、浙江、河北、江苏、福建、广东、海南、广西、北京、天津、上海。中部省份包括河南、山西、安徽、江西、湖北、湖南、内蒙古。西部省份包括新疆、宁夏、西藏、甘肃、青海、云南、贵州、陕西、四川、重庆。东北省份包括黑龙江、吉林、辽宁。目前各地区发展的主要内容为西部开发、东北振兴、中部崛起、东部率先发展。

方差分析结果表明，我国东部、中部、西部、东北四大区域教师总体职业幸福感（$F=130.03$，$p<0.05$）、认知幸福感（$F=144.76$，$p<0.05$）、主观幸福感（$F=108.86$，$p<0.05$）、健康幸福感（$F=35.69$，$p<0.05$）、社会幸福感（$F=122.23$，$p<0.05$）均存在显著差异。

教师总体职业幸福感水平的地区排名顺序为东北地区>东部地区>中部地区>西部地区。教师认知幸福感水平的地区排名顺序为东北地区>东部地区>中部地区>西部地区。教师主观幸福感水平的地区排名顺序为东北地区>中部地区>东部地区>西部地区。教师健康幸福感水平的地区排名顺序为东北地区>中部地区>东部地区>西部地区。教师社会幸福感水平的地区排名顺序为东北地区>东部地区>中部地区>西部地区。见表5-2。

表5-2 四大区域教师职业幸福感各维度得分情况

类别	东部地区		中部地区		西部地区		东北地区	
	M	SD	M	SD	M	SD	M	SD
认知幸福感	3.73	0.48	3.72	0.51	3.67	0.54	3.82	0.55
主观幸福感	3.74	0.62	3.74	0.65	3.68	0.69	3.85	0.68
健康幸福感	3.12	0.79	3.12	0.82	3.09	0.84	3.20	0.85
社会幸福感	3.80	0.58	3.79	0.63	3.73	0.65	3.89	0.67
教师职业幸福感	3.67	0.52	3.66	0.56	3.61	0.59	3.76	0.59

四大区域教师幸福感水平在各维度上差异虽大，但各地区教师的认知幸福感、主观幸福感、健康幸福感和社会幸福感均值均高于中间值3，处于中等偏上水平，总体良好。其中，东部地区教师的各维度幸福感水平显著高于西部地区教师，中部、西部地区教师的各维度幸福感水平基本持平，东北地区教师的职业幸福感水平显著高于东部、中部、西部地区教师。

由于历史、地理条件、文化环境等原因，四大区域教育资源配置的均衡性和适切性差距较大，区域间教师职业幸福感水平也存在显著差异。根据对影响因素的分析，教师个体层面因素、专业发展、工作环境及社会环境对教师的幸福感水平具有重要影响。其中，工作环境因素对四大区域教师职业幸福感的影响最大，专业发展因素次之，再次为个体层面因素，社会环境因素对四大区域教师职业幸福感的影响最小。具体分析如下。

（一）个体层面因素

个体层面因素分为教师性格特点、从业动机、职业信念、职业愿景及家庭关系五个方面。方差分析结果表明，个体层面因素在对四大区域教师职业幸福感的影响上存在显著差异（$F=42.53$，$p<0.05$）。如图5-1所示，东北部地区教师职业幸福感受个体层面因素的影响最强，西部地区教师职业幸福感受个体层面因素的影响最弱，个体层面因素对东部、中部地区教师职业幸福感的影响适中。

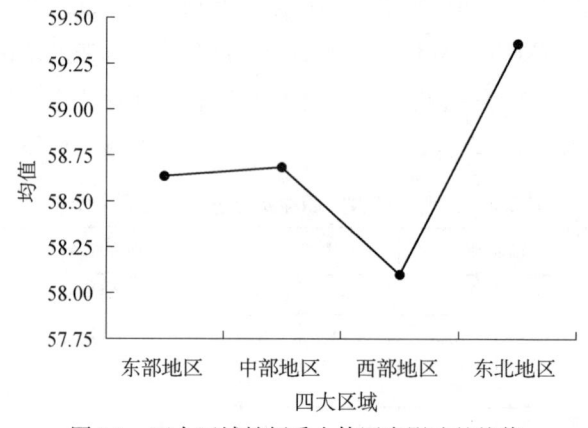

图5-1　四大区域教师受个体因素影响的均值

中部、东部地区经济相对发达，教育行业发展机会多、前景好，准教师们更倾向选择在这些地区就业。而东北地区经济发展相对平稳，很多人思想观念保守，更向往稳定的生活，愿意选择从事或让子女从事教育行业，同时教师行业越来越成为择偶标准中的加分项。并且东北地区生活节奏相对较慢，竞争压力小，教师自身更容易感受到幸福。

（二）教师专业发展因素

教师专业发展因素具体包括发展路径、发展空间、发展共同体、专业自主权等方面。方差分析结果表明，专业发展因素对四大区域教师职业幸福感的影响存在显著差异（$F=73.17$，$p<0.05$）。如图5-2所示，东部地区教师职业幸福感受专业发展因素的影响最强，东北地区次之，中部和西部地区教师职业幸福感受专业发展因素的影响较小。

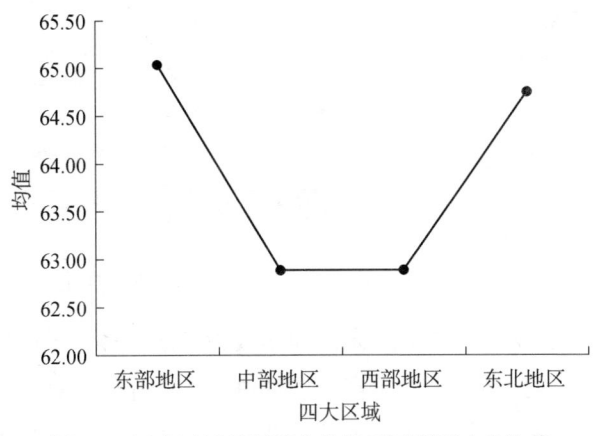

图5-2　四大区域教师受专业发展因素影响的均值

在专业发展上，教师需要通过外部和内部学习提升自身专业水平与素养（外部学习包括参与专家讲座、教研活动、教师培训、"国培计划"、外出进修等；内部学习则主要指教师个人的教学、反思、阅读、研究等），对于东部地区教师来说，无论是专家讲座，还是培训、外出进修，其学习机会都相当多；而中部、西部地区教师接受以上培训的机会并不多，许多培训的对象是骨干教师和校长，再依靠这些人进行二级培训。[①]此外，由于教师入职条件要求统一，近年西部地区教师学历水平提高较快，但教师教学和学术水平的提升相对复杂和缓慢，部分教师安于现状，致使西部等欠发达地区教师的专业发展主动性和超越性较弱，教师专业水平的地区差异较大，这影响着教师职业幸福感水平的提升。

（三）工作环境因素

工作环境因素分为学校文化、工作条件、工作强度、管理制度、政策支持五个方面。方差分析结果表明，四大区域的教师职业幸福感水平在工作环境层面因素上存在显著差异（$F=92.86$，$p<0.05$）。如图5-3所示，东部地区和东北地区教师职业幸福感受工作环境层面因素的影响较大，中部和西部地区教师职业幸福感受工作环境因素的影响较小。

---

① 吕国富. 西部教师专业发展的纾困路径初探. 中国教师，2020（11）：30-32.

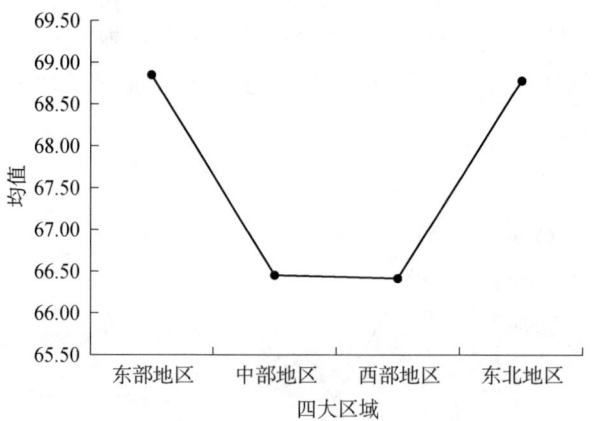

图 5-3 四大区域教师受工作环境因素影响的均值

首先,在教育经费投入方面,东部地区较为发达,教育上的财政投入更多,教育资源较中部、西部地区更加丰富,硬件设施、工作软环境、薪资及福利待遇远优于西部地区,极大地提升了教师的职业幸福感。其次,东部地区在教育政策和管理制度上更为灵活,能根据现实状况及教师的反馈适时进行调整,教育理念和技术的更新速度较西部等地区更快,较高的教育质量也在一定程度上提升了教师们的职业幸福感。很多准教师在面临职业选择时,倾向选择东部发达地区,导致中部、西部地区人才缺乏,教师资源紧缺,很多教师承担着超负荷的工作量,繁重的压力使得教师们的职业幸福感水平大大降低。

(四)社会环境因素

社会环境因素具体包括社会舆论、社会地位与生活环境几个方面。方差分析结果表明,四大区域教师的职业幸福感水平在社会环境因素上存在显著差异($F=82.09$,$p<0.05$)。如图 5-4 所示,东部地区教师职业幸福感受社会环境因素的影响最大,其次是东北地区和中部地区教师,西部地区教师职业幸福感受社会环境因素的影响最小。

越发达的地区越重视人才的培养,东部地区经济发展趋势较其他区域更好,教育上的竞争更加激烈,人们对教育更为重视,教师这一职业的社会地位相对较高,在社会舆论上也更具有包容性。东部地区教师收入也较高,生活环境更加舒适,教师对工作的满意度高,从而对职业幸福感水平影响大。中部、西部地区教师社会地位偏低,生活压力更大,从而影响了幸福感水平。而东北地区由于

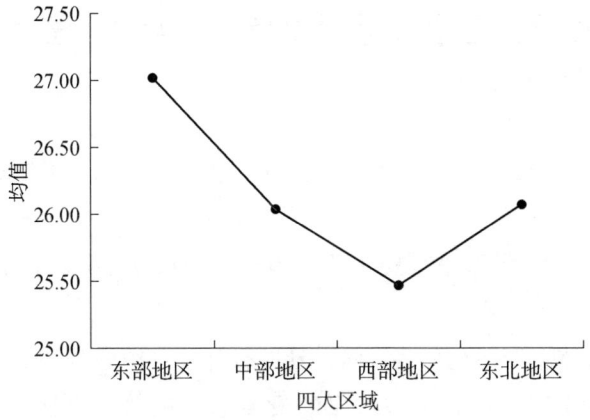

图 5-4 四大区域教师受社会环境因素影响的均值

经济欠发达，保守的思想观念使大多数人希望通过受教育这条道路实现自己的人生理想甚至实现社会阶层跨越，因此对教育十分重视。又由于教师行业较为稳定，在东北地区的职业受认可度高，因此东北地区的教师具有较高的社会地位。

对不同省份教师的职业幸福感进行方差分析，结果表明存在显著的省份间差异（$F=46.73$，$p<0.05$）（图 5-5）。大部分省份教师的职业幸福感水平均值在 3.40~3.80，但各省份间教师职业幸福感水平相差较大，较为不均衡。内蒙古地区教师职业幸福感总体状况显著高于湖南、广西、云南、甘肃、宁夏和新疆等地区。

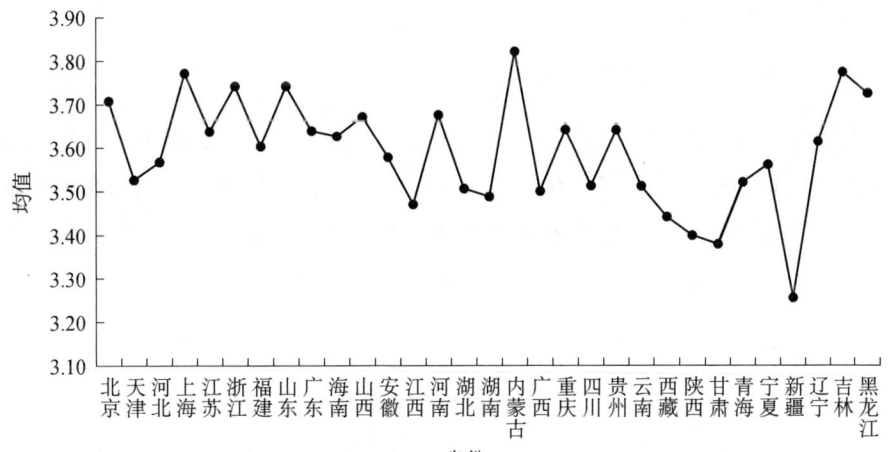

图 5-5 各省份教师职业幸福感水平均值

二、乡村教师在各维度上的幸福感水平显著高于城市、县城和乡镇教师

方差分析结果表明，城市、县城、乡镇、乡村四个区域教师的总体职业幸福感（$F=79.97$，$p<0.05$）、认知幸福感（$F=65.10$，$p<0.05$）、主观幸福感（$F=72.70$，$p<0.05$）、健康幸福感（$F=63.69$，$p<0.05$）、社会幸福感（$F=56.56$，$p<0.05$）均值均存在显著差异。

城市教师总体幸福感均值为3.64，县城教师、乡镇教师和乡村教师的总体幸福感均值分别为3.62、3.71和3.74，四个区域教师的总体职业幸福感均值排名为乡村>乡镇>城市>县城；城市教师认知幸福感均值为3.70，县城教师、乡镇教师和乡村教师的认知幸福感均值分别3.69、3.76和3.80，四个区域教师的认知幸福感均值排名为乡村>乡镇>城市>县城；城市教师主观幸福感均值为3.71，县城教师、乡镇教师和乡村教师的主观幸福感均值分别为3.70、3.80和3.82，四个区域教师的主观幸福感均值排名为乡村>乡镇>城市>县城；城市教师健康幸福感均值为3.07，县城教师、乡镇教师和乡村教师的健康幸福感均值分别为3.08、3.18和3.22，四个区域教师的健康幸福感排名为乡村>乡镇>县城>城市；城市教师社会幸福感均值为3.78，县城教师、乡镇教师和乡村教师的社会幸福感均值分别为3.74、3.84和3.87，四个区域教师的社会幸福感均值排名为乡村>乡镇>城市>县城。

结合调查与数据分析结果，乡村地区教师职业幸福感水平高于城镇的原因主要有以下几个方面。

1. 乡村教师工作满意度较高

幸福是一种主观感受，它主要依赖教师自身设定的标准，而不是外界因素。根据评判标准的不同，人们会获得不同程度的幸福感。虽然乡村教师在薪资待遇方面远不如城镇教师，但相对于乡村中其他更辛苦的职业而言，乡村教师很满足自己的工作与收入。

2. 乡村教师生活压力较小

随着社会的进步以及教育政策的扶持，乡村教师的薪资待遇在一定程度上有所提高。从现实角度来讲，乡村物质消费水平较低，乡村教师在房屋购买、日常开销等方面的消费远远低于城镇教师，所面对的生活压力较小。

3. 乡村教师工作压力较小

虽然城镇教师的工作条件、福利待遇好于乡村教师,但同时他们所承载的社会期望高于乡村教师,来自家长、学生和教育行政部门各方面的要求,尤其是升学的压力也普遍大于乡村教师。除教学任务之外,城镇教师承担的其他工作较多,与其相比,乡村教师比较轻松,有更多的空闲时间。

4. 乡村教师工作环境质量提升

随着经济的发展与教育财政投入的增加,乡村学校的物质环境有很大的改善,多媒体教学设备已逐渐普及。在教学的基础硬件设施上,乡村学校与城镇学校的差距越来越小,这极大地增强了乡村教师的教学便利性,从而使其职业幸福感水平得到提升。

5. 乡村教师社会认可度较高

在大多数乡村,人们对教师职业十分尊重,乡村教师有着较高的社会地位,许多乡村教师也对自己的身份感到满意。

第三节 教师职业幸福感差异比较分析

一、性别差异:女教师职业幸福感水平显著高于男教师

方差分析结果显示,不同性别教师的职业幸福感水平存在显著差异($F=5.94$,$p<0.05$)。男、女教师的职业幸福感均值如图5-6所示,总体上女教师职业幸福感均值显著高于男教师。其中,女教师在认知幸福感、主观幸福感、社会幸福感方面的均值显著高于男教师;男教师的健康幸福感均值显著高于女教师。由此可见,相比于女教师,男教师能够更好地调节情绪,身体素质优于女性教师。而女教师能够更好地专注工作,具有较好的自我效能感、教师胜任力;对工作的满意度、价值感、自我成就感、职业荣誉感较强;能够更好地处理领导、同事、师生、家校等方面的社会关系。

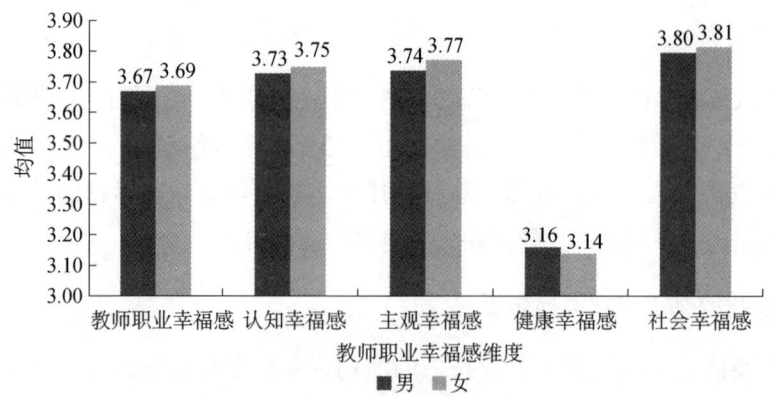

图 5-6 不同性别教师职业幸福感及各维度均值

二、年龄差异：60～65岁教师职业幸福感水平较高，中青年教师职业幸福感水平较低

不同年龄教师的职业幸福感均值如图 5-7 所示。单因素方差分析结果显示，不同年龄教师的职业幸福感水平存在显著差异（$F=81.02$，$p<0.01$）。中青年教师职业幸福感水平显著偏低，21～50岁教师的职业幸福感水平显著低于61～65岁教师。20～40岁教师的职业幸福感水平随着年龄增长持续走低，其中36～40岁教师的职业幸福感水平最低。41～65岁教师的职业幸福感水平随着年龄增长而提升。

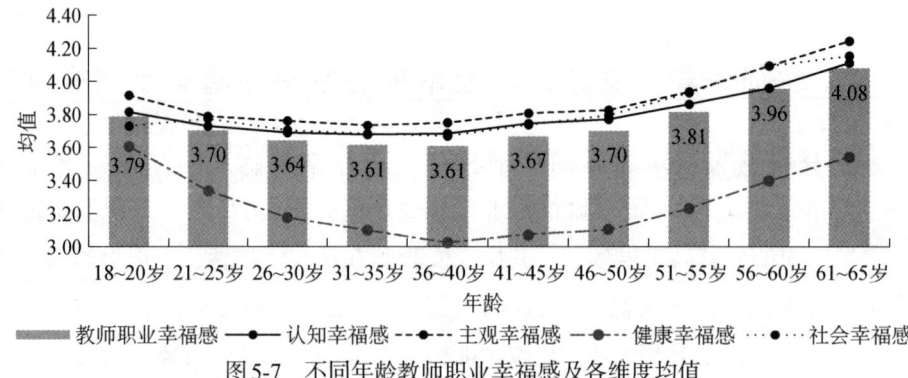

图 5-7 不同年龄教师职业幸福感及各维度均值

下面进一步分析不同年龄教师的认知幸福感、主观幸福感、健康幸福感、社会幸福感的差异。从刚刚走出校园的青年教师，到多重社会身份的中年教师，再到经验丰富的年长教师，教师的认知幸福感和主观幸福感均值随年龄变化的趋势

相同，且平均差值较小，差异不显著，主要表现为随年龄的增长，教师的幸福感水平先降低后提升。然而在教师健康幸福感方面，随着年龄的增长，教师的健康幸福感均值波动明显，且在社会幸福感方面，不同年龄的教师健康幸福感差异显著。探其原因可以发现，青年教师呈现出精力充沛、情绪积极的特征。随着年龄的增长，中年教师的社会角色不断转变，不仅需要承担教师职业的工作，同时还需兼顾妻子/丈夫、母亲/父亲、子女等多重社会身份，来自个人工作、家庭负担以及社会压力的多重影响，使得中年教师健康幸福感、社会幸福感显著偏低，随着年龄的增长持续下降。而对于46~65岁教师，他们在工作上具备了胜任教师职业的能力与素养，在家庭上的负担得到减轻，因此，随着年龄的增长，这些教师的健康幸福感和社会幸福感也得到了显著的提升。

三、教龄差异：熟手教师职业幸福感较高

不同教龄教师的职业幸福感均值如图5-8所示。单因素方差分析结果显示，不同教龄的教师职业幸福感水平存在显著差异（$F=103.90$，$p<0.01$）。36~40年教龄熟手教师的职业幸福感水平最高。由此可见，教师在职业生涯起步阶段由于怀揣对教师职业的向往与期待，职业幸福感水平较高；但经历3~25年的教育教学实践，反思中对教学的困惑导致教师的职业幸福感水平有所降低；经过36~40年的教育反思与自我成长，在积累大量教育教学经验及工作经验后，熟手教师能够轻松胜任教师教学工作，其职业幸福感水平得到提升。

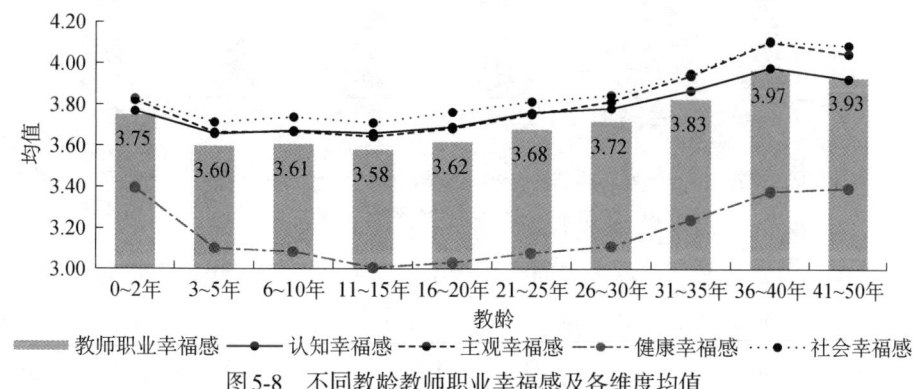

图5-8 不同教龄教师职业幸福感及各维度均值

单因素方差分析结果表明，不同教龄的教师在认知幸福感（$F=82.88$，$p<0.01$）、主观幸福感（$F=110.03$，$p<0.01$）、健康幸福感（$F=87.93$，$p<0.01$）、

社会幸福感（F=79.43，p<0.01）方面均存在显著差异。在教师认知幸福感方面，0～2年教龄的初任教师对待工作专注认真，具有较强的自我效能感，认为自己能够胜任教师这一职业。而3～5年教龄的教师逐渐出现迷茫，认知幸福感水平显著低于其他教龄的教师。在教师主观幸福感和社会幸福感方面，11～15年教龄的教师的主观幸福感和社会幸福感水平较低，41～50年教龄的教师的主观幸福感和社会幸福感水平较高。在教师健康幸福感方面，随着教师教龄的增长，教师健康幸福感均值波动较大，且0～2年教龄的教师健康幸福感水平显著高于3～35年教龄的教师。

四、职称差异：高职称教师职业幸福感水平较高

不同职称的教师的职业幸福感均值如图5-9所示。根据单因素方差分析结果，不同职称教师的职业幸福感存在显著差异（F=136.53，p<0.01）。正高级教师职业幸福感水平最高，其次是高级教师和未定级教师，二级教师的职业幸福感水平最低。正高级教师和未定级教师的职业幸福感水平显著高于三级、二级和一级教师，二级教师的职业幸福感水平显著低于其他职称教师。

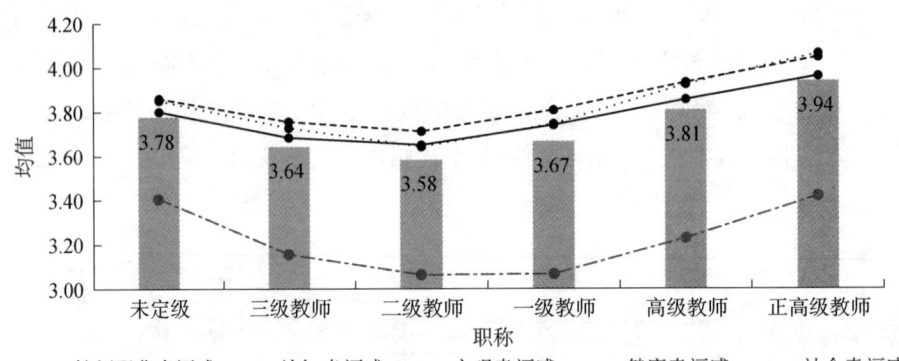

图5-9 不同职称教师职业幸福感及各维度均值

采用单因素方差分析检验不同职称教师的认知幸福感、主观幸福感、健康幸福感、社会幸福感差异，结果显示，高级教师和正高级教师的认知幸福感、主观幸福感和社会幸福感水平均显著高于三级教师、二级教师和一级教师。由此可见，高职称教师的职业幸福感水平较高。究其原因，一方面，高级教师和正高级教师多为专家型或熟手型教师，他们在多年的教学实践中积累了丰富的经验，专业能力与教学能力得到了全面提升，这在一定程度上反映了教师的综合能力，因

此高级教师和正高级教师具有较高的认知幸福感和社会幸福感水平。另一方面，作为高级教师和正高级教师，他们已经达到职称评定的最高层次，不再有评职的压力，因此高级教师和正高级教师具有较高的健康幸福感和主观幸福感水平。然而，二级教师因深受职称评定压力以及从新手到熟手教师的转变影响，必定会经历职业倦怠与方向迷失等困惑，多种因素影响下，二级教师的职业幸福感水平较低。

五、学历差异：硕士研究生学历教师职业幸福感水平较低

不同学历教师的职业幸福感均值如图 5-10 所示。教师学历分为高中及以下（$n=95$）、中专/技校（$n=348$）、大学专科（$n=7154$）、大学本科（$n=24558$）、硕士研究生（$n=1396$）以及博士研究生（$n=39$）六类。单因素方差分析结果显示，不同学历教师的职业幸福感水平存在显著差异（$F=60.10$，$p<0.01$）。总体上，硕士研究生学历教师的职业幸福感水平显著低于高中及以下、中专/技校、大学专科与大学本科学历的教师。

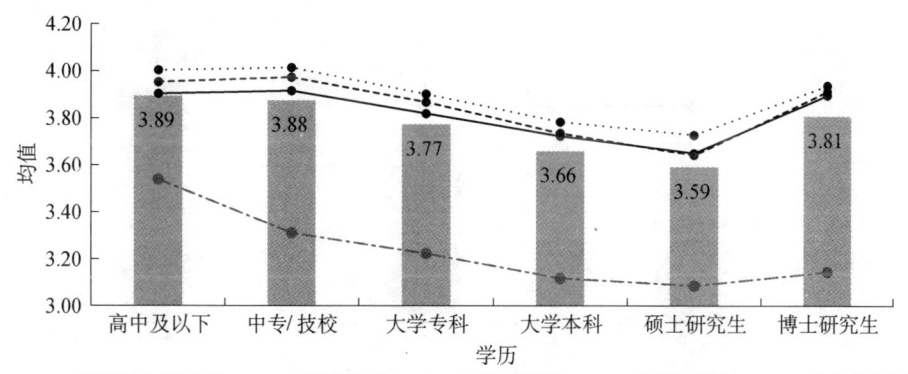

图 5-10 不同学历教师职业幸福感及各维度均值

单因素方差分析结果表明，不同学历的教师在认知幸福感（$F=49.59$，$p<0.01$）、主观幸福感（$F=60.80$，$p<0.01$）、健康幸福感（$F=25.62$，$p<0.01$）、社会幸福感（$F=49.41$，$p<0.01$）方面均存在显著差异。在认知幸福感方面，硕士研究生学历教师的认知幸福感水平显著低于其他学历教师。博士研究生学历教师的认知幸福感水平显著高于大学本科和硕士研究生学历的教师。在主观幸福感和

社会幸福感方面，硕士研究生学历教师的主观幸福感和社会幸福感水平均最低，显著低于其他学历教师。不同学历教师的健康幸福感水平存在显著差异，其中高中及以下学历的教师健康幸福感水平最高，且显著高于中专/技校、大学专科、大学本科、硕士研究生以及博士研究生学历的教师。大学本科、硕士研究生学历教师的健康幸福感水平较低，显著低于高中及以下、中专/技校、大学专科学历的教师。

六、任教学段差异：小学教师职业幸福感水平较高

不同任教学段教师的职业幸福感均值如图5-11所示。小学教师职业幸福感水平最高，其次是初中教师，职业幸福感水平最低的是普通高中教师。

单因素方差分析结果显示，不同任教学段教师的职业幸福感水平存在显著差异（$F=205.38$，$p<0.01$），小学教师职业幸福感水平显著高于中学教师。进一步分析表明，不同任教学段教师的认知幸福感、主观幸福感、健康幸福感、社会幸福感存在显著差异，小学教师在以上4个维度的幸福感水平均显著高于初中和高中教师。

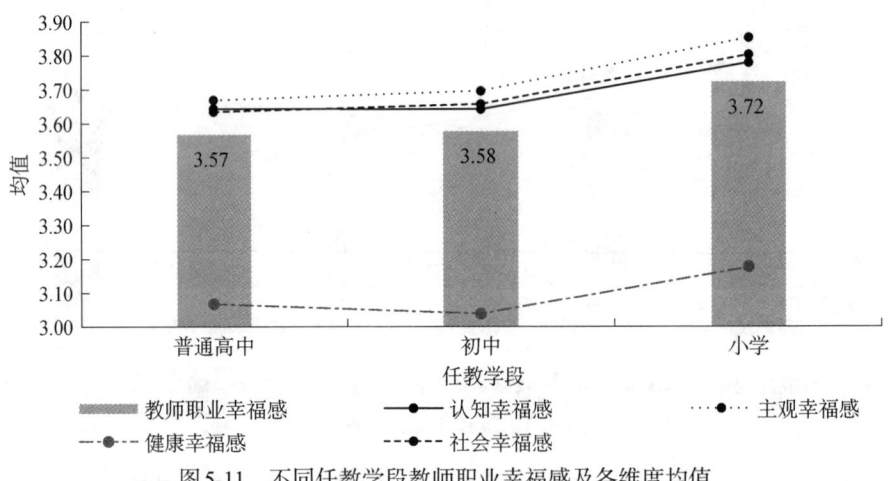

图5-11 不同任教学段教师职业幸福感及各维度均值

七、学科差异：音体美学科教师职业幸福感水平较高

中小学学科可以分为语文、数学、外语、物理、化学、地理、生物、历史、科学、信息技术、政治（含道德与法治）、音乐、美术、体育、综合实践课、学

校或地方课程、心理健康教育以及其他，不同学科教师的分布情况见表5-3。不同学科教师的职业幸福感均值如图5-12所示，其中音乐教师的职业幸福感水平最高，其次是美术、体育教师。分别比较不同学科教师的认知幸福感、主观幸福感、健康幸福感、社会幸福感均值，按照由高到低排列，结果显示，音乐教师的认知幸福感、主观幸福感、健康幸福感以及社会幸福感水平均居首位，地理教师的认知幸福感、主观幸福感和社会幸福感水平最低。

表 5-3　学科差异情况

项目		响应		个案占比/%
		个案数	占比/%	
学科[a]	语文	12 191	23.47	36.3
	数学	10 881	20.95	32.4
	外语	3 796	7.31	11.3
	物理	619	1.19	1.8
	化学	455	0.88	1.4
	地理	439	0.84	1.3
	生物	434	0.84	1.3
	历史	619	1.19	1.8
	科学	2 524	4.86	7.5
	信息技术	1 612	3.10	4.8
	政治	3 583	6.90	10.7
	音乐	2 143	4.13	6.4
	美术	2 217	4.27	6.6
	体育	2 549	4.91	7.6
	综合实践课	2 418	4.66	7.2
	学校或地方课程	1 763	3.39	5.2
	心理健康教育	1 457	2.80	4.3
	其他	2 244	4.32	6.7
总计		51 944	100.00	154.6

a. 使用了值1对二分组进行制表

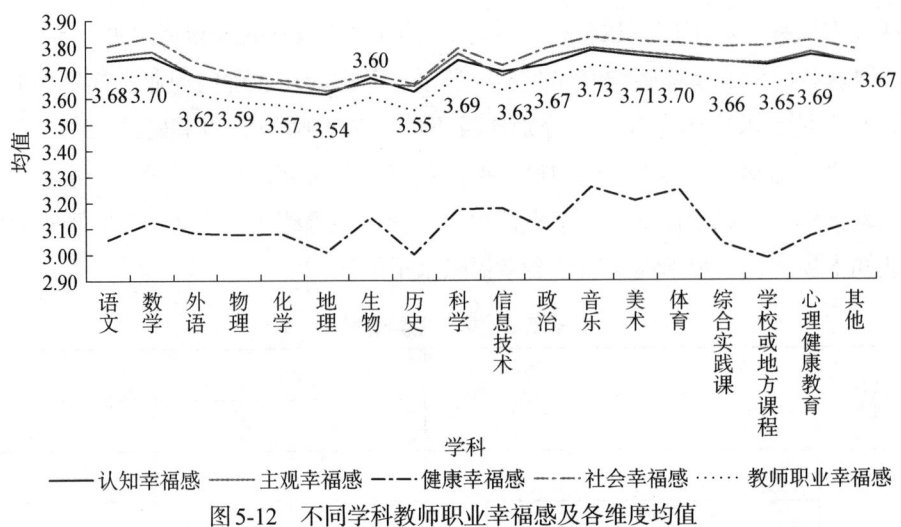

图 5-12 不同学科教师职业幸福感及各维度均值

八、荣誉等级差异：获得国家级荣誉的教师职业幸福感水平较高

单因素方差分析结果显示，获得不同荣誉等级的教师职业幸福感存在显著差异（$F=31.57$，$p<0.01$）。按照荣誉等级，将教师划分为获得国家级、省级、市级、区（县）级、校级荣誉的教师，其他教师，以及没有获得荣誉的教师，获得国家级荣誉的教师职业幸福感水平显著高于获得省级、市级、区（县）级、校级荣誉以及没有获得荣誉的教师。不同荣誉等级的教师职业幸福感均值如图5-13所示。

单因素方差分析结果表明，不同荣誉等级教师的认知幸福感（$F=33.46$，$p<0.01$）、主观幸福感（$F=22.32$，$p<0.01$）、健康幸福感（$F=55.21$，$p<0.01$）、社会幸福感（$F=36.05$，$p<0.01$）均存在显著差异。在认知幸福感、主观幸福感和社会幸福感方面，获得国家级荣誉教师的均值显著高于获得省级荣誉的教师，获得省级荣誉教师的均值显著高于获得市级荣誉的教师，获得市级荣誉教师的均值显著高于获得区（县）级荣誉的教师。获得校级荣誉的教师的均值显著低于获得国家级、省级荣誉的教师。在健康幸福感方面，获得国家级荣誉和省级荣誉的教师的健康幸福感水平显著高于获得市级、区（县）级荣誉的教师。由此可见，随着教师所获最高荣誉级别的上升，教师的职业幸福感水平逐渐提高。

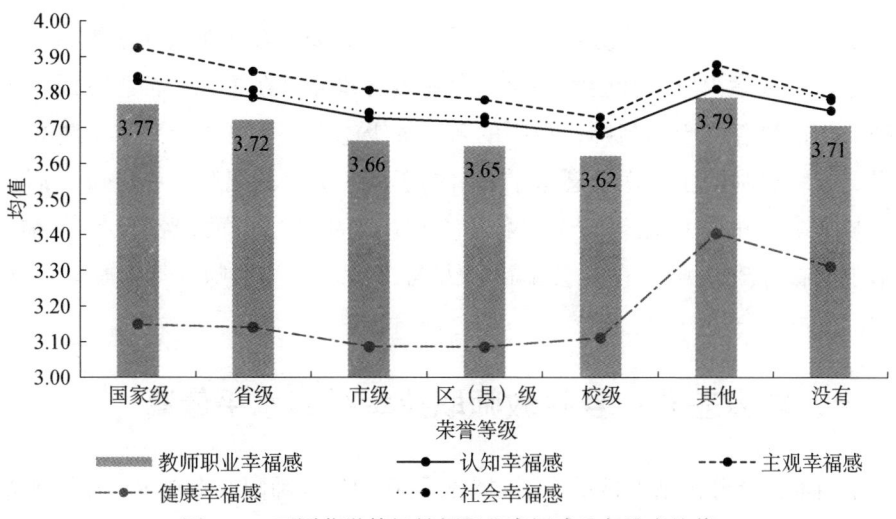

图 5-13 不同荣誉等级教师职业幸福感及各维度均值

九、名师等级差异：国家级名师教师职业幸福感水平较高

本次研究按照名师等级，将教师划分为国家级、省级、市级、区（县）级、校级以及非名师教师。不同名师等级教师的职业幸福感均值如图5-14所示。其中国家级名师的教师职业幸福感水平最高，之后依次为省级名师、校级名师、市级名师以及区（县）级名师，非名师的教师职业幸福感水平最低。

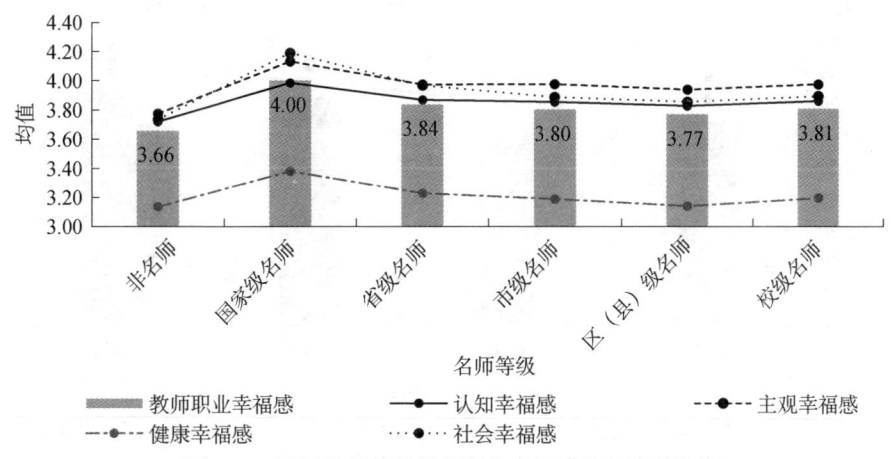

图 5-14 不同名师等级教师职业幸福感及各维度均值

单因素方差分析结果显示，总体上不同名师等级教师的教师职业幸福感水平存在显著差异（$F=60.48$，$p<0.01$），拥有名师身份的教师职业幸福感水平显

著高于其他教师。进一步分析发现，不同名师等级的教师在认知幸福感、主观幸福感、健康幸福感、社会幸福感上存在显著差异。在主观幸福感方面，各类名师的均值显著高于非名师；教师的名师等级越高，主观幸福感水平越高，国家级、省级名师的主观幸福感水平显著高于区（县）级名师。在健康幸福感方面，校级名师的均值显著高于非名师。在认知幸福感方面，各级各类名师的均值显著高于非名师。在社会幸福感方面，各级各类名师的均值显著高于非名师。

十、城乡差异：乡村教师职业幸福感水平最高

单因素方差分析结果显示，不同学校所在地的教师职业幸福感存在显著差异（$F=79.80$，$p<0.01$），根据学校所在地可将教师划分为城市、县城、乡镇、乡村教师，不同学校所在地的教师的职业幸福感均值如图5-15所示。其中，乡村和乡镇教师的职业幸福感均值较高，城市和县城教师的职业幸福感均值较低。乡村教师职业幸福感均值最高，显著高于城市教师、县城教师和乡镇教师。

进一步分析发现，不同学校所在地的教师在认知幸福感、主观幸福感、健康幸福感以及社会幸福感方面呈现显著差异。乡村教师在以上四个维度上的均值均显著高于城市教师、县城教师和乡镇教师。

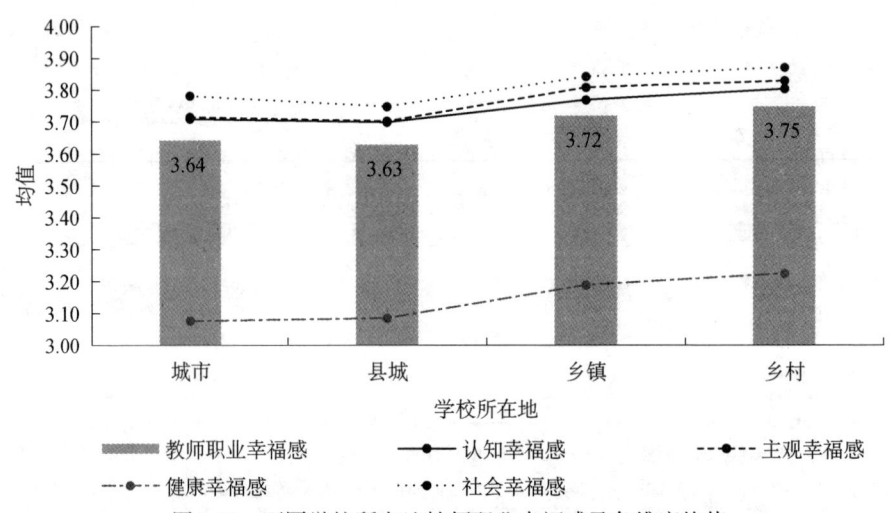

图5-15 不同学校所在地教师职业幸福感及各维度均值

第四节 教师职业幸福感动态发展趋势

教师职业幸福感的形成与发展贯穿教师的整个职业生涯,即从成为教师开始,止于教师退休或离开教师岗位,是一个漫长的过程。教师职业幸福感是基于教师岗位本身,教师在履行岗位职责过程中对满足自己优势需要的积极评价和愉悦的心理体验[①],其处于动态变化的过程之中。随着时间的推移,教师因为在不同阶段面临着不同的发展问题,所以对幸福有着不同的感受,其职业幸福感也随之产生变化。

一、教师职业幸福感水平呈"U"形波动上升趋势

调查数据显示,教师刚任教时的职业幸福感水平最高,均值为7.33;一年前的职业幸福感水平较刚任教时有所下降,均值为6.58;现阶段职业幸福感水平较前一阶段有所提升,均值为6.63;预计未来三年职业幸福感水平会稳步上升,均值为6.92。

如图5-16所示,随着教龄的增加,教师职业幸福感水平呈"U"形波动上升趋势。教师职业幸福感的发展是不同阶段不同优势需要满足的过程。处于不同职业生涯阶段的教师遇到的问题不同,产生的优势需要也不同,只有不同发展阶段的优势需要得以满足,教师才能在职业生涯中不断感到幸福。

(一)初任教师处于角色转换期,职业幸福感水平较高

初任教师一般年纪较轻,踏入社会不久,家庭与生活的压力较小,并且刚刚从其他角色转换到教师角色上来,正逐渐适应自己的新角色,面对未来发展无限的可能性,对自身充满期待。在日常工作上,初任教师往往觉得工作充满新鲜感与挑战性,对待工作认真负责、有热情,愿意参与学校的各项事务与活动。初任教师所承担的教学任务与科研任务相对较少,在工作上经历的问题与磨炼也相对较少,工作负荷适度。并且,面对压力和负荷,他们具有更强的承受能力,接受

---

① 张俊. 教师职业幸福感形成与发展规律的研究——基于某市初中教师职业幸福感的访谈与调查结果分析. 大连教育学院学报, 2015, 31(1): 1-3.

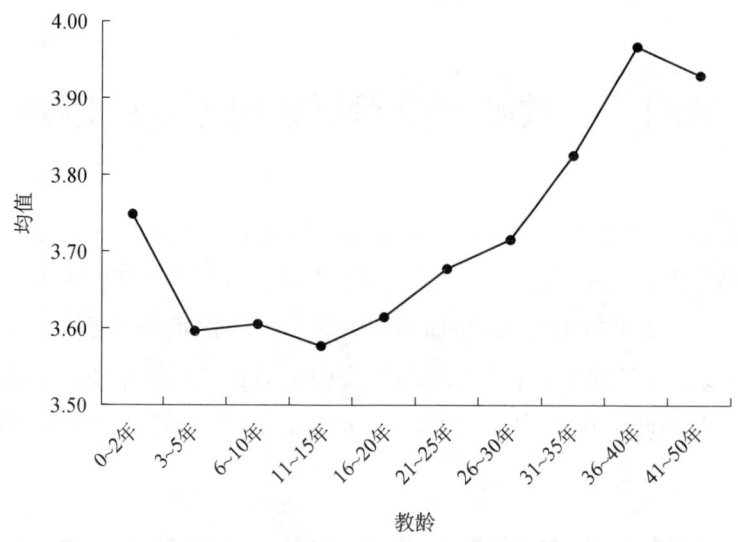

图 5-16　不同教龄教师职业幸福感均值

新知识、适应新环境的能力也比较强,所以比较容易从工作中体验到幸福感。从专业发展的角度来看,初任教师的发展空间更大,学校给予初任教师的关注更多,会为其提供较多的培训机会,帮助其成长。初任教师也正处于经验积累的阶段,面对学生的成长与进步,更容易体会到教学中的成就感。同时,他们的思想观念较为开放,处理学生事务时更加灵活,能缩小与学生之间的距离,更容易得到学生的认可与喜爱。

(二) 中青年教师面临角色冲突,职业幸福感水平下降

角色之间的冲突和高期待使教师幸福感水平降低。教师角色是指与教师的地位、身份相一致的一整套权利、义务和行为模式,是社会和群体所赋予的对教师行为的期待。[1] 教师的角色冲突可分为两种基本类型:一是角色内冲突,二是不同角色的冲突。角色内冲突是个体在扮演某一社会角色时,角色自身产生的冲突。不同角色的冲突有多种表现形式:有因这一角色同时承受着多重期望且难以契合,甚至相互矛盾时所产生的心理困惑;有因角色扮演者对理想角色的领悟与实际角色的行为之间存在差距而发生的矛盾;有因时代要求角色变迁而产生的新旧角色之间的冲突。[2] 教师角色期望的多重性是导致教师的角色冲突的主要原

---

[1] 黄希庭. 简明心理学词典. 合肥:安徽人民出版社,2004:175.
[2] 董泽芳. 论教师的角色冲突与调适. 湖北社会科学,2010(1):167-171.

因。任何一个人都不可能仅仅承担着某一种社会角色,而是承担着多种社会角色,他所承担的多种角色又总是与更多的社会角色相联系。^①教师在职业发展情境中扮演的基本角色是教育者、引导者、管理者,在社会与家庭生活中,教师还扮演着更加丰富多样的社会角色。

中青年教师是学校教学与科研工作的主力军与中坚力量,为了完成学校分配的任务以及实现自我价值,他们不断奔波在教学、科研与晋升职称的道路上,压力感大大增加。除教学与科研任务之外,有的教师身兼数职,承担着巨大的工作量,工作内容相对繁杂,日工作时间远远超过8小时,使得教师无暇自顾。面对超负荷以及重复的工作任务,中青年教师早已失去了热情与新鲜感,日常工作很难再带给他们带来激情与挑战,对工作的不满和疲惫感开始不断增加,幸福感随之降低。适度的压力会变成动力,但是压力过大可能导致人出现情感疲劳和情绪耗竭。从社会生活角度而言,中青年教师所面对的生活压力较大,肩负着家庭的重任,社会、家庭、学校多方面都对教师有着很高的期待,生活中的责任与工作上的压力难以平衡。这种角色冲突会给教师带来较大的压力感,影响教师的自我效能感和成就感,降低教师的职业幸福感。

(三)高教龄教师角色认同感强,职业幸福感回升

教师的角色认同指的是教师自身对社会赋予的教师这个角色的认识和接受,实现教师自身理想向教师角色的转变。同时,教师也是追求自我进步、寻求专业发展的职业个体。教师角色认同的过程,就是在情感与态度上接受这一角色的过程,是教师正确认识教师角色的性质、作用、任务和价值的过程。很多学校在进行职称评定时,将教龄作为重要的参考因素。高教龄教师一般教龄在30年以上,具有较高的职称与较好的人际关系,多年的教学经验与知识学习使他们具有熟练的教学技巧,其中的多数教师已经取得了一定的成就。同时,高教龄教师各方面的发展空间逐渐缩小,成就动机水平有所下降,比较容易得到满足,相比于中青年教师,高教龄教师更多选择专注于教学事务,工作量大大减少,职业生活达到了一种较为舒适与理想的状态,角色认同感较强,因而他们的职业幸福感水平逐渐回升。

---

① 郑杭生. 社会学概论新修(第二版). 北京:中国人民大学出版社,2015:112-114.

二、教师健康幸福感与总体幸福感水平失衡

调查结果显示,在教师职业幸福感各维度中,认知幸福感、主观幸福感、健康幸福感和社会幸福感的均值分别为 3.74、3.76、3.14、3.81,由此可见,教师健康幸福感水平与其他各维度相比相对失衡。面对较大的工作强度,教师的身心状态受到了一定程度的影响,不仅身体状况不佳,心理素质也欠佳。据分析,教师健康幸福感的影响因素有如下几个方面。

(一)教师压力来源多元化

当前中小学教师的压力呈多元化态势。教师具有多重社会角色与身份,不仅要承担学校的教学与科研工作,面临职业发展方面的压力,而且来自社会和家庭方面的压力也越来越大。尤其是女教师,其虽然在工作中与男教师压力相近,但生活中往往承担了更多的家务及抚育子女的责任,这令女教师面临双重角色冲突,承受着身体和心理的双重压力。在专业发展上,教师要面对培训进修、听课评教等考核的压力,职称评定难、竞争力大、标准高也成了部分教师压力的主要来源。

来自社会环境的压力对教师健康幸福感的影响越来越大。现如今,独生子女家庭较多,孩子承载着家长过高的期许,为了让孩子不输在起跑线上,家长对教师的要求也越来越高。另外,社会对教师专业水平及师德水平的高要求也给教师带来较大压力。

当今高度发展的市场经济严重冲击教师价值观,教师待遇水平与供养家庭、子女教育等大量支出有一定差额。收入与付出不相称使教师承受着巨大的生活压力。同时,不同学校、不同职称、不同学科间教师收入差距较大,甚至呈两极分化的局面。收入的较大差距,加之较大的物质需求,给教师带来较大压力。另外,部分教师主体意识较差,把自己的喜怒哀乐寄托在上级的评价之中,这些压力无形中成为教师的心理负担,影响其健康幸福感。

(二)教师工作总量超负荷

教师日常工作内容繁杂,涉及教育教学、学生管理、专业发展等多个方面。在中小学,一位教师往往承担着多个班级的教学工作,负责班级多,课时量大,教学任务十分繁重。除基本的课堂教学工作之外,任课教师还需要完成备课、批

改作业及试卷、管理早晚自习、辅导学生等任务。班主任不仅要承担任课教师的教学工作，还要负责班级和学生的管理工作。此外，教师还要为自身职业发展不断学习和进修，如上公开课和听课、参加教研活动、承担科研项目、备检迎检、进行职称评定考核等。超负荷的工作量使教师身心俱疲，过度劳累使其健康水平直线下降，进而影响其健康幸福感水平。

（三）教师隐性工作时间长

部分中小学教师每天工作时间甚至超过12小时。很多教师每天在校工作时间内并不能完成规定的工作任务，选择将任务带回家加班，利用额外时间为学生批改作业及备课。同时，家长与教师的沟通也占据了教师的私人时间。长此以往，导致教师缺乏休息时间，生活作息不规律。超长的工作时间使教师产生懈怠，也直接影响着教师的健康状况及健康幸福感水平。

（四）教师缺乏对健康的关注

教师自身缺乏对身体及心理健康的关注。教师的职业特性导致他们长时间伏案或站立授课，可以称为脑力活动多、四肢活动少，这往往导致其身体负荷过重、积劳成疾。很多教师由于工作繁忙，无暇顾及自身健康状况，没有养成良好的体育锻炼习惯，缺乏锻炼，导致健康水平降低。

三、教师职业幸福感水平在过高的角色期望中下降

长久以来，教师的角色定位在人类文明进步的过程中不断变化，但其所承担的多样化社会职能不容否定，这也导致社会、家长、学生等各个方面对教师投来了期盼的目光。教师职业在社会中有着过高的角色期望，多数教师对于自身的要求也不断提升，因而产生了不同类型的教师自我期望，影响着教师的职业幸福感水平。

（一）社会的期望

在整个社会发展进程中，教师一直扮演着传承文化、继往开来的重要角色，没有教师就没有人类社会的文明与进步，也正因为如此，社会和人们一直对教师寄予较高的期望。对教师的讴歌和赞美反映了人们对教师过高的、理想化的角色

期望。人们也习惯于对教师提出种种要求，特别是在新课改背景下，管理者、家长及社会大众对教师的角色期望更是越来越理想化。社会对教师的期望直接影响着人们对教师职业的情感、态度和行为。适当的社会期望能够转变为教师工作的动力和责任感，但是过分理想化的期望却会引起教师的心理压力，导致教师职业幸福感水平下降。

（二）学生的期望

学生对教师有怎样的期望主要受三个因素影响。一是教师的地位与作用。在学生的心目中，教师不仅是知识的源泉、智慧的化身与行为的示范，而且是影响他们的学业成绩、身心发展与个人前途的决定性人物，因此，学生对教师的期望一般都比较高。二是学生的认识水平。不同阶段的学生有不同的需求，他们期望教师能尽可能满足其需求。三是社会的价值取向。由于社会的发展与变迁，不同时期人们的价值取向是不同的，它不仅影响着整个社会对教育的态度，也直接影响到学生对教师的期望。学生对教师的合理角色期望，有利于教师角色意识的发展，使教师不断调整自己的角色行为；而不切实际的期望则易使教师产生角色冲突，进而影响其职业幸福感水平。

（三）教师的自我期望

在社会生活中，教师往往对自己所承担的角色有一定的自我期许，但由于个人和环境中多种因素的影响，每个教师对自己所承担的社会角色都有不同的认识和理解，这就形成了四种教师自我期望的类型。一是道德维护型，认为教师的职责是传递社会的文化价值与道德规范，教师最重要的任务是树立自己的道德形象，能成为学生道德与生活的辅导者。二是教学中心型，认为教师的首要任务是搞好教学，具有熟练的教育技能、技巧比具有道德修养更重要。三是学术中心型，认为教师固然必须教学，但教师不能做"教书匠"，而应成为某一学科的专家或学者，教学只能是应用自己专业知识的过程。四是教学-研究型，认为教师要搞好教学，就要不断研究教学；教师不仅要能做科研，而且能将科研与教学紧密结合起来，实现教学与研究一体化；并在此过程中不断自我反思、自我完善。[①]教师形成不同的自我期望既有社会原因，也受现行政策的导向的影响，同时也与

---

① 董泽芳. 论教师的角色冲突与调适. 湖北社会科学，2010（1）：167-171.

教师所处的学校环境及个人的价值取向有很大关系。当教师的自我期望与社会及学生的期望一致时，教师的幸福感水平会得到提升。当教师不能兼顾自我期望，或是与社会及学生的期望分歧扩大时，幸福感水平就受到负面影响。

四、提高经济待遇成为提升幸福感的主要诉求

教师的经济待遇是指教师通过劳动依法应该享受的工资、福利、津贴、补贴、奖励等物质报酬。科教兴国，要坚持教育为本，办教育就离不开教师。据统计，47.35%的教师认为提高经济待遇是提升教师职业幸福感最重要的措施。教师的职业幸福感深切地影响着其劳动质量。教师劳动质量的保障需要教师全身心地投入，而影响这种投入的一个重要因素就是教师从事教育事业和付出教育劳动所能得到的报酬。

（一）教师薪酬与付出不相称

教师享有较高的社会声望，肩负着社会的责任，自然就承受着社会、学校、家长、学生施加的精神压力，更背负着繁重的工作压力。不少教师每天在超负荷工作，日工作时间远远长于8个小时，隐性工作时间过长。但教师的工资待遇始终没有与其享有的声望、承担的压力相对应。教师的幸福感主要来源于教师对自身职业的热爱与学生进步的教学成就感，但在精神需求上得到满足后，教师不得不考虑现实的物质因素。社会学家休森认为，人们评价教师职业的社会地位的标准主要有三个，即社会声望、财富和权威，这说明认识与评价教师社会地位的标准应该是既有工作环境、社会声望、威信、荣誉、尊重等非经济因素，也不应忽视工资、待遇、福利、住房、晋级等经济性因素。[①] 教师的教育活动是实现劳动力生产和再生产的活动，在市场经济条件下，人们是否愿意选择教师职业，教师从事教育事业的精力付出多少，在很大程度上取决于劳动报酬的多少。经济待遇的提高能在一定程度上对教师起到激励的作用，使教师职业幸福感水平显著提升。教师报酬与教师劳动付出相差过大，会使教师出现懈怠的状况，对待工作不认真，在岗位上"出工不出力"，导致教学和教师队伍质量每况愈下。社会对教师给予厚望的同时，政府应对教师予以厚待，在获得教师劳动成果的同时也使教师的幸福感切实得到提升。

---

① 转引自：邓玉文. 关于教师声望与经济待遇的思考. 科教文汇（中旬刊），2008（6）：8.

（二）提高教师的薪酬满意度

在当前教育改革不断深化的背景下，面对教学、科研的双重挑战，教师感知到的压力越来越大。教师肩负着培养国家人才的重任，但教师普遍对薪酬的满意度较低。高薪酬福利能使教师减轻一些生存负担，不为财富不足所带来的消极情绪困扰，少一些生活上的顾虑，使其能够以一种积极的状态全身心投入到日常教学工作中，进而感受到更多的幸福。薪酬满意度的提高能够提升教师的工作满意度，降低其在工作中的负面感受，使教师在工作中更有动力，进而使幸福感得到提升。不仅如此，在一定范围内，薪酬满意度越高，越能使教师体会到一种物质和精神上的劳动被认可的愉悦，使教师更加强烈地感受到工作岗位所赋予的责任，使自我效能感得到提升，从而对教师的职业幸福感产生正面影响。

第六章
教师职业认知幸福感调查报告

中小学教师的心理状态和特征对中小学生的健康成长具有不可低估、无法替代的作用。一名真正立志于教育事业的教师会将教书育人作为重要的价值追求，能持续地从工作中体验到较高的幸福感，并助力学生快乐成长，这是教育事业发展的需要。那么，作为育人的使者，中小学教师是如何看待自己的职业地位和吸引力的？他们的自我效能及工作专注度如何？他们是否能够体验到职业带来的幸福感？探索这些问题，对于研究目前教师职业认知状况并精准施策有着极为重要的意义。

第一节　教师职业认知幸福感基本内涵

一、概念界定

认知幸福感反映的是员工在工作中的认知效能质量，它和主观幸福感研究视角下的工作相关的认知评估相关联[1]。教师的认知幸福感是指教师在有效工作时所需要的一系列知识和技能，其核心要素侧重教师的认知能力，尤其是教师自我效能及专注工作所体现出来的能力水平。[2] 认知幸福感本质上是对个体知觉行为能力的感知，可以显著影响到教师自身的认知力与行为力。具有较高认知幸福感水平，意味着教师对自身认知与思维能力的感知较为积极。

二、调查维度

在借鉴PISA2021教师职业认知幸福感测评维度的基础上，本次研究主要从工作专注度、自我效能感、教师胜任力、职业安全感、职业吸引力五个维度（克隆巴赫α系数为0.89）对教师的职业认知幸福感状况展开调查。

第二节　教师职业认知幸福感基本现状

一、总体特征

调查发现，教师的职业认知幸福感（$M=3.74$）整体处于中等以上水平，但未达到较为理想的水平。同时，相关分析结果表明，教师的职业认知幸福感与教师职业幸福感呈极强相关（$r=0.93$, $p<0.001$），仅次于主观幸福感与教师职业幸福感的相关性（$r=0.95$, $p<0.001$）。

---

[1] 黄亮. 中国企业员工工作幸福感的维度结构研究. 中央财经大学学报，2014（10）：84-92.
[2] 李刚，吕立杰. PISA2021教师职业幸福感测评：框架与特点. 中国考试，2020（11）：48-60.

通过对教师职业认知幸福感各指标进行统计，我们发现，仅有教师胜任力（$M=4.07$）这一指标均值大于 4，处于中等偏上水平；教师的自我效能感（$M=3.74$）和工作专注度（$M=3.74$）也相对良好；而教师的职业安全感（$M=3.36$）这一主观心理体验水平则相对较低，教师对职业吸引力的自我感知（$M=3.20$）更是不甚乐观。

二、差异状况

（一）人口学变量差异

调查表明，教师职业认知幸福感水平存在显著的性别、任教学段、学历、教龄等差异（表6-1）。在性别上，男教师的职业认知幸福感水平显著低于女教师；在学段上，小学教师的职业认知幸福感水平显著高于中学教师，而初中教师的职业认知幸福感水平和普通高中教师的职业认知幸福感水平不存在显著差异；在学历上，专科学历的教师职业认知幸福感水平最高，其次是具有本科学历的教师，而具有研究生学历的教师职业认知幸福感水平最低。

表6-1 职业认知幸福感及各指标的人口学变量差异统计

类别		样本数	认知幸福感	工作专注度	自我效能感	教师胜任力	职业安全感	职业吸引力
性别	男	7 729	3.73	3.66	3.92	4.07	3.36	3.47
	女	25 861	3.75	3.81	3.93	4.07	3.36	3.47
t			−2.87**	−14.95***	−1.65	−0.51	−0.09	−0.32
任教学段	普通高中	2 461	3.64	3.63	3.85	4.05	3.20	3.33
	初中	6 101	3.64	3.68	3.85	4.04	3.19	3.31
	小学	25 028	3.78	3.82	3.96	4.07	3.42	3.52
F			204.78***	120.79***	107.55***	9.74***	275.80***	205.14***
最高学历	专科及以下	7 597	3.83	3.83	3.99	4.12	3.47	3.60
	本科	24 558	3.72	3.76	3.92	4.06	3.33	3.43
	研究生	1 435	3.66	3.72	3.84	3.98	3.27	3.37
F			122.34***	26.01***	57.03***	45.80***	108.38***	133.70***
教龄	0～5年	7 935	3.72	3.82	3.85	3.92	3.44	3.52
	6～10年	3 997	3.67	3.74	3.88	4.00	3.29	3.36

续表

类别		样本数	认知幸福感	工作专注度	自我效能感	教师胜任力	职业安全感	职业吸引力
教龄	11~20年	7 234	3.67	3.70	3.90	4.07	3.24	3.33
	20年以上	14 424	3.81	3.80	4.00	4.17	3.39	3.55
	F		144.78***	38.14***	130.59***	307.64***	109.99***	159.32***

注：***$p<0.001$，下同

调查结果表明，教师性别与任教学段显著相关（$r=0.12$，$p<0.001$）。如图6-1所示，中学男教师占男教师总数的34.66%，中学女教师占女教师总数的22.72%。相对而言，男教师更可能在中学任教。而中学受到中高考的影响，教师会面临更大的工作压力，从而制约职业认知幸福感的提升。同时，学历与学段也存在显著相关（$r=0.24$，$p<0.001$），随着学历的提升，教师越有可能任教更高学段，研究发现，具有研究生学历的教师从事中学工作的相对比例更高，具有专科及以下学历的教师几乎都在小学工作（图6-2）。这意味着高学历教师的工作更有可能受到中高考压力的影响，其职业认知幸福感水平也会因而下降。

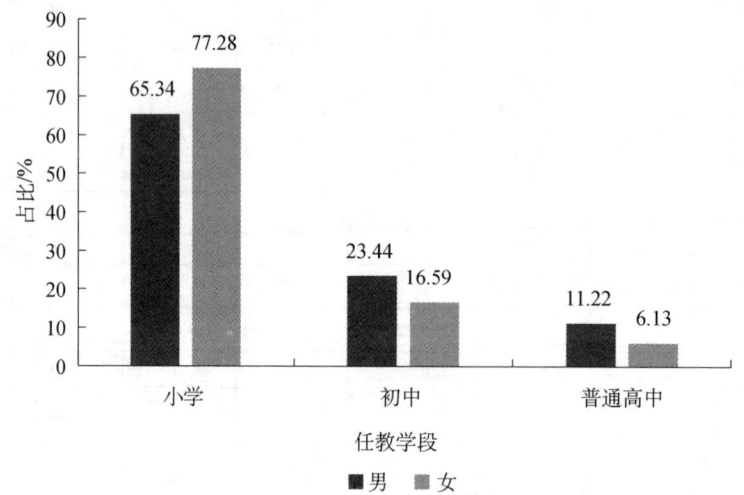

图6-1 不同任教学段教师的性别占比情况

在教龄上，教龄为36年及以上的教师职业认知幸福感均值最高，其次是教龄在31~35年的教师，然后是教龄在0~2年、21~30年的教师，再次是教龄在

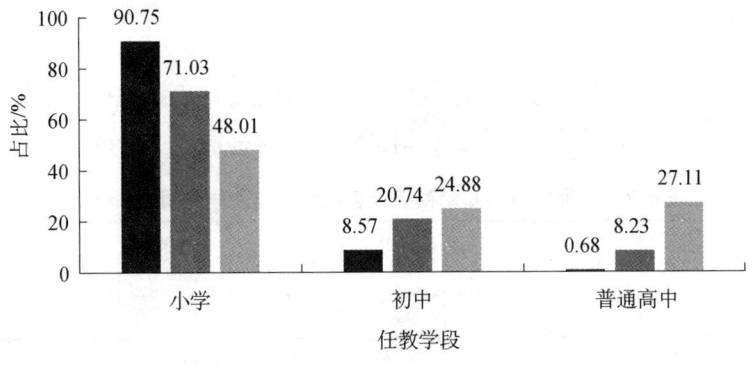

图6-2 不同任教学段教师的学历占比情况

16~20年的教师,职业认知幸福感均值最低的是教龄为3~15年的教师(图6-3)。需注意的是,教龄在0~2年、21~25年、26~30年的教师,其职业认知幸福感不存在显著的组间差异;教龄在3~5年、6~10年、11~15年的教师,其职业认知幸福感也不存在显著的组间差异。此外,教师的职业认知幸福感水平还具有显著的职称间差异($F=19.71$,$p<0.001$)。其中,高级、正高级教师的职业认知幸福感均值最高($M=3.86$),其次是未定级的教师($M=3.80$),再次是一级教师($M=3.74$),职业认知幸福感均值最低的是二、三级教师($M=3.65$)。该结果在一定程度上与教师职业认知幸福感的专业发展阶段变化相吻合。

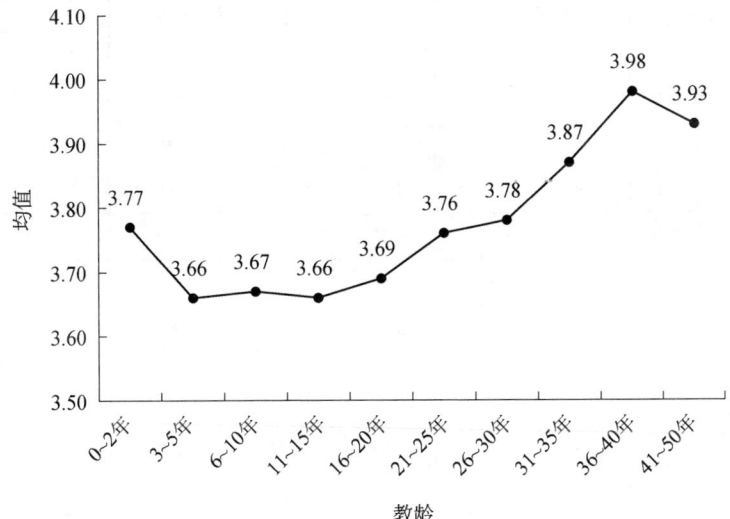

图6-3 教师职业认知幸福感随教龄增加的变化情况

（二）组织学变量差异

调查发现，教师的职业认知幸福感会受学校规模、班级规模、学校氛围、工作时长、是否为寄宿制学校以及最高培训级别的显著影响（表6-2）。

表6-2 教师职业认知幸福感及各指标的组织学变量差异统计

类别		n	认知幸福感	工作专注度	自我效能感	教师胜任力	职业安全感	职业吸引力
学校规模	1～100人	3 628	3.90	3.88	4.02	4.14	3.59	3.75
	100人以上	29 962	3.73	3.76	3.92	4.06	3.33	3.44
	t		17.15***	8.61***	9.36***	6.87***	19.26***	22.62***
班级规模	1～10人	2 460	3.93	3.92	4.04	4.15	3.63	3.80
	11～20人	2 328	3.87	3.85	4.02	4.14	3.53	3.70
	21～30人	4 016	3.79	3.79	3.96	4.08	3.42	3.60
	31～45人	13 054	3.75	3.78	3.94	4.07	3.36	3.46
	45人以上	11 732	3.66	3.72	3.87	4.03	3.25	3.32
	F		179.41***	39.42***	63.77***	28.98***	184.99***	277.25***
学校氛围	合作共享型	17 221	3.85	3.88	4.00	4.11	3.55	3.62
	绩效竞争型	6 834	3.59	3.63	3.82	4.00	3.10	3.26
	改革创新型	4 886	3.90	3.90	4.06	4.19	3.58	3.68
	放任自流型	1 136	3.34	3.37	3.66	3.89	2.62	2.94
	F		921.59***	359.70***	317.91***	186.75***	1427.26***	734.43***
工作时长	0～4小时	1 909	3.79	3.80	3.91	4.01	3.53	3.64
	5～6小时	4 960	3.75	3.76	3.89	4.02	3.42	3.55
	7～8小时	12 762	3.80	3.81	3.96	4.09	3.44	3.56
	9～10小时	8 938	3.70	3.76	3.92	4.07	3.28	3.37
	10小时以上	5 021	3.66	3.73	3.93	4.09	3.16	3.28
	F		73.11***	12.65***	13.33***	18.63***	186.27***	183.61***
是否为寄宿制学校	是	10 318	3.71	3.72	3.90	4.05	3.32	3.45
	否	23 272	3.76	3.80	3.94	4.08	3.38	3.48
	t		−6.98***	−9.21***	−6.29***	−3.59***	−7.10***	−2.93**

续表

类别		n	认知幸福感	工作专注度	自我效能感	教师胜任力	职业安全感	职业吸引力
最高培训级别	国培	19 374	3.77	3.79	3.97	4.11	3.36	3.48
	省培	4 085	3.70	3.73	3.88	4.03	3.33	3.42
	市级	4 023	3.69	3.73	3.88	4.03	3.31	3.40
	区（县）级	3 334	3.73	3.80	3.89	4.01	3.39	3.49
	校级	1 048	3.73	3.79	3.88	3.99	3.38	3.52
F			17.82***	7.22***	25.37***	36.75***	7.95***	14.13***

在学校规模方面，小规模学校[①]教师的职业认知幸福感均值（$M=3.90$）显著高于非小规模学校教师（$M=3.73$）（$t=17.15$，$p<0.001$）。进一步细化分析发现，学生数量少于100人的学校的教师职业认知幸福感均值（$M=3.90$）最高，其次是学生数量在600人以内的学校教师（$M=3.76$），学生数超过600人学校的教师职业认知幸福感不存在显著的组间差异。我们从图6-4中可以看出，当学校办学规模大到一定程度（学生数超过600人）时，教师的认知幸福感陷入瓶颈。这可能是因为在大规模学校环境中，教师对学校发展做出的贡献被稀释，同时教师间也在一定程度上缺少相互了解和关注，教师会渐失对学校的亲切感和归属感，从而导致其对职业幸福体验降低。

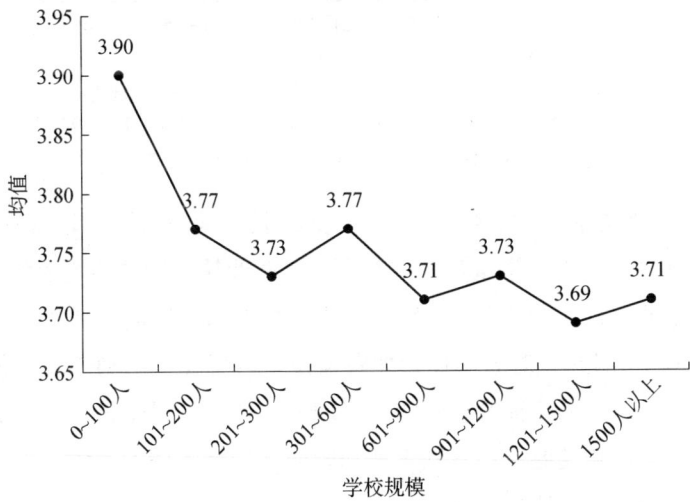

图6-4 不同学校规模教师的职业认知幸福感情况

---

① 中国政府网. 国务院办公厅关于全面加强乡村小规模学校和乡镇寄宿制学校建设的指导意见.（2018-04-25）http://www.gov.cn/zhengce/content/2018-05/02/content_5287465.htm[2021-10-02].

在班级规模方面，不同班级规模的教师的职业认知幸福感存在显著差异（$F=179.41$，$p<0.001$）。随着班级规模的增大，教师的职业认知幸福感及其各指标得分均出现递减趋势（图6-5）。其中，班级学生数量为1~10人的教师职业认知幸福感均值最高（$M=3.93$），之后依次是班级学生数量为11~20人、21~30人、31~45人的教师（$M=3.87$、3.79、3.75），职业认知幸福感均值最低的是班级学生数量为45人以上的教师（$M=3.66$）。在本次调查中，学生数量超过45人的班级占比超过1/3。大班额之下，课堂管理难度增大，教师更容易感到烦躁不安。随着班额的加大，教师的工作热情和态度会受到直接影响，幸福感水平也会降低。

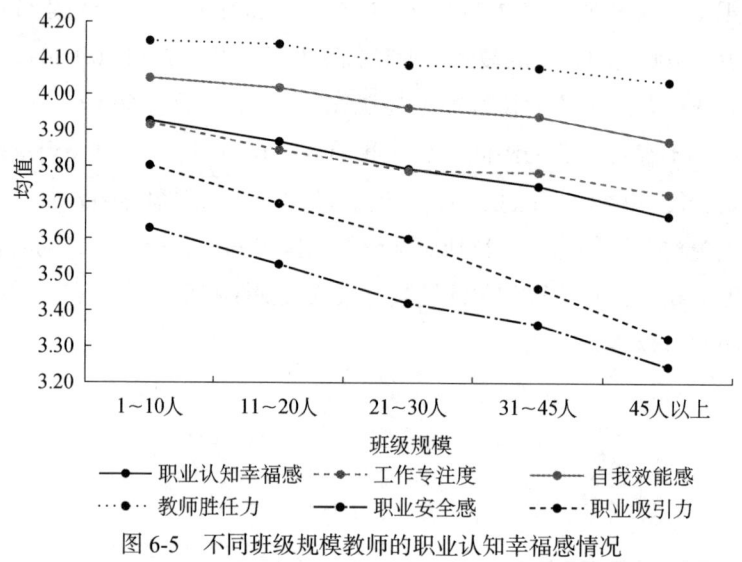

图6-5 不同班级规模教师的职业认知幸福感情况

在学校氛围方面，改革创新型学校的教师职业认知幸福感均值最高（$M=3.90$）；其次是合作共享型学校的教师，其职业认知幸福感均值为3.85；再次是绩效竞争型的学校（$M=3.59$）；教师职业认知幸福感均值最低的是放任自流型学校（$M=3.34$）。因此，对于学校管理者来说，尽可能营造利于教师创新和团队合作的学校文化，有助于提升教师的积极职业体验。而过于强调绩效竞争或不重视教师队伍的管理和发展，均不利于教师职业认知幸福感的生成，进而影响教师的工作表现，制约学校的整体发展。

在工作时长方面，数据表明，教师的职业认知幸福感受工作时长的显著影响（$F=73.11$，$p<0.001$）。当教师的日工作时长超过8小时，其职业认知幸福感水平

会随着工作时长的增加而下降。具体来看,日工作时长为0~4小时、7~8小时的教师,其职业认知幸福感不存在显著差异,且均高于其他工作时长的教师;日工作时长为5~6小时的教师,其职业认知幸福感均值位居第二位($M=3.75$);再次是日工作时长为9~10小时的教师($M=3.70$);最低的是日工作时长超过10小时的教师($M=3.66$)。在调查中,有41.56%的教师日工作时长超过8小时(图6-6)。可以看出,工作时间长、工作强度大已成为近半数教师的工作常态。实际上,中小学教师普遍面临工作负担重的问题,他们不仅承受着"学生学业成绩"带来的工作压力,工作考核、职称晋升、各种评比、材料准备以及各种会议等与教学无直接相关的事务也占据了教师的大量精力,教师心中有太多说不出的痛。另外,调查发现,寄宿制学校教师的职业认知幸福感均值($M=3.71$)显著低于非寄宿制学校教师($M=3.76$)($t=-6.98$,$p<0.001$),再次体现了较大工作量对教师职业认知幸福感的负向影响作用。

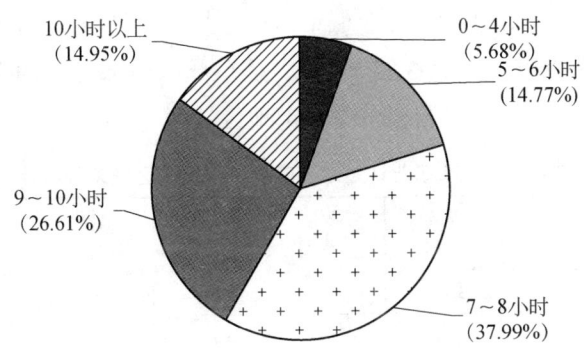

图6-6 中小学教师工作时长分布情况

在教师培训方面,参加过国培的教师,其职业认知幸福感均值($M=3.77$)显著高于未参加过国培的教师($M=3.71$)($t=9.40$,$p<0.001$),参加不同级别培训的教师,其职业认知幸福感差异显著。教师培训是促进教师从资格走向合格、从合格走向卓越的有效途径,是教师提升素质能力的重要环节和不断实现专业成长的根本需要。① 国培计划作为高层次的教师发展引领计划,在中小学教师培训中已大规模开展,近六成教师参加过国培(图6-7),这在一定程度上体现了国家层面对教师发展需要的高度关注。幸福生活离不开发展的累积,当教师的发展需要得以满足,发展空间有所开拓,其幸福感自会油然而生。

---

① 王定华. 新时代我国中小学教师国培的进展与方略. 全球教育展望,2020,49(1):54-61.

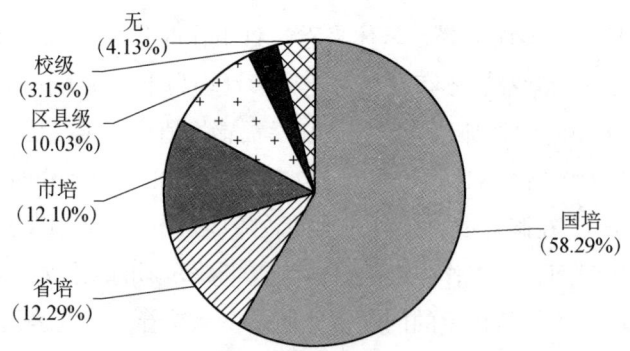

图 6-7 教师参加的最高层次培训情况

（三）区域差异

数据分析表明，教师的职业认知幸福感存在显著的城乡差异（t=-13.33，$p<0.001$）和地区差异（F=152.21，$p<0.001$）（表 6-3）。具体言之，城市教师的职业认知幸福感均值（M=3.70）显著低于乡村教师（M=3.78）；东北地区的教师职业认知幸福感均值最高（M=3.83），其次是东部和中部地区的教师（均值均为 3.73），职业认知幸福感均值最低的是西部地区教师（M=3.68）。

表 6-3 教师职业认知幸福感及各指标的区域差异统计

类别		n	认知幸福感	工作专注度	自我效能感	教师胜任力	职业安全感	职业吸引力
城乡	城市	16 672	3.70	3.75	3.91	4.07	3.30	3.38
	乡村	16 918	3.78	3.80	3.95	4.07	3.42	3.57
	t		-13.33***	-5.81***	-5.62***	-0.78	-15.29***	-21.43***
四大区域	东部地区	3 289	3.73	3.74	3.89	4.03	3.41	3.49
	中部地区	7 440	3.73	3.76	3.91	4.08	3.32	3.43
	西部地区	11 232	3.68	3.74	3.88	4.02	3.29	3.34
	东北地区	11 629	3.83	3.84	3.99	4.12	3.44	3.63
	F		152.21***	34.70***	68.71***	58.13***	87.70***	257.20***

城市教师的职业认知幸福感水平显著低于乡村教师，这与以往的调查结果有所不同。这一方面与国家对乡村教育日益加大的政策关注和资源倾斜有关，另一方面与城乡学校的内在特点有关。如前所述，学校规模与教师职业认知幸福感呈负相关。乡村的小规模学校和小班额比例均远高于城市（图 6-8 和图 6-9），超六成的乡村学校学生人数在 600 人以内；近半的乡村学校班额在 30 人以内。而城市

则存在大量的大规模学校和大班额，有47.20%的学校学生人数超过1500人；有49.95%的学校班额超过45人。同时，在工作时长方面，相对于乡村教师，城市教师日工作8小时以上的比例略大（图6-10）。显而易见，大的组织规模意味着城市教师可能面临更严峻的工作挑战、更大的工作压力、更复杂的组织环境，其职业效能感和职业归属感受到影响，幸福感水平也有所下降。

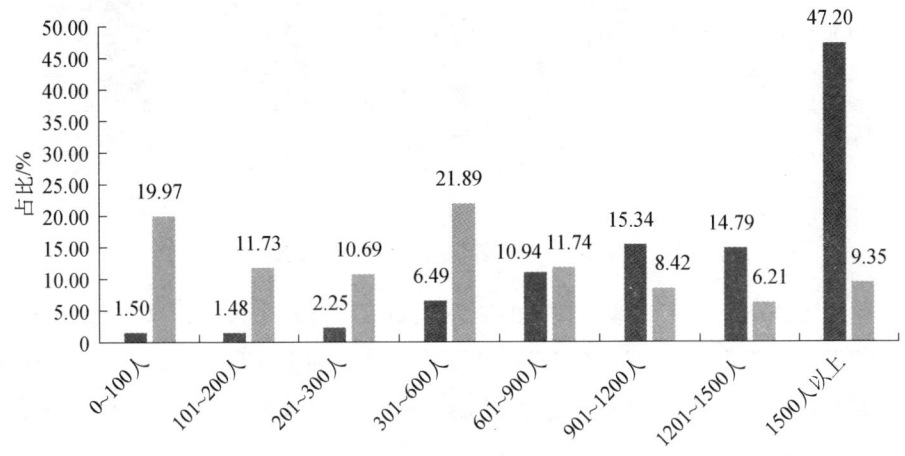

图6-8　城乡学校规模对比情况

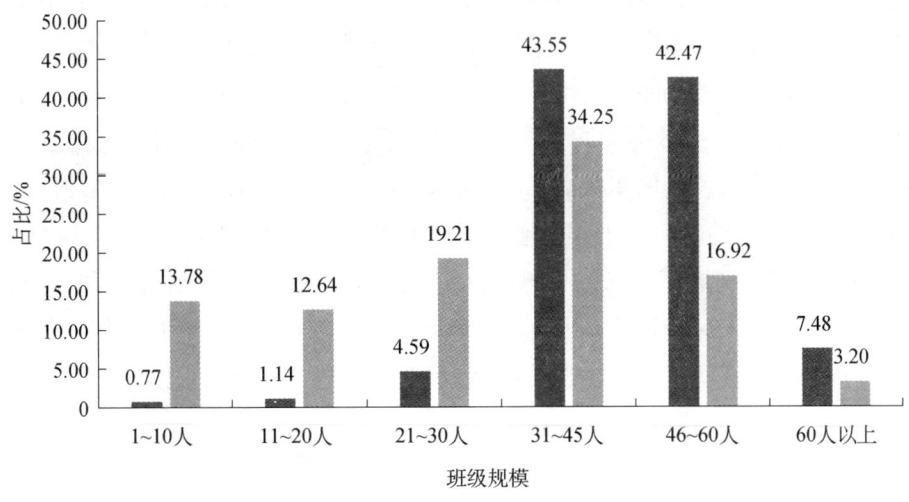

图6-9　城乡班级规模对比情况

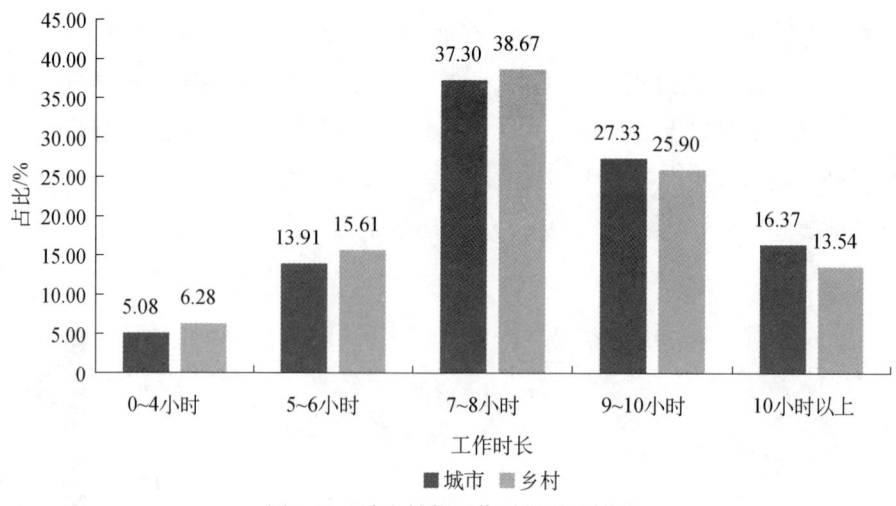

图6-10 城乡教师工作时长对比情况

在地区分布上，东北地区教师的职业认知幸福感水平最高，这实属一个新的研究发现。目前我国各地区经济发展并不均衡，出现空间异质性，且囿于经济结构的差异，我国东北地区正面临着日益严重的人口流失问题。[①]在此现实样态下，研究所假设的情况是东部发达地区的教师职业认知幸福感更为乐观，然而却出现人口负增长的东北地区教师幸福感水平更高，这是为什么呢？调查数据给了我们答案。如图6-11所示，东北地区的大班额比例显著低于其他地区，学生人数在30人以内的班级所占比例均高于其他地区。已有研究提出，小班化教学是教育现代化的重要组成部分，能为"每个人的充分现代化"提供最佳条件和资源。[②]正如"格拉斯-史密斯曲线"所体现的，一般而言，随着班级规模的缩小，学生的成绩会逐渐提高，教师的职业成就感水平逐渐提升，师生间有温度的互动增多，教师在工作过程中的积极情感体验也会增加。在工作时长上，东北地区教师日工作0~8小时的比例低于其他地区；而东部地区教师日工作超过10小时的比例最高，西部地区居于第二位（图6-12），这为我们解释西部地区教师的低职业认知幸福感提供了分析视角。大班额的教学环境、较长的工作时长、相对弱势的发展环境和发展资源等诸多客观因素共同塑造着教师的职业主观世界。

---

① 赵放，刘雅君. 为什么东北三省的人口会流失？——基于因子时变系数模型的研究. 人口学刊，2018，40（4）：82-91.

② 吴永军. 我国小班化教育：成绩、困境与展望. 课程·教材·教法，2014，34（2）：25-31.

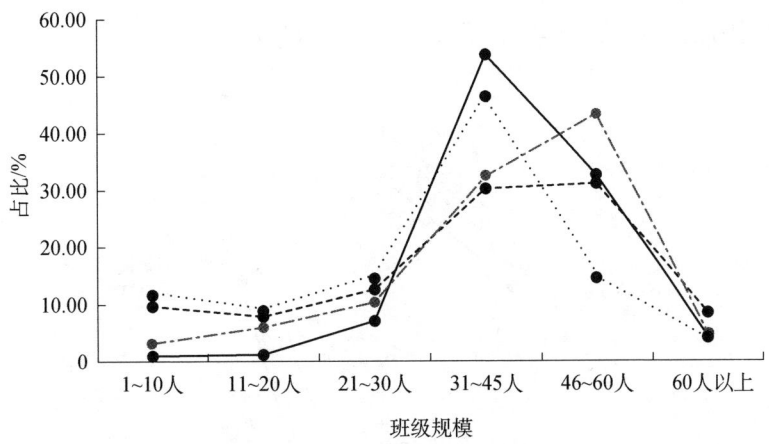

图6-11　四大区域班级规模对比情况

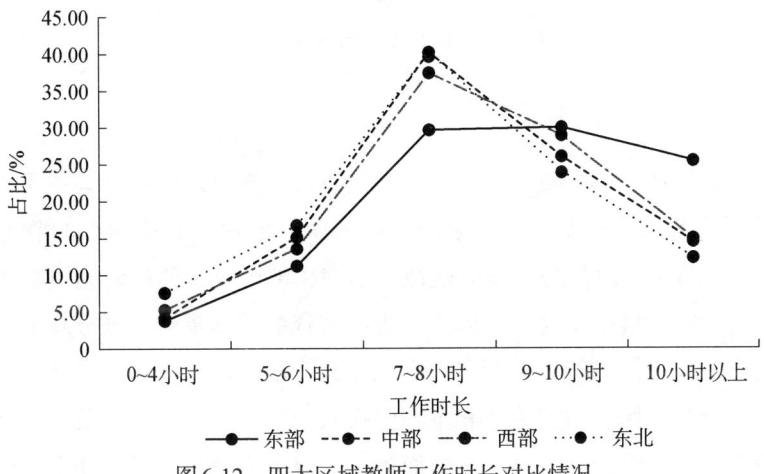

图6-12　四大区域教师工作时长对比情况

三、分维透视

正如康德所解释的，幸福是存在者一生中遇到的事情都称心如意的那种状态。[①] 教师职业认知幸福感是教师的某种职业需求得到满足而产生的一种积极、安定、愉悦的心理感受。对这种心理感受的寻求，是教师于专业实践生活中一系列表现的"最深层"逻辑。[②] 基于对大规模调查数据的深入分析，本次研究对一线教师的工作专注度、自我效能感、教师胜任力、职业安全感以及职业吸引力五

---

① 康德. 实践理性批判. 关文运译. 北京：商务印书馆，1960：127.
② 邹逸. 渐摄与融构. 上海：华东师范大学，2020：251.

个维度（图6-13）的现实样态有了进一步的认识与发现。

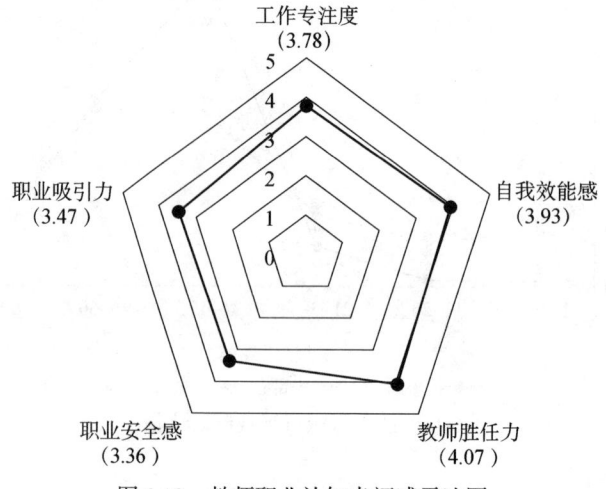

图6-13　教师职业认知幸福感雷达图

（一）工作专注度较高

专注，是一种个体屏蔽外界可感知的信息，有选择地将精神集中于信息的某一方面的行为或认知过程。[①] 帕累托法则表明，商业社会中80%的收益来源于20%的努力，同样，教师的工作成就往往是在少部分有价值的时间里取得的。积极心理学之父塞利格曼认为，模糊的、难以解释的"幸福"可被分解为三个更科学和易操作的成分[②]：愉悦的生活、投入的生活和有意义的生活。其中，投入的生活是指一种在工作、亲密关系和闲暇中投入、卷入和入迷的生活，伴随着高投入的活动会有一种流畅感，时间飞逝而过，注意力完全集中在活动上。因此，当教师对工作持续地专注投入，其就会产生持续的流畅感和快乐，逐渐累积就会铸就教师的愉快生活。数据分析结果表明，教师的工作专注度均值较高（$M=3.78$），与职业认知幸福感具有显著的正相关关系（$r=0.64$，$p<0.001$），且存在显著的群体间差异。

1. 新手教师的工作专注度最高

结果表明（图6-14），新手教师（0～5年教龄）的工作专注度均值（$M=3.78$）

---

① 刘运航. 教师课堂话语对高中生"熵"学习的影响研究. 上海：华东师范大学，2020：20.
② Seligman M E P. Authentic Happiness: Using the New Positive Psychology to Realize Your Potential for Lasting Fulfillment. New York: Free Press, 2002: 102-140.

显著高于其他专业发展阶段的教师（$F=58.84$，$p<0.001$）。特别是教龄在2年以内的初任教师，其工作专注度均值更高（$M=3.90$）。初任教师是教师队伍中的"新来者"，处于充满挑战的适应阶段，他们满怀教育热情和理想，在教育实践中表现出强烈的能动性和创造性。相对其他阶段的教师而言，新手教师，尤其是初任教师较少受到其他因素的影响，会将更多的精力投入到工作中，他们一方面希望在工作中站稳脚跟，另一方面希望通过努力获得认可，以便有更多的发展机会。随着教师渐渐融入工作场域，相关因素（诸如职称评聘、专业发展等）对其产生的影响逐步加深，会占据其一部分精力；同时，伴随着教师专业水平的提高，教师的工作影响力逐渐加大，需承担的工作事务也愈加烦琐，工作专注度会受到影响。

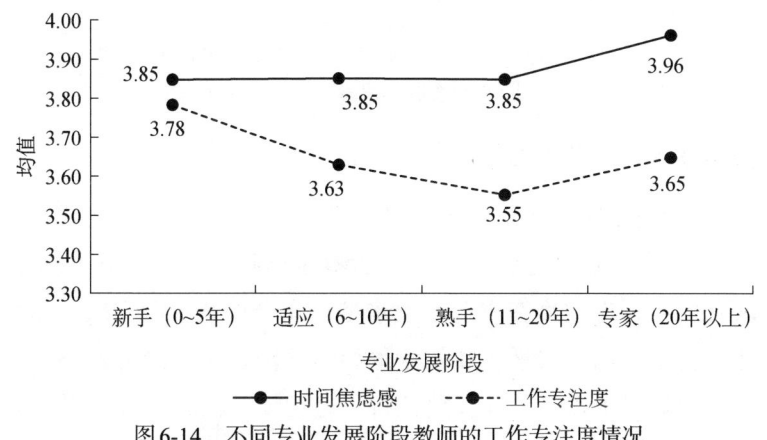

图6-14 不同专业发展阶段教师的工作专注度情况

2. 专家型教师的时间焦虑感最强

当人们处在急速变迁的社会力中，对自己的未来有着美好的期望，又迫切地想要实现的时候，时间焦虑感更容易激发并加剧。[①] 随着教龄的增长、眼界的开阔，教师对自己的期望逐渐提升，他们希望通过努力不断实现这些期望，时间焦虑感也就随之增强。在本次研究中，有75.65%的教师对"工作的时候感觉时间过得很快"这一情况给出肯定回答，可以看出时间焦虑已成为中小学教师的普遍现象。进一步分析表明，专家型教师的时间焦虑感均值（$M=3.96$）显著高于其他阶段的教师（$F=40.72$，$p<0.001$）。如图6-15所示，专业发展阶段与教师的职称晋升存在较大关联（$r=0.76$，$p<0.001$）。一般而言，当教师教龄超过20年，职

---

① 陈昌凯. 时间焦虑感. 南京：南京大学，2013：68.

称晋升目标会有新的变化，即由一级教师晋升为高级教师，这一过程相对而言较为艰巨，教师自然会感受到时间的紧迫感。

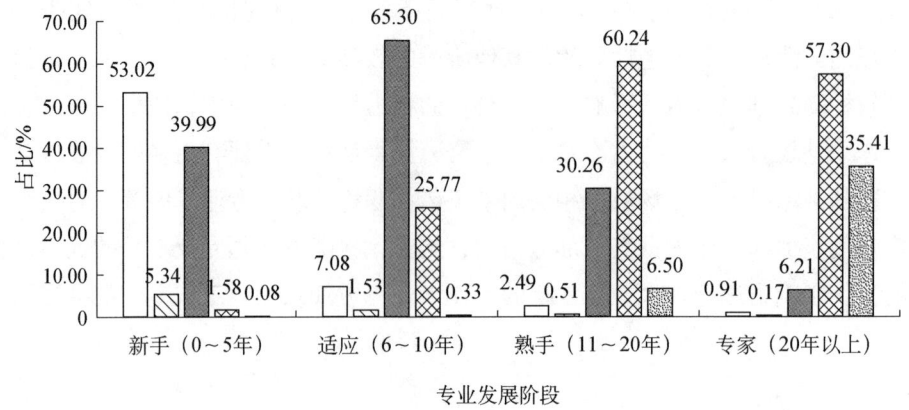

图6-15　不同专业发展阶段教师的职称分布情况

3. 创新共享型学校教师的工作专注度整体较高

研究发现，改革创新型和合作共享型的学校，其教师的工作专注度显著优于绩效竞争型和放任自流型学校的教师。如图6-16所示，在改革创新型学校，64.10%的教师的工作专注度在中等以上水平；在合作共享型学校，63.86%的教师工作专注度在中等以上水平；绩效竞争型的学校，这一比例为53.26%，教师工作专注度在中等以上水平；而在放任自流型学校，仅有43.40%的教师的工作专注度在中等以上水平。可以看出，在创新共享型的学校文化氛围中，教师在工作中会保持较高的工作专注度，绩效竞争型文化氛围次之，而放任自流型文化严重不利于学校和教师的发展。从图6-17可以看出，在不同的学校文化氛围之下，教师的职业感知有所不同。当学校文化偏向放任自流或绩效竞争时，教师会有一种自身利益诉求被领导遗忘、忽视的消极感知，此情况下，他们可能难以用饱满的专注度去工作；当教师感受到自己的声音被领导聆听且受到一定关注时，会以较高的专注度投入到工作中，并有更强的发展动力和更大的发展潜能。

（二）自我效能感较高

教师自我效能感，意指教师对于自己应对教育教学工作中一系列挑战和困难

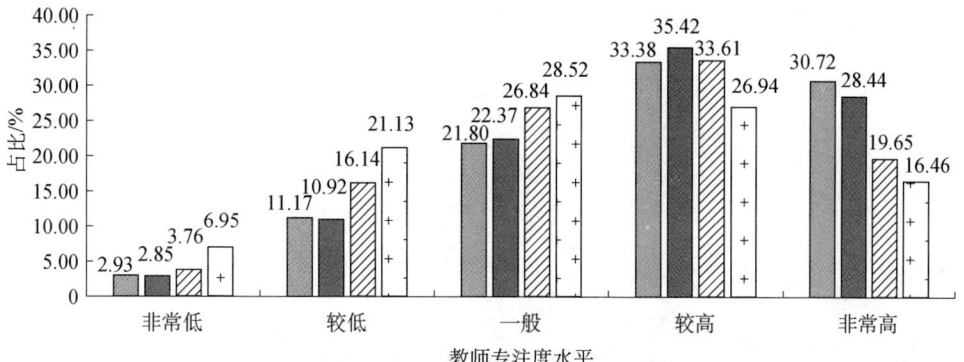

图6-16 不同学校文化氛围下教师的工作专注度情况

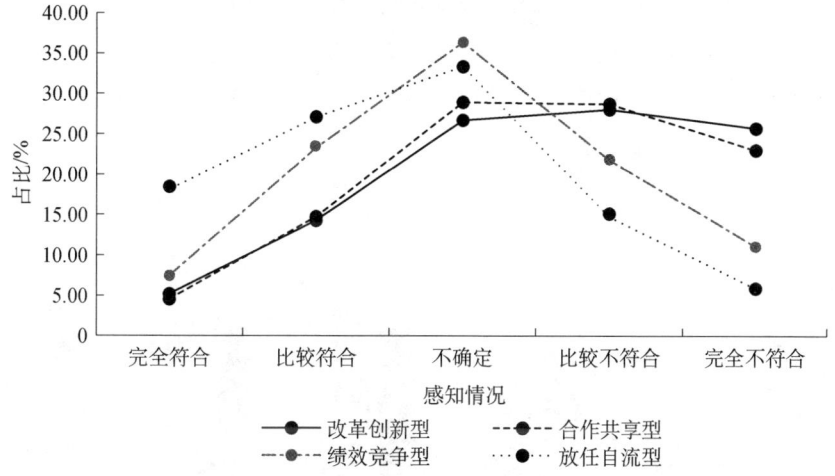

图6-17 不同学校氛围下教师"被领导遗忘"的自我感知情况

的能力感知。① 其不仅是影响教师教育行为和教育有效性的重要中介，也是教师身心健康、个人幸福的重要影响源。② 调查发现，教师的自我效能感较好，在教学策略、课堂管理以及工作预期等方面，均呈现相对积极的评价感知（图6-18）。同时，教师的自我效能感受性别、学校氛围、个人发展阶段等因素的显著影响。

在应对学生的争吵打闹问题方面，男教师的自我效能感均值（$M=3.98$）显著高于女教师（$M=3.92$）（$t=6.38$，$p<0.001$）。但是整体而言，男教师在应对工作

---

① Troesch L M, Bauer C E. Second career teachers: Job satisfaction, job stress, and the role of self-efficacy. Teaching and Teacher Education, 2017, 67: 390.

② 庞丽娟，洪秀敏. 教师自我效能感：教师自主发展的重要内在动力机制. 教师教育研究, 2005（4）: 43-46.

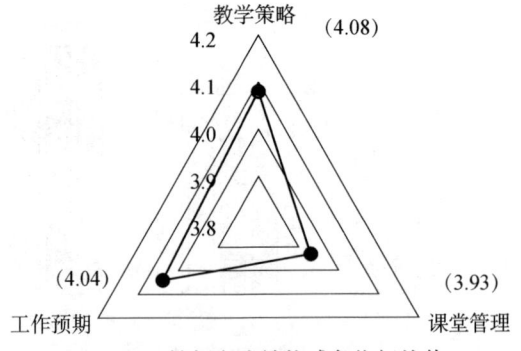

图 6-18　教师自我效能感各指标均值

中的各种问题时所产生的无力感水平显著高于女教师（$t=5.25$，$p<0.001$）。调查中有这样一个问题："面对工作中的各种问题，您总是力不从心、不知所措。"教师的回答情况如图 6-19 所示。可以发现，男女教师群体中均有部分教师效能感水平不高，男教师的这一比例略高于女教师。而在教学策略和工作预期方面，男女教师的效能感不存在显著差异。

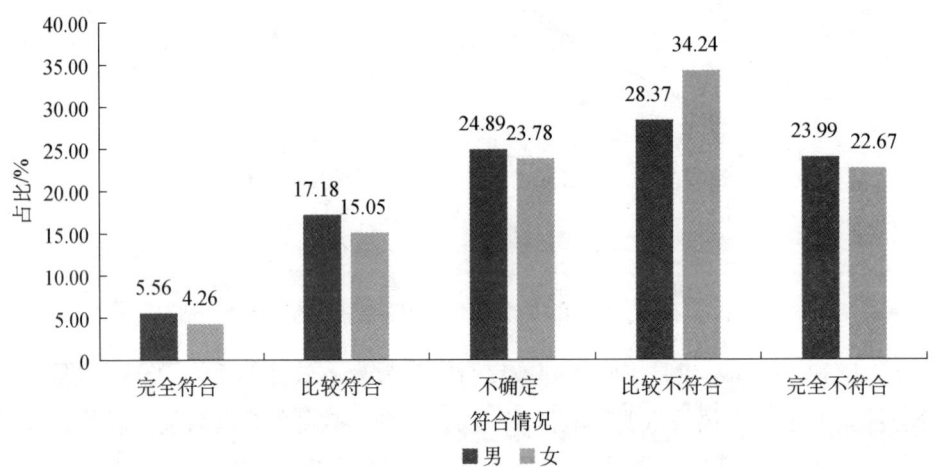

图 6-19　"面对工作中的各种问题，您总是力不从心"问题回答的性别差异

不同规模学校教师的自我效能感存在差异。小规模学校教师在自我效能感及各个方面的感知上均显著优于其他规模学校的教师（$F=15.32$，$p<0.001$）。在学生管理上，小规模学校教师的自我效能感相对较强。80.60%的小规模学校教师认为自己总能找到应对学生吵闹的好的解决办法，而在非小规模学校，持此类看法的教师占74.54%。在教学策略上，小规模学校教师也显示出更高的自信心。在"您总能让学生相信自己在学业上会做得更好"这一题项上，有32.47%的小规模

学校教师表示完全符合，而有27.27%的非小规模学校教师表示完全符合。

对于班级规模，所在班级学生数少于20人的教师，其自我效能感水平显著高于其他班额的教师，随着班额的增大，教师的自我效能感水平逐渐下降；当班额超过45人时，教师的自我效能感水平最低。

不同学历教师的自我效能感也存在显著差异（F=25.67，p<0.001）。专科及以下学历教师的自我效能感均值最高（M=3.99），在课堂管理和教学策略方面的效能感知也显著优于其他教师。而具有研究生学历的教师，其自我效能感均值相对较低（M=3.84），尤其是在课堂管理方面，仅有63.83%的教师认为自身能够有效解决课堂学生管理的问题，低于专科及以下学历教师的这一比例（81.33%），也低于具有本科学历教师的这一比例（74.06%）。进一步的交叉分析发现，教师的学历与职称、专业发展阶段密切相关。通常来说，教师的职称越高，教龄越长，意味着其拥有更为丰富的教学管理经验和更高的专业能力水平，因此在工作中会具有较高的自我效能感。因此，工作经验和专业水平方面的优势，是专科及以下学历教师自我效能感高的重要因素。此外，其还与教师所教学段有关。学历越高的教师，任教学段也越来越高，此情况下，专科及以下学历的教师任教小学的比例高于其他学历的教师，教学难度和升学压力较低，教师具有较高的自我效能感。

（三）教师胜任力较高

胜任力是与工作或生活中其他重要成果相联系的知识、技能特质或动机，是一个人所拥有的导致其在工作岗位上取得出色业绩的潜在的特征。[①]这些特征可以是认知的、意识的、态度的、情感的、动力的或倾向性的等。[②]在本次研究中，教师胜任力指教师所具备的能够成功实施教学的专业知识、专业技能、个人特质等具体要素。

从本次调研结果来看，教师胜任力自评总均值为4.07，达到了总分满分值5分的81.40%。由此可见，参加问卷调查的教师对自身胜任力水平总体评价很高。从"专业知识"、"专业技能"、"个人特质"、"家校互动"以及"能力预期"等具体指标的平均得分（图6-20）来看，均值范围在3.88~4.21，与满分值5分相比，达到满分值的77.60%~84.20%，说明参加问卷调查的教师倾向认为自身整体能够基本达到教师胜任力的要求。首先，参加调查的教师在"个人特质"方

---

① 吴春薇. 初中音乐教师胜任力研究. 长春：东北师范大学，2019：17.
② 仲理峰，时勘. 胜任特征研究的新进展. 南开管理评论，2003（2）：4-8.

面自评最高（M=4.21），其次是"专业技能"（M=4.15）指标，接下来分别是"专业知识"（M=4.10）、"能力预期"（M=4.01）和"家校互动"（M=3.88）指标。从上述数据可知，教师对自身的胜任力有很高的信心，但是各指标也存在差异，这反映了教师已意识到自己不同方面的胜任能力是不均衡的，与个人特质、专业技能以及专业知识方面相比，教师在家校互动方面的能力稍有逊色，需进一步提升。

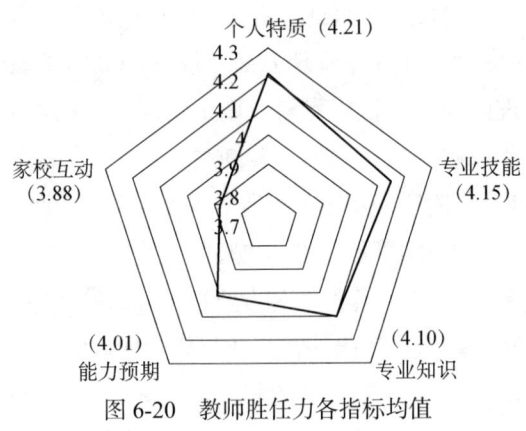

图 6-20　教师胜任力各指标均值

调查发现，青年教师的工作胜任力均值（M=3.95）显著低于中老年教师（M=4.14）（t=-27.80，$p<0.001$）。具体到各指标上，青年教师的胜任力感知显著低于中老年教师（"能力预期"除外）。相关分析结果表明，教师的自我效能感和工作胜任力之间存在强相关（r=0.80，$p<0.001$）。一般而言，随着教师年龄和教龄的增长，其累积的工作经验越加丰富，在日常工作中会有更高的自我效能感和工作胜任力，且二者存在正向的影响效应。在对工作胜任力的预期方面，青年教师与中老年教师的感知较为接近，这说明伴随着工作阅历的增加，青年教师有信心在专业能力上与中老年教师并齐。

需要注意的是，相对于教师工作胜任力的其他指标而言，教师在家校互动方面的分值较低。对于题项"和家长沟通时，您总是束手无策"，11.47%的教师表示符合自身情况，19.06%的教师表示不确定，即有约三成的教师在家校互动方面存在一定的无力感。教育活动本身是一种具有温情的人文性社会活动，是一种促进学生个体生命成长的过程。[①] 家校互动则是教师和家长基于学生的教育活动而展开的沟通与交流过程。家、校的"共同在场"有助于为学生营造良好的成长环

---

① 赵钱森，石艳. 共同在场：家庭—学校互动时空的变革与出路. 教育科学研究，2020（7）：23-28.

境。然而由于双方存在角色差异，教师任务繁重、能力有限，而家长工作繁忙或缺乏相关教育知识，因而二者在互动上会出现一定的困难，教师在处理家校事务方面也会略显吃力。

（四）职业安全感较为失色

安全感是个体对可能出现的危险或风险的预感，主要表现为确定感、可控制感。[1]教师的职业安全感反映的是教师对工作环境潜在风险的主观体验，教师基于对工作特征、组织环境的感知，产生一种对工作风险的可控感。调查发现，整体而言，教师的职业安全感均值较低（$M=3.36$），主要体现在两方面：一是对学生管理方面的潜在风险表示担忧；二是因感受不到学校组织层面的有力支持而生成无助感。积极的方面是，教师工作的稳定性特征在一定程度上增强了教师的职业安全感。

调查中，59.54%的教师对"学生管理中的各种问题，让您觉得教师成了高危职业"这一情况表示认同，20.91%的教师表示不确定，仅有19.55%的教师表示反对。可见，多数教师在一定程度上因学生管理问题而产生了不安全感，认为教师职业具有一定的危险性。分析结果表明，不同学段教师的职业安全感存在显著差异（$F=275.80$，$p<0.001$），小学教师的职业安全感均值（$M=3.42$）显著高于初中教师（$M=3.19$）和普通高中教师（$M=3.20$），初中教师和普通高中教师的职业安全感不存在显著差异。中学生处于青春期，其身心急剧变化造成的自主意识增强、情绪不稳定、自控能力较差和普遍存在的逆反心理，以及中学教师普遍存在的高强度压力等，导致中学阶段是师生冲突的高发期。[2]如若教师对师生冲突处理不当，不仅会妨碍教育教学活动的正常进行，还会引发不良的教师职业体验。

此外，城市教师（$M=3.30$）的职业安全感均值显著低于乡村教师（$M=3.42$）（$t=-15.29$，$p<0.001$）；小规模学校教师的职业安全感均值（$M=3.59$）显著高于非小规模学校（$M=3.33$）（$t=19.26$，$p<0.001$）。同时，教师职业安全感均值随着班级学生数量的增加而下降（图6-21）。

另外，不同职称教师的职业安全感均值存在显著差异（$F=118.38$，$p<0.001$）。未定级的教师职业安全感均值最高，其次是高级教师，而二级教师的职业安全感均值最低（图6-22）。

---

[1] 丛中，安莉娟. 安全感量表的初步编制及信度、效度检验. 中国心理卫生杂志，2004（2）：97-99.
[2] 丁静. 关于师生冲突中教师行为的案例研究. 教育研究，2004（5）：91-94.

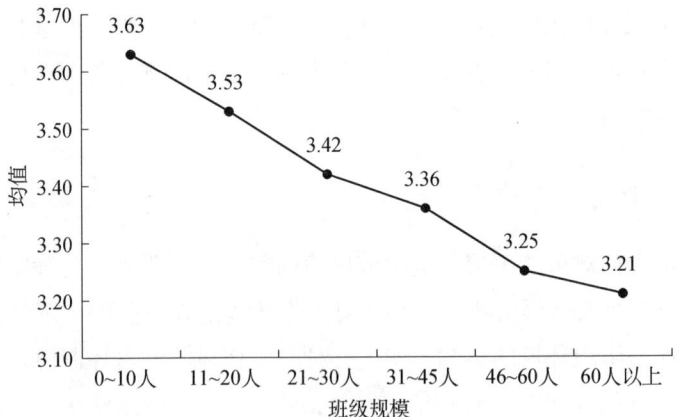

图 6-21　职业安全感随班级规模增加的变化情况

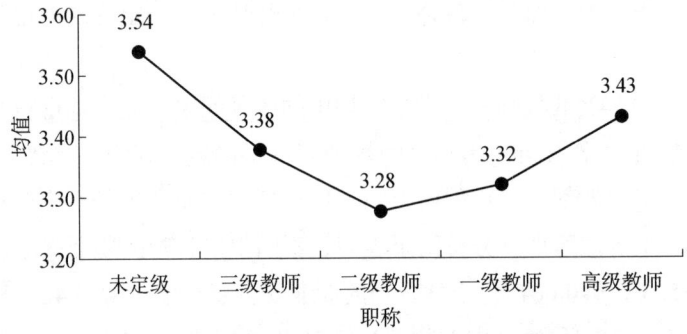

图 6-22　不同职称教师的职业安全感变化情况

学校提供的组织支持不够充足也会加剧教师的无助感和不安全感。在调查中，仅有54.31%的教师表示学校能够为其提供强大支持，29.26%的教师表示不确定，16.42%的教师表示否定。在学校安全感方面，有26.11%的教师感到不确定，11.26%的教师认为学校并不总是给人安全感。小规模学校教师的组织支持感均值（$M=3.77$）显著高于其他规模学校教师（$M=3.55$）（$t=12.91$，$p<0.001$）。

（五）教师职业吸引力较低

职业吸引力，是职业自身所衍生的综合声誉、发展前景、福利待遇等因素以刺激择业者产生兴趣的能力。[①]一种职业的吸引力大小，是择业者进行比较的结果。[②]高教师职业吸引力，可以更好地吸引、留住、激励在职教师和求职人员，

---

① 邬志辉，秦玉友. 中国农村教育发展报告2013-2014. 北京：北京师范大学出版社，2015：137.
② 翟校义. 公务员职业吸引力探析. 中国行政管理，2009（9）：13.

意味着教师队伍拥有发展所需的宝贵人力潜力。调查结果显示，在中小学教师心中，中小学教师职业吸引力均值较低（$M=3.20$）。仅有28.93%的教师期望自己的孩子从事中小学教师工作，30.31%的教师感到不确定，40.76%的教师明确表示不期望自己的孩子从事中小学教师工作。当教师被问及是否赞同"在当地，教师成为让人羡慕的职业"时，49.36%的教师表示赞同，29.56%的教师感到不确定，21.08%的教师表示不赞同。教师职业吸引力关涉教师队伍的人才补充和在职人员的工作状态。如果教师体验不到职业本身的魅力，便不会有较高的职业身份认同和积极的职业行为倾向。尽管在调查中，教师对三年后职业吸引力的评价（$M=3.48$）有所提高，但仍旧不够理想。

进一步分析发现，教师职业吸引力存在显著的城乡、地区、学段等差异。城市教师职业吸引力均值（$M=3.07$）显著低于乡村教师（$M=3.33$）（$t=-24.02$，$p<0.001$）。在地区方面，教师职业吸引力水平由高到低依次是东北地区（$M=3.40$）、东部地区（$M=3.19$）、中部地区（$M=3.14$）、西部地区（$M=3.02$）。在学段方面，小学教师职业吸引力均值（$M=3.26$）显著高于中学教师（$M=3.01$）（$t=20.44$，$p<0.001$），初中教师与普通高中教师之间的职业吸引力则不存在显著差异。处于不同专业发展阶段的教师对职业吸引力的感知也存在显著差异（$F=174.23$，$p<0.001$）。新手型教师和专家型教师对职业吸引力的评价较高（M值分别为3.29和3.28），且二者不存在显著差异；其次是适应型教师（$M=3.05$），最低的是熟手型教师（$M=3.01$）。不同职称的教师对职业吸引力的感知也存在显著差异（$F=139.56$，$p<0.001$），评价由高到低依次是正高级教师（$M=3.55$）、未定级教师（$M=3.44$）、高级教师（$M=3.35$）、三级教师（$M=3.20$）、一级教师（$M=3.15$）、二级教师（$M=3.04$）。可以看出，从专业发展阶段和职称的角度来看，教师对职业吸引力的自我感知均呈现"两端高、中间低"的特点。

第三节 教师职业认知幸福感问题分析

一、职业安全感问题较为突出

我们常常关注到校园安全、学生安全，却忽视了教师安全。教师的人身安全、心理保障，需要我们的重视和关注。教师职业安全感的不足，不仅体现在教师对特定工作特征的担忧，也体现在教师面对威胁时的无助感。既有研究发现，这种不安全感比其他因素更有可能损害人的身心健康，会直接影响工作满意度和组织归属感，与敬业度和工作绩效均呈显著负相关。[①] 当教师因恐惧、无助而在工作中如履薄冰、束手束脚时，我们从何寻求高质量的、有温度的教育？思索职业安全问题的诱因，是我们解决这一问题的第一环。

（一）学生管理问题引发教师担忧

教育以人生价值的实现为旨归，教育的真义是使人幸福。[②] 然而，作为教育教学活动主体之一的教师，教育真的使他们幸福了吗？事实上，在优质教育资源依然稀缺的当下，激烈的资源争夺、考试竞争、利益配置等正在引发大量的人际冲突。[③] 而牵制教师职业幸福的难以回避的两大冲突即为师生之间的冲突、教师与家长之间的冲突。随着教育改革的实施，"以人为本"的教育理念被更多的教育学者所认同，在实践"以人为本"教育理念时，博弈的天平向学生倾斜，教师的部分权益受到损害，任教安全受到挑战。社会舆论给教师施加了极大的压力，对学生"弱势"地位的过度强调使得对学生的保护过于严密、厚实，并对教师提出了过高的要求。面对师生矛盾，社会多站在学生立场谴责教师，而缺乏对教师的"换位思考"。教师必要的惩戒手段成了体罚，受到全社会各界的反对。于是，自保超越了育人，成为一些教师首位工作理念。部分教师会因棘手的学生管理问题而深觉教师已成高危职业。师生理应共同遵守的规则——维护课堂秩序、尊敬师长，演变成部分教师和学生围绕文化资本展开的"力的较量"。在较量中，师生关系偶有紧张和对立，而矛盾激化则是学生权力与教师权力之间博弈失衡的表现。一旦学生管理有所差池、师生矛盾激发，社会、学校、家长等主体施加在教师身上的影响将发挥作用，使得教师感到不安和惶恐。后续的影响是，部分教师的工作激情下降，在日后的工作中始终保持小心翼翼、畏首畏尾、胆战心惊的工作状态，这与教育的现代化发展是背道而驰的。

[①] 冯卫东. 聘任制背景下高校教师工作不安全感与敬业度和工作绩效关系研究. 成都：西南财经大学，2014.

[②] 曹俊军. 论教师幸福的追寻. 教师教育研究，2006（5）：35-39.

[③] 吴康宁. 教育改革的"中国问题". 南京：南京师范大学出版社，2015：13-14.

（二）教师权利保障不足束缚教师工作

通常情况下，我们关注的是社会、学校、教师以及家长如何做好学生安全的"保护盾"，然而，我们似乎忘记了，在教育一线工作的教师同样需要安全的保障，唯此，他们才会心生一份踏踏实实的职业安全感。学者Clark Kerr提到，"大学作为一种特殊的学术教育机构，需要为自己的教师创造一种安全的职业环境，需要为自己的教师提供一种职业的稳定感、安全感、持续感以及公平感，要让教师们免除下述忧虑：校外的各种非难，自己的工作和生活会遭受意料之外的严重破坏，以及受到不公平的职业待遇"[1]。中小学教师同样需要一种免除忧虑的安全职业环境，以便更好地以德化人、以才育人。然而，无论是宏观的国家制度，还是微观的学校管理，在教师职业安全的保障方面均存在一定程度的不足。

近年来，我国国家层面陆续出台了诸多教师政策，初步形成了促进教师队伍建设的政策体系。学者李廷洲等通过对我国教师政策的计量分析发现，"专业发展"是最为频繁涉及的教师政策要素（占比26%），其次分别是"待遇保障""岗位管理""职前培养""监测评价"（占比分别为14%、13%、11%、10%），而涉及"教师权利"的政策仅占3%。[2] 教师权利的规定是否科学、完善且细致，直接影响着教师的职业安全，然而可以看出，国家层面的相关教师政策应加强对教师的职业安全的重视。但可以看到的是，国家正在努力加强教师权利方面的政策供给，并为教师政策执行有更强的组织保障。2020年12月23日，教育部颁布《中小学教育惩戒规则（试行）》[3]，于2021年3月1日起施行。这是第一次以部门规章的形式对教育惩戒进行具体规定，对于教师而言，其不仅是一种规则上的指引，更是权利上的清晰界定与保护。

学校氛围是一所学校的心脏与灵魂，它影响着一所学校的教育品质。[4] 当教师能够感受到学校组织方面的支持，包括公平感、领导支持、组织奖赏和良好的工作条件[5]，那么教师的职业不安全感将无从出现。然而，正如调查所揭示的，

---

[1] Clark Kerr. 大学的功用. 陈学飞, 陈恢钦, 周京, 等译. 南昌：江西教育出版社, 1993：68.

[2] 李廷洲, 吴晶, 王秋华. 改革开放40年我国教师政策的变迁历程、主要特征与发展前瞻——基于政策工具理论视角的文本计量研究. 清华大学教育研究, 2019, 40（1）：103-110.

[3] 教育部网站. 中小学教育惩戒规则（试行）. (2020-12-23). http://www.moe.gov.cn/srcsite/A02/s5911/moe_621/202012/t20201228_507882.html [2020-12-30].

[4] Freiberg H J, Stein T A. Measuring, improving and sustaining healthy learning environments. School Climate: Measuring, Improving and Sustaining Healthy Learning Environments, 1999 (1): 11-29.

[5] 凌文铨, 杨海军, 方俐洛. 企业员工的组织支持感. 心理学报, 2006（2）：281-287.

教师对组织支持的感知并不理想，虽然有54.31%的教师表示"面对各种问题，学校总能为教师说话，提供强大支持"，但依旧有近半数的教师是不确定或不赞同的。安全感是教师充分发挥才智教书育人的定心丸。当学校组织立足于人文主义的管理理念，重视教师合法权益的细致规范与保护，教师才能够全身心投入到教育事业；当教师有了组织的有力支持和多重保护，教师才有胆识施展创造的教育，培养有创造性的孩子。

二、多重因素制约职业吸引力

职业吸引力是职业发出的信息是否契合在职人员和求职人员的生存性或发展性择业需求，进而引发其去留意愿和应聘参与程度。[①]一种职业的劳动强度、辛苦程度、工作趣味性和丰富性、工资待遇、活动范围、发展空间等是影响其吸引力的重要因素。[②]教师是教育发展的第一资源，是提高教育质量的重要保证，然而当前中小学教师队伍建设正面临一个非常现实的问题：教师职业吸引力下滑。教师职业吸引力不高，与教师职业荣誉感不高、职业满意度不高有关，也与教师相对剥夺感和失望感的累积相关。

（一）社会声望不高制约教师职业荣誉感

所谓教师职业的社会声望，是指整个社会对教师职业的魅力、价值、声誉的自发性主观综合评价。[③]本次研究主要调查了中小学教师对教师社会声望的主观感知，也有学者称之为教师的内向性职业声望，即教师自身对职业现状的主观意识和感受，其反映了教师对自己所从事的职业社会声望位置的自我评价。[④]调查结果表明，在中小学教师看来，教师职业的社会声望地位并不乐观（$M=3.35$），且与教师职业荣誉感呈显著正相关（$r=0.65$，$p<0.001$）。当教师感受不到教师职业在社会中所具有的魅力和积极声誉时，价值实现的情感体验也将下降。在调查中，仅有43.24%的教师赞同"教师在当前社会中享有很高的社会地位"，有53.27%的教师赞同"目前关于教师形象的社会舆论很好"。即近半数的教师未明

[①] 周兆海. 薪酬激励与制度吸纳：农村教师职业吸引力的提升路径. 当代教育科学，2016（6）：20-23.
[②] 高英哲，高龙刚，高洪民. 关于中小学教师职业吸引力的社会调查. 中国成人教育，2011（10）：83-86.
[③] 李广，柳海民等. 中国教师发展报告2019：中小学教师队伍建设的成就、挑战与举措. 北京：科学出版社，2020：286.
[④] 张国平. 中国教师的职业声望研究. 现代交际，2012（3）：230-231.

确感受到教师职业的高社会地位，教师总体的职业荣誉感也并不是很理想（M=3.76）。职业荣誉感作为一种职业魅力资本，是教师热爱本职、坚守岗位的基础。具有较高荣誉感的教师才能以真诚执着的心态持之以恒地从事教书育人工作，以敬业尽职的态度承担育人的职责与使命。如果教师因不理想的社会声望地位而失望，就会出现职业荣誉感式微之态，对此我们急需找到解决之法。

（二）经济资本回报不足引发教师相对剥夺感

教师首先是人，然后才是教育者，剥蚀生物性而大谈精神性是片面的，也是虚伪的。[①] 作为具体的人，教师既不是"神"，也不是"物"，而是一种生命性存在。[②] 教师需要凭借拥有的资本而生活和实践，而经济资本是最根本、最有效的资本形式。[③] 充足的经济资本回报（这里指的是教师职业的薪酬待遇）意味着教师能够争取到更多的资源，更能应付实践中的不确定性。现实是，教师因对经济资本回报的不足心生相对剥夺感。相对剥夺理论认为，人们在判断自己的利益获得状况，进而评价公平与否时，并不完全依照既得利益的绝对价值，而是在很大程度上取决于一种相对的、比较而来的结果。[④] 教师个体通过与参照群体进行比较（通常以公务员为参照群体），会产生一种自我需求得不到满足的主观负面感受。[⑤] 在调查中，84.65%的教师认为教师的平均收入低于当地公务员的平均收入，仅有28.08%的教师认为自身的劳动付出与工资收入是相称的，有28.80%的教师在考虑自身能力和水平的情况下对工资收入持满意态度。可以看出，整体而言，教师对工资收入的评价较低，无论是以参照群体还是自身付出、能力水平为判断依据，教师均具有一定的相对剥夺感。这种负面感受易引发教师的存在性焦虑，降低教师对自身职业吸引力的评价。正如调查中所显示的，仅有28.93%的教师期望自己的子女从事中小学教师工作。显而易见，若教师的相对获得感未达到适当水平，教师职业的吸引力将很难为教师队伍的丰富发展提供源源不断的无形支持力量。

[①] 杨继利. 关注教师作为一个完整的人的生存与发展. 中国教育学刊，2015（12）：86-92.
[②] 李润洲. 作为具体人的教师. 教育发展研究，2014，33（8）：66-71.
[③] 郭丛斌，闵维方. 家庭经济和文化资本对子女教育机会获得的影响. 高等教育研究，2006（11）：24-31.
[④] 马磊，刘欣. 中国城市居民的分配公平感研究. 社会学研究，2010，25（5）：31-49，243.
[⑤] 郭星华. 城市居民相对剥夺感的实证研究. 中国人民大学学报，2001（3）：71-78.

（三）学校组织支持有限抑制教师职业满意度

学校所提供的组织支持是否让教师感到满意，也会影响教师对职业吸引力的判断。在调查中，教师对工作环境层面的评价均值为3.55，并未达到理想水平。学校管理制度人性化的不足、非教学任务的繁杂以及教学成绩压力的沉重等均是困扰教师的主要问题。在调查中，针对"各项管理制度的实施缺乏人性化，太过刚性"这一题项，有34.14%的教师表示符合所处学校情况，有27.42%的教师表示不确定，仅有38.44%的教师表示与所处学校情况不符。可见，当前阶段部分中小学的管理依旧存在刚性倾向的弊端。人性化的学校管理是一种激励教师工作积极性和工作热情的民主自律式管理策略。[①]教师作为文化底蕴的传承者、人格力量的塑造者，对学校发展有着不可估量的作用。因此，如若学校领导在管理中将情感的作用运用得当，情感便能成为一种无形而强大的推动力，感染教师、吸引教师、留住教师。

非教学任务多、教学成绩压力大，从某种程度上说，是宏观教育管理制度、教育评价制度所导致的，但是从学校层面来看，学校也有不可推卸的责任，尤其是学校领导应在相对的管理自由中为教师尽可能提供有温度的组织支持。在非教学任务和量化目标下达之后，学校应发挥一个过滤之筛的作用，使教师免受制度的牵绊。正如窦桂梅校长所言，"路很长，校长身上要有光，借着这个光，带领自己和大家走出黑夜的路"[②]。当学校支持能够为教师的工作保驾护航，教师将会在人性化的组织环境中更好地感受到教师职业的魅力与吸引力。

三、高强工作负担抑制教师专注度

教之道，贵以专。当教师的工作专注度出现滑坡时，会引发一系列消极影响，诸如创新能力降低、职业倦怠加重。当我们走进教师的工作现场，发现他们的工作专注度正被超额的工作强度和烦琐的事务静静地消耗着。

（一）沉重工作负担抑制工作专注度

超额工作强度引发教师疲惫。已有研究表明，现在基层中小学教师存在工作

[①] 张学顺. 如何在学校实施"人性化"管理. 中国教育学刊, 2009（S1）: 39-42, 45.
[②] 窦桂梅. 奉献、负重、忍辱：淬炼新时代校长领导力. 中小学管理, 2020（12）: 57-58.

时间过长、工作界限不明晰、工作压力过大等问题。[①] 在本次调查中，12.76%的教师认为学校工作量非常重，40.55%的教师认为学校工作量比较重；在工作时长方面，41.56%的教师日工作时长超过8小时。同时，研究发现，班级规模对教师专注度具有显著影响（$F=39.42$，$p<0.001$），调查中有34.93%的班级规模超过45人。班级规模越大，意味着工作强度越大。教师在高强度的工作负荷之下较易产生疲惫感，从而会影响到工作专注度。

烦琐工作事务导致教师焦虑。有学者研究发现，"中小学教师将大量个人时间奉献给工作，承担许多非教学工作任务，可量化的课堂教学时间占工作时长不足1/4"[②]。学者张红丽研究发现，当前基层中小学教师过重的负担主要表现为五种形式：形式化检查、频繁的会议与报告、各种表格填报、过重的教育扶贫负担以及其他突击性任务。各种行政工作挤占了教师的教学工作时间，扩大了教师的工作职责，增加了教师的工作焦虑感，也引发了教师工作专注度的下滑。

（二）高昂的工作热情提高教师专注度

热情是教师对教育活动由衷产生的强烈热爱之情，因为喜爱所以重视，并愿意花费时间和精力去参与这项活动，这种来自教师心底的情绪倾向体现了一种自我认同的主要特质。教师的工作热情同工作专注度呈显著正相关（$r=0.46$，$p<0.001$）。当教师对工作葆有高扬的工作热情时会充满兴趣地投入到工作中，自愿为其花费时间和精力，此状态下教师的工作专注度也较为良好。在调查中，七成左右的教师对工作充满热情与活力，这是一个相对乐观的结果，但仍有部分教师的工作热情有待增强。教师工作热情存续的价值在于其不仅有益于教师自身的专业投入和职业发展，也能推动学校整体效益的最终实现。

（三）良好的组织氛围能够提升教师专注度

教师作为知识型人员，具有一定的知识文化底蕴，当满足了基本的资源需求，其对组织氛围的感知就会影响到专注度和敬业度水平。同侪互帮互助、领导人文关怀等精神层面的支持可以增加个体的心理资本，强有力的专业组织会消减个体的情感枯竭。[③] 基于社会交换理论，获得较高组织支持的教师将会更专注地

---

① 张红丽. 新时期中小学教师工作负担过重问题研究. 武汉：华中师范大学，2020：2.
② 李新翠，黄露. 基于中小学教师工作现实场景的减负策略. 教学与管理，2021（6）：24-28.
③ 刘金培，朱磊，倪清. 组织氛围如何影响知识型员工敬业度：基于工作倦怠的中介效应研究. 心理与行为研究，2018，16（3）：394-401.

投入工作，以出色的工作业绩作为回报。过于强调绩效竞争则会增强教师的得失感，使其在开展教学工作时较易受到功利化评比的影响，难以以一颗纯粹的教育之心面对学生和教育事业。而如果对教师放任自流，教师的工作将缺乏监管、监督和反馈，其工作专注度自然也不会很高。因此，对于学校管理者而言，营造良好的组织氛围有助于提升教师的工作专注度。

四、主客因素共塑自我效能感

教师的自我效能感对其目标设定、工作投入以及在遇到困难时能否继续坚持教育教学工作有重要影响。[1] 研究发现，教师自身的精神状态、性格特点、职业信念等主观层面因素，教师所处的人际关系样态，以及教师所处的专业发展环境均会对教师自我效能感产生较大影响。

（一）根本因子：教师主观实态

作为教师对自己教育能力的自我判断和感受，教师自我效能感会因教师自身个性、精神状态、教育信念等因素的不同而存在差异。教师主体对于来自主、客观多方面的各种效能信息的选择、判断、理解、整合等认知加工的过程与性质各不相同，因而使得教师对自己所从事的教育工作和个人教育能力的评价和感受带有鲜明的主观特征。[2] 具体而言，教师的性格特点与教师自我效能感存在显著正相关（$r=0.63$，$p<0.001$）。善于创新、热情开朗、有毅力的教师倾向有更高水平的自我效能感。其次，教师的职业信念与教师自我效能感存在显著正相关（$r=0.63$，$p<0.001$）。热爱学生、坚守教师岗位、直面工作困难的教师，其自我效能感水平更高。此外，教师的精神状态与教师自我效能感存在显著正相关（$r=0.61$，$p<0.001$）。教师越对工作充满热情、越能积极调节自我状态以保持心情愉悦，其对自我工作能力的判断也越为积极。

（二）重要因子：人际关系样态

调查结果显示，教师面临的家校关系、师生关系、同事关系、领导关系与教

---

[1] Bandura A. On the functional properties of perceived self-efficacy revisited. Journal of Management，2012，38（1）：9-44.

[2] 洪秀敏，庞丽娟. 论教师自我效能感的本质、结构与特征. 教育科学，2006（4）：44-46.

师自我效能感存在显著正相关（r值分别为0.63、0.57、0.56、0.55，$p<0.001$）。

家庭与学校是学生最主要的两个生活世界，学生的健康成长不仅需要发挥家庭和学校各自的独特影响，还需要这两个生活世界的沟通与协调。[①] 无论是学校还是家庭，都难以凭一己之力为学生未来的发展提供足够的智力与物质支持。[②] 因此，对于学生的发展来说，良好的家校关系显得尤为重要，而家校关系处理得是否得当，对教师的自我效能感有深刻影响。如果学生家长很尊重教师，教师的工作经常得到学生家长的支持和认可，那么教师的日常教学管理工作会开展得较为顺利，教师的自我效能感自然会得到提升。

师生关系是教育中的基本关系，是教育的晴雨表。师生双方有积极的情感体验，就有美好和谐的师生关系；反之则会产生疏远淡漠甚至是对立冲突的关系。因此，师生关系与师生的情感体验是互相影响的。有研究结果表明，男教师、班主任、高学段、初级和中级教师是易与学生发生冲突的教师群体。[③] 所以，能够合理有效地应对师生冲突、化解师生矛盾、积极构建和谐师生关系的教师，更能产生积极的情感体验，自我效能感水平也会更高，这类教师也往往更能得到学生的关心、信任和敬爱。

同侪关系中的社会支持可以缓解教师工作与生活之间的冲突，从而促进教师对整体生活质量进行积极评价。[④] 与同事相互交流与学习是促进教师专业发展的最直接途径。只有通过社会交往和教学过程中个体之间积极的交流，教师才能体验到高层次的信息共享和合作的快乐。当在办公室时是轻松愉悦的，能感受到同事的信任和喜爱，并经常得到同事的帮助，教师也会产生较高的自我效能感。

领导-部属交换理论认为，员工在组织中的命运取决于其与领导的交换关系，领导-部属交换质量能够显著影响下属的职业产出。[⑤] 领导-部属交换质量越高，上下级关系越好，下属越可能获得更多正式系统内的支持，不仅包括"圈内人"更多的资源信息支持和职业帮助，也包括更多正式系统外的支持。因此，

---

① 黄河清，马恒懿. 家校合作价值论新探. 华东师范大学学报（教育科学版），2011，29（4）：23-29.
② 转引自：朱志勇，董轩. 家校关系视野中的学生发展：基于西部五省调研的分析. 清华大学教育研究，2011，32（2）：64-70.
③ 赵敏，黄明亮，何晋铭. 新时代中小学师生关系的现实图景与和谐之道——基于全国1669名中小学教师的调查. 教育研究与实验，2021（1）：81-86.
④ Carpentier J，Mageau G A. Vallerand R J. Ruminations and flow: Why do people with a more harmonious passion experience higher well-being? Journal of Happiness Studies，2012，13（3）：501-518.
⑤ 李燕萍，涂乙冬. 与领导关系好就能获得职业成功吗?—项调节的中介效应研究. 心理学报，2011，43（8）：941-952.

对于教师而言，当其工作得到了领导的肯定、认可与欣赏，其不仅会感受到极高的自我效能感，还会有更多的发展机会，从而进一步提升自我效能感水平。

（三）关键因子：专业生存环境

教师处于怎样的专业生存环境，诸如学校文化如何、教师是否有足够的专业自主权、是否有支持性的发展共同体，均会影响到教师的自我效能感。

文化是人的主体性产物，同时也是完善人的主体性的工具和手段。[①] 学校文化是一所学校的灵魂[②]，其不仅是助推学校内涵式发展的重要动力，也是提升教育教学质量的有效举措。[③] 因此，教师教研和创新能力的发展，须由学校提供相应的外围文化支撑，这是必要的基础性条件。学校办学理念明确、重视科研文化建设、具有凝聚力，教师的核心素养和能力往往能得到更充分的发展，效能感也会增强。

教师专业自主权是教师在专业领域内的行为自由。[④] 在专业领域内，教师可以在不妨碍其他主体自由的前提下，依据自己的专业精神、专业知识和专业技能，自主地进行相关教育实践，并免受非专业人员的干扰。法国教育改革家孔多塞曾言，"教学的自主性作为一种方式是人类利益的一部分"[⑤]。当教师在教研或学术活动中可以充分表达自己的意见、自主确定学生评价方法和管理方式，并能在教学改进实验方面得到学校的支持时，教师对自我工作效能有更为积极的感知。

教师专业共同体是具有相同的目标，共同参与专业发展的计划、实施和反思的智力团队。支持性的专业发展共同体会使教师坚定自己能完成教学任务的信念，并能助力教师专业素养的提升。当教师感受到集体团队的力量，并能经常得到反馈，将会更有成就感和价值感。

---

① 周晓阳，张多来. 现代文化哲学. 长沙：湖南大学出版社，2004：91.
② 顾明远. 论学校文化建设. 西南大学学报（人文社会科学版），2006（5）：67-70.
③ 张铭凯，靳玉乐. 新时代需要什么样的学校文化——兼论学校文化建设的文化失守与文化复归. 内蒙古社会科学，2020，41（1）：188-193.
④ 焦岩岩，姚伟. 教师专业自主权的三维解析. 现代教育管理，2012（2）：79-82.
⑤ 转引自：约翰S.布鲁柏克. 教育问题史. 吴元训译. 合肥：安徽教育出版社，1991：47.

第四节 教师职业认知幸福感提升策略

一、完善保护机制，为教师安全护航

（一）完善教师权益保障法律体系

国家应健全教师权益保障的法律依据，使教师权益保障做到有法可依。虽然关于教师权益保障已有系列法律法规，但作为教师权益保障的法律法规体系还不够完善、不够系统、不够细化，法律权威和可操作性均有待加强。这影响到了教师合法权益的保护，导致教师在工作中安全感不足。因此，可通过多种多样的立法和司法途径，如制定新的教育法律法规、对原有法律法规进行修订、结合司法实践进行司法解释、完善相关法律配套措施、废止过时法规等，持续完善保障教师合法权益的一系列法律法规体系，形成规范化、系统化、配套化、可操作性强的法律体系。此外，还需建立畅通的教师权利救济途径，建立和完善责任追究制度，为维护教师合法权益提供有力保障。

（二）强化学校法治管理制度建设

我们要着眼于关涉教师切身利益的学校日常管理，用制度确保教师的合理权益得到满足与不被侵犯。面对学校在师生冲突中随意解聘教师的问题，应立足问题的有效解决、促进教师更好进步与发展的出发点，以制度维护教师权益，建立和完善教师退出机制，创制统一的国家性判定不合格教师标准，清晰界定判定不合格教师退出的权力主体，将教师退出程序制度化、规范化，从制度源头维护好教师的权益。在关涉教师切身利益的工资福利待遇上，要完善教师绩效考核制度。用以人为本的理念作为价值引导，体现教师主体地位，将教师的合法权益放在制度建设的首位。学校领导要有依法办事、依法行政、依法治教的意识，站在教师的立场，保障教师合法权益，在学校管理的法治化轨道上，做到办学有法可依、有章可循。

二、开发心理资本，为教师幸福正源

教师心理资本是教师积极从事教育教学的一种内在心理力量，是可以进行投

资与开发的积极心理资源,对提升个体与组织竞争优势具有重要的价值。[①]通过开发教师的心理资本,调动其积极心理资源,教师将更能感知到职业的幸福,树立坚定而科学的教师职业信念,这有助于教师更好地体验教师职业的价值与魅力。

(一)积极干预教师心理资本

心理资本是一种动态资源,通过干预能有所提高。Luthans认为,心理资本包含希望、乐观、自我效能感以及韧性四个维度。[②]基于此,可以构建一个教师心理资本开发的"四维"模型,以提升教师职业认知幸福感。

(1)树立希望。人总是渴求满足一定的需求,并设法达到一定的目标。因此,培养希望的核心就在于如何实现目标。可鼓励教师为自身的发展设置具有挑战性的但又可以实现的弹性目标,当教师设置好发展目标之后,应鼓励其制订一系列专业发展计划,即确定自身目标实现的路径。

(2)培养乐观精神。对于教师而言,树立正确的定向和定位后,还要对现存工作环境和自身承受的各种压力有正确的认识,强化积极情绪管理,发展乐观心态。同时,要完善自己的社会支持系统,接受来自社会支持系统的情感关怀与心理支持,宣泄负性情绪,对工作实践进行积极归因,维护乐观的心理资本。

(3)提升自我效能感。自我效能来源于亲历的掌握性经验、成功的体验以及熟练的技能。教师在实际教育教学工作中所积累的经验是教师自我效能的最大信息来源。因此,要鼓励教师深入教学一线,在实践中积累教育教学的经验。还需要建立多元的教师评价方式,使其全面认识自己在工作中的成功与不足,为其自我效能的培养找到正确的方向。

(4)培养韧性。在面对压力时,教师要学会控制情绪,充分发挥积极情绪的力量,积极应对,培养解决问题的能力,并保持自信、自尊以及自我认同。

(二)审视优化教师职业信念

教师职业信念,是指教师在对自己所从事的职业有了一定认识的基础上在教

[①] 乔婷婷,甘晓芳,魏敏,等.提升小学教师工作投入度探究——心理资本的角度.当代教育科学,2015(20):45-47.

[②] Luthans F, Luthans K, Luthans B. Positive psychological capital:Beyond human and social capital. Business Horison,2004(1):45-50.

师劳动价值方面所产生的坚信不疑的态度。① 首先，教师需反思自身的职业信念。通过实践性反思，教师可以提高教育教学工作的自主性和创造性，提升精神境界和思维品质，体会到工作的价值和生命的意义，从而确立教育信念。其次，加强在教育实践中的专业对话、沟通、协调和合作，通过合作、互动与交流，促进教师职业信念的优化与提升。

三、丰实经济资本，为教师生存奠基

经济资本（本次研究中主要指教师的工资收入）是支撑教师生存的首要物质前提，直接影响着教师的生命质量和发展行为策略。作为受过高等教育培训和拥有专业技能资质的群体，教师会期望所从事的职业能给予其生存保障和发展空间。尤其是在社会各个群体的经济收入通过参与市场信息交换而日益增长、社会也日益注重用经济收入指标来评判个人能力和社会地位的当下，教师群体更希望职业不仅能满足生存需要，而且能实现身份地位的提升。但实际的职业提供却让部分教师时常陷入生存和发展的窘境。不理想的绝对收入、不公平的相对收入会加剧教师的职业价值怀疑、不公平感和失望感。因此，政府部门要坚持依法治教，严格依据相关政策法规的指示，加大对中小学教师待遇的投入，切实提高中小学教师的福利待遇，提升教师的经济地位，丰实其经济资本，让教师过上更有尊严、更加体面的生活，以增强教师的职业自豪感和荣誉感。同时，应重视薪酬体系对教师的激励作用，秉持公平的理念使教师薪酬体系合理化，尽可能地避免教师产生相对剥夺感，以便增强教师的积极主观体验，提升其职业认知幸福感。

四、重视组织支持，为教师发展加码

（一）深度合作，凝聚团队智慧

理想的学校场域并不是封闭式"独立王国"的组合，而是时时处处洋溢着张力的多维关系网络。当教师之间基于某个教育问题、科研疑惑进行深度沟通、畅享经验时，教师才不会有一种"势单力薄"感。应构建专业发展共同体，集百家之长，解百家之惑。理想的教师专业共同体应是跨越层级，教师间自然而真诚地合作，打造共同愿景的教师发展智库。教师在极具发展向心力的专业社群中，不

---

① 王卫东. 教师职业信念问题初探. 华东师范大学学报（教育科学版），2000（4）：8-13.

仅能体验到合作过程带来的愉悦之感，还能享受发展之果的甜美与幸福。

（二）人本管理，尊重发展自由

人本管理的核心理念是，在管理活动中将人作为主要管理对象，以合理满足人的正当需要为途径，主动开发、利用组织内的人力资源，从而实现组织内全体人员自由和全面发展的目标。① 一方面，学校管理者要"善以待人"，尊重教师的个人尊严；另一方面，学校管理者要从物质文化、制度文化、精神文化方面营造适宜的支持性组织氛围，适当分权，以让教师真正做到自我管理与自由发展。

五、改善教育生态，为教师工作减负

任何一种事物在量上都有一个度，如果超过了这个度，就必然会引起事物的质变，教育也是如此，班级规模过大、量化评价偏颇、家校合作缺失，必然导致教育生态的恶化。

（一）构建合理班额，避免"量大压身"

班级规模的加大不仅会增加教师的心理压力和工作负担，还会减少师生的情感互动，易引发教师的消极情感体验。小班教师有更多的时间与学生个别交往，师生互相了解的程度加深，感情的纽带更紧，关系更加亲密、和谐，从而提高了教师与学生的士气和满意度。② 在倡导高质量发展的今天，教育事业发展的关注点应由"量"转向"质"。据此，实践中的教育管理者应该全面、系统地考虑到班级规模对师生的多因素、多层次综合作用，在遵循国家顶层设计的基础上，依据实际情况，划定合适班额，以减轻教师教学和管理难度，增进师生的教育幸福体验。

（二）优化教育评价，防止"教育内卷"

"内卷"是事物发展到某种特定程度而出现的原有方式无休止地叠加缠绕、自我复制并伴有内耗加剧、自我锁定的样态。③ 在现实教育场域，唯成绩的教育

---

① 刘明成. 对学校人本管理的重新思考. 当代教育科学, 2010（14）: 31-32, 35.
② 王爱玲. 班级规模：一种不容忽视的课堂环境因素. 当代教育科学, 2011（21）: 19-22.
③ 高水红. 内卷化：学校教育过程的文化再生产. 教育研究与实验, 2020（4）: 13-18.

评价在加速教育的内卷化。教育评价似乎成为统治教育的异己力量,其衍生的工具性产物——成绩分数,成为多方利益相关者的普遍性目的追求。教育实践的各博弈方凭借对该"游戏规则"的遵守,形成了默认的"合谋"关系,共同引发了教育生态的"剧场效应"。在分数这一指挥棒的作用下,教育呈现明显的内卷化倾向,师生忙碌、茫然而又盲目追赶着。当学生的童年被日益沉重的学业负担占据时,教师也在不断超负荷地内燃着,他们也因而付出了代价——身心疲惫感的不断累加和健康水平的不断下滑。因此,优化教育评价方式,用多元性、过程性、发展性、表现性评价方式代替单一的量化应试评价,是减轻教师工作负担的关键一环。

（三）重塑家校关系,促进"温情共育"

在日趋市场化和教育化的社会中,学校不应当与社会相脱离,成为"文化孤岛"。从社会学的角度看,家庭与学校之间的关系应是一种功能上的互补与协调,有效的家校合作不仅有助于学生发展,还能提升教师的积极工作体验。学校可从理解家长、理解学生成长的家庭环境（如家访）入手,建立家校工作感情和相互信任,并以互信为基础,帮助家长认识自己的角色使命、提高养育能力和技能,营造欢迎家长参与的氛围并提供各种形式的参与机会和条件。同时,还需要内外部共同努力,推动家校合作走向制度化,并"促进家校合作内在的制度化向高阶发展"[①]。

六、优化社会氛围,为教师职业增色

积极的职业情感需要良好的社会氛围的浸润与强化。我们要营造尊师重教的社会氛围,使教师感受到自身的价值与意义,真切体验到深受社会重视的存在感、职业的获得感与荣誉感,从而实现内源精神层面的需求满足,更好地参与到教育发展事业中来。

一方面,国家需要把"尊师重教"的理念紧密融于教师队伍建设的相关举措中,通过物质、制度、精神三个层面的建设来充实教师的文化资本,提高教师的物质待遇和社会地位,增强教师的职业认同,为教师安心从教提供有力的文化支

---

① 吴重涵,张俊,王梅雾.教育跨界行动的制度化特征:对家校合作的经验分析.教育研究,2017（11）：81-90.

撑。另一方面，区域政府和学校需努力营造风清气正的教师队伍建设环境，树立教师的良好知识分子形象，保障教师发展权益，保护教师的职业荣誉，以为教师带来积极饱满的精神力量。此外，在信息化的今天，教师的职业感知与媒体对教育事件的报道息息相关。媒体紧紧把握文化主旋律，积极宣传优秀教师事迹，能够强化人们对教师的正向认知，引导人们尊重并支持教师工作。在尊师重教的文化背景下，教师的专业生活将是充满欢愉色彩的场域，他们将以更加坚定的教育热情专注职业发展，感受教育的幸福，拥抱教育的未来！

第七章
教师职业主观幸福感调查报告

　　教师职业主观幸福感是判断教师心理状态健康与否的重要指标之一，是教师对自己职业生活满意程度的评估，反映教师的职业生活质量和精神面貌，对教师个体自身的发展具有重要的意义。教师职业主观幸福感不仅会对自身产生影响，也会在教书育人的过程中对学生的心理健康状态、课堂教学质量以及学校质量的发展产生影响。教师对自己工作的满意程度是怎样的？教师能否在工作中获得成就感、荣誉感？教师在工作过程中呈现什么样的精神状态？教师职业主观幸福感总体状况背后的原因是什么？以上是本章着重讨论和分析的问题。

第一节 教师职业主观幸福感的基本内涵

一、核心概念

当前对主观幸福感的概念界定并没有一个统一的定论，目前比较经典并且被引用最多的是Diener对主观幸福感的界定："主观幸福感是个体依据定的标准对其生活质量的整体评价。"[1] Andrews和Withey认为主观幸福感同时包括认知评价和情感体验两个维度[2]，我国学者程灶火等[3]以及黄希庭[4]等同样认为主观幸福感包括情感成分与认知成分，与此观点相同。邢占军[5]认为主观幸福感是个人幸福的主观反映，一方面，它与人的客观生活条件密切相关；另一方面，它再次体现了人的需求和价值。人们的主观幸福感是一种积极的心理体验，这是心理在个人经验的基础上，客观生活条件与个人需求和价值的相互结合。在2013年发布的《主观幸福感测量指南》中，OECD将主观幸福感定义为良好的心理状态，即人们对自己生活积极或者消极的情绪反应，并指出主观幸福感包括三方面的要素：一是生活评估，用于反映个体对其生活或特定方面的反思性评估；二是情绪状态，用于反映个体的情绪状态或特定时间点的特殊感受；三是幸福实现，用于反映个体对于生活意义和目的的感知或良好的心理状态。[6] OECD在做教师主观幸福感的调查研究时，因教师职业的特殊性，将工作满意度指标纳入调研范围，并将其细化为教学专业满意度和当前工作环境满意度。

综上，主观幸福感的主要内容包括生活满意、令人愉快的感情和低水平的不愉快的感情三个方面。评价主要涉及认知（例如，生活满意或者婚姻满意），或人们体验的愉快情绪（例如，高兴）的频率和不愉快情绪（例如，抑郁）的构成。主观幸福感具有三个显著性特点：①主观性，个体对自身幸福感的高低进行评定时，依赖于评价者本人的标准而不是他人预先设定好的标准。②相对稳定

---

[1] Diener E D. Subjective Well-Being. Psychological Bulletin，1984，95（3）：542-575.
[2] Andrews F M，Withey S B. Social Indicators of well-being. New York and London：Plenum.
[3] 程灶火，高北陵. 儿少主观生活质量问卷的编制和信效度分析. 中国临床心理学，1998（1）：12.
[4] 黄希庭，郑勇. 当代中国大学生心理特点与教育. 上海：上海教育出版社，1999：124-125.
[5] 邢占军. 主观幸福感测量研究综述. 心理科学，2002（25）：336-338，342.
[6] OECD. OECD Guidelines on Measuring Subjective Well-being. Paris：OECD Publishing，2013.

性，由于主观幸福感具有主观性的特点，每次测量在一定程度上会受到当时情绪和情境的影响，但长期来看，主观幸福感有一个相对稳定的值，一般情况下不随时间的流逝或环境的改变而产生特别严重的偏差。③整体性，指主观幸福感是一种综合评价，包括对积极情感、消极情感和生活满意度三个方面的评价。①

二、调查维度

本章将教师职业主观幸福感细分为工作满意度、工作价值感、自我成就感、职业荣誉感和精神风貌五个维度，采用利克特5点计分，共设19个程度问题（16个正向题目，3个反向题目）。要求受访者对量表中的5个选项进行赋值，"完全不符合"记为1分，"比较不符合"记为2分，"不确定"记为3分，"比较符合"记为4分，"完全符合"记为5分，其中，正向题目得分越高说明教师个体越符合调查情况，反向题目则反之。

（1）工作满意度。教师工作满意度是指教师对其所从事职业以及工作条件与状况的总体带有情绪色彩的感受与看法。②工作满意度维度旨在了解教师对整个教师行业的满意程度，可详细地划分为教师工资和福利待遇、学校和教师职业三个指标，共设有4个问题。

（2）工作价值感。黄希庭将价值感界定为一般价值感和特殊价值感两种形式，教师工作价值感属于特殊价值感，是教师个体关于教师工作和自身在工作过程中有没有价值的整体体验。③工作价值感维度旨在了解教师对教师工作价值感高低的判断情况，详细划分为教师工作价值感和自身价值感两个指标，共设有4个问题。

（3）自我成就感。自我成就感是人取得了成绩或成功以后引以为自豪的感觉④，教师自我成就感是教师个体在完成某项活动任务后产生的一种自我满足的积极的情绪体验。⑤自我成就感维度旨在了解教师成就感的高低情况，详细划分为教师有无成就感和成就感的趋势两个指标，共设有4个问题。

---

① 段建华. 主观幸福感概述. 心理学动态，1996（1）：46-51.
② 冯伯麟. 教师工作满意度及其影响因素的研究. 教育研究，1996（2）：42-49.
③ 转引自：李志强，秦启文. 职业价值感研究综述. 山东社会科学，2016（S1）：467-468.
④ 朱智贤. 心理学大词典. 北京：北京大学出版社，1989：542.
⑤ 傅道春. 教师组织行为. 上海：上海教育出版社，1993：370.

（4）职业荣誉感。教师职业荣誉感是指教师在履行职业责任之后，因实现社会价值与个人价值的统一而产生的积极情感体验。[①]职业荣誉感维度旨在了解教师对教师职业的认同情况，共设有3个问题。

（5）精神风貌。精神风貌维度旨在了解教师在工作和生活中的情绪状态，共设有4个问题。

第二节　教师职业主观幸福感基本现状

一、总体状况

教师职业幸福感及其各维度均值如图7-1所示。与教师职业的其他幸福感相比，教师职业主观幸福感均值（M=3.76）较高，仅次于教师社会幸福感。相关性分析结果表明，教师职业主观幸福感与教师职业幸福感的相关性最强（r=0.95，p<0.001），其次是教师的认知幸福感（r=0.93，p<0.001），然后是教师的社会幸福感（r=0.91，p<0.001），最后是教师的健康幸福感（r=0.73，p<0.001）。

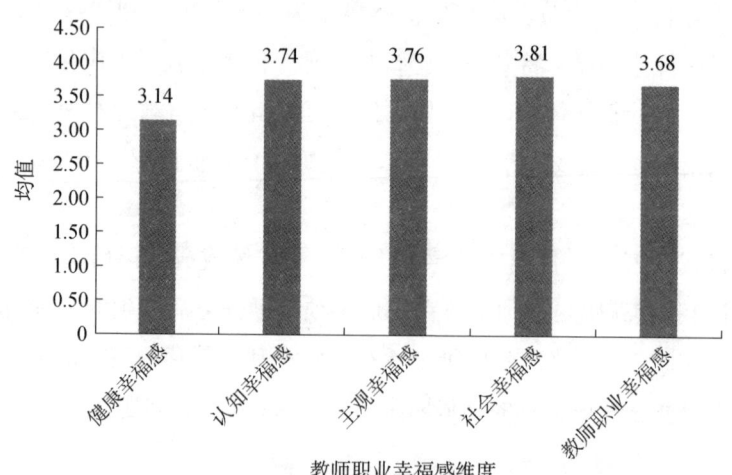

图7-1　教师职业幸福感及其各维度的均值

[①]　梁红梅，高梦解.中小学教师职业荣誉感的现实困境与涵育路径.华南师范大学学报（社会科学版），2020（6）：83-94，190.

单因素方差分析结果表明，教师职业主观幸福感存在显著的地区差异（$F=112.98$，$p<0.001$）。从样本量来看，东北地区教师样本量占总样本量的34.62%，东部地区占9.79%，中部地区占22.15%，西部地区占33.44%。从职业主观幸福感均值看，东北地区教师职业主观幸福感均值为3.85，东部、中部、西部地区教师职业主观幸福感均值分别为3.75、3.75和3.69。可以看出，东北地区教师的职业主观幸福感均值最高，东部、中部地区教师无明显差异，西部地区教师的职业主观幸福感均值最低，这可能与西部地区的教学环境和教学条件有关系。

二、具体状况

本次调查将教师职业主观幸福感分为工作满意度、工作价值感、自我成就感、职业荣誉感、精神状态五个维度。根据皮尔逊积差相关分析，$r>0.4$为中度相关，$r>0.7$为高度相关，教师职业主观幸福感与其各维度之间均为中度以上相关。教师职业主观幸福感各维度均值如表7-1所示，均值最高的是教师的自我成就感（$M=3.99$）和工作价值感（$M=3.99$），其次是教师的职业荣誉感（$M=3.76$），再次是教师的精神风貌（$M=3.64$），教师工作满意度最低（$M=3.41$）。

（一）教师工作价值感和自我成就感均值较高

通过对教师工作价值感各维度进行分析，可以看出教师普遍认为自己所从事的工作对国家和社会的发展具有很大的意义，在工作的过程中能够实现自己的人生价值，但是仍然有一部分教师认为自己所做的工作没用。教师对自己所做工作的价值评估总体上还是很高的，不过由于教师所做的工作大多为重复性工作，程序较为固化，部分教师创新意识不强，所以会存有自己所做的工作没有什么作用的想法。

在对自我成就感具体分析后发现，教师认为自己做的很多事对他人产生了积极的影响并感到很开心，自己的学生让自己很有成就感，教师自我成就感一部分来源于个体对他人的影响。另外，教师对三年后工作上的成就带来的幸福感表现出积极态度。工作价值感和工作成就感互相影响，正是因为教师认为自己所做的工作具有价值，才会在工作过程中觉得很有成就感。反过来，教师因为在工作中达到了一定的成就，从而认为自己所从事的工作对他人、对国家、对社会具有重要的意义。

(二)教师职业荣誉感和精神风貌均值较低

总体来看,教师认为从事教师职业是一件很光荣的事情,未来三年内都觉得选择教师职业是一件很自豪的事情,例如,看到学生的成长,教师的整体体验感是比较好的。但是也应该看到,教师有点不愿意与别人提及自己的职业。当前虽然教师的社会地位比较高,但还是存在对教师的刻板印象,认为教师师资水平较低等,导致教师在进行社会交往时不愿意提及自己的职业。

在精神风貌维度中,"早上起来面对一天的工作,感觉很累"是一个反向题目,均值越低说明教师对工作感觉越累,正是这一点导致教师的精神风貌均值较低。我们看到,虽然部分教师认为早上起来面对一天的工作感觉很累,但是对工作仍充满热情和活力,在工作过程中遇到困难时,能够及时调整自己的状态,让自己保持心情愉悦,也就是说教师的工作态度仍是积极向上的。

(三)教师工作满意度均值最低

在教师职业主观幸福感各维度中,工作满意度均值最低。教师工作满意度整体的均值都偏低。其中,教师对工资和福利待遇的满意程度最低,与其他职业相比,教师的工资水平确实偏低,不过当前政策的调整已经在极力提高教师工资水平和待遇水平。教师对自己所在学校的表现比较满意,但是仍然会有想换一所学校的想法,其可能与教师的家庭、教师的工作期待、个人目标有关。虽然教师对教师职业的某些方面不满意,但是总体来看教师对职业生活还是比较满意的(表7-1)。

表7-1 教师职业主观幸福感各维度均值

维度	维度均值	题项	题项均值
工作满意度	3.41	您对教师工资及福利待遇感到满意	2.98
		您对您在学校的表现很满意	3.87
		如果有机会,您想换一所学校	3.18
		总体来说,您对现在的职业生活很满意	3.63
工作价值感	3.99	您经常觉得自己所做的工作没什么用	3.72
		您的日常工作对您来说非常重要	3.97
		您所从事的工作对国家和社会发展很有意义	4.25
		您的人生价值在工作中得到很好的体现	4.01

续表

维度	维度均值	题项	题项均值
自我成就感	3.99	您的学生经常让您觉得自己很有成就感	3.99
		您做的很多事对他人产生了积极影响,您很开心	4.10
		工作中您得到了很大的成长和收获,您很满足	3.99
		您相信三年后,您工作上的成就会让您更加幸福	3.89
职业荣誉感	3.76	作为教师,您感到是一件倍具荣誉的事	3.88
		您很乐意跟别人提及自己的职业	3.64
		未来三年,您会为自己选择教师职业而更加自豪	3.75
精神状态	3.64	您总能调节自己的状态,使自己保持好心情	3.88
		您对工作充满热情和活力	3.95
		您感到心情愉快	3.76
		早上起来想到面对一天的工作,您感觉很累	2.97

三、差异分析

人口学变量包括性别、政治身份、年龄、教龄、婚姻状况、学历、专业类型、工作时长、性格特点;社会经济地位变量包括职称、所教学段、教师身份、收入、职务、荣誉、是否名师;环境变量包括是否住宿学校、学校性质、学校所在地、学生数量、学校文化氛围、学校环境及其治安情况、学校交通状况。本次调查把职业主观幸福感变量归到人口学变量、社会经济地位变量、环境变量三大类中,另外着重分析了专业发展变量中的培训状况。

(一)人口学变量差异

根据单因素方差分析结果,教师职业主观幸福感存在显著的性别($F=15.45$,$p<0.001$)、专业类型($F=40.17$,$p<0.001$)、学历($F=60.80$,$p<0.001$)等差异。在性别方面,女教师职业主观幸福感均值($M=3.77$)高于男教师($M=3.74$)。在专业类型方面,非师范专业教师的职业主观幸福感均值($M=3.83$)高于普通师范专业教师($M=3.76$),也高于公费师范专业教师($M=3.71$)。在学历方面,博士研究生学历教师的职业主观幸福感均值($M=3.91$)最高,其次是专科学历教师($M=3.87$),然后是大学本科学历教师($M=3.74$),最后是硕士研究生学历教师($M=3.64$),博士研究生学历教师大部分在大学工作,专科学历教师

多在小学工作，而大学本科和硕士研究生学历教师大多在中小学从教，肩负中高考的升学压力，因此大学本科和硕士研究生学历教师的职业主观幸福感均值较低。除以上差异外，教师职业主观幸福感也存在显著的年龄和教龄差异。

1. 年龄在25～35岁、教龄为3～13年的教师职业主观幸福感均值最低

根据教师样本分布，由于18～20岁、56～60岁、61～65岁教师样本量太少（占比分别为0.08%、4.07%、0.12%，样本量分别为27、1366、40），此处不做具体分析。根据不同年龄教师样本的占比情况，将其粗略划分为35岁及以下、36～50岁、51岁及以上三个年龄段，其中，35岁及以下的教师占37.24%，36～50岁占46.49%，51岁及以上占12.00%（样本量分别为12 510、15 616、4031）。分析结果显示，教师职业主观幸福感存在显著的年龄差异（$F=91.44$，$p<0.001$）。35岁以下教师的职业主观幸福感均值（$M=3.71$）最低，其次是36～50岁的教师（$M=3.73$），51岁及以上教师的职业主观幸福感均值最高（$M=3.97$）。

教师职业主观幸福感也存在显著的教龄差异（$F=110.03$，$p<0.001$）。教龄在36～40年的教师职业主观幸福感均值最高（$M=4.11$），教龄为3～5年、6～10年、11～15年的教师职业主观幸福感均值偏低，分别为3.66、3.66、3.44。综合来看，教师年龄为25～35岁时，其教龄约为3～13年，此阶段教师的职业主观幸福感均值是最低的。由于此阶段的教师已经不是新手型教师，处在爬坡期和瓶颈期，所以此阶段的教师更容易出现职业倦怠，对待工作不再像刚入职时那样饱含热情，对常态化的工作环境不再抱有新鲜感，其职业主观幸福感均值相对偏低。

2. 工作时长在0～4小时和7～8小时的教师职业主观幸福感均值最高

单因素方差分析结果显示，教师职业主观幸福感存在显著的工作时长差异（$F=101.49$，$p<0.001$）。从图7-2可以看出，工作时长为0～4小时和7～8小时的教师职业主观幸福感均值最高，其次为工作时长为5～6小时的教师，然后是工作时长为9～10小时的教师，工作时长为10小时以上的教师职业主观幸福感均值最低。

在0～5小时工作时长内，教师职业主观幸福感水平随着工作时长的加长而降低，在5～8小时工作时长内，教师职业主观幸福感水平随着工作时长的加长而提高，超过8小时工作时长，教师职业主观幸福感水平随着工作时长的加长而直线下降。工作时间的延长并没有给教师带来相对应的回报。教师的工作时间具

有非常大的弹性，走出校园后依然要面对很多零碎的工作，准点上班下班成为众多教师的奢望，这些降低了教师的工作幸福感。

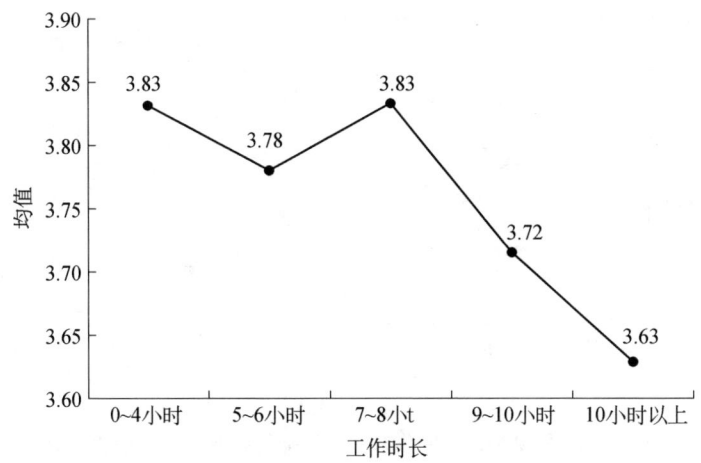

图7-2 不同工作时长教师的职业主观幸福感均值

（二）社会经济地位变量差异

调查结果显示，教师职业主观幸福感在过去12个月收入、荣誉级别、职称、培训上存在显著差异。

（1）单因素方差分析结果显示，教师职业主观幸福感在过去12个月收入上存在显著差异（$F=42.29$，$p<0.001$）。从图7-3可以看出，过去12个月收入在8.1万~10万元的教师职业主观幸福感水平最高，其次是12万元以上的教师，最低的是收入在2.1万~4万元的教师。过去12个月收入在2.1万~10万元时，教师职业主观幸福感均值随着收入的增加而升高。教师收入与工作量有一定的关系，一般情况下，教师工作量越大，收入水平越高。当出现工作量与工资收入不成正比的时候，教师的幸福感均值便会降低。

（2）教师职业主观幸福感在荣誉级别上存在显著差异（$F=22.32$，$p<0.001$）。如图7-4所示，获得其他荣誉的教师职业主观幸福感均值最高，位居第二的是获得国家级荣誉的教师，再次是没有获得荣誉和获得省级荣誉的教师，然后是获得区（县）、市荣誉的教师，均值最低的是获得校级荣誉奖励的教师。获得区荣誉教师与获得县荣誉教师的职业主观幸福感均值不存在显著差异，获得县荣誉教师与获得市荣誉教师的职业主观幸福感均值也不存在显著差异。在思维定势下，我们会认为获得荣誉级别越高，教师职业主观幸福感水平就越高。但是从

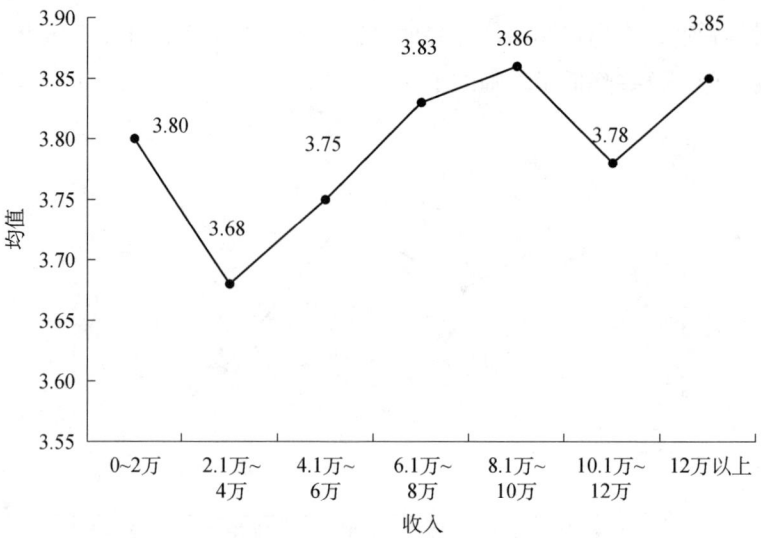

图7-3 过去12个月不同收入区间教师的职业主观幸福感均值

数据可以看出，获得国家级荣誉的教师职业主观幸福感水平较高，而获得其他级别荣誉教师的职业主观幸福感高于没有获得荣誉的教师。分析此现象可能与目前教师的工作有关。教师每天要面对大量的工作，没有充沛的精力去准备争取荣誉，当所获得的荣誉与自己所付出的时间、人力、物力成本不成正比时，教师更倾向不去参加争取荣誉的活动，让自己更轻松。但是仍然要看到，教师荣誉是对教师工作的肯定，对教师以后的发展起到一定的激励作用。

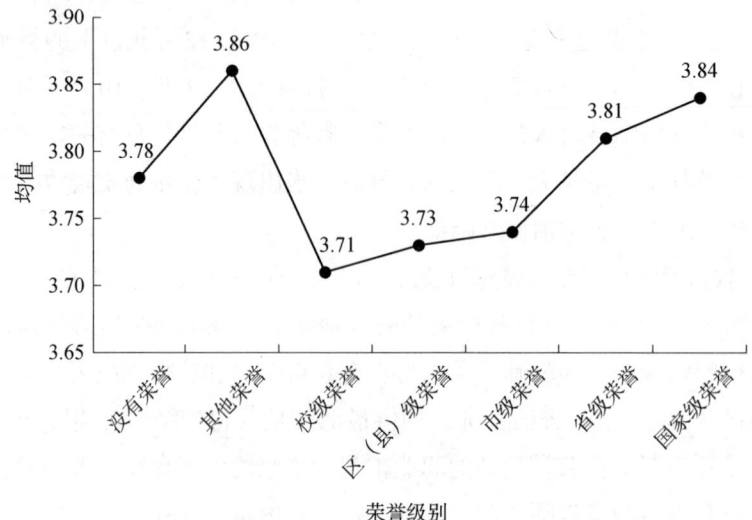

图7-4 不同荣誉级别教师职业主观幸福感均值

（3）教师职业主观幸福感在不同职称上存在显著差异（$F=142.64$，$p<0.001$）。根据表 7-2，正高级教师的职业主观幸福感均值高于未定级教师，未定级教师的职业主观幸福感均值高于一、二、三级教师，二级教师的职业主观幸福感均值最低。可以看出，二级教师是一个转折点，在未定级教师与二级教师之间，职业主观幸福感的均值随着级别的升高而降低，在二级教师与正高级教师之间，职业主观幸福感的均值随着级别的升高而升高。

表 7-2　不同职称教师职业主观幸福感均值

教师级别	未定级教师	三级教师	二级教师	一级教师	高级教师	正高级教师
教师职业主观幸福感均值	3.85	3.73	3.64	3.75	3.92	4.06

（4）不同学段教师的职业主观幸福感存在显著差异（$F=162.27$，$p<0.05$）。其中，小学教师职业主观幸福感均值（$M=3.80$）最高，显著高于初、高中教师。其次是初中阶段教师（$M=3.66$），最低的是普通高中教师（$M=3.63$）。从小学到普通高中阶段，所教学段越高，教师职业主观幸福感水平越低。所教学段不同教师职业主观幸福感均值不同的原因与当前应试教育体制分不开，普通高中教师面临高考升学压力，压力最大。相比较而言，小学教师的工作时间短，教学任务轻，升学压力小，所以其职业主观幸福感均值最高。

（5）教师职业主观幸福感在不同培训级别上存在显著差异（$F=17.75$，$p<0.001$）。由于接受区（县）级和校级培训的教师样本量比较少，所以此处着重分析参与省市培训和国培的教师职业主观幸福感现状。由图 7-5 可知，培训最高级别为国培的教师职业主观幸福感均值最高，参加市级培训的教师职业主观幸福感均值最低，参加区（县）级和校级培训的教师职业主观幸福感均值均高于参加省级和市级培训的教师。接受培训是教师素质、教师能力提升的重要途径之一，教师接受培训后自我效能感会提升，同时享有充分的发展资源，所以培训对教师职业主观幸福感提升具有重要意义。但是从图 7-5 中可以看出，相比国培、区（县）级培训，省培、市培对教师职业主观幸福感的提升作用并不是很显著，说明省市级培训仍需要在现有基础上进一步提升培训质量，满足教师的发展需求。

（三）环境变量差异

教师职业主观幸福感除了受个体和社会的影响，也受到周围环境的影响。调

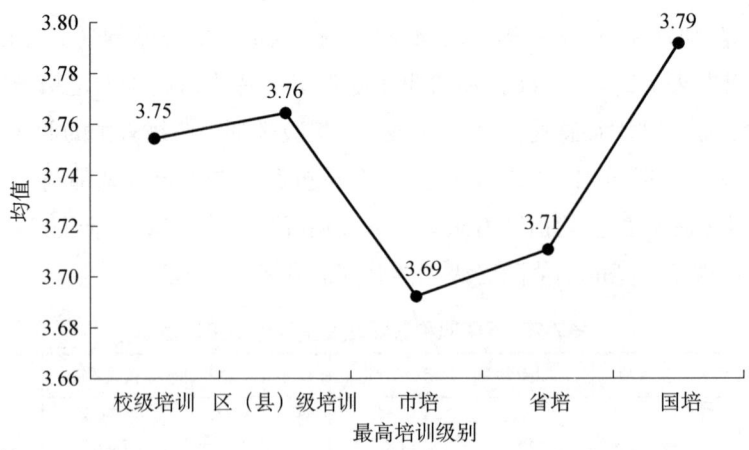

图 7-5　参加不同培训级别教师的职业主观幸福感均值

查结果显示，教师职业主观幸福感在学校所在地、学校规模、班级规模、学校文化氛围和学校周边环境上存在显著差异。

（1）教师职业主观幸福感在学校所在地上存在显著差异（$F=72.70$，$p<0.001$）。由表 7-3 可以看出，乡村教师的职业主观幸福感均值最高（$M=3.83$），其次是乡镇教师（$M=3.81$），然后是城市教师（$M=3.71$），县城教师职业主观幸福感均值最低（$M=3.70$）。乡镇和乡村教师的职业主观幸福感水平显著高于城市和县城教师，这是因为乡镇、乡村教师的教学任务和升学压力相对较小，周围环境和氛围相对放松。县城教师由于物质收入和工作投入不成正比，教学环境和设施与有的乡镇相比没有什么太大差别，然而教学压力却相对较大，因此其职业主观幸福感水平不高。

表 7-3　不同学校所在地教师职业主观幸福感均值

学校所在地	城市	县城	乡镇	乡村
教师职业主观幸福感均值	3.71	3.70	3.81	3.83

（2）教师职业主观幸福感在学校规模上存在显著差异（$F=48.74$，$p<0.001$）。由图 7-6 可以看出，学校学生数量在 300 人以内时，教师的职业主观幸福感均值随着学生数量的增加而降低；学生数量在 301～600 人时，教师的职业主观幸福感均值随着学生数量的增加而提升；当学生数量超过 600 人时，教师职业主观幸福感均值降低，虽然上下会有较小的起伏，但是总体上仍然在降低。整体来看，0～100 人规模学校的教师职业主观幸福感均值最高，这样的学校教师

少、学生少，教师工作量小，学校容易管理，教师之间、学生之间、教师与学生之间容易团结在一起，具有较强的凝聚力，因此教师的职业主观幸福感水平较高了。反之，当学校规模增大以后，教师的自我成就感和工作价值感需要通过价值量比较高的活动实现，教师易感到疲惫，其职业主观幸福感均值便降低了。

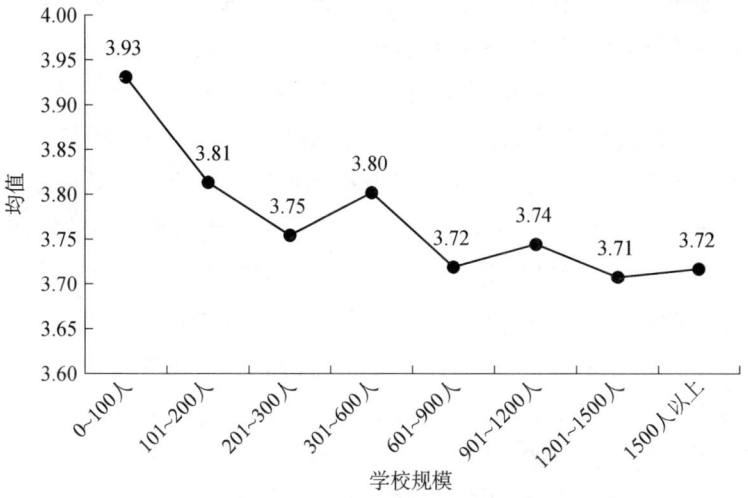

图7-6　不同学校规模教师职业主观幸福感均值

（3）教师职业主观幸福感在班级规模上存在显著差异（$F=124.57$，$p<0.001$）。表7-4显示，教师职业主观幸福感均值随着班级规模的变大而下降，班级规模为0～10人的教师职业主观幸福感均值最高，第二位是班级规模为11～20人的教师，其次是班级规模为21～30人、31～45人的教师，职业主观幸福感均值最低的是46～60人以及60人以上班级规模的教师，且班级规模为46～60人和60人以上的教师职业主观幸福感均值相同，说明班级规模最好保持在46人以内，便于教师对课堂的把握、管理和调节。

表7-4　不同班级规模教师职业主观幸福感均值

班级规模	0～10人	11～20人	21～30人	31～45人	46～60人	60人以上
教师职业主观幸福感均值	3.97	3.91	3.83	3.77	3.67	3.67

（4）教师职业主观幸福感在学校文化氛围上存在显著差异（$F=1027.00$，$p<0.001$）。放任自流型学校的教师职业主观幸福感均值最低（$M=3.23$），改革创新型学校的教师职业主观幸福感均值最高（$M=3.96$）。在绩效竞争型（$M=3.57$）和放任自流型学校氛围下，教师如果把握不好度，容易走向两个极端，导致工作

只是为了竞争、为了成绩，或者是自我约束力不强，工作不讲求效率等。合作共享型和改革创新型的学校文化氛围最有利于教师职业主观幸福感的提高，合作共享型学校的教师更具有责任感，共同寻求发展机会，在合作分享中不断改进自己的工作，可以获得成长和提升。改革创新型的学校文化氛围能为教师提供施展能力的平台，提升教师的自我成就感。因此，改革创新型和合作共享型的学校文化氛围最有助于教师职业主观幸福感的提升。

（5）教师职业主观幸福感在周边环境上存在显著差异（$F=1031.04$，$p<0.001$）。本报告所指的学校周边环境包括生活环境、治安情况和交通情况。在学校周边生活环境及社会治安情况方面，学校周边环境及治安情况非常好的教师职业主观幸福感均值最高（$M=3.95$），之后依次是学校周边环境及治安情况比较好的（$M=3.60$）。大体上教师职业主观幸福感均值随学校周边环境和治安情况变好而升高。教师职业主观幸福感均值随着学校周边环境和治安情况的变好而升高，治安好会带给教师安全感和归属感，提高教师的职业主观幸福感指数。教师上下班的交通状况也随着交通情况的变好而改善，心情会受到环境的影响，学校周边环境越好，教师越容易保持工作的积极性，情绪相对比较平稳，保持良好的工作状态，教师的职业幸福感也会因此而逐渐升高。

整体来看，教师职业主观幸福感均值较高，对自己所从事职业的荣誉感、自豪感都比较强，在工作中也能实现个体的人生目标和价值。"人是社会关系的总和"[①]，教师处在社会关系网中，不仅对学生产生影响，也会对社会的发展起到积极的推动作用，我们不仅要关注到教师职业主观幸福感好的方面，同时也要看到，目前教师认为自己的职业生活存在很多问题，对这些问题的分析也至关重要。

第三节　教师职业主观幸福感问题分析

一、教师情感失衡，工作满意度不高

教师的工作满意度是教师对其职业生涯的带有某种情绪色彩的总体看法与认

[①] 中共中央马克思恩格斯列宁斯大林著作编译局. 马克思恩格斯选集（第1卷）. 北京：人民出版社，1972.

知，是保障教师顺利开展教育教学活动、维系教师队伍内在稳定性、增强教师职业吸引力的重要支撑。高水平的工作满意度可以使教师养成健康行为模式，遇到应激生活事件时，增加教师的积极情感，减弱消极情感，从而抑制教师职业主观幸福感的降低[1]。调查发现，在教师职业主观幸福感中，与工作价值感、自我成就感、职业荣誉感、精神状态相比，教师的工作满意度均值最低，且低于教师职业主观幸福感的平均水平（$M_{工作满意度}=3.41<M_{主观幸福感}=3.76$），与以往研究[2]结论较为一致。深入分析发现，工作满意度不高主要反映在薪酬待遇、工作压力以及学校归属感三个方面。

（一）教师薪酬满意度偏低

教师的工作满意度与"您对教师工资及福利待遇感到满意"问题的回答存在显著的正相关（$r=0.76$，$p<0.01$）。教师对工作的满意度首先可以通过教师对工资与福利待遇的满意程度表现出来。近年来，相关政策文件都在强调教师的薪酬待遇问题，如《中共中央 国务院关于全面深化新时代教师队伍建设改革的意见》明确表示，提高教师地位待遇的实现路径之一就是要关注中小学教师队伍的工资收入问题；《中华人民共和国教师法》强调，"教师的平均工资水平应当不低于或者高于国家公务员的平均工资水平，并逐步提高"[3]。但是本次调研结果显示，教师对于自身的工资及待遇水平并不满意：①教师工资收入上涨幅度较小。统计发现，2021年教师的年收入集中在4.1万~6万元，70.16%的教师年收入在6万元及以下，与2019年教师年收入调研数据[4]相比，两年内仅有7.72%的教师工资收入出现上升，增幅较小（图7-7）。②与公务员平均收入相比，教师对自身收入的评价水平、认可度较低。84.65%的教师认为现阶段自身的平均收入低于当地公务员的平均收入，其中，48.53%的教师认为其收入远低于当地公务员的平均收入。显然，当前有关教师的工资政策落实并不到位。③教师的薪酬和付出不对等。调查数据显示，在对幸福感缺失原因进行排序时，64.87%的教师将"薪酬和付出不相称"选做前四位原因之一，其中45.81%的教师将首要原因归于此，比重高于其

---

[1] 代照甜. 九年义务教育教师工作满意度与主观幸福感的相关研究. 开封：河南大学，2013：1-69.
[2] 冯伯麟. 教师工作满意度及其影响因素的研究. 教育研究，1996（2）：42-49.
[3] 中国政府网. 中华人民共和国教师法.（2005-05-25）. http://www.gov.cn/banshi/2005-05/25/content_937.htm [2021-08-10].
[4] 李广，柳海民等. 中国教师发展报告 2019：中小学教师队伍建设的成就、挑战与举措. 北京：科学出版社，2020：235.

他选择（图7-8）。在对教师开放式提问中，有教师明确表示"希望付出和回报成正比""希望教师的工作量与工资可以相结合"，这表明当前教师的实际工资与期望工资存在较大差距。努力与回报的不平衡，势必会影响教师的工作积极性、降低教师的职业体验感，甚至会引发教师离职现象。教师职业作为谋生的手段，首先应该满足从业人员的生活需求，为教师提供物质保障。教师薪酬待遇是教师安心工作的保障，应该关注教师的工资收入、福利待遇问题，从而提高工作满意度，激发教师工作动力。

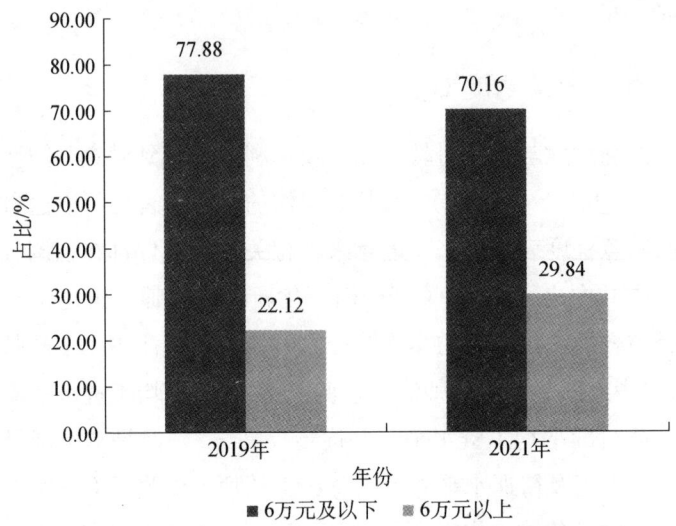

图7-7　2019年和2021年教师年收入对比

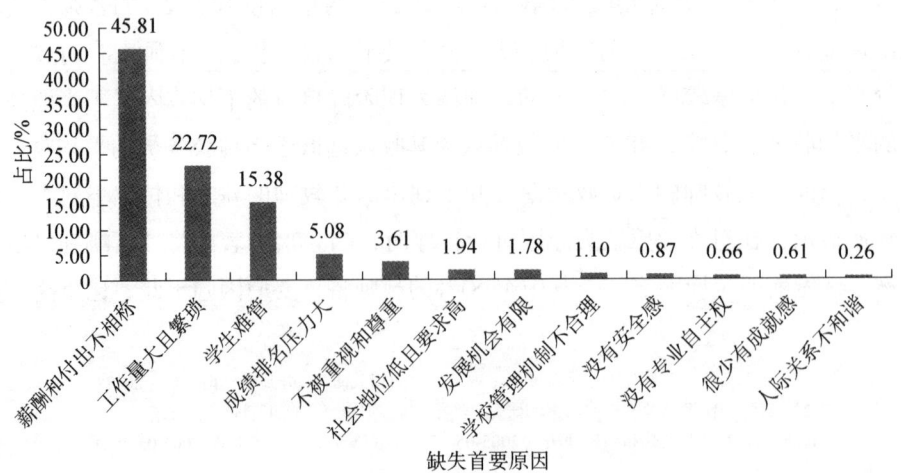

图7-8　教师职业幸福感缺失首要原因排序

（二）教师非教学任务加重

《关于减轻中小学教师负担进一步营造教育教学良好环境的若干意见》指出要给教师减负，"为教师安心、静心、舒心从教创造更加良好的环境"①。然而减负效果并不乐观，本次关于教师职业幸福感的调研活动也证实了这一点。调查过程中，多数教师表示"与教学无关的工作太多"，要求"减少各类检查、各种活动进校园"。对比教师工作压力的来源情况（图7-9），2021年教师选择工作压力源自"备检迎检、家校沟通、教研科研、扶贫、教师培训、微信工作群、比赛交流、写反思、读书、其他"的比例明显高于2019②年，其中多为非教学任务。也就是说，教师在履行基本的教学任务之余，还需要完成上级领导安排的各种非教学任务。繁杂、琐碎的非教学任务偏离教师的基本任务职责，消耗着教师的时间和精力，也消耗着教师的职业热情，容易使教师产生情感衰竭、深陷职业倦怠。

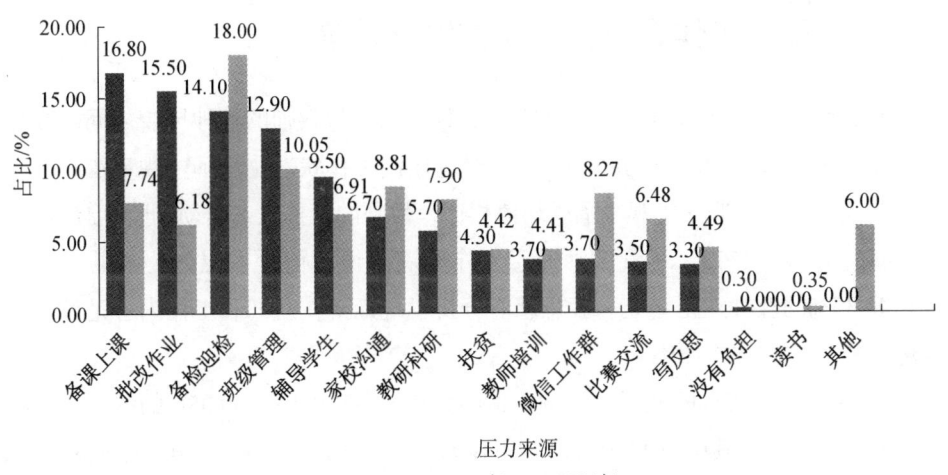

图7-9　2019年和2021年教师工作压力主要来源对比

（三）教师学校归属感不强

从心理学角度来说，归属感是指"个体将自己归属于某一团体，并对其产生

---

① 教育部网站. 中共中央办公厅 国务院办公厅印发《关于减轻中小学教师负担进一步营造教育教学良好环境的若干意见》.（2019-12-15）. http://www.moe.gov.cn/jyb_xxgk/moe_1777/moe_1778/201912/t20191215_412081.html [2021-08-10].

② 李广，柳海民等. 中国教师发展报告 2019：中小学教师队伍建设的成就、挑战与举措. 北京：科学出版社，2020：235.

亲切、自豪的情绪体验"[1]。马斯洛的需要层次理论指出，归属需要是人的一种基本需要，它在生理和安全需要满足的基础上产生。如果这种需要得不到满足，主体将会感到孤独、感到遭受抛弃。归属感影响教师对工作的满意度。"如果有机会，您想换一所学校"问题的回答与教师的工作满意度存在显著正相关关系（$r=0.64$，$p<0.01$），教师对学校的归属感在一定程度上可以通过对学校的忠诚度反映出来。调查发现，仅有36.62%的教师表示愿意继续留在本校进行工作，大部分教师表示，如有机会，想换一所学校工作，可见教师对所在学校的坚守程度有待提高。教师对于学校的归属与认同，能够使教师感受到家一般的温暖，在工作过程中可以饱含热情、积极投身于学校的建设与发展中去。相反，倘若教师没有把学校当作自己的归属，实际上也只是扮演着打工仔的角色，抱着"做一天和尚撞一天钟"的心态，责任感、担当感自然也就不会强。

二、教师工作繁杂，工作体验感较差

相关数据分析结果显示，教师职业主观幸福感与教师的精神风貌之间存在显著的正相关关系（$r=0.86$，$p<0.01$），积极健康的工作状态是教师主观幸福感水平高的体现。然而与职业主观幸福感均值相比，教师的工作状态亟须调整（$M_{工作状态}=3.64 < M_{主观幸福感}=3.76$）。尽管教师对于工作充满热情，但是一想到一天的工作强度，40.35%的教师还是会充满疲惫感。分析发现，工作时间和工作内容是教师工作体验感较差的主要原因。

2019年，49.95%的教师每天的工作时间在8小时以内，50.05%的教师工作时间在8小时以上，其中有11.88%教师工作时间超过10小时[2]；而2021年，58.44%的教师每天的工作时间在8小时以内，41.56%的教师工作时间在8小时以上，其中，14.95%的教师工作10小时以上。对比发现，尽管教师的工作时长得到一定缩短，但是仍有2/5以上教师的工作时间超过国家法定工作时间（8小时），且工作10小时以上的教师数量有所增加。工作时长与教师的工作状态大致呈反向关系，当工作时间超过法定时长即8小时之后，教师的工作时间越长，工作状态越差（图7-10）。教师的精力是有限的，随着工作时间的延长，教师在日常工作中

---

[1] 时蓉华. 社会心理学词典. 成都：四川人民出版社，1988：187.

[2] 李广，柳海民等. 中国教师发展报告2019：中小学教师队伍建设的成就、挑战与举措. 北京：科学出版社，2020：230.

容易出现疲惫感、滋生消极情绪，这不仅会影响教师的工作效率、使教师感到力不从心，而且长此以往，也会影响教师的整体身心健康水平。

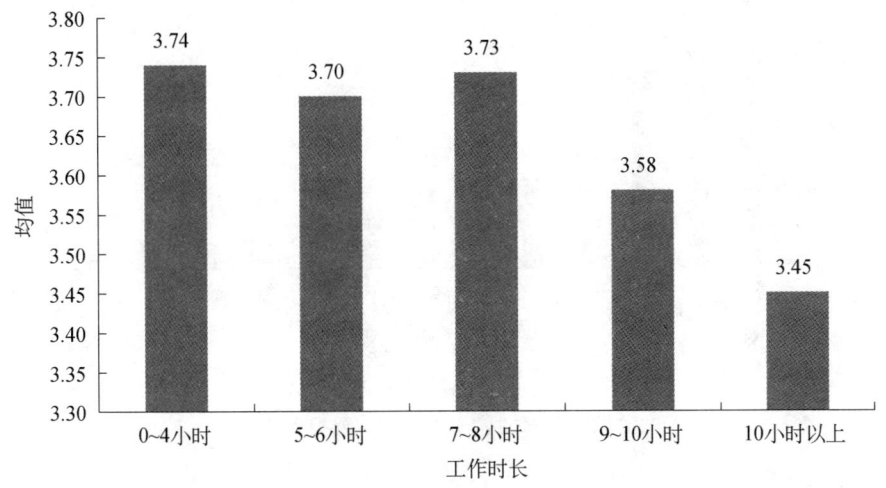

图7-10　不同工作时长教师精神状态均值

调研还发现，教师的工作事务多样、工作内容较为烦琐（图7-11）。在工作过程中，教师需要精心备课，有序开展教育教学活动；需要科学管理，打造良好班集体；需要学会反思，科学解决教育教学问题。除此之外，教师还要参加学校安排的教研科研、培训、读书等活动，提升自己的专业能力；需要应对上级领导指派的任务，如备检迎检、扶贫等。多样的工作内容不仅分割教师的工作时间，造成教师工作时间的碎片化，而且会挤占教师的非工作时间，使得教师变相加班，个人生活受到影响。加上工作任务间的不断交替，需要教师及时转换角色、调整状态，显然这对于教师而言是挑战、是困难，影响教师的整体工作体验。

三、教师群体对比，职业主观幸福感问题突出

（一）县城教师职业主观幸福感水平有待提高

本次调研结果显示，与城市教师、乡镇教师、乡村教师的职业主观幸福感均值相比，县城教师的职业主观幸福感均值较低（$M_{乡村教师}=3.83>M_{乡镇教师}=3.81>M_{城市教师}=3.71>M_{县城教师}=3.70$，$p<0.05$），县城教师的职业主观幸福感水平亟待提高，具体表现为县城教师的离岗意愿强烈、职业认同度低；县城教师工作成

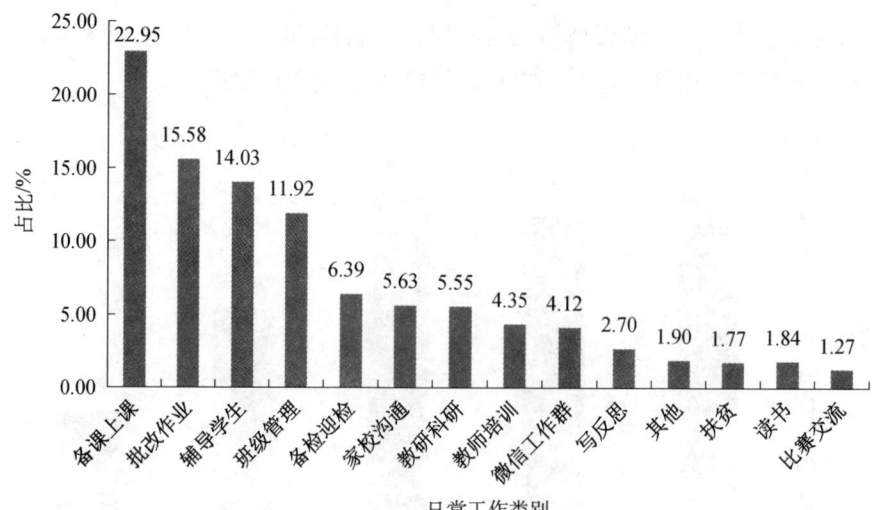

图 7-11 教师日常工作精力主要投入情况

就感较低两方面。

1. 县城教师离岗意愿强烈,职业认同度低

相关数据分析显示,"想早一天脱离教师工作岗位"问题的回答与教师职业主观幸福感之间存在显著的正相关($r=0.43$,$p<0.01$),即教师们普遍认为,越早一天脱离教师的工作岗位,其未来的职业主观幸福感水平就会越高。调查显示,县城教师与城市教师、乡镇教师、乡村教师在"您想早一天脱离教师工作岗位"这一问题的回答上存在显著差异($p<0.05$),县城教师的离岗意愿高于城市教师、乡镇教师以及乡村教师(图 7-12)。虽然离岗意愿并不代表实际的离岗行为,却侧面反映教师对于自身职业认同度的下降。意愿的存在如同导火索一般,始终威胁着县城教师队伍的稳定性,影响县城学生的健康发展。

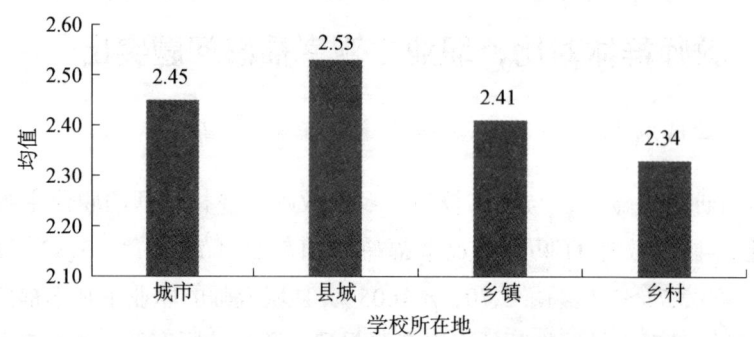

图 7-12 不同学校所在地教师对"您想早一天脱离教师工作岗位"题项的回答情况

2. 县城教师工作成就感较低

教师职业成就感指的是教师在达到其教育教学目标的进程中，感受到自身在教育教学方面具有的潜能既得以充分展现，又适时地促进学生综合素质的发展，教师自我价值的内心满足得以实现。[①] 教师职业主观幸福感与教师的自我成就感存在显著的正向相关关系（$r=0.89$，$p<0.01$），即教师自我成就感的缺失会制约职业主观幸福感的水平。调查发现，当问及"您的学生是否经常让您觉得自己很有成就感"时，县城教师与城市教师、乡镇教师、乡村教师之间存在显著差异（如图7-13），县城教师更易产生低成就感。并且，引导教师对未来工作进行展望时，有33.37%的县城教师对三年后工作上的成就能否让自己感到幸福存有疑惑。此外，工作成就感较低的原因还涉及教师的专业自主权问题。对比城市、县城、乡镇、乡村校长的教学领导类型，可以发现有12.50%的县城教师认为校长教学领导类型为制度约束型，其比重高于城市教师（9.57%）、乡镇教师（10.35%）以及乡村教师（9.37%）。显然，县城教师更多地是在框架内，循规蹈矩、按部就班地听从上级指令、开展工作，潜能的不被挖掘、自主空间的备受挤占，会减弱县城教师的主人翁意识，其成就感也就难以有所提升。

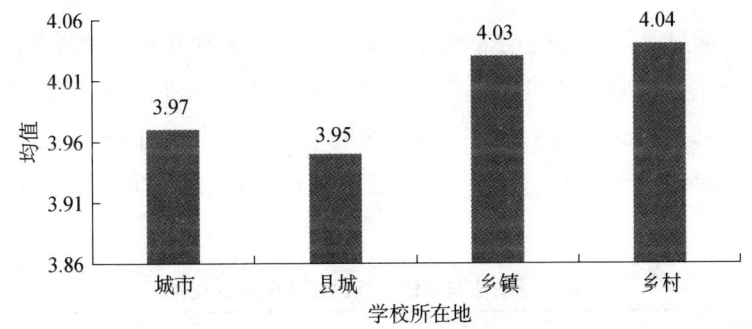

图7-13　不同学校所在地教师对"您的学生是否经常让您觉得自己很有成就感"题项的回答情况

（二）班主任职业主观幸福感水平有待改善

调查发现，与非班主任相比，班主任的职业主观幸福感均值较低（$M_{班主任}=3.75 < M_{非班主任}=3.77$，$p<0.05$），突出表现在班主任工作的荣誉感不高，与非班主任相比班主任教师的工作时间更长、工作任务更重两方面。

[①] 代森. 小学教师职业成就感调查研究. 重庆：西南大学，2013：1-61.

1. 班主任工作荣誉感不强

教师职业荣誉感是教师在工作过程中获得的重要情感体验[1]。《中共中央 国务院关于全面深化新时代教师队伍建设改革的意见》[2]强调要让广大教师在岗位上有幸福感、事业上有成就感、社会上有荣誉感，要让教师成为让人羡慕的职业。因此，增强教师的职业荣誉感，让教师热爱工作岗位、以教师职业为荣，是提高教师主观幸福感的重要举措。但是，本次调查结果显示，班主任在职业荣誉感层面上与非班主任存在显著差异：一方面，班主任对自身工作的负面体验较多，没有深切感受到角色带来的荣誉感。突出反映在与非班主任（37.28%）相比，39.08%的班主任不愿意同别人提及自己的职业；另一方面，社会对于班主任的形象认知较差。在问及"目前关于教师形象的社会舆论"问题时，班主任教师与非班主任教师的回答存在显著差异（$M_{班主任}=3.42<M_{非班主任}=3.51$，$p<0.05$），18.11%的班主任教师认为目前关于教师形象的社会舆论不好，人数占比超过非班主任教师群体（15.77%）。众所周知，职业中的荣誉感会影响教师工作的意义感，如果班主任无法在工作中感到满意、开心，其幸福感水平也不会提高。

2. 班主任工作时间更长、任务更重

调查数据显示，班主任与非班主任在工作时长上存在显著差异（$p<0.05$）。通过对比班主任教师与非班主任教师的工作时长发现，非班主任教师群体中有64.99%的教师工作时长在8小时以内，而班主任教师中仅有46.23%的教师工作时长在8小时以内（含8小时）。也就是说，班主任教师的工作时间有所延长（表7-5）。

表7-5 班主任与非班主任的工作时长对比情况

类别	工作时长	人数/人	百分比/%
班主任	8小时以内（含8小时）	5 420	46.23
	8小时以上	6 305	53.77
非班主任	8小时以内（含8小时）	14 211	64.99
	8小时以上	7 654	35.01

---

[1] 梁红梅，高梦解. 中小学教师职业荣誉感的现实困境与涵育路径. 华南师范大学学报（社会科学版），2020（6）：83-94.

[2] 教育部网站. 中共中央 国务院关于全面深化新时代教师队伍建设改革的意见.（2018-01-20）. http://www.moe.gov.cn/jyb_xwfb/moe_1946/fj_2018/201801/t20180131_326148.html[2021-08-10].

此外，工作量也是反映班主任教师与非班主任教师职业主观幸福感的重要因素。在对教师进行工作量认知水平的调查中，有63.74%的班主任教师认为自己的工作量较重，远超过了非班主任教师的这一比例（47.71%）。除此之外，通过对比班主任教师与非班主任教师的日常工作精力投入（图7-14），发现班主任在班级管理、辅导学生、批改作业、家校沟通的精力投入上存在显著差异（$p<0.05$），且班主任在此四项上的得分均明显高于非班主任。而班主任在教研科研、教师培训、比赛交流等选项上的精力投入低于非班主任教师。当班主任的工作时间和工作精力更多地用于完成教学任务和非教学任务时，自身专业发展的时间就会被压缩。

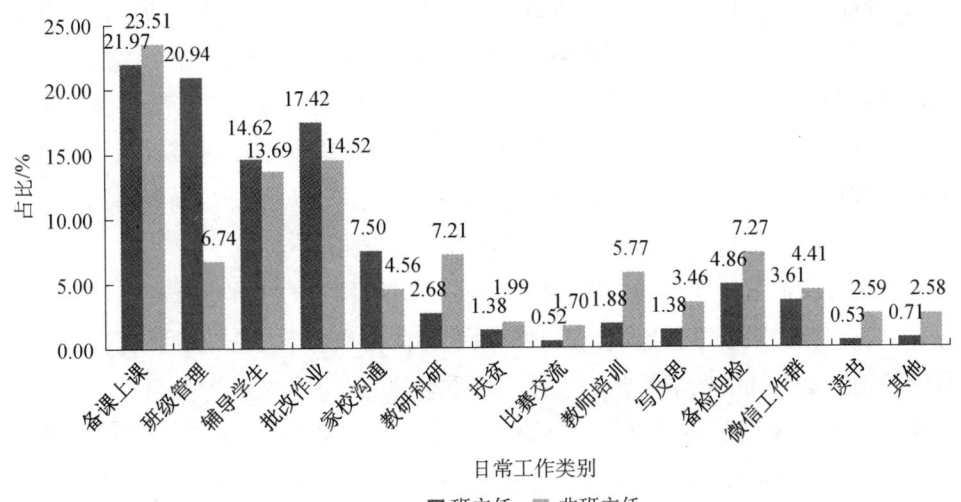

图7-14　班主任与非班主任教师的日常工作精力投入对比

第四节　教师职业主观幸福感提升策略

一、统筹兼顾，着力推进县城教师队伍建设

县城教师具有其职业特殊性。与城市教师相比，受经济发展水平的影响与制约，县城教师的经济收入低于城市教师，且工作环境较为闭塞，教师自身的发展

空间和平台较小，部分学校领导的教育理念较为落后。与乡镇教师、乡村教师相比，县城教师队伍的保障机制较少，比如，乡村教师有乡村补贴，国家出台了《乡村教师支持计划（2015—2020年）》，这些都为乡村教师优质队伍建设创设了条件。整体来看，我国对于县城教师的关注度较低，县城教师往往成为被忽视的尴尬群体，着力推进县城教师队伍建设是亟待解决的问题。

首先，需要循序渐进，化解学校大班额问题。学生数量的增加、班级规模的扩大会增加教师的工作负担，容易使教师产生负面的工作体验。而小班额与之相反，小班额不仅可以降低教师的工作强度，也会增加教师与学生之间的情感互动，教师能够获得教师角色的独特幸福感。因此，我们需要帮助县城学校化解学校大班额问题，可以从以下两点进行考虑：①按照"师生比"和"班生比"相结合的方式调整县城教师的编制总额，合理保障县城学校的师资数量。②加大对县城地区的教育经费投入。存在大班额的原因之一是校舍等教育基础设施较为落后，难以满足小班额建设的需要。尤其是在城镇化趋势加快、进城务工人员增多的现实背景下，县城学生的数量不断增加，政策更需要对其进行倾斜，加大对县城教育事业的支持款项，完善县城学校的软硬件设施。

其次，营造宽松和谐的工作环境，这是县城教师安心工作、开心工作的重要保障。我们要着眼于学校层面，鼓励学校领导队伍积极学习先进的教育理念，在科学管理教师的同时听取教师的意见，尊重教师的发展自主、专业自主。同时还要建立友好的家校关系。除了建立家长委员会、定期举办教师家长交流会等举措，社会力量也应该积极倡导和谐家校关系，给予教师更多的信任和人文关怀。

二、多方保障，"激励""保健"齐头并进

赫兹伯格的双因素理论认为，影响员工工作行为的因素可分为激励因素和保健因素两大类。其中，激励因素主要包括成就感、发展自主权等，它们得到满足时能提高员工对工作的满意度，并且能激发工作动机，但得不到满足时不会引起员工的不满。保健因素主要包括工资与福利、工作条件等，它们得到满足时只是不会导致不满，如果得不到满足，员工就会不满。[①] 基于该理论，提升教师职业主观幸福感时应该"激励"与"保健"齐头并进。

---

① 转引自：贺光明，姚利民. 教师工作满意度研究述评. 大学教育科学，2009（1）：38-45.

（一）经济保障，提高教师工资待遇

就我国而言，影响教师职业吸引力和教师职业主观幸福感的直接物质因素是工资水平。数据显示，目前教师职业是一种付出与收获不平衡、工资待遇较低的职业，教师群体的经济地位不高。这直接影响了教师的工作热情和教师队伍的稳定性，使教师不能安心于教育教学，比如，有的教师跳槽到了其他行业，有的教师私下开辅导班、补习班，将很大的精力放在了赚钱上。因此，提高教师的经济待遇绝不能仅仅成为口号。一方面，各级地方政府要切实落实教育政策，将工资政策落实到位，合理提高教师的工资收入，减少教师与其他行业的收入差距；另一方面，学校可以设置一定的奖励措施，为教师提供福利待遇，例如，安排班车，给教师发放交通补贴，或者按照教学成果设置教学激励奖等。但需要注意的是，本次调查显示，一旦年工资收入超过10万元，教师的职业主观幸福感不再出现持续上升，反而呈下降趋势，这意味着提高教师工资待遇的同时，也应明白工资收入并不是决定教师职业主观幸福感的唯一标准，应该关注教师的多方诉求。

（二）情感关怀，有序落实减负政策

2019年，中共中央办公厅、国务院办公厅印发《关于减轻中小学教师负担进一步营造教育教学良好环境的若干意见》。但本次调查发现，教师对自身工作强度的主观感受较差，因此，应该继续推进减负政策的实施。其一，合理安排教师工作。可以就教师工作进行柔性安排，在基本工作的基础上，给予教师相应的工作选择权。其二，严格遵守教育政策，减少各种不必要的评比与检查。其三，建立教师压力缓解机制。可以参考香港建立"教师减压心理热线"，当教师遇到困难时，学校领导应该想办法帮助解决；当教师在某一方面遭受挫折时，应该给予安慰和开导，而不应进行过多的指责和批评[①]。学校可以为教师配备相应的解压室、心理疏导中心，定期举办教师茶话会，与教师及时沟通交流，在轻松愉悦的氛围之下鼓励教师说出真实的想法与感受，减轻其心理负担，帮助其解决教学和发展难题。

（三）内外兼备，提高教师职业声望

职业声望代表着教师职业的社会地位，较高的职业声望更易受到人们的羡慕

---

① 李莉萍，黄巧香. 教师工作满意度与教师激励. 湖南师范大学教育科学，2004，3（4）：90-93.

与尊敬，给教师带来成就感、荣誉感，使教师获得更高水平的职业主观幸福感。然而调查发现，有55.64%的教师认为媒体或公众对教师职业的舆论降低了他们的职业主观幸福感，58.42%的教师认为当前社会上的尊师重教氛围不足，由此可见，教师职业声望仍有较大的上升空间。一方面，教师要严以律己，加强自身道德修养。近年来，教师失德现象频频曝出，折射出教师队伍内出现了问题，这样的环境下，教师要想使人信服、受人尊敬，首先需要从自身出发，可以通过师德课程、活动等学习途径，严格要求自己，追求崇高的道德素质，切实做到爱学生、爱自己。另一方面，提高教师职业声望要依靠外界力量的有效介入。要想使教师从工作中获得更高水平的主观幸福感并立志献身于该职业，国家必须通过政策的倾斜和舆论宣传等手段，加强全社会尊重教师、支持教师的意识倾向与心理氛围。[1]尤其是社会媒介应该加强对优秀教师、骨干教师的宣传，向社会大众展示良好的教师形象，发挥优秀教师的辐射作用、带动作用，以提高教师队伍的职业声望，为教师创设和谐的工作环境。

（四）机制健全，优化教师发展环境

调查发现，教师的主观幸福感水平与其发展空间、发展环境有着密切的关系。倘若教师拥有良好的发展环境，则可以引导教师在专业素养提升的过程中体验到教师职业的动态性，体会到职业本身带来的成就感、荣誉感，因此，有关教育部门需要通过健全机制的方式，优化教师的发展环境。首先，变革职称晋升、职称评定的方法。合理的晋升机制可以有效激发教师的工作积极性。比如，有研究者指出，可以通过"细化教师分级制"及"拓宽教师的职业选择机会"等方法为教师晋升创造更好的条件[2]。其次，建立以发展为目的的评价机制。教师评价要秉承"以人为本""发展为先"的原则，采取定量和定性相结合的方法，对教师进行评价时既要立足现在，又要着眼未来，评价应围绕教师现有水平、工作态度和未来的发展需求及可能性等方面展开[3]，从而达到通过评价促进教师发展的目的。

---

[1] 邓坚阳，程雯. 教师主观幸福感的影响因素及其增进策略. 教育科学研究，2009（4）：70-72.
[2] 徐富明，申继亮. 中小学教师工作满意度的研究及其提高对策. 教育科学研究，2001（9）：23-26.
[3] 贾会彦. 教师职业幸福感缺失现象探析. 继续教育研究，2009（4）：130-131.

三、学校支持,提升教师职业主观幸福感

(一)精神感召,注重学校文化建设

调查显示,学校文化与教师的职业主观幸福感呈显著正相关($r=0.69$,$p<0.05$)。学校文化作为学校的理念灵魂,起着引领统摄作用。独具特色的学校文化就像一根绳子,联结着学校每位教师的心。因此,应该注重学校文化建设。首先,建立适切的学校文化。应该结合学校发展特点、发展规律,借助态势分析法(strengths weaknesses opportunities threats,SWOT),在全校师生的理性智慧下,形成独特而又科学的学校文化。数据显示,与放任自流型、绩效竞争型的学校文化氛围相比,合作共享型和改革创新型的学校文化更有利于提高教师的职业主观幸福感水平。因此,进行学校文化建设时应该注重文化的和谐性、积极性、发展性。其次,组织教师学习学校文化。学校文化一经形成,应该通过活动创建,组织教师理解、认同学校文化。学校文化发挥作用的前提在于教师理解、认同学校文化,理解认同的过程实际上也是教师归属感形成的过程,这可以在无形中提升教师的职业主观幸福感水平。

(二)空间拓展,搭建教师发展平台

人本主义认为,自我实现是人的最高需要。作为教师,他们的这种需要显得更加强烈。尤其是知识经济时代的到来,教师迫切需要不断补充知识存量,完善素质结构,提升专业发展水平。因此,要正视教师的生存状况,设法创造有助于教师发展的平台。首先,分层级、分阶段规划教师培训模式。按照教师的身份特点,可以将教师队伍划分为不同的层次,如青年教师、优秀教师、骨干教师等。学校应该在考虑教师内部特殊性的基础上,针对各类教师,安排合理的培训方式、适切的培训内容,建立教师专业发展的梯形成长阶梯,保障教师发展趋向动态化。其次,寻求多方合作,建立教师发展共同体。例如,学校可以利用"师范大学−地方政府−中小学校"(U-G-S)合作模式[①],与高校搭建合作平台,将大学

---

① "U-G-S"模式:一种基于师范大学、地方政府、中小学校三方合作的教师教育模式。在三方合作中,师范大学负责模式运行的理念引领、智力支持、技术指导和人才资源保障;地方政府与教育行政部门为模式的高效运行提供政策保障和必要经费支持,为师范大学遴选教育实践基地,支持师范大学开展中小学教师培训工作;中小学校为师范大学提供教育实习平台、教育实验场域,提出教师专业发展需求,并积极参与在职培训,分享科研成果等。

理性智慧与基层学校教育实践相结合，有效解决学校发展问题；学校也可以以名师为核心，建立名师工作室，引导教师在取长补短的过程中实现自我价值；学校也可以与社区通力合作，利用社区教育资源，拓宽教师发展舞台，为教师提供发展平台，提高教师解决问题的能力，帮助教师克服教育教学过程中遇到的困难，满足教师的成就欲望，为教师追求幸福创设条件。

四、主动出击，获得职业主观幸福感

（一）坚定信念，享受教师生活

信念是主体对于自然和社会的某种理论原理、思想见解坚信无疑的看法。它是人们赖以从事实践活动的精神支柱，是人们自觉行为的激励力量。信念一旦确定，就会给主体心理活动以深远的影响，决定着一个人的行为的原则性、坚韧性[1]。教师职业信念是指在一定时间内，教师个体对教师职业所持有的较为稳定的看法，坚定的职业信念能够引导教师正确看待职业工作，有效激发教师活力，使教师获得职业主观幸福感。首先，教师要对自己的工作有一个清晰的认识。"师者，传道授业解惑者"，很久以来教师被认定是传道授业解惑之人，那么发展至今，教师职业身份不能仅停留在传道授业解惑层面。百年大计，教育为本，教育大计，教师为本。教师应该与时俱进地更新自己的知识与技能，在不断的专业发展中了解、适应职业要求。其次，教师要树立可实现的职业目标。过高的目标会对教师形成一种无形的压力，因此，"跳一跳，摸得着"是对职业目标最恰当的表述，在这种目标的引领下，教师会形成实际的发展动力，面对日常工作时，能够积极调整自己的状态，以饱满的热情投身于工作之中。

（二）自我调控，增强职业主观幸福能力

负面情绪、消极情绪影响教师的工作状态，是教师职业主观幸福感水平较低的情感反映。因此，教师应该学会自我调控，积极调节自身情绪，实现消极情绪向积极情绪的转变。首先，教师工作时应该保持张力，在有张有弛的节奏下完成自己的工作任务。其次，教师应该学会运用具体的放松策略来调节生活，适时地自我调节，教师如果能够保持平和、愉快的心境，对于幸福感的体验也会随之增

---

[1] 林传鼎，陈锦永，张厚粲. 心理学词典. 南昌：江西科学技术出版社，1986.

强。所以，当工作压力较大时，教师应该及时采取放松的方式调节心情，比如，适度的体育运动、休闲，在感觉紧张时进行肌肉放松、冥想放松等[①]。如果教师自身具有积极的心理品质，能够适时调节自己的精神风貌，会更易在工作环境下获得职业主观幸福感。

---

① 邓坚阳，程雯. 教师主观幸福感的影响因素及其增进策略. 教育科学研究，2009（4）：70-72.

第八章
教师职业健康幸福感调查报告

教师职业幸福感包括认知幸福感、主观幸福感、健康幸福感和社会幸福感4个维度。必须强调的是,健康幸福感是认知幸福感、主观幸福感和社会幸福感的逻辑起点。若失去健康幸福感这一基础及前提,认知幸福感、主观幸福感和社会幸福感便只能是无源之水、无本之木。关注和讨论教师职业健康幸福感问题,一是有助于我们对健康幸福感进行不懈追求,从而去改造某些外在的、死板的现存教育观念及实践,进一步实现教育改革与发展对真善美境界的自觉追求;二是有助于防止我们将教师劳动过程等同于其他劳动过程,帮助教师摆脱劳动过程中缺少自由的状态,因为没有身心健康,幸福感就无从谈起;三是有助于肯定教师劳动的价值和教师职业的尊严,为教师职业吸引力和职业发展研究开辟新的思路,助力新时代教师队伍建设。

第一节　教师职业健康幸福感的基本内涵

关注和讨论教师职业健康幸福感问题，具有鲜明的时代价值和迫切的实践意义。

首先，教师职业健康幸福感问题的提出有其时代必然性。目前，我国正处在社会主义初级阶段向社会主义现代化强国迈进的关键期，对生活意义的不懈叩问、对自由幸福的心灵呼唤，是与中国社会现代化进程伴生的个体精神需求。毕竟，每个时代的个体都无法离开终极价值的人文关怀，不能失去幸福人生的至境追求。也就是说，育人不能没有宏大的精神内涵，教师不可疏于使命感和责任感的张力。究其根本，教师能够给予教育和学生的最核心东西，不仅是思想慧识的契会和颖悟，更在于治学修身之道的效法和传承。然而，相对于对学生身心健康的关注，社会对教师身心健康的关注却大有不如。功利主义教师职业观阻碍了教育目的的实现和功能的发挥。教育的目的是培养人，而将教师仅仅视为提高教育效率的"工具"，在"唯分数、唯升学"等不科学的评价倾向下，教师不得不丢掉自身的自主性与独特性，会导致教育被推向急功近利，抑或教师背负的职业倦怠感与日俱增。功利主义的超越，即是对教师观的主观主义、相对主义的超越。对功利主义教师职业观的超越，可以因循两条线索：一是理论本身在体系内部的积极尝试。这表现为在教育功能上关于教师职业发展价值、个体享用性功能的研究；教育本质上对教育超越本性的肯定以及教育主体性方面的研究；教育目标中对教育情感、精神趣味追求的论证等。二是理论与"他山之石"之间的相互激荡。例如，文化学、社会学、心理学等学科对教师职业独立性、精神文化特质、心理发生机制等方面的研究等，教师职业健康幸福感也位列其中。因此，教师职业健康幸福感对功利主义教师职业观的超越，是时代自生的、对急功近利教育观的一种全面反弹的产物。就其大端而言，教师职业健康幸福感的内涵具有非功利性和精神超越本性，与教育的本性和教师的精神特质巧妙地配合了起来，因而其极富针对性，也必将极富成效和前景。

其次，大量教育研究和教育实践已经证明，对于教师职业健康幸福感问题继续忽视的话，教师队伍乃至教师职业发展必将受阻。健康幸福感作为教师职业幸福感的重要维度，不但影响教师自身的生活质量，同时也影响其职业发展。根据OECD提供的证据，低水平的教师职业健康幸福感会导致教师流失以及教师短缺等问题。美国大约有30%的教师在毕业后的5年内会离职；澳大利亚则有高达30%～50%的教师5年内离开现有工作岗位；参加2018年TALIS（Teaching and Learning International Survey 2018）调查的国家及地区中，21%的学校校长表示缺少合格教师，越南的这个比例甚至超过50%；此外，在法国、西班牙和瑞典，仅有不到10%的教师认为教学有价值，教师行业的吸引力逐渐降低。[①] Collie认为，"教师如果承受压力过高往往会表现出较高的抑郁以及倦怠症状，在时间的推移中降低教学积极性，进而引发高离职率"[②]。Benevene认为，"教师职业健康幸福感过低会削弱教师的工作积极性与自信心"[③]。国内学者通过研究也得到一致性结论，例如姚茹认为，"教师职业健康幸福感直接勾连教师的职业倦怠，深刻影响教师职业吸引力"[④]。李刚和吕立杰指出，"低水平的教师职业健康幸福感引发教师流失、教师短缺以及教师职业吸引力降低的连锁反应"[⑤]，他们还探讨了教师职业幸福感的2种预期结果：一种是对教师自身的内在影响结果，主要是从整体压力水平和未来工作投入的视角进行分析，表现为压力和倦怠、离职动机两个方面；另一种是对教师以外的外在影响结果，主要是从课堂过程和学生幸福感的视角进行分析。

学界关于教师职业健康幸福感基本内涵的相关研究，总体而言相对有限。究其原因，健康幸福感这一概念属于舶来品，可以溯源到国外心理学界20世纪90年代末首倡的积极心理学领域，是幸福感的一个下位概念。国内相关研究也始于20世纪90年代，主要是应用国外理论及相关量表，集中对认知幸福感、主观幸福感、社会幸福感等维度进行研究，或聚焦青少年、中小学生等群体进行研究。其中，从健康视角对幸福感问题进行的研究相对较少，也鲜有关于教师职业健康幸福感基本内涵的相关研究以及衡量健康幸福感的实证研究。总体来说，国内近三十年关于教师职业健康幸福感的研究呈现出理论研究不深、实践探索较少的特点。

---

① 转引自：李刚，吕立杰. PISA2021教师职业幸福感测评：框架与特点. 中国考试，2020（11）：48-60.
② Collie R J, Shapla J D, Perry N E. School climate and social-emotional learning: Predicting teacher stress, job satisfaction, and teaching efficacy. Journal of Educational Psychology，2012，104（4）：1189-1204.
③ Benevene P, Stasio S D, Fiorilli C, et al. Effect of teachers' happiness on teachers' health. The mediating role of happiness at work. Frontiers in Psychology，2019，10.
④ 姚茹. 中国中小学教师幸福感现状调查与教育建议. 中国特殊教育，2019（3）：90-96.
⑤ 李刚，吕立杰. PISA2021教师职业幸福感测评：框架与特点. 中国考试，2020（11）：48-60.

一、对于"健康幸福感"的基本认识

健康幸福感是幸福感的一个下位概念，立足于健康角度探讨幸福感，在相关研究中则具象为与健康相关的幸福感。1986年，世界卫生组织召开国际健康幸福感促进大会，发表了《渥太华宣言》，指出"健康促进可以使得人们身体、心理达到最好状态，更能够促使个人自我实现与需求满足，为此促进青少年等群体的健康和心理满足感具有同样重要意义"[1]。2005年，世界卫生组织在《欧洲心理健康行动计划》中指出了未来幸福感促进的策略，并提出"要重视心理健康以增强公民的幸福感"[2]。2010年6月，在以色列召开的全球青少年幸福感科学大会上，Yossi Harel Fisch教授对20世纪70年代至2010年的青少年幸福感研究做了简要概述，他指出，"健康幸福感是指一种心理、生理、社会和精神总体状况的幸福感，而不仅仅是没有疾病"[3]。同时他认为，"健康幸福感的决定性因素有重要的成年人、学校经历、自我价值感和社会联系"[4]。2015年，PISA项目对青少年幸福感进行了尝试性评价，认为"青少年的身心健康是其快乐或自我实现的基础，更是影响青少年幸福感的重要因素之一"。其中，身体健康包括体重和身高的健康，以及参与体育锻炼的运动健康。心理健康包括身体形象的感知与满意度、睡眠满意度和整体健康状态的满意度等方面。[5]

张冲和孟万金认为，"健康幸福感主要指向身体方面的健康，核心因子包括体育锻炼等方面，并将健康幸福感视为综合幸福感的测量维度之一"[6]。在此基础上，张冲等进一步提出了"基于中国特色世界视野的马克思主义幸福观"[7]，主张健康是幸福的载体和保障，健康幸福感包括生命安全与生活习惯、体育锻炼、身体健康三大因子。生命安全与生活习惯是生存的基本保障；体育锻炼是增强体质体能的需要；身体健康是由身体健康和兴趣特长聚合而成，这是健康的质

---

[1] World Health Organization. Word Health Organize Ottawa Charter for Health Promotion. Ottawa: The first International Conference on Health Promotion, 1986: 6.

[2] 转引自：张树辉，李家灿. 我国青少年健康幸福感促进政策研究. 中国青年政治学院学报，2011，30（3）：20-23.

[3] 转引自：周华珍，吴梦婷. 我国青少年健康幸福感影响因素研究. 中国青年政治学院学报，2011，30（3）：13-19.

[4] 转引自：周华珍，吴梦婷. 我国青少年健康幸福感影响因素研究. 中国青年政治学院学报，2011，30（3）：13-19.

[5] OCDE. PISA 2015 Results（Volume III）. PISA，2017，3.

[6] 张冲，孟万金. 中小学生综合幸福感发展现状和教育建议. 中国特殊教育，2018（9）：72-79.

[7] 张冲，官群，孟万金. 中国中小学生综合幸福感量表的编制研究. 心理学探新，2020，40（3）：269-276.

量追求。这三者呈现出递进关系。此外,张兴贵和陈玮瑜认为"健康意指身心健康,是员工幸福感不可缺少的维度之一"[1]。张树辉和李家灿认为,"健康幸福感主要指向心理方面的健康,与青少年幸福感密切相关"[2]。李国庆等认为,青少年的健康情况是青少年幸福感的基础,将健康视为自身幸福感(self-related well-being)的子维度之一,核心因子包括青少年的健康状态以及对健康行为的感知。[3]

二、对于"教师职业健康幸福感"的基本界定

研究者对教师健康的关注始于20世纪90年代,包括健康状况、健康管理、健康素养等不同主题的研究,健康幸福感研究出现得相对较晚。虽然维度划分的角度及依据不同,但结论大体相同,即必须密切关注教师本身的身体健康和心理健康。教师职业健康幸福感是针对功利主义教师观而产生的心理学和教育学交叉努力的、最本质的理论结果。它以实现教师观的超越为最高追求,以教育活动精神自由及其塑造、反对工具主义为自身的本质内涵。理解教师职业健康幸福感应坚持两种立场:一是教育的个体享用性功能不应只针对学生,也应将教师纳入其中,而且这种享用不是表层的快乐情绪的获得,而是深层的精神愉悦的享受。教育的目标不是碎片化知识的记诵,而是人类伦理精神生活的和谐、超脱,由此而达成人类及个体生活的和谐和幸福。二是教师职业健康幸福感要求我们不仅关注教师的身体健康,还应把心理健康列入核心关怀范畴,从而帮助教师克服对现实的消极适应,激发活力,追求人生的至高境界。教育应坚守并实现超越现实的固有本性。相较而言,教师职业健康幸福感是一个复杂的、多维的概念,健康幸福感的测量也不可能仅聚焦单一指标,而是要随着时代发展不断更新和丰富内涵,建立多维度整合的指标体系。同时,职业幸福感的测量由过去的主观论和快乐论为基础,向以自我实现、潜能发挥和社会性、环境因素为基础转变,教师身心的健康程度和职业的健康发展受到的关注与日俱增。

在国外的相关研究中,Van Horn等提出了教师职业幸福感的"五维度模型",包括情感、认知、职业、社会和身心5个维度。[4]健康附着在其中的身心维

---

[1] 张兴贵,陈玮瑜. 超越绩效:人力资源管理视野中的员工幸福感研究. 西北师大学报(社会科学版),2017,54(5):127-136.

[2] 张树辉,李家灿. 我国青少年健康幸福感促进政策研究. 中国青年政治学院学报,2011,30(3):20-23.

[3] 李国庆,刘学智,王馨若. PISA青少年幸福感评价体系的构建:框架与启示. 外国教育研究,2017,44(11):55-68.

[4] Van Horn J E, Toon W, Wilmar B S, et al. The structure of occupational well-being: A study among Dutch teachers. Journal of Occupational and Organizational Psychology. 2010(3).

维度，构成立足于身心健康的教师职业健康幸福感测评指标体系。Klusmann 等在此研究基础上增加了慢性应激维度①，将教师职业幸福感定义为职业枯竭和工作满意度水平，提出测评教师职业幸福感的六维度模型，突出了教师的职业投入和承受力，在此方向上对教师的职业健康幸福感进行了一定探讨。二者的研究均对教师身心健康和职业健康表现出极大关注。Benevene 等关注身心健康视角之下的教师职业幸福感，运用身心健康量表测评教师的职业健康幸福感。② Collie 等认为，"职业幸福感主要是指个人能够健康地工作并对工作环境有积极评价"，建议从工作量幸福感、组织幸福感以及学生互动幸福感3个维度进行教师职业幸福感的评估。③ Kinnunen 等认为，"教师职业幸福感包括3个方面：一是情感指标，包括工作焦虑、抑郁和职业倦怠；二是行为指标，包括工作能力和抱负；三是健康，包括身心状况和工作能力"④。该研究将教师职业幸福感定义为二维结构，包括情感健康和行为维度，最终建立起二维的健康幸福感测评模型。OECD 则将教师职业幸福感定义为"教师对与其工作和职业相关的认知、主观、健康、社会等方面的反应"，也即教师针对教育职业所产生的在认知、主观、健康和社会方面的主体生存状态，这是对教师职业幸福感的基本认识。⑤ 其中，健康幸福感是教师职业幸福感的一个重要观测维度，核心因子包括教师身心症状以及身心症状的发生频率。也就是说，用教师是否存在身心不适情况作为健康幸福感的测评指标，以此衡量教师身心健康的好坏程度。

在我国，职业幸福感首先受到职业健康心理学的关注，其中，教师群体受到的关注较多。鉴于教师群体的特殊性，教师职业健康幸福感既指向教师作为个人的身心健康，也指向教师在教育行业中的职业健康。《中共中央 国务院关于全面深化新时代教师队伍建设改革的意见》中指出："到2035年，尊师重教蔚然成风，广大教师在岗位上有幸福感、事业上有成就感、社会上有荣誉感，教师成为

---

① Klusmann U, Kunter M, Trautwein U, et al. Teachers' occupational well-being and quality of instruction: The important role of self-regulatory patterns. Journal of Education. 2008.

② Benevene P, Stasio S D, Fiorilli C, et al. Effect of Teachers' Happiness on Teachers' Health. The Mediating Role of Happiness at Work. Frontiers in Psychology，2019, 10.

③ Collie K, Shapka J D, Perry N E, et al. Teacher well-being: Exploring its components and a practice-oriented scale. Journal of Psychoeducational Assessment，2015, 33（8）: 744-756.

④ Kinnunen U, Parkatti T, Rasku A. Occupational Well-being among Aging Teachers in Finland. Scandinavian Journal of Educational Research，1994.

⑤ OECD. Teachers' well-being: A framework for data collection and analysis.（2020-01-30）. https://dx.doi.org/10.1787/19939082［2020-02-01］.

让人羡慕的职业。"① 由此，教师职业幸福感问题有了重要而有力的政策依据。吴伟炯等认为"教师职业健康幸福感与教师的职业倦怠和职业健康密切相关"②。章永和魏欣提出："职业倦怠和心理健康均是影响特教教师总体幸福感的重要因素。"③ 李刚和吕立杰认为"教师职业健康幸福感综合身体和心理两方面的健康程度"，主张将健康幸福感作为教师职业幸福感的测评维度之一，通过教师是否存在身心不适的情况来衡量教师身心健康状况的好坏程度④。姚茹认为"教师职业幸福感是指教师在生活、工作中需要获得满足，自由实现自己的职业理想、发挥自己潜能，并伴随着力量增长所获得的持续快乐体验。而教师职业健康幸福感是教师幸福感的重要维度，直接指向教师的身心健康。其核心因子包括体育锻炼、身心健康等方面"。在此基础上，姚茹进一步指出："教师职业健康幸福感评测模型在结构上由两重要素指标（相关因子）构成，即体育锻炼和身心健康。每一个核心要素（相关因子）由若干典型性项目组成。"⑤

综上所述，本报告认为，教师健康幸福感是教师职业幸福感的一个重要维度，包括教师身心症状以及身心症状的发生频率两方面内容，指向教师的身心健康。关于教师职业健康幸福感内涵方面的相关研究，从理论到实践都已取得不少研究成果，而同时仍有较大空间值得探索。首先，对教师职业健康幸福感内涵的探索缺乏综合考量。目前虽已尝试构建了一些评估指标体系，但大多是一个风格：只关注某一种或两种幸福感取向。除 2021 年 PISA 项目⑥所构建的教师职业健康幸福感评估指标体系之外，其他评估指标体系基本都缺乏综合考量。这就容易导致对于教师职业健康幸福感认识的局限性和片面性，不利于教师职业幸福感的提升。因此，在进行测评指标体系顶层设计时应综合多重因素进行审视，并予以一定权重考虑，追求开发更为科学、系统、全面的教师职业健康幸福感评测模型。其次，教师职业健康幸福感内涵的构建过程缺少适用于中国文化背景的实践对照与实践诊断。教师职业健康幸福感会因文化、价值、地域、规范呈现较大不

---

① 中国政府网. 中共中央 国务院关于全面深化新时代教师队伍建设改革的意见. (2018-01-20). http://www.gov.cn/zhengce/2018-01/31/content_5262659.htm[2021-08-10].
② 吴伟炯, 刘毅, 路红, 等. 本土心理资本与职业幸福感的关系. 心理学报, 2012, 44 (10): 1349-1370.
③ 章永, 魏欣. 特殊教育教师幸福感与职业倦怠、心理健康的关系——以四川省特殊学校为例. 基础教育, 2014, 11 (5): 70-75.
④ 李刚, 吕立杰. PISA2021教师职业幸福感测评：框架与特点. 中国考试, 2020 (11): 48-60.
⑤ 姚茹. 中国中小学教师幸福感现状调查与教育建议. 中国特殊教育, 2019 (3): 90-96.
⑥ OECD. Teachers' well-being: A framework for data collection and analysis. (2020-01-30). https://dx.doi.org/10.1787/19939019[2020-02-01].

同，对于环境要素较为敏感。同时，也会受各类情境特征因素的影响，如性别、受教育程度、职业阶段等。而目前普遍使用的测评理论工具主要为国外幸福感相关理论和量表，并不完全适用于我国国情。最后，教师职业健康幸福感内涵已有研究构架的整体规范性有待加强。一方面，采用定性研究与思辨方法的居多，定量研究与实证研究相对较少。目前教师职业健康幸福感指标体系架构维度繁多，但多是基于相关文献的整理，对实践工作最前沿的要求缺乏直观反映。另一方面，少数实证研究中的研究对象大多选取某一区域的一所或几所学校，取样范围的局限性可能导致研究结果缺乏代表性和普适性，难以反映教师群体健康幸福感的整体状况。

第二节　教师职业健康幸福感基本现状

一、总体状况：教师职业健康幸福感在四类幸福感中水平最低

课题组对全国范围内 34 399 名教师进行了问卷调查，回收有效问卷 33 590 份。如图 8-1 所示，教师职业健康幸福感与认知幸福感、主观幸福感、社会幸福感相比，为 4 类幸福感中均值最低的，为 3.14。由此可以推断，全国范围内教师的身心健康状况处于普遍性的、整体性的亚健康状态。同时，通过皮尔逊相关检验发现，教师职业健康幸福感与其总体职业幸福感呈显著正相关（$r=0.73$，$p<0.05$），即教师健康幸福感的高低会显著影响其教师职业总体幸福感。

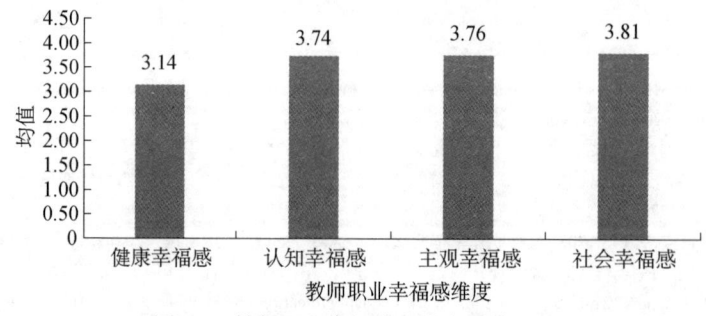

图 8-1　教师职业幸福感各维度均值比较

(一)教师身体健康水平普遍较低

针对教师职业健康幸福感较低的情况,课题组对构成教师职业健康幸福感的二级维度进一步进行分析。二级维度包括身体健康、正向与负向情感,结果发现教师身体健康水平大多数处于较低水平。其中,有45.80%的教师经常因为工作而睡眠不足;47.72%的教师觉得自己的身体有明显不适感,健康出了问题;42.27%的教师经常感到头疼或胃疼(表8-1)。

表8-1 教师身体健康状况(N=34 399)

项目	完全不符合 人数(占比)	比较不符合 人数(占比)	不确定 人数(占比)	比较符合 人数(占比)	完全符合 人数(占比)
1.经常因为工作而睡眠不足	4 716 (13.71%)	6 109 (17.76%)	7 819 (22.73%)	10 943 (31.81%)	4 812 (13.99%)
2.身体有明显不适感,健康出了问题	5 308 (15.43%)	5 473 (15.91%)	7 203 (20.94%)	11 041 (32.10%)	5 374 (15.62%)
3.经常感到头疼或胃疼	7 004 (20.36%)	6 571 (19.10%)	6 283 (18.27%)	9 849 (28.63%)	4 692 (13.64%)

洛克在《教育漫画》中的"体育篇"曾经指出,"健全的心智寓于健康之身体"[1]。美国关怀理论教育学家诺丁斯也在她的《幸福与教育》一书中指出,"舒适感"是衡量一个人幸福与否的重要指标,而我们在谈论"舒适"时常常涉及的是我们的身体自我,舒适感的建立往往会经历一个由身体上的舒适到精神上舒适的过程。[2] 可见,身体健康是教师有效履行"教书育人"工作的根本前提。因此,必须大力加强对于教师身体健康幸福感的有效关注。

(二)教师情感体验对其健康幸福感影响显著

健康心理学家在对"健康"进行界定时有如下表述:健康(health)是指躯体和精神上的一种稳定、充满活力的一般状态。[3] 也就是说,教师的健康状况应不仅包括简单的不生病或不受伤,更应该包括人体的心理、身体、情感等各个组成部分是否整体地运转良好。如表8-2所示,课题组通过皮尔逊相关性检验发

---

[1] 约翰·洛克. 教育漫话. 徐大建译. 北京:商务印书馆,2020.
[2] 内尔·诺丁斯. 幸福与教育. 龙宝新译. 北京:教育科学出版社,2014.
[3] 理查德·格里格. 心理学与生活. 王垒译. 北京:人民邮电出版社,2003:374-375.

现，教师的正向情感与其总体职业健康幸福感呈正相关；而其负向情感则与总体健康幸福感的相关关系更为显著，与身体健康呈显著负相关。由此推断，教师负向情感水平过高会严重影响其身心健康状况，而保持较积极的正向情感则有利于提升教师的健康幸福感水平。

表 8-2 教师健康幸福感二级维度间相关性分析结果

维度	身体健康	正向情感	负向情感
正向情感	0.30**		
负向情感	0.61**	0.46**	
健康幸福感	0.83**	0.68**	0.87**

注：**$p<0.01$。在分析数据过程中，对量表中的反向题进行了转换处理，负向情感维度表现为得分越高，负向情感越低。

情绪情感是人类生活体验的重要表现形式，它为我们与他人和环境之间的相互关系提供了丰富信息。我们的情绪表现、情感体验往往与我们的生理、心理应激性反应联系在一起。例如，当我们极度愤怒而又无处发泄时，我们可能会出现头痛、胃疼等一系列生理反应。因此，提高教师的正向情感体验、规避教师的负向情感体验或引导教师合理宣泄负面情绪等，都将有利于提升教师职业健康幸福感水平。

（三）多数教师对职业健康幸福感持有乐观态度

虽然教师职业健康幸福感在四类幸福感中得分最低，但是本次调研发现，当让教师对"未来一年，您觉得自己的身心状态会越来越好"进行评价时，多数教师对职业健康幸福感的未来发展趋势持乐观态度。如图8-2所示，有46.07%的教师认为未来一年自己的身心状态会越来越好，仅有16.37%的教师对未来自己身心状态的发展趋势持否定态度，有37.56%的教师持中立态度。如图8-3所示，在评价"总能调节自己的状态，使自己保持好心情"时，约72.77%的教师选择了肯定项，仅有7.00%的教师选择了否定项。

此外，对于本次调查的其他预判型问题，如"未来一个月内是否能对自己的工作保持热情"，"在发生不愉快事件时可否找到自己的方式进行调节"，"未来一年内对自己的工作环境如何预测"等，受访教师多数都选择肯定项，而较少选择负选项。由此可见，从教师职业的特点来看，与其他职业相比，教师是一个更加看重精神满足的"利他"型职业，因此，教师对职业健康幸福感的判断多数会站

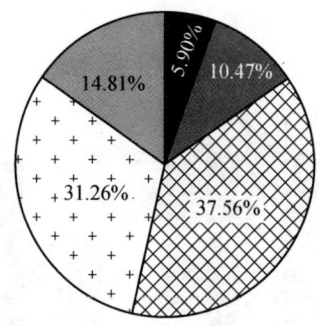

■完全不符合 ■比较不符合 □不确定 □比较符合 ■完全符合

图 8-2 教师对自己未来一年身心状态的预测情况

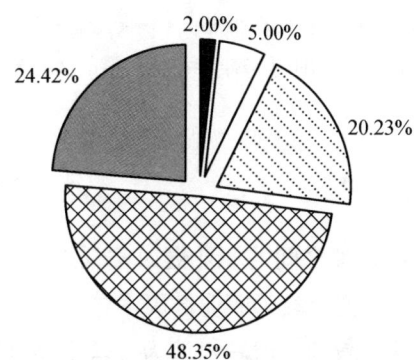

■完全不符合 □比较不符合 □不确定 □比较符合 ■完全符合

图 8-3 教师对自己身心状态的预测情况

在积极立场，持有乐观态度。但我们也不能忽视一个问题，教师对职业健康幸福感进行未来预判时，选择"不确定"这一中立选项的人数比重也很大，这在某种意义上说明，相对其他指标而言，教师对于自己身心健康状况抱有更大的不确定性。

二、宏观层面差异性分析

（一）区域差异：西部地区教师正向情感水平最低

本次调查数据显示，不同区域教师职业健康幸福感存在显著差异（$F=35.69$，$p<0.01$）。与东部、中部、西部地区教师相比，东北地区教师职业健康幸福感得分显著较高。如图 8-4 所示，在身体健康幸福感方面，四大区域的教师差距不大，数值均处于较低水平。但在正向情感方面，东北地区教师得分显著高于其他三个区域的教师，西部地区教师的正向情感得分最低。

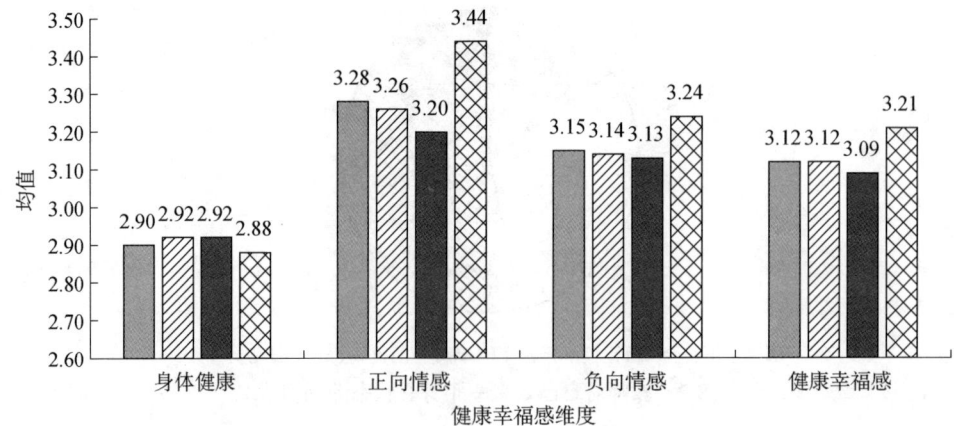

图 8-4 教师职业健康幸福感均值的区域差异

(二)城乡差异:城市、县城教师的职业健康幸福感水平低于乡村教师

本次调查显示,城乡教师之间的职业健康幸福感存在显著差异($F=63.69$,$p<0.01$)。如图 8-5 所示,在构成教师职业健康幸福感的各级指标上,乡镇、乡村教师得分均高于城市和县城教师。课题组认为,这主要有以下几方面原因:一是近几年乡村教育日益受到重视,国家对农村教师的生存与发展予以更多支持和保障,具体体现在乡村教师的工作环境得到改善、工资待遇得到提高等方面。二是农村社会对学生和教师的期望值相对较低,对教师工作认可度更高,教师的工作

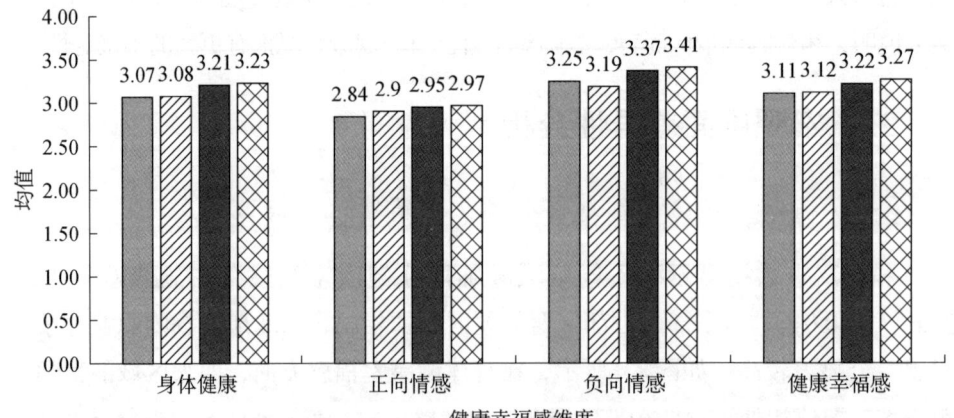

图 8-5 教师健康幸福感均值的城乡差异

压力也相对较小。农村教师的获得感和成就感水平显著高于城市教师,农村教师的正向情感水平也就更高。三是农村教师更多出身于农村,相对薄弱的社会文化资本使之更加珍惜教师这一职业。

值得注意的是,本次调研发现,在国家相关政策扶持下,乡村教师工资待遇、工作环境都有明显改善,且大部分乡村教师由于政策利好十分愿意继续留在乡村任教。但是,乡村教师的坚守并没有改变许多学生向县城、城市流动的趋势。某种程度上,各地乡村学生的集中流动也使得城市、县城学校学生人数过多、班额过大,县城教师工作量加大、工作压力增加,这也可以让我们从侧面了解为何城市、县城教师职业健康幸福感要低于乡村教师。

（三）任教学段差异：小学教师职业健康幸福感水平最高,初中教师职业健康幸福感水平最低

本次调查结果显示,不同任教学段教师的职业健康幸福感存在显著差异（$F=79.83$，$p<0.01$）。如图8-6所示,小学教师职业健康幸福感均值显著高于普通高中及初中教师,初中教师职业健康幸福感均值最低。具体来说,相比小学阶段,初中阶段的学生和教师开始了第一次的"应试竞赛",陷入集体焦虑。初中教师压力感显著提升,并且大部分教师为了自己班的学生能够取得更好的排名,往往会投入更多工作时间与工作精力。在"教师幸福感缺失的首要原因排序"调查中,"成绩排名压力大"位列前茅。并且,初中学生录取多以学区划分为标准,学生层次、性格、学习成绩差异较大,相比小学生,其天然的向师性逐渐减弱、叛逆心理开始产生,这也给教师的班级管理带来了更多困难。

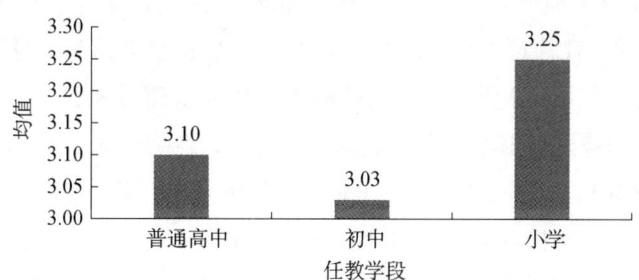

图8-6　不同任教学段教师的职业健康幸福感均值差异

三、学校层面差异性分析

学校是教师的第二个"家",许多教师在学校工作的时间要比在家的时间更

长。姚茹认为,"中小学教师在职业健康幸福感方面很难享受劳逸结合的健康生活方式,原因可能与中小学教师长期超负荷工作,很少有业余时间进行休闲娱乐和发展兴趣特长有关"[1]。此外,由于岗位特殊性,班主任工作存在工作对象复杂、工作时间持久、工作任务繁重、工作回报不平衡、工作压力巨大等特点,这些都会严重影响班主任的健康幸福感。而低收入水平和职业倦怠对教师健康幸福感的消极影响极大。李刚和吕立杰指出,"影响教师职业健康幸福感的因素主要来源于两方面的内容:一是国家层面的教育政策及教育体制,包括物质条件、质量标准、配置政策与职业发展;二是学校层面的工作要求与工作资源,可以划分为工作需求因素和工作资源因素两个方面"[2]。此外,不同国家、地域、学校以及不同教师的职业幸福感与工作条件之间的关系均不尽相同,因此测评还需要特别考虑两种主要的背景指标变量:学校特征和教师特征。学校特征变量包括学校类型、学校位置、学校规模、学校层次等,教师特征变量包括教师性别、教师年龄、教学经验等。课题组在对影响教师职业健康幸福感的4个主要因素(教师个体背景信息、工作样态、社会环境、专业发展)进行分析时发现,工作样态层面与教师职业健康幸福感的相关性最强,并且在"如何提高教师健康幸福感"的举措中,教师们对于优化工作环境、保障教师权益的呼声也较高,所以,学校层面因素对于教师职业健康幸福感的影响不容忽视。

(一)工作时长差异:教师每天工作时长超过8小时,健康幸福感出现显著下滑趋势

本次调查结果显示,工作时长与教师职业健康幸福感呈显著负相关($r=-0.24$,$p<0.01$)。教师日工作时间越长,健康幸福感水平越低,身体健康幸福感下降尤其显著。如图8-7所示,当教师每天工作时长超过8小时,其健康幸福感出现显著下滑趋势。根据本次调研数据分析与访谈内容分析,教师工作时间延长时,会显著影响其休息时间,其工作时会出现明显的"倦怠感",负向情感水平显著提高。并且,有接近45%的教师在正常工作日下班后未完全脱离工作环境。此外,课题组对工作时长与工作压力、工作收入进行了相关性检验,发现教师工作压力与工作时长呈显著正相关,与工资收入无关。

---

[1] 姚茹. 中国中小学教师幸福感现状调查与教育建议. 中国特殊教育,2019(3):90-96.
[2] 李刚,吕立杰. PISA2021教师职业幸福感测评:框架与特点. 中国考试,2020(11):48-60.

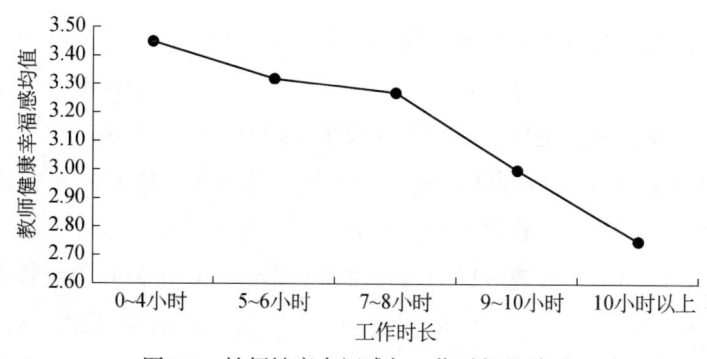

图 8-7　教师健康幸福感与工作时长的关系

（二）班级规模差异：班级学生数量越多，教师职业健康幸福感水平越低

本次调查结果显示，教师职业健康幸福感与教师任教班级的班级规模呈显著负相关（$r=-0.13$，$p<0.01$），即班级学生数量越多，教师的职业健康幸福感水平越低。具体来看，班级学生人数在0～20人的教师健康幸福感均值是3.35，而班级规模超过60人的教师健康幸福感均值约为2.80。同时，班级学生人数越多，尤其是大班额（60人以上的班级），教师的身体健康幸福感与负面情绪就更加显著，即班级学生数量越多，教师负向情感的出现频率就越高。教师任教班级的学生数量越多，教师在班级管理中投入的时间、精力也就越多，因此解决"大班额"问题对于提升教师职业健康幸福感十分必要，具体如图8-8所示。

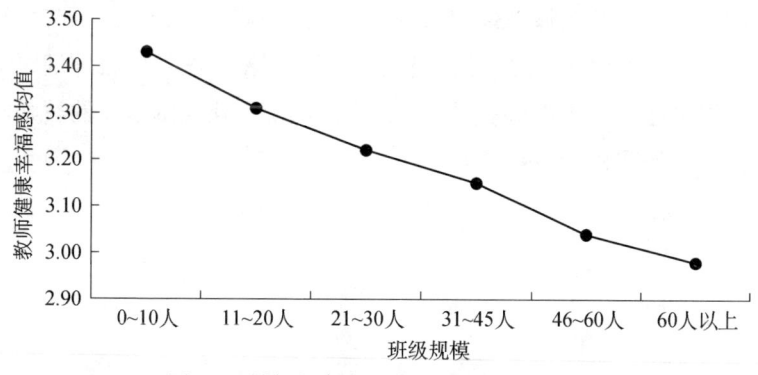

图 8-8　教师健康幸福感与班级规模的关系

（三）学校性质差异：公办学校教师职业健康幸福感水平最低

不同性质学校的教师职业健康幸福感存在显著差异（$F=5.89$，$p<0.01$），公

办学校教师的职业健康幸福感水平与民办学校和名校办民校等其他类型学校教师相比是最低的。与普通民办学校教师相比，公办学校教师职业健康幸福感差异并不大，但二者与名校办民校的教师职业健康幸福感有较大差距。结合《中国教师发展报告2019：中小学教师队伍建设的成就、挑战与举措》与本次调研数据，课题组推论，与民办学校相比，虽然公办学校所拥有的公共资源更多，但其教师所承担的工作压力与需要遵守的教育规范也更多。例如，公办学校教师往往要应对更多的备检迎检工作、工作时间弹性不高、工资收入相对较低，这是公办学校教师与民办学校教师职业健康幸福感存在差异的主要原因。而名校办民校在当地往往是拥有高升学率的重点院校，教师在当地的社会地位较高、工作时间弹性大、工资收入也相对较高，且在实际的工作场景中对领导、家长也拥有更多"话语权"，这是使其职业健康幸福感水平显著高于其他两类学校教师的主要原因。

（四）文化氛围差异：改革创新型学校的教师职业健康幸福感水平最高

本次调查结果显示，不同学校的文化氛围会对教师职业健康幸福感有显著影响（$F=795.65$，$p<0.01$）。布朗芬布伦纳提出的生态系统理论指出，发展个体嵌套于相互影响的一系列环境系统之中，环境是人类发展的主要影响源。教师作为发展的个体同样处在不同的直接环境（如家庭、学校、班级）与间接环境（如学校文化氛围、当地风俗习惯）之中。数据分析结果表明，拥有开放、合作、创新等文化氛围的学校，其教师健康幸福感水平最高，如拥有开放共享文化氛围的学校教师健康幸福感均值为3.32、拥有改革创新文化氛围的学校教师健康幸福感均值为3.30。相比之下，绩效竞争型、放任自流型等文化氛围学校的教师健康幸福感水平均偏低，如图8-9所示。

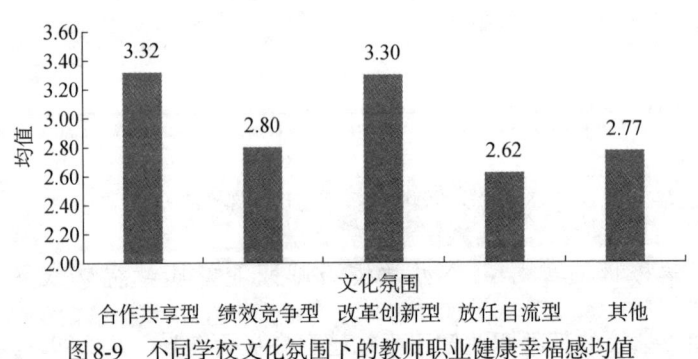

图8-9 不同学校文化氛围下的教师职业健康幸福感均值

（五）地理环境差异：学校所在地生活环境越好，教师职业健康幸福感水平越高

本次调查结果显示，学校所在地生活环境与教师职业健康幸福感呈显著正相关（$r=0.34$，$p<0.01$）。一个良好舒适的环境能为人们的工作提供相应的空间保障与情感支持。根据本次调研数据，学校所在地生活环境越好，教师职业健康幸福感均值越高（图8-10）。教育作为社会的一个子系统，不可避免地受当地政治、经济、文化、生态环境的影响，一般来说，经济越发达的地区，其学校的硬件设施、相应保障、教师的工作环境也就越优越。在提升教师职业幸福感的重要措施中，有26.86%的受访教师选择了"优化办公环境"。

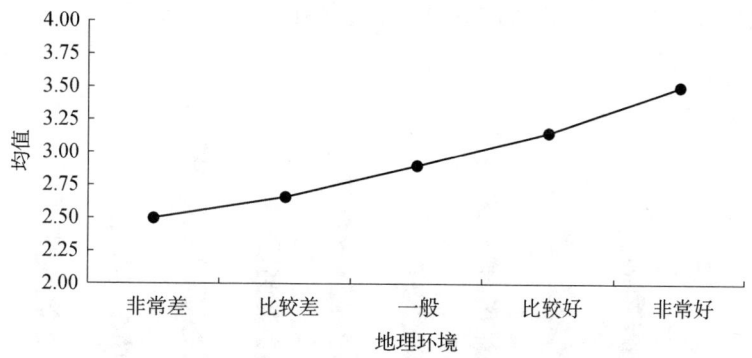

图8-10　不同学校所在地生活环境下的教师职业健康幸福感均值

四、教师层面的差异性分析

（一）性别差异：男教师职业健康幸福感水平略高于女教师

本次调查结果表明，教师职业健康幸福感在不同性别群体中存在显著差异（$F=4.01$，$p<0.05$），男教师职业健康幸福感均值（$M=3.16$）略高于女教师（$M=3.13$）。究其原因：首先，在教师性别结构上，中小学女教师的比例仍然高于男教师，尤其是在小学阶段，小学女教师数量显著多于男教师，初中阶段男女比例开始有所接近。因此，中小学女教师的"同辈竞争"与"同侪压力"相对男性教师更大。其次，受中国社会传统文化的影响，女教师对家庭投入的时间和精力要比男性更多，她们不仅要处理自己的工作，还要照顾家庭和孩子，其更容易长期处于亚健康水平。最后，女教师被选为班主任的概率往往高于男教师。

（二）身份差异：退休返聘教师职业健康幸福感水平最高，在编教师职业健康幸福感水平最低

调研结果表明，不同身份教师的职业健康幸福感存在显著差异（$F=40.61$，$p<0.01$），如图8-11所示，退休返聘教师职业健康幸福感水平最高，在编教师职业健康幸福感水平最低，具体排序为：退休返聘教师>临聘教师>支教教师>代课教师>特岗教师>长期合同制教师>其他类型教师>交流（或轮岗）教师>在编教师。课题组对不同身份教师又进行了相关问题的深入访谈，访谈后发现，在编教师与其他身份教师相比，往往承担着更多的工作以及工作压力，且在班主任的选用上，在编教师的占比也会明显高于其他类型教师。这些因素在客观上造成了相比于其他身份教师，在编教师的健康幸福感处在一个较低水平。

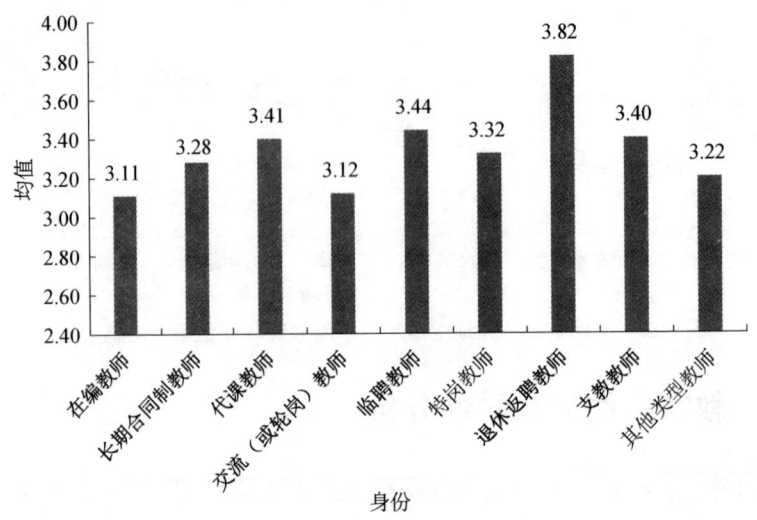

图8-11 不同身份教师的健康幸福感均值

教师职业健康幸福感水平最高的退休返聘教师往往热爱教育工作、对自己的职业抱有极大热忱，在心态上普遍放松，学校管理层在对其派送教学任务时也会有所选择，给予退休返聘教师"适当的照顾"，且周围同事大多将其奉为"前辈"或"权威"，他们能受到更多的尊重。因此，在主观因素上，退休返聘教师在教学工作中所持正向情感更多，把教学作为自己的精神寄托。在客观因素上，退休返聘教师一般不会承担班主任等工作压力较重的工作，且大多数有自己选择任教班级和学段的自主选择权。而临聘教师与代课教师鉴于其"临时性"，基本上不会面临较大的工作量与工作压力，所以其健康幸福感也处于中等偏上水平。

（三）教龄差异：工作11～15年的教师职业健康幸福感水平最低

课题组在分析"年龄与教龄"对教师职业健康幸福感的影响时发现，年龄与教龄均与教师职业健康幸福感呈"U"形曲线关系。从教龄来看，入职2年内的新手型教师起初普遍健康幸福感水平较高，但在入职的10年后健康幸福感呈现显著下滑趋势。如图8-12所示，从入职期（0～2年）到稳定期（3～5年）再到经验期（6～15年），教师健康幸福感水平普遍不高且一直处于下滑趋势。当然这种现状与教师"职业生命周期"专业发展中的"高原现象"密不可分。教师在刚刚入职时，对教师职业满怀期待，而在实际工作中发现现实与理想差距较大，新手教师经历由学生角色向教书育人的"园丁"角色的转变，其健康水平、情感状况等都会有较大负向变化；在具备一定工作经验之后，教师又会面临职称评定、晋升、流动机会不足等引起的发展停滞，导致其健康幸福感水平仍然不高。并且，在这一年龄阶段，大多数教师已成家立业且有了孩子，比如女教师，不仅要处理工作还要照顾家庭和孩子，其更容易长期处于亚健康水平。从某种程度上说，这也是教师"中年危机"的一个侧面写照。

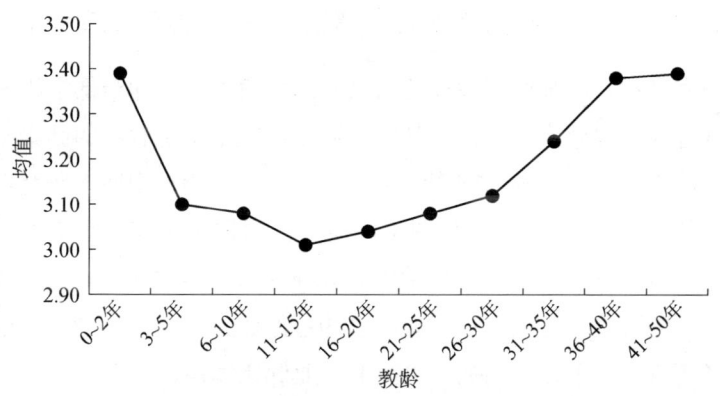

图8-12 不同教龄教师的职业健康幸福感均值分布图

（四）职称差异：正高级教师职业健康幸福感水平最高

通过皮尔逊相关分析发现，教师职称与职业健康幸福感也呈"U"形曲线关系。值得注意的是，在"教师认为提高幸福感最重要的前四项措施排序"中，包括教师对改革职称评定机制的需求。课题组通过大量访谈发现，教师普遍困惑的问题包括对职称评定过程的疑惑，例如，职称评定的标准不明确、职称评定时是否有区别对待情况、职称评定不达标后没有清晰注明哪一项不达标等一系列问题。根据调研结果,不同职称的教师职业健康幸福感存在显著差异。如图8-13所示,正高级教师的职业健康幸福感水平最高,其次是未定级的新手型教师,处于中间状态的高级教师、一级教师、二级教师和三级教师处于职业健康幸福感的较低区间。从"U"形曲线谷底的走势可以看出,三级教师向二级教师过渡和二级教师向一级教师过渡是最为艰难的。

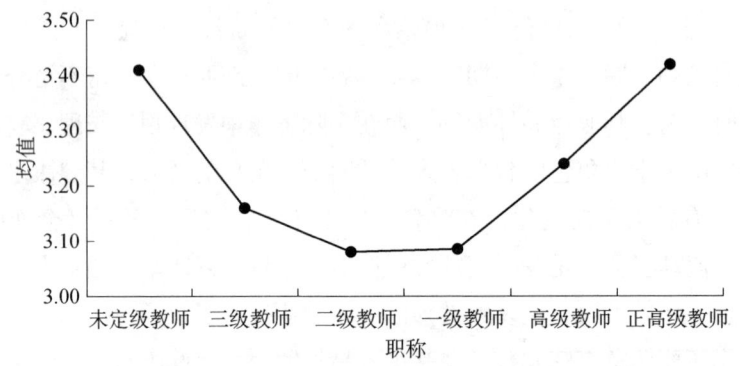

图8-13 不同职称教师的职业健康幸福感均值分布图

(五)学历差异:研究生学历的教师职业健康幸福感水平最低

本次调查显示,教师健康幸福感与其学历呈负相关,即与低学历教师相比,高学历教师健康幸福感水平更低,其中,硕士研究生学历教师的健康幸福感水平最低,博士研究生学历教师的健康幸福感次之(本次调查中博士研究生的有效样本量较少,故忽略不计),具体如图8-14所示。根据学历与年龄交叉分析及访谈结果,本次调研中具有高中、专科学历的教师多为老年教师,联系休博曼的教师职业"生命周期阶段"理论,这类教师多趋近退休,拥有较高的职业成就、职业荣誉以及经济收入水平,他们拥有更高的职业健康幸福感水平。

(六)性格差异:独立型性格教师的职业健康幸福感水平最高

通过本次调研可知,教师性格对其健康幸福感存在显著影响。从心理学角度分析,性格是人对现实的态度和相应行为方式中比较稳定的、具有核心意义的个性心理特征,也是个体所独有的并与其他个体区别开来的整体特性,具有一定的倾向性、稳定性、差异性。不同心理学家对于性格类型会有不同划分,本次调研大致将教师性格划分为3种:独立型、顺从型、反抗型。根据数据分析结果,不同性格教师的职业健康幸福感之间存在显著差异($F=332.54$,$p<0.01$)。其中,

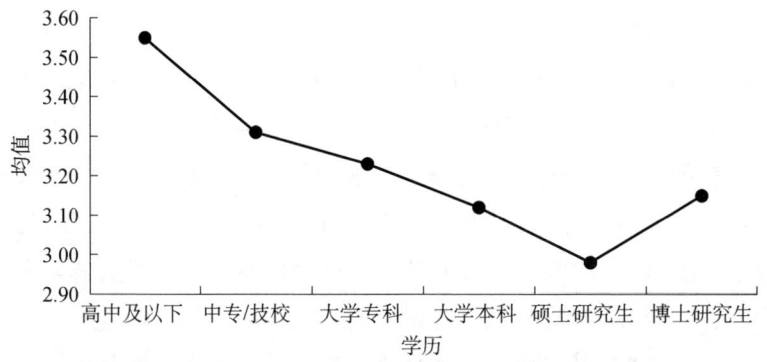

图 8-14 不同学历教师的职业健康幸福感均值分布图

独立型性格的教师职业健康幸福感水平最高,其次是顺从型和反抗型性格的教师。性格在一定程度上显著影响教师的生活态度、工作方式以及如何对待学生,不过教师性格与其学校文化环境也有关系,不应片面看待。

第三节 教师职业健康幸福感问题分析

一、对教师职业健康幸福感的关注有待提升

当我们论及教师职业幸福感这一话题时,比较容易想到的是教师对于工作专注度、自我效能感、教师胜任力、职业安全感、职业吸引力的认知水平是怎样的,教师对于工作满意度、工作价值感、自我成就感、职业荣誉感、精神状态是如何看待与判断的,教师的领导关系、同事关系、师生关系、家校关系、社会声誉状况究竟好不好,而最容易被忽略,也是最为关键和基础的问题其实是教师的身体状况怎么样、他们每天开不开心、过得高不高兴、为什么事情而烦恼和忧愁、为什么会有难以摆脱的职业倦怠。本次调研数据充分显示,中小学教师队伍的身心健康状况总体上并不乐观,大多数受访教师有不同程度的身心健康问题。这也说明,我们以往对教师职业健康幸福感的关注是比较匮乏、有待提升的。

无论是从数据层面分析,还是从宏观角度考察,课题组发现,我们对于教师群体身心健康状况的关注程度并不高。究其原因,首先,教师职业在社会公众看

来，位列职业选择的中上等，与一般存在显著身心健康隐患、安全隐患的"高危职业"有所区别。《中国教师发展报告2019：中小学教师队伍建设的成就、挑战与举措》中的"社会人士对不同职业社会声望的排序"中，中小学教师排在第4位。因此，教师职业身心健康问题并不会被看成是"问题"。其次，相比之下，学校、社会、公众更加关注正在成长的学生群体的身心健康状况，而会忽略教师群体的身心健康问题。学生作为正在成长中的个体，理应受到更多关注，但我们在对学生身心健康状况给予足够关注的同时，也不应忘却教育过程中的另一重要主体——教师的身心健康状况。本次调查通过教师和学生问卷交叉对比发现，那些职业幸福感水平较高、工作积极性高、生活态度乐观的教师，所任教班级的学生大多也呈现出阳光开朗、积极向上的精神面貌。正因为这二者相关程度较高，关注教师群体健康幸福感的意义和价值变得非常重大。

事实上，与其他职业相比，教师职业隐性工作量、脑力劳动和情感劳动比重更大，教师工作的特点往往带有"外表光鲜亮丽，内心疲惫无比"的特点。与其他职业相比，教师往往不需要付出太多显性的体力劳动，因此总会给人以"轻松的错觉"，而相对忽略教师的脑力劳动和情感劳动投入。特别是情感劳动极易受到忽视，高晓文和于伟指出："教师劳动往往带有情感表达的频率与次数更多；情感劳动的持久性更长、强度更大；情感劳动的多样性要求更高等特点。"[①]而情感劳动由于外显性不强，往往易被人忽略。通过对教师身心健康状况进行调查，课题组主要发现以下两点问题。

（一）教师隐性工作量较大，工作内容烦琐，多职业病

当前我国教师在工作强度方面存在工作烦琐、工作时间较长、工作时间碎片化等问题。教师工作时间长不仅体现为在校工作时间长，还体现为普遍性加班，通常教师所承担的工作需要利用下班后的时间去完成。下班以后教师需要完成批改作业、家校沟通以及学校布置的其他非教学工作，这无疑会给教师个人生活带来影响，甚至给其生活带来很大负担。另外，教师还需要充分的时间去完成自主学习、课程准备、教师培训、教研科研、扶贫等工作。工作时间过长最直观的影响是会使教师身体疲乏，这个问题在前文"教师身体健康状况的调查"数据中已经明确反映出来，即教师在日常工作中出现明显的疲惫感，且察觉到身体出现了

---

① 高晓文，于伟. 教师情感劳动初探. 教育研究，2018, 39 (3): 94-102.

不适感。本次调查结果明显反映出工作时间过长引发了教师一系列负面身心健康问题。此外，访谈过程中很多教师反映因为下班后仍需工作，造成了无暇顾及家人的情况，虽然孩子的成长需要父母的陪伴与辅导，但是因为教师工作的特殊性，教师在业余时间仍需要花费时间和精力在学生和工作上，面对孩子的需求，教师显得力不从心。同时，由于教师职业的劳动特征，教师自身的职业病往往也较多，大多数教师不同程度地患有慢性咽炎、颈椎病、腰肌劳损、抑郁等，这些教师职业病往往并不严重，却难以根治，甚至会伴随教师一生，在某种程度上降低了教师的职业健康幸福感水平。

（二）教师工作自我认同感、获得感不强，多负向情感

影响教师健康幸福感的重要因素之一就是其正向情感的强弱，而教师正向情感往往与其工作自我认同感、尊严感、获得感紧密相连。吴卫东指出："教师的职业认同度是教师个体基于对自身的职业角色、职业性质、自身教育效果的认识、评价而产生的自我效能感，以及由此而产生的职业满意感、归属感、幸福感与职业危机感等。"[①] 2018年1月，《中共中央 国务院关于全面深化新时代教师队伍建设改革的意见》明确提出，要真正让教师成为令人羡慕的职业。要想让教师职业成为人人羡慕的职业，首先要提升教师的成就感与幸福感。反观当下的现实，关于部分地区教师招考遇冷的新闻层出不穷，这一现象的出现让我们不得不去反思教师这个"铁饭碗"在部分地区遇冷的现实原因。本次访谈中很多教师反映这几年当教师体会不到自豪的感觉，在工作与生活中多负向情感。关于教师工作的成就感、幸福感的调查结果也证实了这一点。调查数据显示，当前教师的成就感和健康幸福感水平较低，如果这一问题得不到妥善解决，将影响教师队伍的健康可持续发展。《中国教师发展报告2019：中小学教师队伍建设的成就、挑战与举措》的相关调查结果显示，教师负面情感增多与教师工作量、工作结构不合理紧密相关。通过数据分析可知，教师每周的课时量与"对工作越来越缺乏热情"存在显著的正相关关系（$r=0.75$，$p<0.01$），与"有不想当老师的想法"存在显著的正相关关系（$r=0.51$，$p<0.05$）。暑假加班培训天数与"对工作越来越缺乏热情"存在显著的正相关关系（$r=0.64$，$p<0.05$），与"有不想当老师的想法"存在显著的正相关关系（$r=0.43$，$p<0.01$），与"工作不能让我有获得感和成就感"

---

① 吴卫东. 论教师的职业自我. 全球教育展望，2006（1）：52-56.

存在显著的正相关关系（$r=0.77$，$p<0.05$）。所以，工作量过大、工作时间过长与教师职业健康幸福感较低之间有密切关系。教师职业的成就感和幸福感正如学生在学习中的兴趣一样，如若连基本的身心健康都无法保证，教师就不会有良好的驱动力去做好本职工作，保持对教师职业的热情。

二、对城市、县城教师身心健康问题的重视有待加强

本次调研发现，乡村教师的职业健康幸福感水平比城市和县城教师高很多。在构成教师职业健康幸福感的各级指标上，乡村教师的均值也均高于城市和县城教师。这一结论与我们一般意义上的认知刚好相反。课题组认为这主要有以下几方面原因：一是近几年乡村教育日益受到重视，乡村教师支持计划等系列相关政策的大力扶持使乡村教师的工资待遇、工作环境等都有明显改善。这对于他们整体职业幸福感的提升具有一定的促进作用，其健康幸福感水平也随之提升。二是大部分乡村教师由于政策利好十分愿意继续留在乡村任教，不过乡村教师对于乡村教育的坚守并不能改变有条件的学生往县城和城市流动的现状。某种程度上，各地乡村学生的集中流动使得城市、县城学校学生人数过多、班额过大，县城教师工作量加大、工作压力增加，这从侧面解释了为何城市、县城教师职业健康幸福感水平会低于乡村教师。而农村社会对学生和教师的期望值相对较低，对教师工作认可度更高，其工作压力也相对较小，农村教师的获得感、成就感以及正向情感显著高于城市、县城教师，因此他们的健康幸福感水平也就更高。三是农村教师更多出身于农村，他们的人生理想和职业追求比较安逸，加之自身相对薄弱的社会文化资本无法使他们进一步实现阶层流动和职业跃迁，所以他们更加珍惜乡村教师这一职业，身心较为平衡舒畅，健康幸福感水平随之提升。与之相反，城市、县城教师时刻处于紧张与压抑中，健康幸福感水平较低。

三、对班主任工作健康幸福感的支持有待完善

本次调研显示，无论是担任班主任工作还是未担任班主任工作的教师，都普遍反映工作时间较长、内容过于繁杂、压力较大。但是课题组也发现，班主任与非班主任的正常工作日工作时间存在显著差异，班主任日常在校工作时间明显长于非班主任，班主任身心亚健康状态也明显较非班主任严重，具体如图8-15所示。

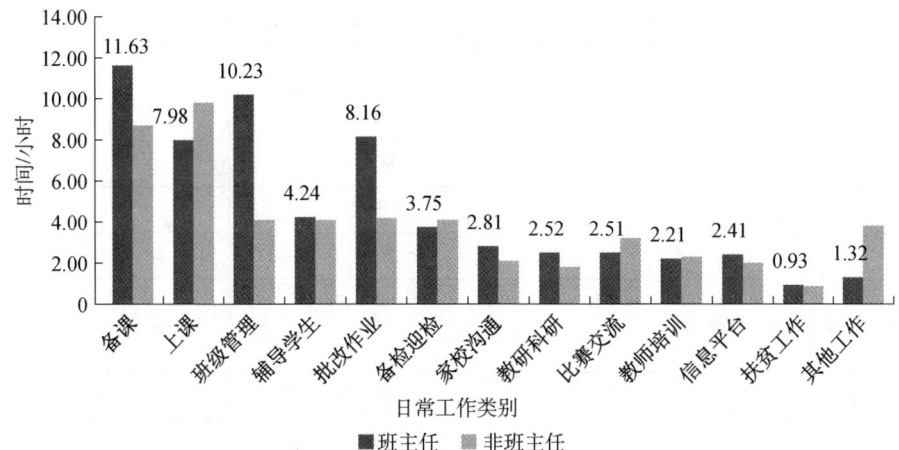

图 8-15 班主任与非班主任的周工作时长比较

具体来看，班主任正常工作日每天在校工作时长均值约为 9.22 小时，而非班主任在校工作时长约为 8 小时。通过调查分析发现，班主任与非班主任在每周上课节数上也存在显著差异。班主任每周上课数量的均值为 17.79 节，明显多于非班主任每周的上课数量 13.31 节。"班主任工作量较大"是本次调研过程中班主任教师甚至是非班主任教师都在集中反映的问题。无论是从工作时长、工作量还是工作压力来讲，班主任的工作量都普遍较大。一位寄宿制初中班主任教师通过讲述自己的工作时长来说明了这一问题："早自习普通教师是 8:00 上班，早自习班主任教师是 7:00 左右到，还有更早的情况。下午 5:10 下班，班主任教师需要一直陪伴学生到晚课结束才能回去，一整个晚课下来或者晚自习下来，大约是 3 个小时，这 3 个小时中需要负责两个班级的管理工作，付出远远大于回报。"某小学班主任也说："有的小学生很调皮的，打打闹闹，有的时候磕磕碰碰，流血了，身上哪里破了，我们班主任都跟着提心吊胆的。然后，我们得联系家长，向领导报备，还得去想办法安慰受伤的小孩子，事情很多。"

显而易见，较大的工作量和心理压力容易给教师的身体和心理带来负面影响，造成班主任教师的健康幸福感水平较低。如表 8-3 所示，在身体健康方面，班主任教师在早上面对工作会感觉到更累，经常因为工作而睡眠不足，身体有明显的不适感、认为健康出现问题的情况比非班主任更严重。班主任的负向情感也明显高于非班主任。相比于非班主任，班主任教师更容易因为情绪失控而发脾气，更加经常地感到焦虑、疲惫、对工作失去热情。此外，班主任教师对自己未来身心状态往好的方向发展的预测值也明显低于非班主任教师。

表 8-3　班主任与非班主任的健康幸福感调查项目结果比较

项目	是否班主任	均值
早上起来想到要面对一天的工作，感觉很累	班主任	2.90
	非班主任	3.02
经常因为工作而睡眠不足	班主任	2.70
	非班主任	2.94
身体有明显不适感，健康出了问题	班主任	2.71
	非班主任	2.90
经常情绪失控而发脾气	班主任	3.19
	非班主任	3.41
工作中经常感到焦虑、疲惫	班主任	2.73
	非班主任	2.95
经常觉得工作枯燥乏味，很难产生兴致	班主任	3.28
	非班主任	3.34
未来一年，您觉得自己的身心状态会越来越好	班主任	3.34
	非班主任	3.44

注：前 6 个项目得分越低表示越符合调查情况

第四节　教师职业健康幸福感提升策略

一、建构关爱教师健康的社会环境

如果教师身心健康问题不能引起全社会的足够重视，教师职业健康幸福感问题便永远不可能得以解决。因此，营造相对宽松的社会舆论氛围，站在"爱与尊重"的视角看待教师职业，建构关爱教师健康的社会环境，对于提升教师职业健康幸福感来说非常重要而且必要。首先，全社会应当正确看待教师这一职业，教师尤其是青年教师应该获得更高的包容度，不应被过度拔高到"圣人"的位置，受严苛和理想化的标准要求，这样会让教师背负过多与其身份不相协调的责任与使命。虽然教书育人是教师的天职，但是社会不应赋予教师太多专业以外的社会

"完人"形象,应认识到教师的有限责任。而且,学生人格的形成需要学校家庭社会多方协同进行感染和熏陶,并非教师一方努力可以达成。总之,教师职业应被视为众多普通行业中的一种,按照教师职业标准来要求教师,不应附加给教师过多标准以外的期待和要求。其次,在正确看待教师这一职业的基础上,还要通过改善教育大环境增加社会对于教师职业身心健康的关注度。教师需要被关注、被尊重、被支持,不仅要通过《教师法》等法律保护教师的基本合法权益、保障教师的生存权益。国家各级政府和教育主管部门还应该加大对教育事业的投入力度,增加教育资源,提高教育质量,优化教育环境,为教师工作添砖加瓦,进一步深化教育改革,减轻教师工作压力,提高教师工作的效能感,并建立社会支持网络,形成良好的尊师重教氛围。

二、打造充满人文关怀的学校场域

打造充满人文关怀的学校场域,不仅有利于促进学生的健康成长和全面发展,更有利于增强教师的身心愉悦感和正向情感,对于提升他们的职业健康幸福感而言,也是一个可行的策略视角。对于学校管理者来说,应积极改善教师的工作条件、合理控制教师的工作强度、优化管理制度、科学提供政策支持,这是提升教师职业健康幸福感的应有之意。要构建和谐温情的校园文化,使教师因为和谐而幸福,因为幸福而热爱,因为热爱而投入。首先,要坚持尊重人、关心人与发展人相结合的原则,构建和谐适宜的学校文化氛围。其次,学校领导要关心教师,设身处地为教师发展着想,了解当前教师思想动态以及教师现阶段面临的难题与困境,并尽最大可能帮助教师解决困难,让教师有学校如家的感觉。最后,要尊重教师,对教师的教学创新有一定包容与尊重,尊重教师对其所在班级进行的个性化管理、尊重教师的师生评价与互动形式,并积极开展家校互动,帮助家长树立正确的教育观,减少家长的功利主义想法,以减轻教师的精神负担。

三、实现健康可持续的专业发展

叶澜把教师专业发展划分为五个相互衔接的阶段:非关注阶段、虚拟关注阶段、生存关注阶段、任务关注阶段和自我更新关注阶段。[①]当我们谈及幸福时,

---

① 叶澜. 教师角色与教师发展新探. 北京:教育科学出版社,2001:276-321.

通常涉及三个方面：一是客观的标准，二是实质性的效果，三是主观的形式。那么，对于教师而言，职业幸福感既是教师专业发展的起点，也是教师专业发展过程中的动力和归宿。"教师专业发展是教师幸福得以实现的内在机制，教师幸福是指教师实现了自身的职业理想之后一种主体生存状态，因此教师幸福内在于他的职业生涯与专业成长的过程之中。"①也就是说，教师体验到了职业幸福感之后，就能够看到教师这一份职业的光辉，进而更加热爱这份职业，专注于专业发展，这是一种良性循环。教师专业发展为教师职业幸福感创设了一个现实的、可估量的效果，教师职业幸福感则为教师专业发展这一漫长而复杂的过程提供了持久的动力。在不同的专业发展阶段，每位教师对于职业幸福感的依赖条件和发展路径都有所不同。一般而言，越往后的阶段，其物质与生存的发展就会越完满，转而寻求对于精神和自我价值实现的追求。如果教师在某一个环节没有达到该阶段的物质需求和精神实现，就很难产生在该专业发展阶段应有的幸福感，处于该阶段的教师就容易产生职业倦怠。这意味着，在整个专业发展中，如果教师在某一个环节丧失了向前迈进、持续向上的动力，就会处于一种停滞状态。这从某种意义上也向我们说明，健康可持续的专业发展对于教师职业幸福感的获得何其重要。而教师职业健康幸福感内涵于职业幸福感，也必然会受到专业发展的直接影响。

四、争做身心全面发展的幸福教师

提升教师职业健康幸福感不能单纯依靠社会环境、学校场域、专业发展等外部驱动力，教师个体内部驱动力在一定程度上甚至更为重要。幸福感在某种意义上是一种心境、一种感觉，也是一种主观性很强的心理体验。教师健康幸福感同样也是一种心态，首先来源于教师自身。作为教师，虽然无法立竿见影地改变工作环境和教育对象，但首先能够改变自己，做身心全面发展的幸福教师。具体来说，首先，教师要理性调整期望值，结合自己的能力、兴趣、经验勾画合理的职业期望。这种期望会形成一种动力，促进教师发挥自己的创造力，去尽可能地实现职业理想，体会教师工作的幸福。其次，教师要学会调整心态，培养积极的心理品质。积极的心理品质是指人的潜能与环境相互作用而产生的相对稳定的积极心理特征。积极的心理品质对教师职业的方方面面都有着深远影响，如教育教学

---

① 李小青，李尚群.教师专业发展：教师幸福实现的内在机制.高教论坛，2017（7）：86-88.

效果、教师自身专业发展等。可以说，它是教师职业健康幸福感的重要基础。因此，教师要了解积极心理素质的内涵，认清自己的优势，注重培养积极心理素质，提升职业健康幸福感。与此同时，教师也应寻找合理的方式去释放自己的负面情感，在痛苦时向家人倾诉，在压抑时与朋友沟通，也可以寻求专业人员帮助，获得心理支持和帮助。课题组通过大量访谈发现，一些教师能明显感觉到自己存在一定程度的亚健康问题，尤其是心理问题，但因为缺乏心理疏导的相关知识与技能，或者碍于面子，没有去一些心理健康机构寻求帮助。许多教师表示："学生需要心理辅导，其实我们老师也很需要心理辅导，有的时候工作完心很累，也很想找一些人倾诉、发泄一下，但是我们也不知道怎么去弄、去找谁，也没时间、没精力，很多事情只有憋在心里，心很累。"这种情况普遍发生于经济水平欠发达地区学校且缺乏心理学相关培训的教师个体身上。最后，除必要的认知调节以外，教师还要坚持运动，这一方面可以缓解工作疲劳，另一方面可以增强身体素质，为健康幸福感的获得提供必要的身体基础。总之，鲜活的教育是以师生心灵的互动为基础的，身心健康、洋溢着幸福感的教师与出现职业倦怠、情感枯竭、应付差事的教师相比，前者一定更能启发和激发学生。某种程度上，教育正是借助教师将学生带入社会之中，如果与一个更阳光、更开朗、更幸福的引路人结伴而行，学生也会更容易真正找到自己的人生幸福与生命意义。

第九章
教师职业社会幸福感调查报告

百年大计，教育为本；教育大计，教师为本。教师职业社会幸福感影响着教师工作状态，与教师的专业发展息息相关。随着21世纪20年代的到来，中国社会发展迈入了新征程，实现中华民族伟大复兴的历史使命要求振兴教育，而这离不开高素质、专业化和创新型的教师队伍的支撑。因此，近年来党中央高度重视教师队伍建设。2016年，习近平总书记在北京市八一学校考察时的讲话中强调："各级党委和政府要满腔热情关心教师，让广大教师安心从教、热心从教、舒心从教、静心从教，让广大教师在岗位上有幸福感、事业上有成就感、社会上有荣誉感，让教师成为让人羡慕的职业。"[1] 2019年初，教育部部长陈宝生表示，教育部将陆续出台教师减负的相关政策。在2020年9月第三十六个教师节到来之际，习近平总书记指出，要"让教师真正成为最受社会尊重和令人羡慕的职业，在全社会营造尊师重教的良好风尚"[2]。这体现了国家在向新时代教师提出更高要求的同时，也更加注重提升教师的职业幸福感。由此可见，提高教师幸福感是当前党和国家在教育工作方面着重要解决的问题之一。基于此，本章从领导关系、同事关系、师生关系、家校关系、社会声誉5个维度对教师职业社会幸福感展开调查，根据调查结果，分析制约教师职业社会幸福感提升的影响因素，并据此提出相关的策略建议。

---

[1] 新华网. 丁峰. 习近平总书记在北京市八一学校考察时的讲话引起热烈反响. (2016-09-10). http://www.xinhuanet.com/politics/2016-09/10/c_1119542690.htm [2021-08-10].

[2] 教育部网站. 在教师节到来之际习近平向全国广大教师和教育工作者致以节日祝贺和诚挚慰问 强调不忘立德树人初心 牢记为党育人为国育才使命 不断作出新的更大贡献. (2020-09-09). http://www.moe.gov.cn/jyb_xwfb/s6052/moe_838/202009/t20200909_486561.html [2021-10-29].

第一节　教师职业社会幸福感基本概述

一、概念界定

关于社会幸福感，国内研究相对较少，国外在此方面有一定量的间接研究成果。Ryff和Keyes将社会幸福感定义为个体对自己与他人、集体、社会之间的关系质量以及对其生活环境和社会功能的自我评估。[①] 美国的成人幸福感调查（Midlife in the United States，MIDUS）认为社会幸福感与以下因素相关：个体对他人的贡献、个体对社会和谐的贡献、个体对环境的贡献等[②]。结合学者的研究成果，本报告将教师职业社会幸福感界定为教师在从事教育教学工作中，在与领导、同事、学生、家长的关系方面，以及社会声誉方面获得认同或满足，从而产生的一种对于自身职业的持续稳定的积极情绪体验。教师的社会幸福感与教师职业幸福感、工作积极性和身心健康息息相关，通过对教师职业社会幸福感进行研究，可以充分了解教师社会幸福感的来源和影响因素，引起社会对于整个教师群体幸福感的关注，从而促进教师政策不断优化，提升教师的整体幸福感。

二、调查维度

教师职业幸福感直接影响着教师的从教意愿和专业发展轨迹。教师职业幸福感由教师职业健康幸福感、教师职业认知幸福感、教师职业主观幸福感和教师职业社会幸福感4部分构成。其中，教师职业社会幸福感是衡量教师职业幸福感的重要影响因素，影响着教师的职业发展和专业成长。本章从教师的性别、所在地区、教龄、职称和任教学校类型等7个直接影响教师职业社会幸福感的因素入手，探究中小学教师职业社会幸福感的现状、问题及其原因，并由此提出相应的问题解决策略，以为提升教师职业社会幸福感、促进教师专业发展等理论研究和实践改进提供参考。

---

① Ryff C D, Keyes C L M. The structure of psychological well-being, revisited. Journal of Personality and Social Psychology, 1995: 719-727.

② 转引自：Keyes C L M, Shapiro A D. Cumulative advantage and disadvantage in social well-being: Profiles by sex age, and socioeconomic index. 2001.

基于OECD针对教师职业幸福感的数据分析框架①，课题组编制了"中小学教师职业幸福感调查问卷"，在东部、中部、西部和东北四大区域开展了中小学教师职业社会幸福感调查研究。教师能否在日常教育教学生活中获得幸福感，主要取决于教师的自我认知能力和对客观环境的主观感受。对教师个人而言，在职业领域中占主要因素的社会关系包括领导关系、同事关系、师生关系和家校关系，除了这四项社会关系，社会声誉对于教师职业认同感和社会幸福感也有很大影响。教师如果能够将职业中的主要社会关系处理好，并且获得较高的社会声誉，其"归属和爱的需求""尊重的需求"就能得以满足，从而使职业幸福感得到显著提升。因此，本章将教师职业社会幸福感的影响因素详细划分为领导关系、同事关系、师生关系、家校关系、社会声誉5个维度，设置30个背景信息问题和17个主要问题，17个主要问题为程度问题。为了解中小学教师社会幸福感的总体状况，以及领导关系、同事关系、师生关系、家校关系、社会声誉5个维度的具体状况，我们对利克特量表中的5个选项进行赋值："完全不符合"赋值为1，"比较不符合"赋值为2，"不确定"赋值为3，"比较符合"赋值为4，"完全符合"赋值为5。分别计算上述5个维度和每个维度下具体指标的均值，并比较均值的大小。均值越高，表明教师在该维度和该指标下的幸福感水平越高。

（1）"领导关系"维度，旨在了解教师在工作中与领导的关系。共设有4个问题，包括教师认为领导是否认识并关心自己、教师的工作是否得到领导认可、教师能力是否被认可、教师在学校是否受领导欢迎。

（2）"同事关系"维度，旨在了解教师在工作中与同事的关系。共设有4个问题，包括教师与同事共事时是否感到轻松愉快、教师是否受同事喜欢、教师在工作中遇到困难时是否得到同事的帮助、教师与同事之间是否互相有信任感。

（3）"师生关系"维度，旨在了解教师在工作中与学生的关系。共设有3个问题，包括教师在情绪不好时是否得到学生的关心、教师是否受到学生的欢迎并受邀参加活动、教师是否会在未来三年中更加信任自己。

（4）"家校关系"维度，旨在了解教师在工作中与家长的关系。共设有3个问题，包括教师能否耐心与家长沟通、教师工作是否得到了家长的支持与认可、教师是否获得了家长的尊重。

（5）"社会声誉"维度，旨在了解教师职业在社会中受认可的程度。共设有

---

① OECD. Teachers' well-being：A framework for data collection and analysis.（2020-01-30）. https://dx.doi.org/10.1787/19939019［2020-02-01］.

3个问题，包括教师对中小学教师社会声誉的预期、教师是否认为自身职业获得了社会尊重、教师对未来三年内外界对自身职业评价的预期。

第二节 教师职业社会幸福感基本现状

一、总体状况分析

（一）教师职业幸福感总体水平有待提高，其中教师职业社会幸福感水平最高

将教师职业幸福感平均分及4个维度平均分作为考察指标，最高分为5分，最低分为1分，理论中值为3分，具体情况见表9-1，得分越高，表明幸福感水平越高。其中，教师职业幸福感均值为3.68，虽高于理论中值，但仍有较大的提升空间。

表 9-1 教师职业社会幸福感在总体中的情况（N=33 590）

维度	M	SD
健康幸福感	3.14	0.84
认知幸福感	3.74	0.54
主观幸福感	3.76	0.68
社会幸福感	3.81	0.65
教师职业幸福感	3.68	0.58

4个维度的幸福感得分均高于理论中值，均值由高到低依次为社会幸福感、主观幸福感、认知幸福感、健康幸福感。社会幸福感均值最高，说明中小学教师职业社会认同度和社会声誉相对较高。

（二）教师在家校关系方面的幸福感良好，领导关系和社会声誉方面的幸福感明显不足

表9-2显示了教师在社会幸福感各个维度上的得分情况。在5个维度中，家校关系维度得分最高，说明中小学教师在工作中与家长的互信程度良好，家校互

动相对和谐；社会声誉维度得分最低，说明中小学教师认为自身职业的声誉和认同度较低；领导关系维度得分处于较低水平，说明中小学教师普遍认为在工作上领导的支持不足。同事关系、师生关系两个维度得分居中。5个维度均均在理论中值以上，教师在社会声誉、领导关系和师生关系方面的幸福感水平有较大的提升空间。

表9-2 教师职业社会幸福感各维度的情况（N=33 590）

维度	M	SD
领导关系	3.57	0.80
同事关系	4.03	0.71
师生关系	3.82	0.80
家校关系	4.09	0.70
社会声誉	3.55	1.02

二、教师职业社会幸福感的差异分析

（一）女教师的社会幸福感水平显著高于男教师

表9-3显示女教师的社会幸福感水平显著高于男教师。女教师在同事关系、师生关系、家校关系、社会声誉四个方面的得分均高于男教师，男教师仅在领导关系这一维度的得分显著高于女教师。男女教师社会幸福感的显著差异是造成中小学教师"女性化"的原因之一。这一研究结论与学界相关研究结果类似。例如，毕慧在对上海市初中教师幸福感现状的调查中，对3976名教师进行测验，结果显示不同性别的教师在社会关系这一维度上的幸福感存在显著差异（$p<0.05$）[1]，女教师的社会幸福感水平高于男教师，二者间的差异具有显著性，这也从侧面解释了为什么中小学教师队伍一直存在性别比例失衡的问题。

表9-3 教师职业社会幸福感的性别差异

类别	性别	M	SD	t	Sig.
领导关系	男	3.60	0.84	3.99***	0.00
	女	3.56	0.79		

---

[1] 毕慧. 上海市初中教师幸福感现状研究. 上海：上海师范大学，2020：40.

续表

类别	性别	M	SD	t	Sig.
同事关系	男	4.02	0.73	−1.05	0.29
	女	4.03	0.70		
师生关系	男	3.78	0.84	−4.53***	0.00
	女	3.83	0.79		
家校关系	男	4.06	0.74	−4.84***	0.00
	女	4.10	0.69		
社会声誉	男	3.51	1.07	−4.11***	0.00
	女	3.56	1.00		
社会幸福感	男	3.80	0.69	−2.14*	0.03
	女	3.81	0.64		

注：*$p<0.05$，***$p<0.001$，下同

（二）东北地区教师社会幸福感水平最高，西部地区教师社会幸福感水平最低

国家统计局将我国划分为东北、中部、东部以及西部四大区域，本次调研据此选择了调查区域。对不同区域的教师社会幸福感得分进行方差分析，结果见表9-4。四大区域间的教师社会幸福感存在显著差异（$p<0.05$），东北地区教师的社会幸福感水平显著高于东部、中部、西部地区教师，在社会幸福感的5个维度上也显著高于其他地区。东部地区教师的社会幸福感水平显著高于中部、西部地区教师，西部地区教师的社会幸福感水平显著低于中部地区教师。在领导关系、同事关系、师生关系、家校关系、社会声誉5个具体维度上，四个地区教师的幸福感均存在显著差异。

表9-4　教师职业社会幸福感的地区差异

类别	地区	M	SD	F	Sig.	多重比较
领导关系	东部地区	3.56	0.74	110.16***	0.000	$MD_{a-c}=0.07^*$
	中部地区	3.53	0.79			$MD_{a-d}=-0.11^*$
	西部地区	3.48	0.81			$MD_{b-c}=0.05^*$
	东北地区	3.67	0.80			$MD_{b-d}=-0.14^*$
						$MD_{c-d}=-0.19^*$
同事关系	东部地区	4.06	0.66	56.87***	0.000	$MD_{a-b}=0.04^*$
	中部地区	4.02	0.68			$MD_{a-c}=0.09^*$
	西部地区	3.97	0.72			$MD_{a-d}=-0.03^*$
	东北地区	4.09	0.73			$MD_{b-c}=0.05^*$
						$MD_{b-d}=-0.07^*$
						$MD_{c-d}=-0.12^*$

续表

类别	地区	M	SD	F	Sig.	多重比较
师生关系	东部地区	3.77	0.77	122.27***	0.000	$MD_{a-d}=-0.17^*$ $MD_{b-c}=0.02^*$ $MD_{b-d}=-0.16^*$ $MD_{c-d}=-0.19^*$
	中部地区	3.77	0.79			
	西部地区	3.75	0.82			
	东北地区	3.93	0.80			
家校关系	东部地区	4.08	0.65	47.53***	0.000	$MD_{a-c}=0.04^*$ $MD_{a-d}=0.07^*$ $MD_{b-c}=0.04^*$ $MD_{b-d}=-0.07^*$ $MD_{c-d}=-0.11^*$
	中部地区	4.08	0.67			
	西部地区	4.04	0.71			
	东北地区	4.15	0.73			
社会声誉	东部地区	3.56	0.94	117.11***	0.000	$MD_{a-c}=0.15^*$ $MD_{a-d}=-0.10^*$ $MD_{b-c}=0.17^*$ $MD_{b-d}=-0.08^*$ $MD_{c-d}=-0.25^*$
	中部地区	3.58	0.96			
	西部地区	3.41	1.03			
	东北地区	3.66	1.04			
社会幸福感	东部地区	3.81	0.59	127.76***	0.000	$MD_{a-c}=0.07^*$ $MD_{a-d}=-0.09^*$ $MD_{b-c}=0.06^*$ $MD_{b-d}=-0.10^*$ $MD_{c-d}=-0.17^*$
	中部地区	3.80	0.63			
	西部地区	3.73	0.66			
	东北地区	3.90	0.67			

注：a代表东部地区，b代表中部地区，c代表西部地区，d代表东北地区

（三）不同教龄教师社会幸福感存在显著差异，11~15年教龄的教师幸福感水平最低，36~40年教龄的教师幸福感水平最高

如表9-5所示，不同教龄教师的职业社会幸福感得分差异显著（$p<0.001$），分别从领导关系、同事关系、师生关系、家校关系、社会声誉这5个维度来看，不同教龄教师的得分也存在显著差异。

表9-5 教师职业社会幸福感的教龄差异

类别		平方和	自由度	均方	F	Sig.
领导关系	组间	302.93	9	33.66	53.34***	0.000
	组内	21 188.29	33 580	0.63		
	总计	21 491.23	33 589			
同事关系	组间	257.12	9	28.57	57.52***	0.000
	组内	16 679.17	33 580	0.50		
	总计	16 936.29	33 589			

续表

类别		平方和	自由度	均方	F	Sig.
师生关系	组间	212.62	9	23.62	36.97***	0.000
	组内	21 458.52	33 580	0.64		
	总计	21 671.14	33 589			
家校关系	组间	459.75	9	51.08	106.77***	0.000
	组内	16 066.44	33 580	0.48		
	总计	16 526.19	33 589			
社会声誉	组间	609.54	9	67.73	66.88***	0.000
	组内	34 003.42	33 580	1.01		
	总计	34 612.96	33 589			
社会幸福感	组间	299.74	9	33.31	79.43***	0.000
	组内	14 079.74	33 580	0.42		
	总计	14 379.48	33 589			

图9-1显示，不同教龄教师的职业社会幸福感得分从高到低依次为：36～40年、41～50年、31～35年、26～30年、0～2年、21～25年、16～20年、6～10年、3～5年、11～15年教龄。在0～5年教龄期间，教师的职业社会幸福感得分随着教龄的增长而降低；在5～15年教龄期间，教师的职业社会幸福感得分随着教龄的增长先提升后降低；对于16～40年教龄的教师，其职业社会幸福感得分随着教龄增长而不断提升，但一直到任教26～30年这个阶段，教师的职业社会幸福感水平才略高于初入职时期；在教龄41～50年时，教师的职业社会幸福感得分略有下降。其中，从教36～40年的教师职业社会幸福感水平最高，而从教11～15年的教师职业社会幸福感水平最低。从图9-1中可以看出，在从教的3～25年，教师的职业社会幸福感水平都低于从教0～2年时的水平。根据图9-1推测，入职后相当长的一段时间内（0～15年），很多教师可能因为入职后的种种不适应产生持续较低水平的职业社会幸福感，这种情况一直存在，到从教11～15年达到一个最低值后才发生反弹，之后教师的职业社会幸福感水平逐渐提升。

（四）不同职称教师的社会幸福感存在显著差异，二级教师幸福感水平最低，正高级教师幸福感水平最高

表9-6显示，不同职称教师的职业社会幸福感得分在不同职称阶段均差异显著。

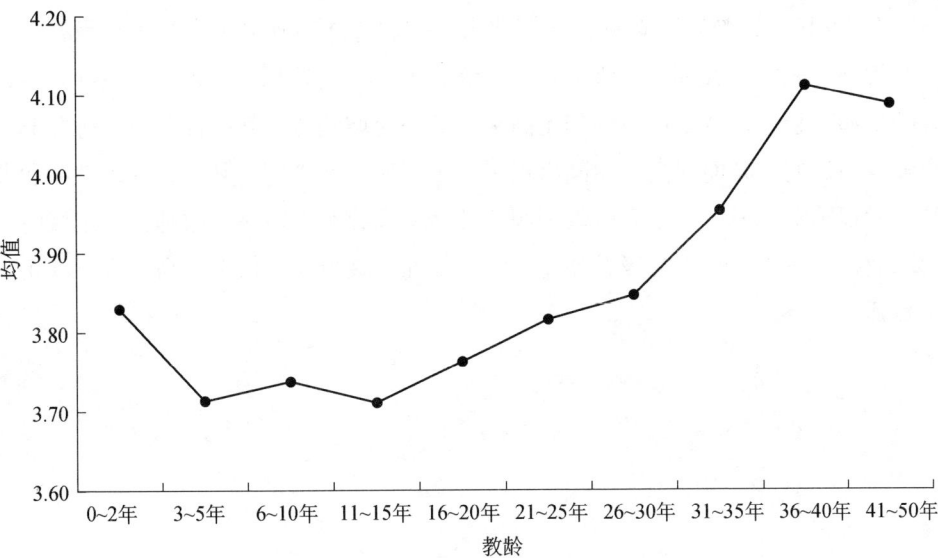

图 9-1 不同教龄教师的职业社会幸福感均值分布图

表 9-6 教师职业社会幸福感的职称差异

类别		平方和	自由度	均方	F	Sig.
未定级教师	组间	238.98	5	47.80	75.53***	0.000
	组内	21 252.25	33 584	0.63		
	总计	21 491.22	33 589			
三级教师	组间	130.14	5	26.03	52.01***	0.000
	组内	16 806.15	33 584	0.50		
	总计	16 936.29	33 589			
二级教师	组间	126.86	5	25.37	39.55***	0.000
	组内	21 544.28	33 584	0.64		
	总计	21 671.14	33 589			
一级教师	组间	290.10	5	58.02	120.02***	0.000
	组内	16 236.09	33 584	0.48		
	总计	16 526.19	33 589			
高级教师	组间	420.69	5	84.14	82.64***	0.000
	组内	34 192.27	33 584	1.02		
	总计	34 612.96	33 589			
正高级教师	组间	185.99	5	37.20	88.02***	0.000
	组内	14 193.48	33 584	0.42		
	总计	14 379.48	33 589			

图 9-2 显示，教师职业社会幸福感水平按职称从高到低依次为正高级教师、高级教师、未定级教师、一级教师、三级教师、二级教师，从未定级教师到二级教师呈递减趋势，从二级教师到正高级教师呈递增趋势。教师社会幸福感并非完全随着职称的晋升而提高，中间出现了一个明显的低谷期。其中，二级教师职业社会幸福感水平最低，正高级教师职业社会幸福感水平最高，教师在未定级时期的职业社会幸福感高于三级教师、二级教师和一级教师，仅次于高级教师和正高级教师。

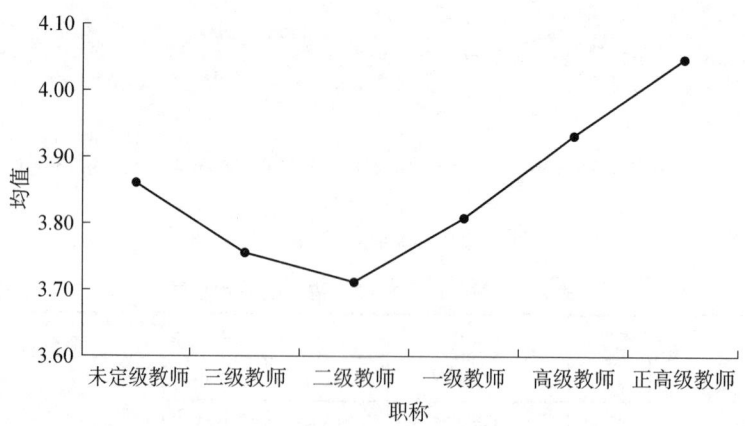

图 9-2　不同职称教师的职业社会幸福感均值分布图

（五）非寄宿制学校教师职业社会幸福感水平显著高于寄宿制教师职业社会幸福感

寄宿制学校与非寄宿制学校的教师职业社会幸福感存在显著差异，如表 9-7 所示。寄宿制学校教师职业幸福感在领导关系、同事关系、师生关系和家校关系 4 个维度上的得分均低于非寄宿制学校教师，存在显著差异。寄宿制学校教师群体仅在社会声誉维度上的得分略高于非寄宿制教师群体。

表 9-7　教师职业社会幸福感的学校类型差异

类别	是否为寄宿制学校	M	F	Sig.
领导关系	是	3.50	1.63***	0.000
	否	3.59		
同事关系	是	3.99	13.78***	0.000
	否	4.05		
师生关系	是	3.79	0.12***	0.000
	否	3.83		

续表

类别	是否为寄宿制学校	M	F	Sig.
家校关系	是	4.06	13.49***	0.000
	否	4.11		
社会声誉	是	3.56	29.24	0.148
	否	3.54		
社会幸福感	是	3.78	0.01***	0.000
	否	3.83		

（六）不同学历教师社会幸福感差异显著，硕士研究生学历教师社会幸福感水平最低，中专/技校学历教师社会幸福感水平最高

单因素方差分析结果表明，不同学历教师的职业社会幸福感存在显著差异（$F=49.412$，$p<0.001$）。将参与调研的中小学教师学历划分6个水平，即"高中及以下""中专/技校""大学专科""大学本科""硕士研究生""博士研究生"。不同学历教师的职业社会幸福感差异显著，分别从领导关系、同事关系、师生关系、家校关系、社会声誉这5个维度来看，不同学历教师的职业社会幸福感存在显著差异。由图9-3可知，按学历层次进行分类，中小学教师职业社会幸福感水平由高到低依次为中专/技校、高中及以下、博士研究生、大学专科、大学本科和硕士研究生学历教师。学历层次为"中专/技校"的教师幸福感水平最高，学历层次为硕士研究生的教师，作为仅次于学历层次为博士研究生的高学历教师，其社会幸福感水平却明显低于其他学历层次的教师。

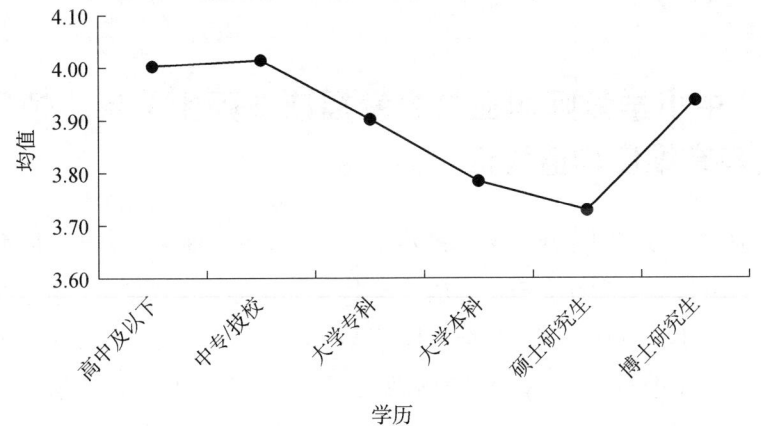

图9-3 不同学历教师的职业社会幸福感均值分布图

（七）小学教师社会幸福感水平最高，普通高中教师社会幸福感水平最低

不同任教学段教师的职业社会幸福感存在显著差异。本章按照学段将参与调研的中小学教师划分为"小学""初中""普通高中"三个学段，并对不同学段教师的职业社会幸福感均值进行统计，结果表明普通高中教师的职业社会幸福感水平最低，小学教师的职业社会幸福感水平最高，初中教师的职业社会幸福感水平介于二者之间（图9-4）。

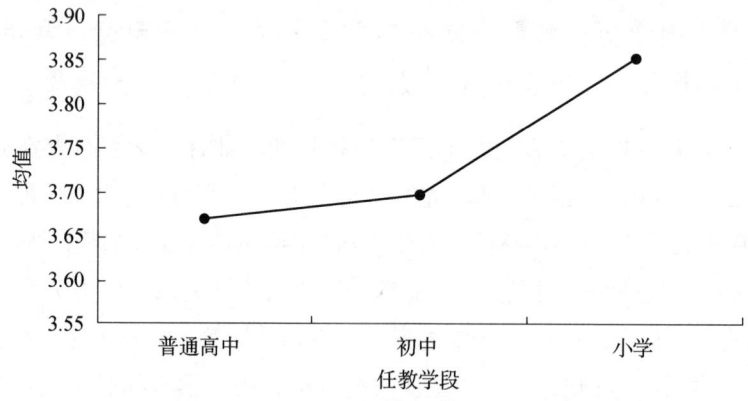

图9-4 不同任教学段教师的职业社会幸福感均值分布图

第三节 教师职业社会幸福感问题分析

一、中小学教师职业社会幸福感在师生关系、领导关系和社会声誉维度均值较低

本次研究将教师职业社会幸福感划分为5个维度，即领导关系、同事关系、师生关系、家校关系和社会声誉。从这5个维度出发，本次调查了中国四大区域的33 590名中小学教师的职业社会幸福感状况。调查结果表明，这5个维度的平均值均显著高于中间值3，中小学教师职业社会幸福感总体良好，这与既往的类似研究结论大体吻合。熊维为通过对307名中小学教师进行问卷调查，发现中小

学教师的社会幸福感处于中等偏上水平，中小学教师的社会幸福感水平较高。[①]曹志成和张澜通过对不同地区500多所中小学共1279名中小学教师进行调查，发现中小学教师的职业幸福感总体处于较高的水平。[②]从本次研究的数据结果也可以看出，大多数教师的职业社会幸福感水平较高，中小学教师的总体职业幸福感水平也较高，这体现了当下多数教师认可教师职业是一种能给从业者带来幸福的职业。

从以上的数据还可以看出，教师对职业社会幸福感各维度的体验存在一定差异。具体来看，在家校关系方面，教师最容易获得职业社会幸福感；在社会声誉方面，教师最不容易获得职业社会幸福感。职业社会幸福感各维度的均值从低向高依次为社会声誉、领导关系、师生关系、同事关系、家校关系。由此可见，我国中小学教师对与同事融洽相处、与家长沟通合作等持积极肯定的态度，但对（教师的）社会声誉、学校领导、师生关系等的看法不甚理想，这些状况导致很多教师产生比较差的幸福感体验。教师在家校关系方面的职业社会幸福感指数较高的原因可能在于，随着经济的发展，我国的人才竞争越来越激烈，家长出于望子成龙的心态，越来越配合教师的工作，期待自己的孩子在学校更好地接受教育，等等。在同事关系方面指数较高的原因可能在于，受当下教育环境的影响，中小学积极倡导和推动教师之间的专业合作，这在一定上促进教师走出个人主义文化的藩篱，追求在教师专业共同体中获得集体专业发展。

学生对于教师的真挚情感深刻地影响着教师职业社会幸福感的获得，亲密和谐的师生关系使教师获得更多的幸福体验。但从本次研究的结果来看，教师职业社会幸福感在师生关系这一维度上得分较低，这说明未来要提高教师的职业社会幸福感，还需要进一步改进师生关系。本次调查数据显示，大多数教师与学生的关系处于一般状态，这背后的原因可能是教师与学生之间缺乏有效的沟通，有些学生对教师抱有敬畏和疏离的态度，而教师由于工作的复杂性和繁忙性，与学生沟通和交流不足。也有些教师认为幸福感缺失的首要原因就在于学生难管，受社会环境影响教师不敢对自己的学生进行过多的管理，师生关系很难达到理想境界，这在一定程度上给中小学的教师增加了压力，从而影响了教师的职业社会幸

[①] 熊维为. 学校组织气氛对教师社会幸福感的影响：教学效能感的中介作用. 南昌：江西师范大学，2016：32.

[②] 曹志成，张澜. 中国中小学教师职业幸福感现状调查. 中国心理学会. 第二十一届全国心理学学术会议摘要集. 中国心理学会，2018：3.

福感体验。

  领导关系对于教师的职业社会幸福感体验有着重要的影响，领导关系维度分值较低的原因可能在于，工作中教师很少感受到领导的赏识和尊重，领导对教师工作表现的认可程度较低。也有一部分原因在于部分教师缺乏与领导相处的艺术与技巧等，教师与领导之间的沟通与交流不够顺畅，影响了教师对于领导的认知和态度，也影响了学校的人际氛围，从而在一定程度上影响了教师的职业社会幸福感。

  虽然近些年教师的社会声誉在不断提升，但仍有改进空间，通过本次调查发现，多数教师认为自己的工作并没有得到应有的重视和尊重，且并没有对教师职业的未来社会评价持积极乐观的预期。分析导致教师职业的社会声誉指数较低的可能原因，可能包括以下几个方面。第一，社会声誉的高低受经济地位影响，大部分教师的薪资待遇相对较低，虽然近年来这一情况逐步得到改善，但与其他的职业相比，部分教师的薪资待遇仍处于较低的水平，从而影响了教师社会声誉的提升。第二，近年来社会上出现了一些关于教师的负面新闻报道，部分新闻报道不切实际地放大了教师的责任与过错，这引发了部分公众对于教师职业的误解和偏见，甚至是攻击、批评和责难，从而降低了教师的社会声誉。基础教育与其他教育有着本质区别，基础教育的价值具有隐蔽性和内隐性。正所谓"十年树木，百年树人"，基础教育的成绩并不是立竿见影的，教师对于学生的影响更多的是润物细无声，当下社会对于教师的工作要求越来越高，一旦某个教师出现错误，就可能导致教师这个群体遭受社会群体的抨击。

二、教师职业社会幸福感存在地区差异

  本次调查揭示不同区域教师的职业社会幸福感存在差异。东部、中部教师的职业社会幸福感水平显著高于西部地区的教师，东北地区教师的职业社会幸福感水平显著高于东部、中部和西部地区的教师，西部地区教师的职业社会幸福感水平最低。尽管东部地区大部分为经济发达地区，但东部地区教师的职业社会幸福感水平并没有高于东北地区的教师，这一点超出了常规想象。中部和西部地区教师职业社会幸福感水平较低可能与当地的教师经济待遇不高有关。相比较而言，我国中部和西部地区教师的薪资待遇总体情况不及东部发达地区，有些地方教师的投入和回报不成正比，从而导致当地教师的职业社会幸福感体验较差。如何看

待东北地区教师的职业社会幸福感水平最高呢？这可能是和当地的整个社会环境相关，东北地区的教师薪资待遇与当地其他行业薪资待遇之间的落差相对较小，而东部地区的教师工资待遇虽然相较于整个教师行业来看比较优越，但在区域内，与高收入行业的工资待遇相比，教师工资待遇处于中等水平，甚至在有些地方这种落差较大，因此不难理解为什么东北地区教师的职业社会幸福感水平较东部地区教师高。

三、教师职业社会幸福感存在性别差异

本次调查发现男教师与女教师的职业社会幸福感水平差异显著，男教师在社会幸福感各维度上的均值大多低于女教师。在领导关系维度上，男教师的社会幸福感均值略高于女教师，在同事关系、师生关系、家校关系、社会关系4个维度上，男教师的社会幸福感均值都显著低于女教师。这可能是受中国传统文化影响，男教师在家庭中多为经济支柱，在工作上会被赋予更高的期望，促使男教师积极处理好与领导的关系。男教师在工作中会期待更高的薪资待遇和更高的职业目标，注重发掘自身的职业潜力，不断追求成功，以达到自我实现。这样的社会期待易使男教师感觉工作压力大、工作负担重，且由于教师行业的从业者较多、晋升机会相对较少、物质报偿难以如愿等，影响了教师的成就感，因而男教师的总体职业社会幸福感水平较低。而女性在社会生活中被寄予的社会期望和社会责任相对较低，且一些女性在选择教师职业时对物质、升迁等没有太高的期望，而较为看重教师职业的独特优势，这包括时间便利性（即工作时间与家庭生活时间的冲突较小）、优雅舒适的工作环境、与充满朝气的年轻人打交道、工作的稳定性等[1]，大多数女教师性格温婉，在工作时比男性更细腻，也更有耐心，可以拉近与同事、学生、家长的关系。女性擅长处理人际关系，人际关系的和谐更有利于女教师的专业发展，因此女教师的职业社会幸福感水平要高于男教师，既往研究的一些结论也支持了这个观点。[2][3]

---

[1] Dan C L. School Teacher: A Sociological Study. Chicago: The University of Chicago Press, 1975: 61-68.
[2] 沈飘, 张建人, 周柏任. 小学教师与中学教师幸福感的比较. 中国健康心理学杂志, 2016, 24 (4): 514-518.
[3] 姚振东, 凌辉, 张建人, 等. 中小学教师工作压力、工作满意度与职业幸福感的关系. 中国健康心理学杂志, 2016, 24 (8): 1159-1162.

四、3～5年和11～15年教龄教师的职业社会幸福感水平总体偏低

本次调查中，16～20年、20年以上教龄的教师职业社会幸福感水平较高，3～5年和11～15年教龄的教师职业社会幸福感水平较低。教师职业社会幸福感水平在教龄上存在显著差异[1]，教龄对于教师的职业社会幸福感有显著的影响。从总体上看，中小学教师的职业社会幸福感大体呈"U"形曲线分布，这一结果与以往的研究结果相符合。[2][3]

刚开始从事教育工作的新教师工作积极性非常高，新教师刚从学生转变成中小学教师角色时，对工作环境和工作内容的新鲜感比较强，非常期望能够在学校展现自己，站稳讲台，对于薪资待遇的要求也相对容易满足，所以0～2年教龄的教师社会幸福感水平较高。而教龄为3～5年及以上的教师已对工作环境失去了新鲜感，社会幸福感水平开始下降。而工作11～15年及以上的教师大部分成立了家庭，结婚生子，繁琐的家务和家庭经济压力促使教师无法全身心投入到工作中去，他们会对工作待遇和工作环境产生不满、疲惫感，导致社会幸福感水平较低。

工作26年以上的教师职业社会幸福感水平呈上升趋势，其中的原因可能在于，随着教师工作时间的延长，教师的工资水平也在提升，且很多教师在教学工作中取得了一定的成果，获得了他人的肯定或者各种荣誉。此类教师的精神需求和物质需求都得到了一定的满足，相应地，他们的职业社会幸福感体验也逐步提升。

五、中小学二级教师职业社会幸福感总体水平偏低

根据本次调查数据，中小学高级职称和未定级教师的职业社会幸福感水平相对较高，而二级教师的职业社会幸福感总体水平较低，这一结果支持了以往的研究成果。[4][5] 教师的职业社会幸福感与职称是显著相关的，而且以"U"形曲线分

---

[1] 胡小丽. 中学教师职业幸福感结构及其影响因素的研究. 长春：吉林大学，2007：38-42.
[2] 姜艳. 教师职业幸福感研究. 思想理论教育，2008（9）：75-78.
[3] 代照甜. 九年义务教育教师工作满意度与主观幸福感的相关研究. 开封：河南大学，2013：50.
[4] 姚茹. 中国中小学教师幸福感现状调查与教育建议. 中国特殊教育，2019（3）：90-96.
[5] 刘秋红，刘荣秀. 教师职业幸福感水平及其影响因素调查研究. 教育导刊，2014（6）：33-36.

布，二级教师的职业社会幸福感水平较低，可能的原因在于这一职称教师的收获与付出不平衡现象相对突出、向上晋升的难度大等，这些因素导致二级教师工作压力增大，容易出现职业倦怠。而对于未定级教师而言，他们中多数人刚踏入教育行业，精力充沛，对教学工作持有新鲜感，多数人在工作中保持积极的心态，容易从工资等报酬中获得满足感，因此，未定级教师的总体职业社会幸福感水平较高。对于二级以上教师而言，他们的职业社会幸福感水平相对较高，原因可能在于，随着教学经验的积累，他们中的不少人取得了令人满意的工作业绩，薪资待遇水平和社会、家长的认可度也逐步提高，因而中小学高级教师的职业社会幸福感水平较高。

六、寄宿制学校教师职业社会幸福感水平较低

本次调查发现教师的职业社会幸福感水平与学校的类型相关。由表9-7可知，非寄宿制与寄宿制学校教师的职业社会幸福感差异显著。在社会声誉这一维度上，寄宿制学校教师的职业社会幸福感水平略高于非寄宿制学校教师，但在师生关系、同事关系和领导关系等维度上，寄宿制学校教师的职业社会幸福感水平低于非寄宿制学校教师。一些既往的研究也得出了类似结论。王芳在其研究中对此做了分析，认为寄宿制学校的教师工作时间较长、工作内容繁杂，不仅要关注学生的学习情况，还要关注学生生活上的困难，导致寄宿制教师的工作压力大、承担的责任重。另外，寄宿制学校的教师大多数是临聘制教师，社会地位相对低，薪资待遇相对低，但是工作付出很多，这些容易造成寄宿制学校教师出现心理失衡和职业倦怠，进而导致他们的工作期望也较低。[1] 杨寅认为部分寄宿制教师是临聘教师，专业素质相对较低，生存状态不尽如人意，工作心态具有不稳定性。[2] 本书认为，寄宿制学校的教师工作负荷过重、职业社会幸福感总体水平较低的可能原因主要有三点：第一是师生关系不和谐。寄宿制学校师资储备力量不够、教师人均开设课程多，工作量大、备课上课占据了教师的大部分时间，导致教师与学生的沟通交流较少，师生关系多处于淡漠和疏离的状态，从而影响了教师的社会幸福感体验。第二是受利益导向的领导关系影响。寄宿制学校中可能存

---

[1] 王芳. 延安市宝塔区寄宿制小学教师工作负荷研究. 延安：延安大学. 2018：20-24.
[2] 杨寅. 凉山彝族地区农村寄宿制学校教师队伍建设现状分析与对策建议. 南充：四川师范大学. 2013：34.

在分工不明确、管理模式陈旧问题，导致教师工作压力大，部分领导在对教师的管理中以利益为导向，缺少人文关怀，无法调动教师的工作积极性。第三是同事关系冷漠。寄宿制学校可能存在机械式考核评价机制使教师之间竞争激烈，不利于和谐互助的同事关系的建立，影响了教师之间的有效交流，导致寄宿制学校的教师职业社会幸福感水平较低。

七、硕士研究生学历的教师职业社会幸福感水平较低

从本次调查结果中能看出，中小学教师的社会幸福感水平与教师的学历相关，这与之前的研究结果相一致。[①] 中专学历和博士研究生学历的教师社会体验感较好，拥有硕士研究生学历的教师在社会幸福感方面体验较差。综合各种数据来看，随着学历的升高，中小学教师的社会幸福感水平呈近似"U"形曲线分布。由于本次研究数据量大，涵盖范围较广，调查数据与以往的研究有一些不同。近些年来，由于就业竞争激烈，很多硕士研究生逐渐进入小学任教，改变了以往中小学里缺乏高学历教师的局面。大部分硕士研究生学历的教师刚刚进入中小学，刚好处在3～5年的教龄阶段内，许多硕士研究生学历教师的待遇跟同期进来的本科生学历教师差不多，工作的内容相似，导致学历较高的教师在相同的工作环境里落差感更强烈，进而在学校归属感和职业使命感方面体验较差，也影响了教师的社会幸福感水平。中专或者大专学历的教师基本上处于中年阶段，在教育行业已经扎根多年，在工作上接受了许多年的培训，拥有了丰富的教学经验，取得了一些教学成果，薪资待遇也有了很大的进步，其社会幸福感水平也会随着专业发展而有所提升。以博士研究生学历进入中小学的教师薪资待遇都相对较高，虽然教学成果方面暂时相对欠缺、不适应环境等影响了其社会幸福感体验，但是薪资待遇的可观、教学经验的累加等方面也对博士研究生学历教师的社会幸福感水平有正面的影响。

八、普通高中教师的职业社会幸福感水平最低

根据以上数据，中小学教师的社会幸福感与所教学段有关，不同任教学段的教师社会幸福感水平存在差异。小学教师的社会幸福感体验较好，初中教师的社

[①] 陈美荣. 中小学教师的人格特征、教学效能感对主观幸福感的影响研究. 上海：华东师范大学，2007：36.

会幸福感体验次之，普通高中教师的社会幸福感体验最差。这与之前的相关研究结果保持一致。[①]究其原因，这可能与我国的国情有关系。我国实行九年一贯制的义务教育，小学和初中对于升学率的要求相对较低，小学和初中教师的工作压力相对较小。小学教师的幸福感体验较好的背后原因可能是小学教师是学生的重要他人，学生对教师的信任影响了教师的工作状态。正如苟玉提出的，"孩子的童真对于教师而言，也是影响教师职业幸福感的一项重要因素"[②]。教育活动中的大多数工作内容是围绕学生展开的，小学教师与学生的相处非常纯粹，小学生的纯真和可爱能让教师感受最初的人性温暖。尤其在小学阶段，小孩子的成长是非常快速的，更能体现教师这份工作的价值和意义。教师与学生都是独立的个体，能够在学校实现自我的成长，尤其教师看到小学生在自己的关怀下实现了身心并行发展，感觉到自己被小学生依赖和需要时，其教学成就感会逐渐增强，也促使教师产生职业幸福感。小学教师的幸福感不仅仅来源于学生学习成绩的提高，也源自学生品德和身体方面的成长。同时，小学生对教师纯粹的爱能够使教师感觉到自己的工作是十分有意义且幸福的，也让教师在这份工作中实现了自我价值。源于高考竞争的激烈，普通高中教师的工作有升学率上面的要求，工作压力较大，影响了其社会幸福感体验，也成为捆绑教师专业发展的枷锁，根据这一社会现实，普通高中的管理者要切实关注教师的工作状态，运用科学的评价制度和手段，通过提高教师的教学效能感、优化学校管理制度、对教师进行多方面科学评价，来缓解升学率给教师带来的压力，切实有效地提升普通高中教师的社会幸福感。

第四节　教师职业社会幸福感提升策略

本次调查结果表明，中小学教师职业社会幸福感的提升受多方面因素的影响。对于社会幸福感问题的解决，不同的学者有不同的看法。综合先前的研究和调查结果，笔者认为提升教师的职业社会幸福感需要从学校、社会和教师这三个层面共同做出努力。

[①] 李森，崔友兴. 新型城镇化进程中乡村教师专业发展现状调查研究——基于对川、滇、黔、渝四省市的实证分析. 教育研究，2015，36（7）：98-107.
[②] 苟玉. 小学教师职业幸福感研究. 南充：西华师范大学，2018：41-42.

一、学校层面

(一)教师管理要以人为本,建设合作共享的文化氛围

学校领导在教师管理中需要充分落实人文关怀,不仅要关注教师物质需要的满足,更要关注教师精神需求的满足。充分的人文关怀会使教师有归属感,促进教师从发自内心地勤奋、愉悦地投入工作,在工作中产生良好的情感体验和成就感。在管理实践中,学校领导要以教师为本地开展学校管理工作,建设合作共享的文化氛围,减少各种各样的检查,让教师从应对检查和评比、比赛中脱离出来,使他们有时间和精力投入到自己的专业发展中去。为了促进教师专业发展,学校领导应给予教师一定的自主发展空间,尊重教师自主发展的意愿,倾听教师的发展需求,并给予必要的支持,赋予教师平等交流的权利,形成民主和谐的上下级关系。学校要积极建设合作共享的文化氛围,促使中小学教师在集体中汲取力量,并在这样的氛围中开展合作学习,互相帮助,获取勇往直前的力量,减少工作带来的负面情绪。这样合作共享的工作氛围有助于促使教师全身心投入工作,乐于奉献,内心充盈幸福。

(二)积极创造条件,促进教师持续学习

教师的职业社会幸福感并不是凭空生成的,它是建立在成就感、获得感等基础上的。而教师能否获得充分的专业发展对其自我实现等有着重要的影响,进而言之,教师的专业知识、专业能力和专业态度的提升对于其职业社会幸福感的形成及提升至关重要。那么,如何才能提升教师的专业水平?从学校层面来看,应当积极创造条件,支持教师开展持续的专业学习,包括教师的个人反思、读书、研究等,持续的专业学习有助于提升教师驾驭工作的能力,使得教师体验成就感、获得幸福感。[①]学校在支持教师个人专业学习的同时,还应当注重通过有组织的、常态化的教师培训来推动教师的专业学习。在开展教师培训时,培训的次数和任务要有适度的安排,否则容易给教师造成负担,让教师倍感压力。培训的内容可以根据教师的兴趣和专业发展需求来精选,避免重复性的、空泛的学习内容。同时,培训的内容安排不仅应涵盖教师的专业知识和教学能力等,还应涵盖教师的心理健康、职业倦怠预防、阳光心态等内容。学校可以定期开展与

[①] 张兆芹,庞春敏. 教师职业幸福感及其提升策略. 教学与管理,2012(4):25-28.

教师职业社会幸福感相关的专家讲座，帮助教师认识幸福感，并使其学会如何在生活中自己采取措施提升幸福感，树立正确的幸福观和世界观，培养积极心理品质。

（三）考虑个体差异，合理制定倾斜政策

本次调查结果显示，不同性别、教龄、职称、学历等的教师在社会幸福感的体验方面存在差异。马斯洛需求层次理论认为，人类的需要是分层次的，人类的需要也存在差异，人的需要是多种形式的。不同的人由于不同的社会生活背景，对幸福感的理解和追求也不一样。因此，学校在制定相应的制度和行动策略时，应当考虑到教师个人或群体之间的差异，依据教师个体差异制定教师职业社会幸福感提升策略。例如，二级教师的职业社会幸福感偏低，其重要原因包括这部分教师容易心理失衡、存在职称晋升焦虑、专业发展进入瓶颈期等，因此，学校要针对二级教师的特点与需求，积极采取措施，尽最大可能消除他们的焦虑，拓展他们的发展空间，为他们的职称晋升创造有利条件。学校在考虑教师整体利益的情况下，要努力为二级教师的职业社会幸福感提升提供一定的倾斜政策。

二、教师层面

（一）树立正确的职业观，实现主动工作

中小学教师要树立正确的职业观，对自己的职业要有清醒的认知，要把教书育人作为自己的职业理想。教师工作并不仅仅是教师谋生的工具，更是教师的人生理想。教师要带着教育理想，深耕在教育一线，为基础教育贡献力量。中小学教师只有树立正确的职业观，才能更好地专注于自己的工作，关注学生的身心成长。教师应正确地规划职业生涯，积极面对职业发展困境，调整状态和情绪，顺利度过发展危机，增强工作中的积极主动性，实现职业理想。提升职业使命感有利于提升教师的自我效能感，使教师关注自己的专业素养，增强自我提升的专业发展意识，激发内在工作动机，在日常的教学工作中发现教师工作的意义，感知教育的魅力和价值，从而有效提升自己的社会幸福感。

(二)构建和谐人际关系,实现幸福工作

人际关系和谐是教师社会幸福感的发展源泉。人际关系在教师的职业感受、职业认知和工作积极性等方面都有着重要的影响。在人际关系和谐的学校里,教师之间和师生之间往往相处较为融洽,容易形成相互悦纳、相互支持的良好氛围,从而使教师更容易产生强烈的归属感和凝聚力。既有研究揭示,人际关系中的同事关系至关重要,合作型的教师同事关系使教师能够获得来自身边同事的工具性支持和社会-情感支持,有助于消解教师在教学探索过程中因个人"摸着石头过河"而产生孤独感和无助感,同时也有助于同事之间通过相互倾诉、相互支持而快速释放工作压力和维系心理健康。[1] 本次研究发现,教师职业社会幸福感水平高低的影响因素之一是师生关系。当师生关系失去和谐时,必然会导致教师的心理压力增大,降低教师的工作积极性。因此,教师应当积极改善与学生的关系,增加与学生的沟通交流,在教学工作中不仅注重知识传授,也要积极主动地与学生进行情感交流,努力缩短师生间的心理距离,在促进学生不断成长的同时获得学生的认可,这是教师职业带给教师的愉快体验,也是教师幸福感的重要来源。

(三)合理规划工作时间,实现高效工作

教师在教育一线的工作是繁杂而又忙碌的,工作时间长,工作环境也局限在学校里,工作内容多,迫使中小学教师的部分休息时间可能被占用。当下由于社会竞争的激烈,人们对基础教育的质量要求越来越高,教师需要投入大量的时间和精力在教学工作和班级管理上,这同时也使得教师的工作压力越来越大。中小学教师的节假日时间会因为培训和检查而减少,各种形式的赛课、听课、评课等活动让中小学教师应接不暇。中小学教师把更多时间和精力花费在教学和额外工作上,没有了充足的休息时间,使得教师关注学生和自我发展等方面的精力也在减少,容易陷入职业倦怠,很难在教学工作中获得成就感,影响职业幸福感体验。中小学教师要学会合理规划自己的工作时间,提升自己的工作效率,留出时间来提升自我,也可以用这样的时间来增强身体素质、释放生活压力等。通过合理规划和利用时间,教师可以增加休息时间,实现身心并行地健康发展,在职业生涯中体验到身为教师的幸福。

---

[1] 邓涛,孙启林. 论个人主义教师文化及其变革. 比较教育研究,2007(6):26-30.

三、社会层面

（一）提高教师工资待遇，提升教师职业吸引力

薪资待遇在一定程度上影响教师的社会地位，也影响着教师的社会幸福感体验。合理的薪资待遇是教师社会幸福感体验的保证。目前，尽管从总体上看我国中小学教师的薪资待遇相比以往已经有了很大改善，但是不同地区之间、不同学校之间、城乡之间的教师薪资待遇差异客观存在。本次调研发现，很多教师认为自己的薪资待遇较低，自己的工作时间与收入不成正比，这种情况在中西部地区尤为明显，这是导致中西部地区教师的职业社会幸福感体验较差的重要因素。为此，各级政府应当切实有效提高教师的工资待遇，尤其应当关注农村学校、落后地区教师的薪资待遇改善，解决他们的生计之困，并努力改革教师职称评定、教师评价等制度，拓宽教师专业发展空间和晋升渠道，增强教师的心理安全感，缩小教师因工作投入与回报不均等而产生的心理落差，提升教师职业的社会声誉和吸引力，使教师真正成为令人羡慕的职业。

（二）明晰教师角色与责任，确立合理的教师职业期望

从理论上来说，教师的角色应该是"作为人的教师"和"作为教师的人"的统一，即教师不仅是从事教书育人的专业工作者，也是"自然人"。但长期以来，人们过于强调前者，偏颇地重视教师的社会价值和奉献价值，淡化了教师也是人、也有自己的物质需求和精神需求且在职业生活中也会犯各种错误这一方面。[①] 因此，社会应当对教师保持合理的期望。教育教学工作非常复杂，且需要教师不断探索和创新，这意味着一些教师在职业生活中犯错误其实是正常的，社会应当用包容的心态接纳教师的错误，同时积极采取措施帮助教师提高专业能力，使其尽可能少犯错误或主动修正错误，这在一定程度上能够减轻教师的职业压力，提升教师的职业社会幸福感。

（三）做好职前教育幸福观培养机制，建立职后教师援助渠道

教师的社会幸福感不是从踏入岗位中才获得的，在职前培养阶段，师范生在

---

① 张美兰. 中小学教师职业幸福感的调查研究. 九江学院学报（哲学社会科学版），2011，30（1）：110-113.

大学里对于教师的工作的认同和态度影响了之后在工作岗位上的幸福感体验。师范生对于社会幸福感的理解和感知也影响了其后续从教的意愿。因此要重视职前教师的幸福感培养工作。在高等院校里要对师范生进行幸福感教育，通过开展演讲比赛、座谈会、讲座等各种活动，让师范生在思想上树立正确的职业理想和职业幸福观，明确教师的责任和职业纪律，对于教师这份职业拥有正确的期望，以在之后的阶段里引导自己的专业发展。当下，教师的社会幸福感存在水平不高等问题，而且影响因素众多且复杂，影响了教师的工作积极性，进而影响到基础教育的质量。不仅国内众多学者对此予以关注，OECD等许多国际组织也在进行教师职业幸福感研究，希望能通过解决教师的职业幸福感问题来推动教育质量的提高。

英国在非常早的时期就已经关注到教师的幸福感问题，为了提升教师的幸福感，英国于1999年在教师援助网内建立了"教师援助在线"[1]，帮助教师重拾工作的信心，引导教师解决当前的困境，给予教师精神支持，帮助教师在工作岗位上有更好的表现，进而有效提高其自我效能感，提升幸福指数。但是在国内，我们对于教师幸福感的研究仅仅限于学校讨论，教师缺少话语权，我们不能及时感应到教师的需求。社会对教师的问题关注不足，无法集中力量解决教师存在困难及问题。因此有必要完善公共教师援助渠道，可以设立教师援助网或者教师援助专线，让教师表达自己遇到的问题，公众也可以参与进来讨论。这样既可以使公众更加了解教师的工作，也可以使教师感受到公众的关注和支持，使得问题的处理更具有针对性和及时性，以有效提升教师的社会幸福感。

---

[1] 曾瑜. 成都市中学教师职业幸福感研究. 重庆：西南大学，2007：28.

第十章
教师职业幸福感群像素描报告

第一节　班主任教师职业幸福感调查报告

作为中小学教师群体的重要组成部分，班主任不仅在学校日常生活中肩负着学科课堂教学的重要任务，同时承担着班级管理的繁重责任。可以说，在高质量提升我国基础教育的发展水平时，班主任理应成为备受关注的重要群体。在教师职业幸福感调查过程中，调研团队十分注重对中小学班主任群体的专项调查，期待通过调研得出的大数据，深度体认中小学班主任在中小学一线所感知的职业幸福感，从而为进一步提升班主任职业幸福感提供可行性策略。

一、班主任职业工作的基本特点

2009年8月，教育部印发《中小学班主任工作规定》（以下简称"《规定》"），明确指出："班主任是中小学日常思想道德教育和学生管理工作的主要实施者，是中小学生健康成长的引领者，班主任要努力成为中小学生的人生导师"，"班主任是中小学的重要岗位，从事班主任工作是中小学教师的重要职责。教师担任班主任期间应将班主任工作作为主业"。从政策规约与教育实践两个维度来看，中小学班主任职业工作具有个性、隐性、弹性、耐性、韧性五个特点。

（一）个性

每一位班主任都是独一无二的，这不仅表现在作为普通教师个体所具有的独特性，而且表现为每一位班主任在思维方式、话语方式、行为方式等方面能够在很大程度上对班级管理产生独具个性的影响。这种影响持续地对班级管理以及每一位学生的成长产生不可磨灭的教育功能。实际上，从最初走进班级，担任一个班级的班主任开始，班主任就将自身的个性融入班级教育的过程之中，班级发展的每一步都倾注了班主任大量的心血，并打上了班主任个性的烙印。虽然班主任职业工作会受到宏观经济、政治环境的影响，但是这项工作本身受班主任自身的学理基础、个体经历以及兴趣爱好、气质禀赋等的影响和制约更为深入。这就使得每一位班主任的职业工作都会在风格上呈现出独具特色的个性色彩。由此，班主任个体所感知的幸福、快乐以及焦虑、倦怠等都具有鲜明的个性，班主任职业工作的幸福感也鲜明地体现出班主任自身的个性来。

（二）隐性

班主任职业工作虽然能够在日常班级管理中得到鲜明的体现，但在实际工作中，很多班主任的职业工作恰恰隐藏在那些可见的时间表之下。

一方面，班主任职业工作往往淹没在较为琐碎的日常教育生活中，建构起学生成长的生活点滴，以至于很多学生没有意识到班主任职业工作的现实存在。但对于很多毕业生而言，他们会对班主任难以忘怀。实际上，有时他们难以忘怀的并不是那些看似轰轰烈烈的"大事件"，而恰恰相反，是班主任不经意间的一个眼神、默不作声的一个动作，是这些对学生一生产生了极为深远的影响，这些隐性的教育元素也同时焕发出班主任工作的重要德育功能。

另一方面，班主任职业工作往往需要基于现有的教育资源，不断拓展学生成长所需要的教育可能，并对此产生一定的预见性。教育是一项有规律的事业，长期从事教育工作的班主任不仅能在具体的教育生活中观察学生的日常表现、记录学生的日常行为，而且可以积累教育经验、因材施教，对学生施以具体的教育引导，助推学生的全面发展。可以说，正是这种宝贵的预见性，在很大程度上真正提升了班主任的育人能力与品质。

（三）弹性

虽然班主任的职业工作看似按照课程表等时间维度来进行，面对学生这一单一群体开展教育，面对校园这一单一场域生活，但在现实的班级教育中，很多班主任的职业工作具有较大的弹性。

其一，从时间维度来看，很多班主任所从事的工作超出了日常工作时间范围，经常在夜间、周末、假期等休息时间关照个别学生的成长问题，在个别特殊时期更表现出较大的工作弹性。例如，在2020年春季新冠肺炎疫情期间，很多中小学班主任始终与学生保持着密切的联系，引导学生居家上网课，同时关照着学生的身体、心理等多方面的变化情况。

其二，从对象维度来看，很多班主任不仅要面对班级内的学生群体，还要面对学生背后的家长群体，并从家长那里获取学生成长过程中的家庭因素。同时还要面对为班级授课的其他学科教师，与不同学科教师进行有效的教育交流，并获取相应的班级管理信息。

其三，从空间维度来看，很多班主任所从事的工作大多发生在校园内部，但也有一些校园外部的场域需要班主任予以关注。例如，面对学校周边社区，班主任需要积极利用社区教育资源，有针对性地开展班级教育活动。

（四）耐性

耐性可能是很多中小学教师都需要具备的特征。而对于班主任而言，其在职业工作中特别需要具有耐性，并充分表现在细致与反复两个方面。

一方面，从班主任所肩负的教育责任来看，班主任要具有较为细致的观察力、表达力与反馈力。每个学生都具有其特点，包括话语和具体行为，班主任在职业工作中需要充分注意到这些较为细致的差别，形成细致的观察力。在此基础上，班主任还要具有较为细致的表达力，如口头语言的细腻、身体语言的明晰等，这些都能够带给学生明确的意见，让学生从多种表达中获得相关教育信息。

另一方面，从班主任所从事的教育工作来看，班主任要具有不断反复的教育耐性。对于正处于成长中的儿童青少年而言，班主任做出的很多具体教育工作很难在短期内奏效，比如当天的批评教育难以在当天内起到立竿见影的效果，学生在一些问题上往往犯了又犯。而这就要求班主任有明确的教育信念、执着的教育行为，在学生出现错误行为时予以教育，错误再次发生时再次予以教育……直至教育任务最终完成，这在很大程度上考验着班主任的工作耐性。

（五）韧性

面对工作压力、挫折、焦虑，很多中小学班主任都可以在领导的关怀下、在家人的支持下、在资深教师的引导下不断强化自身的韧性，成为一名愈挫愈勇、百折不挠的班主任。因此，这种韧性在很多中小学班主任那里能够体现为顽强持久、持之以恒的教育精神。无论面对多少困难，很多班主任都会继续坚守岗位，对学生悉心开展教育。班主任工作的职业幸福感也正是在这种教育韧性中得到彰显，使得这种职业幸福感持久地体现。韧性，成为班主任持续开展工作必不可少的个性品质、隐性资源，也成为班主任职业工作之所以具有弹性和耐性的重要保障。同时，积极助推中小学班主任练就从事教育工作的韧性，也是提升班主任职业幸福感的重要路径。

二、班主任教师职业幸福感基本现状

在本次调研中，共有 11 725 份来自班主任的有效问卷，占比为 34.91%。调研数据显示，大多数班主任的教师职业幸福感与其他教师大体相当，但部分数据仍存在一定的差异，值得密切关注和深入分析。

在认知幸福感、主观幸福感、健康幸福感、社会幸福感、教师职业幸福感五个方面，班主任幸福感水平最高的是社会幸福感，略高于其他教师社会幸福感；其次为主观幸福感，低于其他教师的主观幸福感；再次为认知幸福感，低于其他教师的认知幸福感。值得注意的是，排名最低的是健康幸福感，均值仅为 3.04，而其他教师健康幸福感的总体均值为 3.20（最小值为 1，最大值为 5）。总体上，班主任的教师职业幸福感低于其他教师。具体情况见表 10-1。

表 10-1 班主任与其他教师的职业幸福感状况比较

教师类型	n	认知幸福感	主观幸福感	健康幸福感	社会幸福感	教师职业幸福感
班主任	11 725	3.73	3.75	3.04	3.82	3.66
其他教师	21 865	3.75	3.77	3.20	3.81	3.70
t		2.61**	3.39***	17.07***	−1.15	4.98***

注：***$p<0.001$，**$p<0.01$，下同

具体而言，班主任教师职业幸福感的现状表现为如下七个方面。

（一）班主任在刚任教时教师职业幸福感水平最高，并对未来的教师职业幸福感持有较高期待

为进一步调查班主任教师职业幸福感的变化情况，调查者在时间维度设置了四道感知程度的选择题，题干分别是"现阶段您认为您的职业幸福感为_____？""一年前您的职业幸福感为_____？""您刚任教时的职业幸福感为_____？""未来三年您的职业幸福感可能为_____？"，选项为 1~10，得分越高代表教师认为自己的教师职业幸福感水平越高。通过这 11 725 名班主任的回复，能够清晰地看到班主任在刚任教时的教师职业幸福感均值最高，均值达到 7.32；其次则是"现阶段"和"一年前"的教师职业幸福感，均值分别为 6.44 和 6.43。"未来三年"职业幸福感的"可能"性预判均值则为 6.73。这说明，班主任在刚参加工作时所感知到的教师职业幸福感水平最高，而随着时间的推移，教师职业幸福感呈现出明显下降的趋势。即便如此，班主任仍然对未来三年的教师职业幸福感抱有

较高的期待，见图10-1。

职业幸福感在很大程度上与工作满意度紧密相关。为此，前四道题对职业幸福感进行总体调查后，紧随其后的四道题就满意度问题进行了调查。该四道题为感知程度的选择题，题干分别是"现阶段您认为您的工作满意度为_____？""一年前您的工作满意度为_____？""您刚任教时的工作满意度为_____？""您觉得未来三年您的工作满意度可能为_____？"。最小值为1分，最大值为10分，得分越高代表教师对于自己的工作满意度越高。调查数据显示，在这四个时间点上，班主任认为在刚任教时的工作满意度最高，均值达到7.33；其次则是"现阶段"和"一年前"的工作满意度，均值为7.05。"未来三年"工作满意度的可能性预判的均值为7.24。这说明，班主任在刚任教时的工作满意度最高，而随着时间推移，班主任的工作满意度逐渐下降，但班主任对于未来三年的工作满意度仍持有较高的期待，见图10-1。

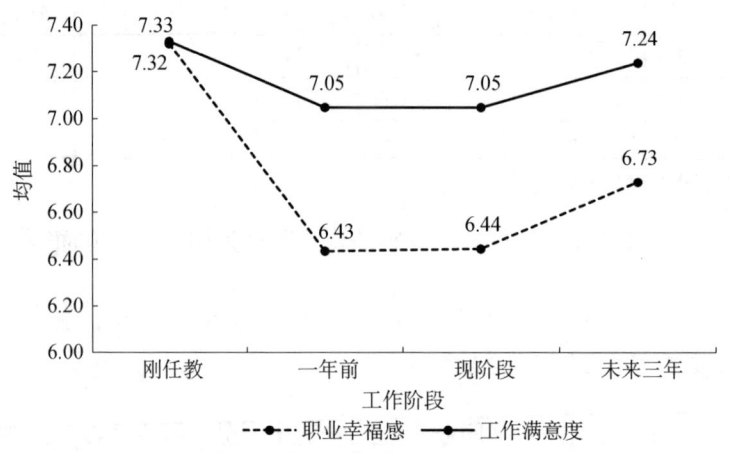

图10-1 班主任教师职业幸福感与工作满意度的变化情况

（二）东北地区班主任的教师职业幸福感水平总体较高

方差分析结果表明，不同地区班主任的教师职业幸福感具有显著差异，见表10-2。与东部、中部和西部地区班主任相比，东北地区班主任在多个教师职业幸福感维度指标上水平较高，充分显示出东北地区班主任的教师职业幸福感水平总体较高。具体表现为东北地区班主任的认知幸福感水平、主观幸福感水平、社会幸福感水平都相对较高。而对于健康幸福感，东北地区班主任的健康幸福感水平略低于中部地区班主任的健康幸福感水平，但高于西部和东部这两个地区班主任的健康幸福感水平。

就教师职业幸福感总体状况而言，东北地区班主任的教师职业幸福感水平则显著高于东部、中部和西部地区班主任。

表 10-2　班主任教师职业幸福感及其各维度均值在区域上的差异

区域	n	认知幸福感	主观幸福感	健康幸福感	社会幸福感	教师职业幸福感
东部地区	962	3.71	3.71	2.95	3.81	3.63
中部地区	2231	3.75	3.77	3.08	3.84	3.68
西部地区	4144	3.64	3.65	3.01	3.70	3.57
东北地区	4388	3.82	3.84	3.06	3.92	3.75
F		78.13***	61.27***	9.00***	82.20***	68.93***

（三）女性班主任的教师职业幸福感水平普遍高于男性班主任

女性班主任在中小学班主任群体中所占比重偏大，本次调研数据显示，不同性别的班主任教师职业幸福感具有显著差异，见表10-3。女性班主任的认知幸福感、主观幸福感、社会幸福感以及总体教师职业幸福感水平都显著高于男性班主任，在健康幸福感维度上二者没有显著差异。不难得出结论，从性别角度来看，女性班主任的职业幸福感水平总体高于男性班主任。

表 10-3　班主任教师职业幸福感及其各维度均值在性别上的差异

性别	n	认知幸福感	主观幸福感	健康幸福感	社会幸福感	教师职业幸福感
男	1 696	3.67	3.66	3.00	3.76	3.60
女	10 029	3.74	3.76	3.04	3.83	3.67
t		−4.95***	−5.73***	−1.86	−4.03***	−5.15***

（四）班主任的年龄越大，教师职业幸福感水平越高

年龄是影响班主任教师职业幸福感的重要因素。在不同年龄段，班主任因自身的从教经历、教育管理经验等的差异，教师职业幸福感也必然会存在一定的差异。为此，本次调查专门针对不同年龄班主任的教师职业幸福感进行了差异分析，主要分为10个年龄段，见表10-4。

方差分析结果表明不同年龄班主任的教师职业幸福感具有显著差异（表10-4）。25岁以下和50岁以上的班主任幸福感水平明显高于其他年龄段的班主任，就教师职业幸福感总体状况而言，基本呈年龄越大、幸福感水平越高的分布特点，见图10-2。

表10-4 班主任教师职业幸福感及其各维度均值在年龄上的差异

年龄	n	认知幸福感	主观幸福感	健康幸福感	社会幸福感	教师职业幸福感
18~20岁	9	3.89	3.77	3.33	4.11	3.84
21~25岁	1008	3.68	3.70	3.15	3.73	3.62
26~30岁	1881	3.68	3.69	3.03	3.77	3.61
31~35岁	1774	3.67	3.66	2.99	3.73	3.59
36~40岁	1870	3.69	3.68	2.96	3.79	3.61
41~45岁	2339	3.77	3.76	3.02	3.84	3.68
46~50岁	1459	3.76	3.78	3.00	3.84	3.68
51~55岁	1143	3.89	3.97	3.17	3.99	3.84
56~60岁	236	3.98	4.12	3.33	4.16	3.98
61~65岁	6	4.24	4.25	3.76	4.46	4.24
F		26.94***	30.80***	12.11***	26.71***	28.71***

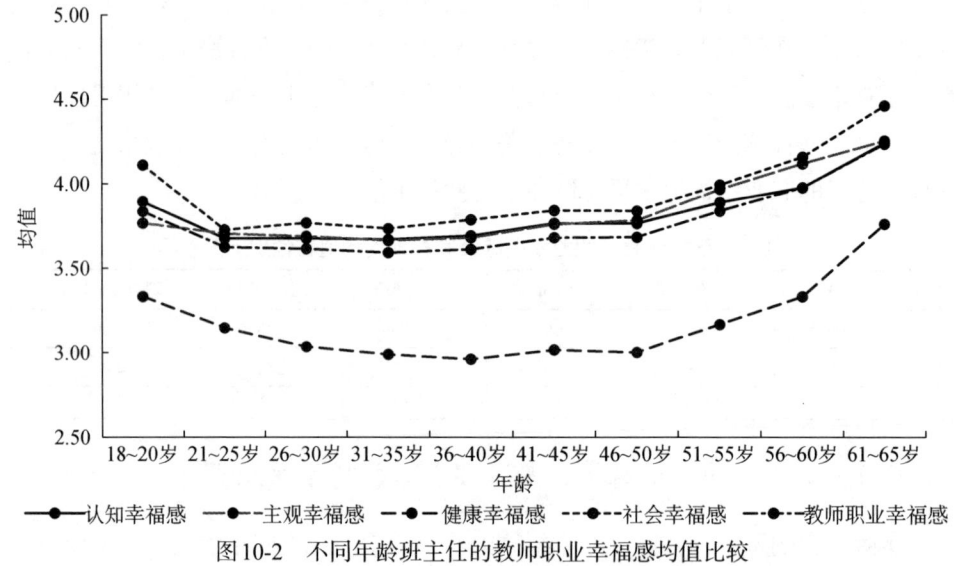

图10-2 不同年龄班主任的教师职业幸福感均值比较

(五)"两端学历"的班主任教师职业幸福感水平更高

学历表明了班主任的学习历程,在后续的工作中产生着极为深刻的影响。持有不同学历的班主任,往往在职称评聘、工资待遇等多个方面存在差异。为此,本调查特从学历维度对班主任的教师职业幸福感进行了差异分析。在所调查的11 725名班主任中,将学历分为了高中及以下学历、中专/技校学历、大学专科学历、大学本科学历、硕士研究生学历和博士研究生学历,各个学历的样本数以及教师职业幸福感均值具体情况见表10-5。

方差分析结果表明不同学历的班主任教师职业幸福感具有显著差异。在健康幸福感方面，均值最高的是高中及以下学历的班主任，而均值最低的则是硕士研究生学历的班主任。在认知幸福感方面，均值最高的是博士研究生学历的班主任，而均值最低的则是具有硕士研究生学历的班主任。在主观幸福感方面，均值最高的是博士研究生学历的班主任，而均值最低的则是硕士研究生学历的班主任。在社会幸福感方面，均值最高的是博士研究生学历的班主任，而均值最低的则是硕士研究生学历的班主任。

就教师职业幸福感总体状况而言，高中及以下学历班主任的教师职业幸福感水平显著高于大学本科和硕士研究生学历班主任，而博士研究生学历班主任的教师职业幸福感水平显著高于大学专科、大学本科及硕士研究生学历班主任，具有"两端学历"的班主任教师职业幸福感水平更高，见图10-3。

表10-5　班主任教师职业幸福感及其各维度均值在学历上的差异

学历	n	认知幸福感	主观幸福感	健康幸福感	社会幸福感	教师职业幸福感
高中及以下	45	3.92	3.96	3.64	4.05	3.93
中专/技校	110	3.97	4.02	3.40	4.08	3.93
大学专科	2574	3.79	3.82	3.12	3.87	3.73
大学本科	8528	3.72	3.72	3.01	3.80	3.64
硕士研究生	452	3.63	3.62	2.92	3.74	3.56
博士研究生	16	4.13	4.26	3.10	4.26	4.06
F		19.03***	20.04***	18.26***	14.75***	22.60***

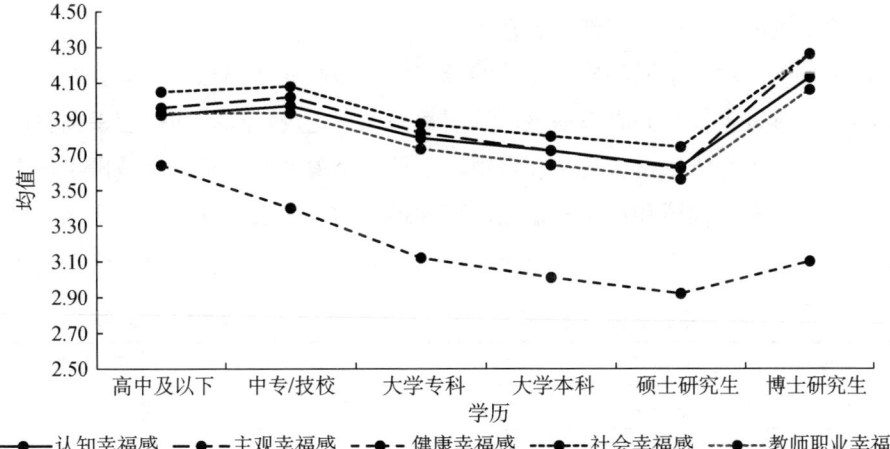

图10-3　不同学历班主任的教师职业幸福感均值比较

（六）小学班主任教师职业幸福感水平高于普通高中和初中的班主任

小学、初中和普通高中所承担的教学任务不同，班主任的教师职业幸福感也不同。为了更加清晰地说明不同学段班主任教师职业幸福感的差异，本调查对"普通高中""初中"和"小学"三个任教学段分别进行了调查。

调查数据显示，不同任教学段的班主任教师职业幸福感具有显著差异，见表10-6。小学班主任在健康幸福感、认知幸福感、主观幸福感和社会幸福感四个维度上的均值均高于初中班主任、普通高中班主任。因此，就"教师职业幸福感"总体状况而言，小学班主任的教师职业幸福感水平高于初中和普通高中班主任。

表10-6　班主任教师职业幸福感及其各维度均值在任教学段上的差异

任教学段	n	认知幸福感	主观幸福感	健康幸福感	社会幸福感	教师职业幸福感
普通高中	520	3.60	3.59	2.88	3.67	3.52
初中	1445	3.60	3.59	2.84	3.68	3.52
小学	9760	3.76	3.78	3.07	3.84	3.69
F		80.92***	64.95***	65.99***	58.93***	86.37***

（七）乡村班主任教师职业幸福感水平显著高于城市、县城和乡镇的班主任

班主任的学校所在地在很大程度上影响着教师职业幸福感。为了更加清晰地说明城乡班主任职业幸福感的差异，本调查特对"城市""县城""乡镇"和"乡村"四个地区的班主任分别进行了调查。

调查数据显示，不同学校所在地的班主任教师职业幸福感具有显著差异，见表10-7。乡村班主任在健康幸福感、认知幸福感、主观幸福感和社会幸福感四个维度上的均值均高于城市、县城和乡镇班主任。值得说明的是，县城班主任在认知幸福感、主观幸福感和社会幸福感方面的均值均为最低。就教师职业幸福感总体状况而言，乡村班主任的教师职业幸福感水平高于城市、县城和乡镇班主任。

表10-7　班主任教师职业幸福感及其各维度均值在学校所在地上的差异

学校所在地	n	认知幸福感	主观幸福感	健康幸福感	社会幸福感	教师职业幸福感
城市	3101	3.70	3.70	2.95	3.81	3.62
县城	2412	3.69	3.69	2.96	3.76	3.61
乡镇	3371	3.74	3.76	3.04	3.81	3.67

续表

学校所在地	n	认知幸福感	主观幸福感	健康幸福感	社会幸福感	教师职业幸福感
乡村	2841	3.80	3.83	3.19	3.88	3.74
F		23.13***	24.06***	51.98***	14.47***	30.46***

三、班主任教师职业幸福感问题分析

虽然班主任的教师职业幸福感在多个维度上表现出差异性，但总体上看，班主任的教师职业幸福感仍面临多方面的问题。

（一）班主任教师职业幸福感在教龄等多个维度上出现"中部塌陷"

从调查数据的分析来看，班主任教师职业幸福感在教龄、年龄、学历等多个维度上出现"中部塌陷"现象。这种"中部塌陷"主要是指在有关维度上，最初和最后部分教师的职业幸福感都保持较高的指标，中间却出现了较低的指标，从而在图像上鲜明地表现出"中部塌陷"现象。这一问题主要表现在如下三个因素上。

在教龄因素上，班主任在任教初期的教师职业幸福感水平最高，而当下的教师职业幸福感水平较低，但仍对未来三年的教师职业幸福感抱有较高的期待。

在年龄因素上，18～20 岁、61～65 岁班主任的教师职业幸福感水平较高，但处于中间年龄段的班主任教师职业幸福感水平相对较低。

在学历因素上，高中及以下学历、博士研究生学历的班主任教师职业幸福感水平最高，但具有中间学历的班主任教师职业幸福感水平相对较低。

这种"中部塌陷"现象的出现有其现实的原因。对于教龄和年龄这两个因素而言，我们可以发现，在教师年龄较低和教龄较短时，因刚刚担任班主任，对班主任工作具有较高的热情，教师职业幸福感总体上也表现出较高的指标。而随着时间的推移，班主任的年龄和教龄不断增长，很多班主任出现职业倦怠、工作压力大等现象，教师职业幸福感水平随之下降。但对于那些年龄在 60～65 岁的班主任而言，他们仍然担任班主任意味着对于班主任工作极有可能具有发自内心的热爱，因而在教龄和年龄两个维度，出现了"中部塌陷"现象。

而对于学历因素而言，那些具有较低学历的班主任，可能由于能够与较高学历的群体一起成为班主任等，产生出一定的教师职业幸福感。而那些具有博士研究生学历的教师之所以担任班主任工作，意味着发自内心地认同班主任工作，并在主观上愿意为之不断付出，因此具有较高水平的职业幸福感，因而在学历维度也出现了"中部塌陷"现象。

（二）职业薪酬制约着班主任的教师职业幸福感

虽然教师的工资"不低于公务员工资"这一条已经写进了很多有关教师的政策制度之中，但在对班主任进行"幸福感最高的职业排序"的调查中，"普通公务员"仍然排名第一，个案数达到3325，占比为28.36%。而在对班主任进行"教师幸福感缺失的第一原因排序"的调查中，排名第一的原因是"薪酬和付出不相称"，个案数达到5555，占比为47.38%。在对班主任进行"提高教师幸福感的第一措施"的调查中，排名第一的措施是"提高经济待遇"，个案数达到5709，占比为48.69%。数据表明，职业薪酬问题仍然在很大程度上制约着班主任的教师职业幸福感。事实上，面对班主任较多的工作付出，很多中小学对班主任的职业薪酬并没有充分予以重视，班主任与非班主任之间的总体薪酬并没有较为明显的差异。这就造成很多教师在主观上不愿意成为班主任，很多班主任的教师职业幸福感也受制于职业薪酬这一关键性因素而得不到提升。

（三）班主任承受着较大的工作负担

调查数据显示，班主任往往承受着比一般教师还要多的工作负荷，并逐渐成为班主任的工作负担。在班主任日常工作主要精力投入的调查中，"备课上课""班级管理"这两项的选择比例均超过20%，成为班主任精力投入最多的两项工作；"批改作业""辅导学生"这两项的选择比例也超过10%，成为班主任需要主要投入精力的工作。而"写反思""教研科研""比赛交流"等却远远低于"备检迎检"（4.86%）、"微信工作群"（3.60%）。可见，班主任虽然在"备课上课""班级管理"上投入了较多的精力，但仍有很多其他工作牵扯着班主任的工作精力，具体情况见图10-4。

同样，对于"工作压力主要来源"这一问题，在班主任的回复中，排名前三的分别是"备检迎检"（占17.28%）"班级管理"（占13.99%）、"家校沟通"（占10.91%）。可见，与一般教师相比，班主任承受着较多的非教学、非管理工作。

在"班主任幸福感缺失的原因排序"调查中，排名前六的分别是"薪酬和付出不相称""工作量大且烦琐""学生难管""成绩排名压力大""社会地位低且要

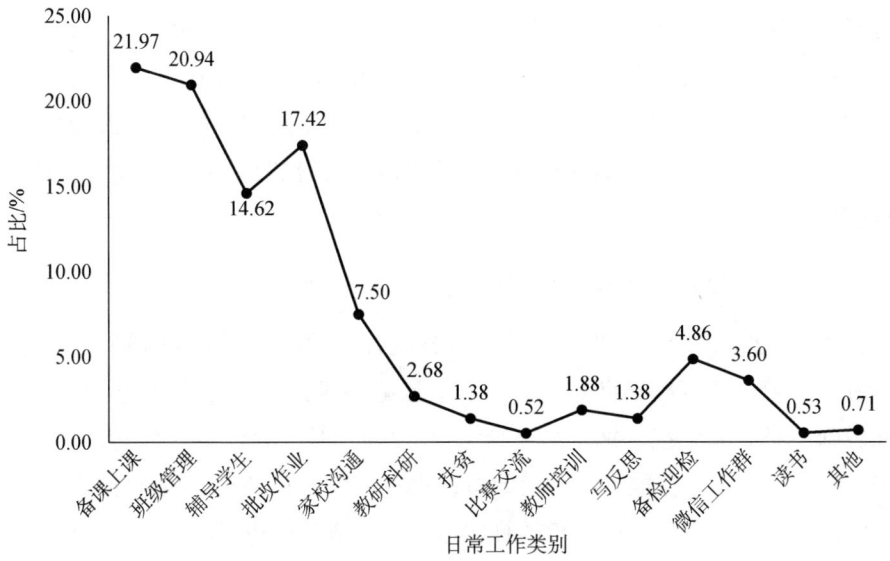

图10-4 班主任日常精力的主要投入

求高""不被重视和尊重",这些所占的比例均超过了10%。可见,对于班主任而言,日常教育教学过程中出现的这些工作量、排名以及学生等多方面的问题,深刻影响着职业幸福感。

四、班主任教师职业幸福感提升策略

没有教师的幸福,便没有幸福的教育。面对上述困境,唯有从制度、薪酬以及培养等根本问题上持续推动,使班主任体验到教师职业幸福感,才能为中小学生释放幸福的教育潜能,激发学生为未来的幸福生活而不懈努力,也才能在推动基础教育深化改革的进程中提升班主任的教师职业幸福感。

(一)强基固本:建立健全有关班主任工作的规章制度,助推班主任教师职业幸福感提升

科学而有效的制度是班主任教师职业幸福感的重要保障。面对当前中小学班主任教师职业幸福感调查中反映出来的问题,我们需要不断完善有关班主任的教育政策体系,并进一步减轻班主任的工作负担。

1. 研制中小学班主任工作专业标准

虽然关于教师的相关政策中专门谈到了中小学班主任,但尚缺乏对班主任工

作的密切关注。而现有的《中小学班主任工作规定》印发于2009年8月，其中的很多条款已不适合当前中小学班主任工作。因此，建议根据中小学班主任工作的时代性变化，进一步修改《中小学班主任工作规定》，并研制有关班主任的核心素养等专业工作标准，合理确定班主任的职责、权限，以此保障班主任职业幸福感。

2. 完善中小学班主任减负专项政策

2019年12月，中共中央办公厅、国务院办公厅印发《关于减轻中小学教师负担进一步营造教育教学良好环境的若干意见》，明确提出"切实减少对中小学校和教师不必要的干扰，把宁静还给学校，把时间还给教师"。为此，建议切实完善针对中小学班主任的专项减负政策，进一步强化政策落实和督导机制，特别是要明确中小学班主任所应负担的具体工作，厘清工作边界，夯实班主任工作的责任、权利与义务，切实减轻班主任工作负担。

3. 建立中小学班主任职称评聘通道

应在中小学教师职称评聘过程中建立班主任职称评聘的专门通道。鉴于班主任工作在中小学教育中的特殊性，应通过设置班主任职称评聘专门通道，鼓励更多的中小学教师长期扎根班级教育一线，为学生管理工作付出较多的班主任优先实现职称评聘。

4. 健全中小学班主任专项表彰制度

建议提高对班主任表彰和奖励的规格，以较高的荣誉感唤醒班主任的职业幸福感。例如，发起以评选年度"最美班主任"为导向的评选活动，让更多人关注中小学班主任的教育工作。在这方面，有些地区已经进行了先导性评选表彰活动。如杭州市出台专门政策，为担任中小学班主任满20年的在职教师颁发荣誉证书，对于市本级所属学校的相关教师给予一次性5万元的专项绩效奖励，区县（市）所属的学校也对相关教师给予相应奖励。① 这项工作的一个重要目标正是逐渐引导社会对班主任工作的认同与肯定。

---

① 浙江政务服务网. 中共杭州市委杭州市人民政府关于全面深化新时代教师队伍建设改革的实施意见.（2020-01-17）. http://www.hangzhou.gov.cn/art/2020/1/17/art_1345197_41738783.html [2020-02-10].

（二）薪酬保障：切实强化班主任工作的尊严感与获得感，激发班主任的教师职业幸福感

具有较强吸引力的津贴薪酬待遇是提高中小学班主任职业幸福感的重要保障。对于班主任的专项津贴和待遇而言，有关政策规定仍然沿用1979年颁布的《关于普通中学和小学班主任津贴试行办法》。2009年印发的《中小学班主任工作规定》明确指出："班主任津贴纳入绩效工资管理。在绩效工资分配中要向班主任倾斜。对于班主任承担超课时工作量的，以超课时补贴发放班主任津贴。"但事实上，对于班主任津贴的计算方式、具体额度等，我国始终没有较为明确、具体的规定。因此，建议从国家层面进一步明确班主任工作津贴的计算方法，切实强化具有吸引力的专业薪酬保障，以此助推班主任职业幸福感的提升。

同时，各地教育行政部门、中小学应因地制宜，进一步明确当地的班主任工作津贴、专业薪酬额度。事实上，我国有些地方已经进行了很好的实践探索。杭州育才中学教育集团推动班主任评级制度，给全校班主任评级并发放相应津贴，其中，初级班主任每月津贴2000元，中级班主任每月津贴2500元，高级班主任每月津贴3000元，特级班主任每月津贴5000元。如担任特级班主任满20年，则设立功勋班主任，一次性奖励10万元，如继续担任班主任则每月津贴8000元。相比之下，当时的杭州各中小学班主任普遍的月津贴是400元左右。这种"全国首创"带给我们很多思考：为什么要给班主任这么多的津贴？该校校长不无感慨地说道："决定性因素不是这些，而是观念和勇气。要看学校把班主任摆在什么位置，谁都觉得班主任重要，但真的到了评级评职评荣誉，却没有给班主任足够的重视。所以，我们很早就提高班主任津贴了。"[1]因此建议积极探索班主任专业津贴的区域责任制度，进一步鼓励建立具有较强吸引力的班主任专业薪酬保障机制和增长机制，助推班主任职业幸福感的有效提升。

值得注意的是，在班主任职业津贴薪酬等的持续增长过程中，职业幸福感有时并不完全随之同步增强，这一特殊现象即所谓的"幸福悖论"。"幸福悖论"是经济学家伊斯特林在20世纪70年代提出来的，即围绕幸福与收入之间增长关系的不一致所进行的经济模型验证。但至少从中国国民经济发展的短期效应来看，

---

[1] 搜狐网. 全国首创！杭州这所中学重金补贴班主任，特级班主任每月津贴5000元，功勋班主任一次奖10万.（2018-09-11）. https://www.sohu.com/a/253124166_498200[2021-01-28].

"中国国民幸福感的研究并不支持传统的'幸福悖论'假说"[1]。即在短期内,居民收入的增长仍是提升其幸福感的主要途径。因此,提振班主任职业幸福感,理应切实强化班主任职业津贴薪酬的持续性增长,不仅要从津贴薪酬方面充分考量,而且还应注意从物质和精神两个层面切实引导班主任逐渐提高职业幸福感体验。

(三)专项培养:构建职前职后一体化的班主任教育模式,增强班主任教师职业幸福感

作为世界教师教育变革的重要趋势,"一次性职前养成的传统师范教育观念逐渐解构,取而代之的是统合驾驶职前、职后一体化教育的终身发展新视角"[2]。《教师教育振兴行动计划(2018—2022年)》指出,"教师教育是教育事业的工作母机,是提升教育质量的动力源泉"。着力推动全国广大中小学班主任深刻感受到教师职业幸福感的重要前提,便是建设高质量的教师教育制度。

1. 增强班主任职前培养中的幸福感教育

在职前培养过程中,师范院校应积极建设班主任专业类课程资源,引导师范生逐渐形成班主任身份的职业认同,从源头上推动班主任职业幸福感的有效形成。我们在对全国部分教育部直属师范大学公费师范生培养方案进行比较分析后发现,大多数师范院校仍将"班主任工作""班级管理"列为1学分的课程,在课时分配、资源建设等方面明显不足;也有不少师范院校将这类课程列为选修课,并不强制要求师范生修读这类课程。[3]因此,建议在教师教育体系中积极建设班主任专业类课程资源,借助相关课程不断引导师范生渐趋形成对班主任专业身份的充分认同,从源头上推动班主任职业幸福感的有效形成。这是班主任教师职业幸福感形成的源头问题,也是当前我国教师教育必须直面的关键性问题。

2. 建构班主任职后培训中的幸福感引导

要着力建构班主任专业类培训资源,强化班主任职后成长的专业通道建设,从过程上关怀班主任教师职业幸福感的生命体验。着力建构班主任职后专业成长

---

[1] 刘军强,熊谋林,苏阳. 经济增长时期的国民幸福感——基于CGSS数据的追踪研究. 中国社会科学, 2012(12): 101.

[2] 李广,李欣桐. 新中国教师教育政策变迁历程、演进逻辑及发展趋势. 华南师范大学学报(社会科学版), 2020(6): 64.

[3] 张聪. 班主任生成之困——当前我国班主任教育的问题及应对. 班主任, 2016(8): 5-9.

的各类培训资源，充分调动起班主任"能成长""敢成长""愿成长"的专业发展愿景，形成班主任职业幸福感的主动体验。建议各级教育行政部门以及中小学校主动担负起班主任全程式、贯通式培养的重要职责，基于班主任教育生活所面临的诸多难题，以"扎根"的方式开展帮扶班主任行动，切实帮助班主任解决一些带有根基性的问题，让班主任在基础教育的实践一线切实体验到来自学校领导、教育行政部门领导、专家学者、教研员等相关主体对其的关注、关心与关怀。①

第二节　乡村教师职业幸福感调查报告

乡村教师是发展更加公平、更有质量乡村教育的基础支撑，是推进乡村振兴、建设社会主义现代化强国、实现中华民族伟大复兴的重要力量。当前国家出台了一系列加强乡村教师队伍建设的文件，不断强调提升乡村教师活力，使其岗位上有幸福感、事业上有成就感、社会上有荣誉感。2012年，《教育部 中央编办 国家发展改革委 财政部 人力资源社会保障部关于大力推进农村义务教育教师队伍建设的意见》发布，指出要"造就一支师德高尚、数量充足、配置均衡、城乡一体、结构合理、乐教善教、稳定而充满活力的高素质农村教师队伍"②；2015年，国务院办公厅发布《乡村教师支持计划（2015—2020年）》，要求使乡村教师"各方面合理待遇依法得到较好保障，职业吸引力明显增强，逐步形成'下得去、留得住、教得好'的局面"③；2018年1月，《中共中央 国务院关于全面深化新时代教师队伍建设改革的意见》提出大力提升乡村教师待遇，关心乡村教师生活④；2020年，《教育部等六部门关于加强新时代乡村教师队伍建设的意

---

① 刘立平，王立华. 班主任文化自觉：现实价值与实践路径. 中小学教师培训，2014，（9）：26-28.
② 教育部网站. 教育部 中央编办 国家发展改革委 财政部 人力资源社会保障部关于大力推进农村义务教育教师队伍建设的意见.（2012-09-20）. http://www.moe.gov.cn/srcsite/A10/s3735/201211/t20121108_145538.html [2021-03-12].
③ 教育部网站. 国务院办公厅关于印发乡村教师支持计划（2015—2020年）的通知.（2015-06-01）. http://www.moe.gov.cn/jyb_xxgk/moe_1777/moe_1778/201506/t20150612_190354.html [2021-03-12].
④ 教育部网站. 中共中央 国务院关于全面深化新时代教师队伍建设改革的意见.（2018-01-20）. http://www.moe.gov.cn/jyb_xxgk/moe_1777/moe_1778/201801/t20180131_326144.html [2021-03-12].

见》发布，进一步提出"提高地位待遇，让乡村教师享有应有的社会声望"①，并强调关心乡村青年教师工作生活。乡村教师的职业幸福感影响乡村教师的精神面貌、教学质量以及长远的职业发展，因此当前乡村教师的职业幸福感状况如何，以及怎样提升乡村教师的职业幸福感成为社会和学者普遍关注的问题。只有提升乡村教师的职业幸福感，才能够激发乡村教师的教学活力以及创造力、提升乡村的教师的积极性，进而推动乡村教育的振兴与发展，缩小城乡教育差距，促进教育均衡。因此，乡村教师职业幸福感是教育发展中的重要研究主题。本节通过调查，呈现当前我国乡村教师职业幸福感的状况以及主要存在的问题，并提出提升乡村教师职业幸福感的对策建议。

一、乡村教师基本内涵

对乡村教师进行概念界定的前提是明确乡村的概念。王恩涌认为，"乡村是以组织农业生产为主、聚居人口较少、人口与建筑密度较低、基本不具有市政设施和市镇形态的居民点"②。孙超帅和赵媛认为，"乡村是指人口相对稀少分散，主要从事农业生产活动的聚落"③。2015年，国务院办公厅发布《乡村教师支持计划（2015—2020年）》，规定乡村教师包括全国乡中心区、村庄学校教师。中共中央、国务院在《乡村振兴战略规划（2018—2022年）》中指出："乡村是具有自然、社会、经济特征的地域综合体，兼具生产、生活、生态、文化等多重功能，与城镇互促互进、共生共存，共同构成人类活动的主要空间。"④可以看出，对乡村概念的界定主要集中在生产方式，即从事农业活动的村落。根据以上对于乡村的界定以及政策文件中对于乡村教师的规定，本次研究中的乡村教师主要指在全国乡中心区以及村庄学校工作的教师。

二、乡村教师职业幸福感基本现状

乡村教师职业幸福感调查数据来自课题组，是教师职业幸福感分析中的一个

---

① 教育部网站. 教育部等六部门关于加强新时代乡村教师队伍建设的意见.（2020-07-31）. http://www.moe.gov.cn/srcsite/A10/s3735/202009/t20200903_484941.html[2021-05-12].
② 王恩涌. 人文地理学. 北京：高等教育出版社，2000.
③ 孙超帅，赵媛. 高中地理新教材必修二"城镇"与"乡村"概念辨析. 地理教学，2021（5）：25-27.
④ 中共中央 国务院印发《乡村振兴战略规划（2018—2022年）》. 中华人民共和国国务院公报，2018（29）：9-47.

群体，乡村教师有效问卷共16 918份，涉及全国31个省份。对乡村教师认知幸福感、主观幸福感、健康幸福感、社会幸福感各个维度进行均值分析，均值越大，表明幸福感水平越高。

（一）总体状况分析

对乡村教师不同阶段的职业幸福感和工作满意度变化进行分析（最高分为10分），总体呈现刚任教教师的职业幸福感和满意度水平较高，后逐步下降，现阶段教师的职业幸福感和工作满意度水平低于刚任教时期，但高于一年前的水平，乡村教师对未来三年的教师职业幸福感预期都较为乐观（图10-5）。具体来说，乡村教师现阶段的职业幸福感均值为6.81，处于中等水平，低于乡村教师刚入职阶段的职业幸福感（$M=7.29$）；同时乡村教师认为在未来三年的职业幸福感（$M=7.16$）高于现阶段的职业幸福感，但是和乡村教师刚入职阶段的职业幸福感相比，职业幸福感的走势总体来说呈现出下降趋势。乡村教师工作满意度均值整体高于职业幸福感均值，一年前的工作满意度（$M=7.26$）要低于现阶段的工作满意度（$M=7.34$），同时未来三年的工作满意度（$M=7.54$）要高于刚入职时的（$M=7.41$）和现阶段的（$M=7.34$）工作满意度。在教师对自己职业的总体评价上，有65.62%（选择完全符合和比较符合）的乡村教师认为"总体上来说，我对自己现在的职业生活很满意"，说明乡村教师总体工作满意度较高。

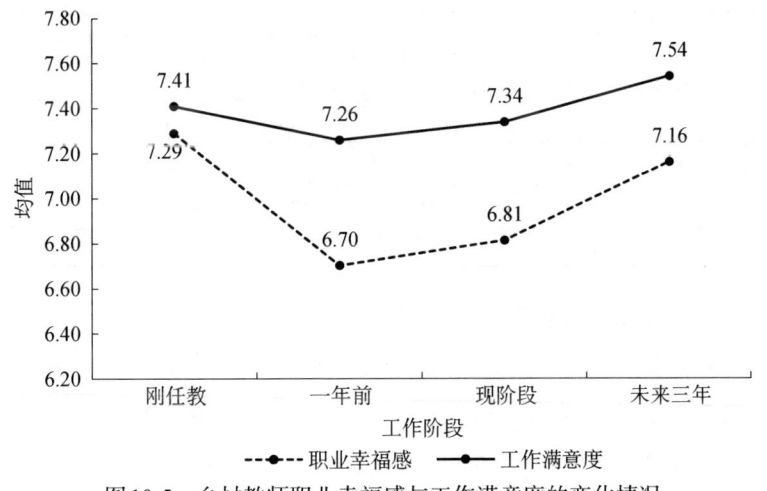

图10-5　乡村教师职业幸福感与工作满意度的变化情况

从教师职业幸福感各个维度的具体数值来看，乡村教师认知幸福感处于中等水平,主观幸福感和社会幸福感均值相对较高,健康幸福感均值最低(表10-8)。总体上来说,乡村教师的职业幸福感水平并不高,其中健康幸福感水平尤其让人忧心。

表10-8 乡村教师职业幸福感各维度均值(N=16 918)

类别	认知幸福感	主观幸福感	健康幸福感	社会幸福感	教师职业幸福感
M	3.78	3.82	3.20	3.85	3.73
SD	0.55	0.68	0.84	0.67	0.59

(二)具体状况分析

这一部分主要从不同区域、人口学变量和组织学变量等因素对乡村教师幸福感进行差异分析,对乡村教师幸福感的多维水平进行比较。

1. 区域差异

本次调查数据的样本分布及教师职业幸福感情况如表10-9所示,乡村教师职业幸福感的各个维度在四大区域差异都非常显著($p<0.001$)。其中,东北地区乡村教师在职业幸福感各个维度上的均值明显高于其他三个地区。另外,四大地区的乡村教师在健康幸福感的表现上明显低于其他三个维度;教师的社会幸福感水平在四个维度中最高。

表10-9 乡村教师职业幸福感各维度的区域差异

区域	n	认知幸福感	主观幸福感	健康幸福感	社会幸福感	教师职业幸福感
东部地区	762	3.72	3.73	3.12	3.77	3.65
中部地区	3746	3.77	3.81	3.18	3.86	3.72
西部地区	6056	3.70	3.73	3.14	3.75	3.64
东北地区	6354	3.88	3.92	3.29	3.96	3.83
F		116.10***	91.52***	37.19***	107.92***	111.72***

不同地区乡村教师职业幸福感的不同维度差异如下:第一,东北地区乡村教师的认知幸福感水平显著高于其他三个地区的教师,中部地区乡村教师的认知幸福感水平显著高于西部地区乡村教师,而东部和西部地区乡村教师的差异不显著。第二,东北地区乡村教师的主观幸福感水平显著高于其他三个地区的乡村教师,中部地区乡村教师的主观幸福感水平显著高于西部和东部地区乡村教师,而东部和西部地区乡村教师的差异不显著。第三,东北地区乡村教师的健康幸福感

水平显著高于其他三个地区的乡村教师，而东部、中部、西部地区乡村教师的健康幸福感差异不显著。第四，东北地区乡村教师的社会幸福感水平显著高于其他三个地区的乡村教师，中部地区乡村教师的社会幸福感水平显著高于西部和东部地区乡村教师，而东部和西部地区乡村教师的社会幸福感水平不存在显著差异。

2. 人口学差异

1）乡村教师职业幸福感的性别差异

调查结果显示乡村男、女教师的职业幸福感总体上不存在差异，但在认知幸福感和主观幸福感这两个维度，男女教师存在差异，女教师的体验好于男教师（表10-10）。

表10-10　乡村教师职业幸福感及其各维度均值在性别上的差异

性别	n	认知幸福感	主观幸福感	健康幸福感	社会幸福感	教师职业幸福感
男	4 798	3.19	3.77	3.80	3.85	3.72
女	12 120	3.21	3.79	3.82	3.85	3.74
t		−2.42*	−2.47*	−1.21	−0.26	−1.85

2）乡村教师职业幸福感在教龄上的差异

随着教龄的增长，乡村教师的健康幸福感、认知幸福感、主观幸福感以及社会幸福感水平呈先下降后上升再下降的波动变化（图10-6）。统计结果表明，教龄对乡村教师职业幸福感的影响较大，不同教龄段教师的职业幸福感体验不同，31~35年教龄教师的职业幸福感和其他教龄段的教师均存在显著差异，不同教龄的乡村教师在职业幸福感各维度上的差异也达到了显著性水平（表10-11）。31~35年教龄的乡村教师职业幸福感的四个维度均达到顶峰；同时，无论教龄多长，乡村教师社会幸福感的均值一直高于其他三个维度，乡村教师健康幸福感的均值是最低的。

对于认知幸福感，0~2年和16~20年、21~25年、26~30年教龄的乡村教师之间差异较小，而与其他教龄段的教师相比差异较大。3~5年教龄与6~10年教龄的教师之间差异较小，与11~15年教龄的教师相比差异亦不显著（p=0.059），而与其他教龄段的教师相比差异均较大。6~10年教龄的教师与11~15年、16~20年教龄的教师差异不显著，但与其他教龄段的教师相比则差异显著。21~25年教龄的教师与26~30年教龄的教师差异不显著，但与其他教龄段的教师相比差异显著。31~35年教龄的教师和其他教龄段的教师相比差异显著。

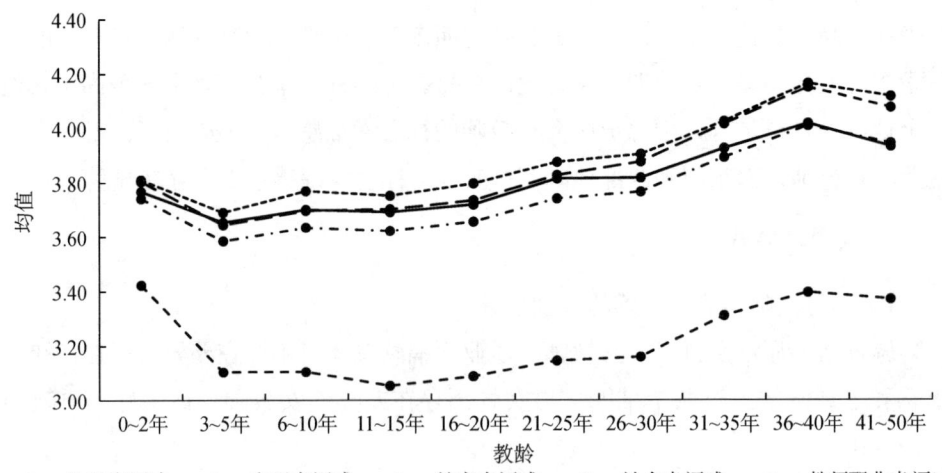

图 10-6　不同教龄乡村教师的职业幸福感及各维度均值

表 10-11　不同教龄乡村教师职业幸福感差异情况

教龄	n	认知幸福感	主观幸福感	健康幸福感	社会幸福感	教师职业幸福感
0～2年	2698	3.76	3.80	3.42	3.81	3.74
3～5年	1865	3.65	3.64	3.10	3.69	3.58
6～10年	1931	3.70	3.69	3.10	3.76	3.63
11～15年	1207	3.69	3.70	3.05	3.75	3.62
16～20年	1713	3.71	3.73	3.08	3.79	3.65
21～25年	2726	3.81	3.82	3.14	3.87	3.74
26～30年	1833	3.81	3.87	3.16	3.90	3.76
31～35年	1786	3.92	4.01	3.31	4.02	3.89
F		60.09^{***}	78.29^{***}	47.09^{***}	65.43^{***}	71.11^{***}

对于主观幸福感，0～2年与21～25年教龄的教师之间不存在显著差异，与其他教龄段的教师之间差异较大；3～5年教龄的教师与6～10年、11～15年教龄的教师相比差异较小，但与其他教龄段的教师之间均存在显著差异；6～10年教龄的教师与11～15年、16～20年教龄的教师相比差异不显著，但与其他教龄段的教师相比差异显著。31～35年教龄的教师与其他教龄段的教师之间均存在显著差异。

对于健康幸福感，3～5年教龄的教师与6～10年、16～20年、21～25年教龄的教师相比差异不显著，但与0～2年、31～35年教龄的教师之间存在显著差异。

对于社会幸福感，0～2年教龄和16～20年教龄的教师之间并无显著差异，但是与其他教龄段的教师之间均存在差异。

3）乡村教师职业幸福感的年龄差异

对不同年龄段乡村教师的幸福感进行比较，发现年龄为51岁及以上的教师在职业幸福感各维度的表现最好；35岁及以下的乡村青年教师职业幸福感水平较低；单因素方差分析结果表明，不同年龄段教师的职业幸福感存在显著差异，如表10-12所示。

表10-12　不同年龄段乡村教师的职业幸福感差异情况

年龄段	n	认知幸福感	主观幸福感	健康幸福感	社会幸福感	教师职业幸福感
35岁及以下	6643	3.70	3.72	3.22	3.75	3.65
36～50岁	6815	3.77	3.79	3.12	3.84	3.70
51岁及以上	3460	3.94	4.40	3.32	4.05	3.91
F		210.09***	275.41***	72.47***	229.59***	233.25***

事后检验表明，各年龄段教师在职业幸福感及其各维度上都存在显著差异，51岁及以上的教师在职业幸福感各维度上的表现最好；职业生涯前期的教师，其职业幸福感均值较低，如图10-7所示。相对于其他3个维度来说，教师的健康幸福感均值是最低的，其中36～50岁这个年龄段的教师健康幸福感均值最低。这可能是由于中年教师背负的工作压力以及生活压力巨大，导致教师的健康幸福感体验不高；对于其他3个维度来说，社会幸福感均值在3个年龄段中均处于最高的位置，并且对于51岁以上的教师来说，其社会幸福感均值要高于其他年龄段的教师。35岁及以下教师的认知幸福感、主观幸福感以及社会幸福感均值要低于其他两个年龄段的教师。3个年龄段教师的认知幸福感、主观幸福感以及社会幸福感均值随着年龄的增长呈现上升趋势，这同时也说明年龄对教师职业幸福感有着不可忽视的影响作用。

4）乡村教师职业幸福感在职称上的差异

数据分析结果表明，不同职称的教师在职业幸福感方面存在显著差异，二级教师的职业幸福感水平最低，正高级教师的职业幸福感水平最高。除正高级教师外，未定级教师与其他职称的教师之间差异较大，除二级教师外，三级教师与其他职称的教师之间差异显著（表10-13）。

在认知幸福感维度上，未定级教师和一级教师之间差异不显著，与其他职称的教师之间差异显著；三级教师除与二级教师之外的其他职称教师间均存在显著差异；高级职称与正高级职称的教师之间差异不显著，但他们与其他职称的教师

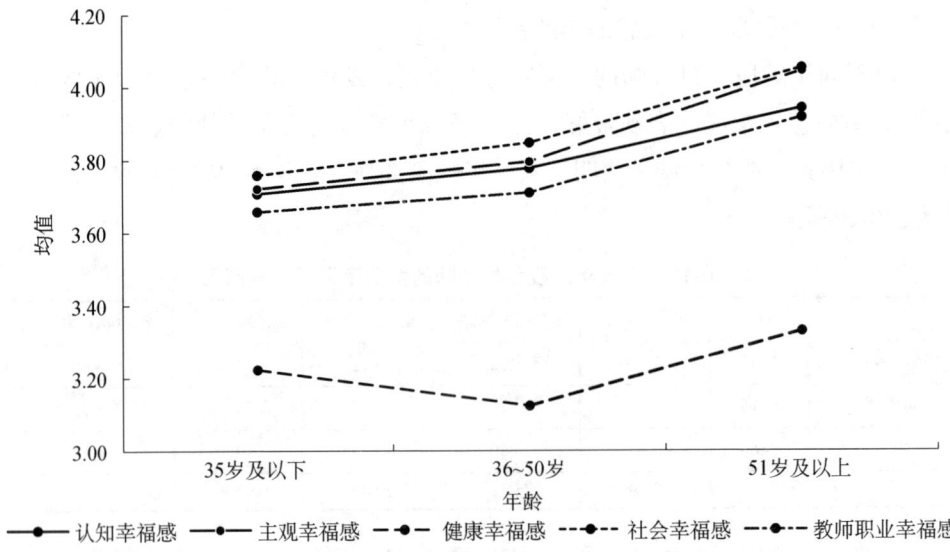

图10-7 不同年龄段乡村教师的职业幸福感及各维度均值

之间均存在显著差异。

在社会幸福感维度上,未定级和一级教师之间差异不显著;除二级教师外,三级教师与其他职称的教师之间均存在显著差异;高级教师和正高级教师之间差异不显著。

表10-13 不同职称乡村教师的职业幸福感差异情况

教师类别	n	认知幸福感	主观幸福感	健康幸福感	社会幸福感	教师职业幸福感
未定级教师	2801	3.81	3.84	3.43	3.85	3.78
三级教师	361	3.66	3.70	3.17	3.73	3.63
二级教师	4160	3.67	3.66	3.10	3.73	3.60
一级教师	6757	3.79	3.82	3.13	3.86	3.72
高级教师	2817	3.91	4.00	3.30	4.01	3.88
正高级教师	22	4.18	4.27	3.43	4.33	4.14
F		74.11[***]	94.87[***]	74.56[***]	66.68[***]	84.91[***]

不同职称的教师在职业幸福感各个维度上的均值如图10-8所示,职业幸福感的4个维度随着职称的上升呈现一定的上升趋势,健康幸福感随着教师职称的上升呈现近似于"U"形的趋势,但相对于其他3个维度来说均值是最低的。另外,未定级教师的职业幸福感均值高于二级、三级教师。

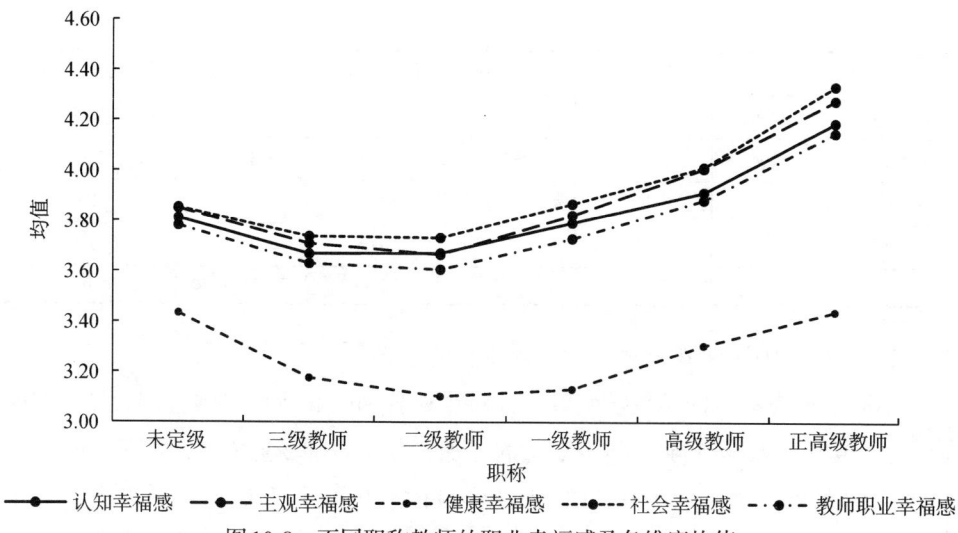

图10-8 不同职称教师的职业幸福感及各维度均值

3. 组织学变量差异

研究发现，教师的职业幸福感会受到班级规模、学校规模等不同组织学变量的影响，本次研究对学校的组织学变量进行了分析，结果如下。

1）乡村教师职业幸福感在班级规模上的差异

不同班级规模的教师，其职业幸福感存在显著差异，班级规模在46~60人的教师职业幸福感水平最低；班级规模在0~10人的教师职业幸福感水平最高；随着班级人数的增加，教师的职业幸福感水平逐渐下降。班级规模在0~10、11~20、21~30人的教师和其他班级规模的教师，在职业幸福感上存在显著差异；班级规模为46~60人与60人以上的教师在职业幸福感上不存在显著差异（表10-14）。

在认知幸福感和主观幸福感维度，除46~60人班级规模的教师与60人以上班级规模的教师间差异不显著外，其他班级规模的教师间均存在显著差异。在健康幸福感和社会幸福感维度，除46~60人班级规模的教师与60人以上班级规模的教师间差异不显著外，其他班级规模的教师间均存在显著差异。

表10-14 不同班级规模的乡村教师的职业幸福感差异情况

类别	n	认知幸福感	主观幸福感	健康幸福感	社会幸福感	教师职业幸福感
0~10人	2332	3.92	3.97	3.42	4.01	3.89
11~20人	2138	3.86	3.90	3.30	3.95	3.82

续表

类别	n	认知幸福感	主观幸福感	健康幸福感	社会幸福感	教师职业幸福感
21~30人	3250	3.80	3.84	3.22	3.88	3.75
31~45人	5794	3.74	3.77	3.16	3.81	3.69
46~60人	2863	3.65	3.67	3.03	3.71	3.59
60人以上	541	3.71	3.71	3.05	3.73	3.63
F		80.88***	66.10***	72.60***	72.84***	90.68***

2）乡村教师职业幸福感在学校规模上的差异

不同学校规模，即学校学生数量，对乡村教师的职业幸福感有较为显著的影响（表10-15），整体上随着学生数量的增加，乡村教师职业幸福感均值呈现出波动下降的态势。学生数为0~100人的学校的教师职业幸福感水平最高，对于301~600人及901~1200人规模的学校，教师的认知幸福感与主观幸福感水平持平。相对于其他维度来说，乡村教师的社会幸福感处于最高水平。

表10-15　不同学校规模的乡村教师职业幸福感差异情况

类别	n	认知幸福感	主观幸福感	健康幸福感	社会幸福感	教师职业幸福感
0~100人	3378	3.90	3.94	3.38	3.99	3.86
101~200人	1985	3.77	3.80	3.21	3.84	3.72
201~300人	1808	3.74	3.76	3.13	3.81	3.68
301~600人	3703	3.78	3.82	3.18	3.86	3.73
601~900人	1987	3.70	3.72	3.13	3.75	3.64
901~1200人	1425	3.79	3.83	3.20	3.84	3.73
1201~1500人	1050	3.71	3.75	3.07	3.78	3.65
1500以上	1582	3.69	3.72	3.10	3.74	3.63
F		40.38***	31.03***	31.85***	36.43***	42.94***

三、乡村教师职业幸福感的困境与影响因素分析

（一）乡村教师职业幸福感的困境

1. 工资待遇缺乏优势

当前乡村教师面临的困境之一就是大部分乡村教师的职业热情并不是很高，究其原因主要是乡村教师的工资待遇低下，工资待遇的低下始终是制约乡村教师

职业热情的重要因素,本次调查也对乡村教师的工资待遇问题做了相关调查,结果如图10-9所示。83.16%的乡村教师认为自己的工资水平低于公务员。同时调查了乡村教师劳动付出与工资收入的相称程度,仅有32.13%的乡村教师认为相称,绝大多数乡村教师认为自己的劳动付出并没有得到相应的回报,这说明乡村教师对自己的工资待遇还有一定的不满意,这种不满意影响着乡村教师的工作积极性以及职业热情的发挥,在这种情况下,他们的工作积极性以及创造性很难被激发,这种问题带来的直接结果就是城乡教育水平的差距进一步被拉大。乡村教师的工资待遇问题是教师最为关注的问题,同时也是大多数乡村教师面临的主要困境。

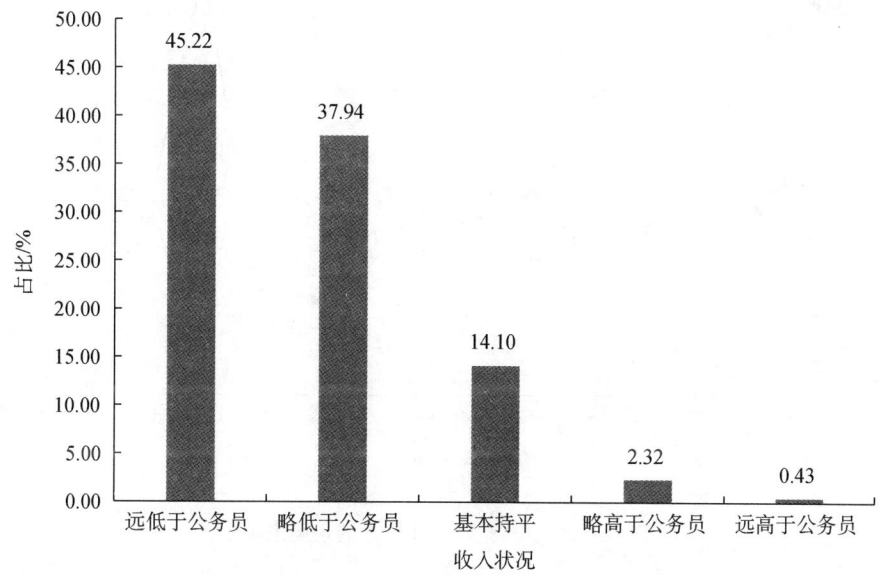

图10-9 与当地公务员相比乡村教师的收入状况

2. 工作负荷较大

工作压力大是乡村教师面临的另一个困境,本次研究对乡村教师的工作压力来源也做了调查,并通过多重响应的方式对工作压力的来源进行比较,结果见图10-10。由图10-10可以看出,乡村教师工作压力的主要来源是学校的备检迎检工作。对于乡村教师来说,大量备检迎检工作占据了教师的大多数时间,这让很多乡村教师不能够完全地静心从事教学活动,而是需要应付来自上级部门的检查,无形之中给乡村教师增添了很大工作压力。通过图10-6可以看出,乡村教师的工作压力的另一主要来源是班级管理工作。班级管理工作方面的压力主要来自学生管理。乡村教师面临的环境是乡村，这个环境里的学生大多属于留守儿童，而当前留守儿童的教育问题是乡村教育中的重点问题。对于学生来说，好的教育应当是学校教育、家庭教育以及社会教育三者的完美结合，而对于留守儿童来说，他们的家庭教育是缺失的，他们的主要监护人是祖父母，即隔代教育。对于乡村学生来说，隔代教育远远不足以使他们人格健全。家庭教育实施不良直接导致乡村教师的学生管理工作缺乏来自家长的配合，因此这是乡村教师开展学生管理工作时面临的最大困境，同时也是造成乡村教师工作压力大的主要原因。

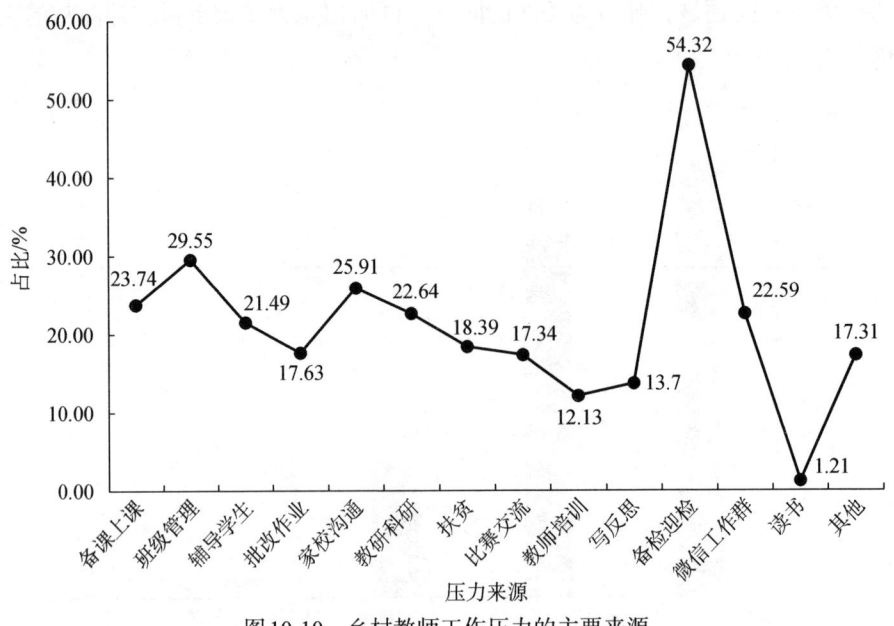

图 10-10　乡村教师工作压力的主要来源

3. 职业倦怠的出现

对乡村教师的工作状态进行调查，结果如图 10-11，52.15%的乡村教师认为在学校的一般心情表现为兴奋、喜悦，81.07%的乡村教师对于工作中别人的评价会"认真思考，针对问题积极改进"，59.37%的乡村教师认为教师职业的意义在于与学生共同成长。总体来看当前乡村教师的工作态度较为积极，但也存在职业倦怠问题，同时这也是学者们关注的焦点，是当前教师职业幸福感中存在的主要困境。有25.60%的乡村教师将在学校的日常心情状态描述为"烦躁、沉闷、多愁善感和怨天尤人"，25.89%的乡村教师"经常觉得工作枯燥乏味，很难产生兴致"，还有26.85%选择"不确定"，这些表明教师的工作状态不稳定。有研究显示,乡村教师群体普遍认为职业倦怠是目前最需要解决的问题,这足以表明职业倦怠问题已经非常突出,在很大程度上影响了乡村教育的发展。因此,当前乡村教师的职业倦怠问题不容忽视,已经有相当一部分教师认为自己的工作枯燥乏味,这对乡村教师职业幸福感和乡村教育教学质量造成了负面影响,应采取一定激励措施并为乡村教师提供更多保障。

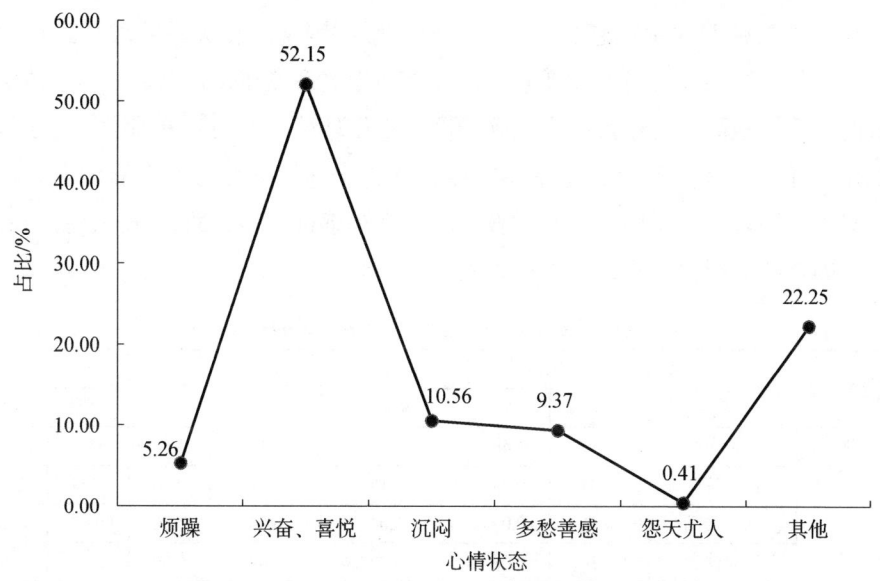

图10-11　乡村教师在学校的心情状态选择情况

(二)乡村教师职业幸福感的影响因素分析

乡村教师职业幸福感的影响因素众多,本次调查将影响教师职业幸福感的因素分为四个层面——个体层面、专业发展、工作环境、社会环境,每个层面都有相对应的统计指标与分量表,通过乡村教师职业幸福感与各个影响因素的相关分析初步判断影响程度的大小,结果见表10-16。

表10-16　乡村教师职业幸福感与各影响因素的相关分析(N=16 918)

项目		个体层面	专业发展	工作环境	社会环境
认知幸福感	r	0.77**	0.73**	0.73**	0.66**
	Sig.(双尾)	0.00	0.00	0.00	0.00
主观幸福感	r	0.79**	0.77**	0.76**	0.69**
	Sig.(双尾)	0.00	0.00	0.00	0.00
健康幸福感	r	0.45**	0.9**	0.57**	0.53**
	Sig.(双尾)	0.00	0.00	0.00	0.00

续表

项目		个体层面	专业发展	工作环境	社会环境
社会幸福感	r	0.81**	0.80**	0.76**	0.69**
	Sig.（双尾）	0.000	0.00	0.00	0.00
职业幸福感	r	0.82**	0.80**	0.80**	0.73**
	Sig.（双尾）	0.00	0.00	0.00	0.00

在乡村教师职业幸福感总体层面，所有影响因素的相关系数均达到0.70以上，其中与个体层面、专业发展和工作环境的相关系数在0.80以上，与个体层面因素的相关性最高。对于健康幸福感维度，工作环境是大的影响因素；对于认知幸福感、主观幸福感和社会幸福感维度，均为个体层面和专业发展因素影响较大。对以上因素的各子因素与乡村教师职业幸福感进行多元回归分析，探究具体每个子因素的解释力大小，结果见表10-17。

表10-17 各影响因素对乡村教师职业幸福感的多元回归分析

影响因素		未标准化系数		标准化系数	t	p	共线性统计	
		B	SE	Beta			容差	VIF
类别	（常量）	33.81	1.40		24.16	0.00		
个体层面	性格特点	2.92	0.08	0.18	38.12	0.00	0.44	2.30
	从业动机	0.91	0.09	0.04	9.95	0.00	0.63	160
	职业信念	3.26	0.08	0.22	43.44	0.00	0.38	2.62
	职业愿景	0.78	0.08	0.05	9.16	0.00	0.42	2.40
	家庭关系	1.15	0.12	0.04	9.83	0.00	0.50	2.01
专业发展	发展路径	0.17	0.07	0.01	2.46	0.01	0.37	2.71
	发展空间	0.74	0.07	0.07	10.56	0.00	0.25	3.97
	发展共同体	0.75	0.07	0.08	11.49	0.00	0.23	4.43
	专业自主权	0.91	0.08	0.07	12.12	0.00	0.30	3.29
工作环境	学校文化	0.32	0.08	0.03	3.86	0.00	0.23	4.36
	工作条件	-0.08	0.07	-0.01	-1.12	0.26	0.40	2.49
	工作强度	-1.51	0.06	-0.11	-24.94	0.00	0.56	1.77
	管理制度	0.43	0.06	0.05	7.53	0.00	0.27	3.70
	政策支持	0.65	0.07	0.05	9.17	0.00	0.34	2.95
社会环境	社会舆论	1.15	0.11	0.05	10.89	0.00	0.49	2.05
	社会地位	2.03	0.09	0.13	24.02	0.00	0.37	2.72
	生活环境	0.94	0.07	0.07	12.73	0.00	0.37	2.72

$R=0.91$　$R^2=0.83$　调整后 $R^2=0.83$　$F=4775.96^{***}$

注：***$p<0.001$，回归模型显著

首先用容差（Tolerance）及方差膨胀系数（VIF）检验多元回归分析是否有多元共线性问题。容差值愈接近0时，表示变量间有线性重合问题（多元共线性问题愈严重）；而方差膨胀系数值如大于10，则表示变量间有线性重合问题。本次研究中17个自变量的容忍度值均在0.30左右，VIF值均在5.00以下，小于评鉴指标值10，表示本次研究中进入回归方程式的自变量间多元共线性的问题不明显。

个体层面、专业发展、工作环境和社会环境因素中17个自变量对乡村教师"职业幸福感"的多元回归分析结果显示，$F=4775.96$，$p<0.00$，表明回归模型整体解释变异量达到显著水平。多元相关系数$R=0.91$，$R^2=0.83$，它代表自变量可以解释因变量变异的比例，这里指个体层面、专业发展、工作环境和社会环境中17个自变量能够解释乡村教师"职业幸福感"83%的变异量，具有较高的解释力。在回归模型中，除了"工作条件"这一自变量的回归系数未达到显著水平，其他自变量均对乡村教师职业幸福感有显著影响。从标准化回归系数来看，对四大因素中影响较大的子因素进行分析，个体中的"职业信念"与"性格特点"β系数绝对值较大，也是所有因素中影响最大的；专业发展因素中的"发展共同体"、"专业自主权"与"发展空间"较为相当；工作环境因素中的"工作强度"具有显著负向影响；社会环境因素中的"社会地位"有较大的影响力。以上这些子因素对乡村教师职业幸福感有较高的解释力，后续将进一步深入探究。

1. 职业信念是职业幸福感的内在源泉

在个体层面，职业信念与教师个体呈现出极强的正相关，这表示教师的职业信念越强，由此带来的职业幸福感水平可能就越高；职业信念对于教师来说是其从教的根本动力，是教师整个职业生涯的动力源；对职业信念指标中"不管外界对教师的评价如何，都会坚持做好教师工作"这一问题的回答与教师的职业幸福感进行相关分析，结果表明二者相关显著，并且对这一问题做出肯定回答的教师占比为49.20%，这表明认为职业信念能够影响到教师职业幸福感的教师占相当大的比例。

2. 专业发展是职业幸福感的持续动力

在专业发展层面，教师的个人发展空间与发展共同体是与教师专业发展存在强烈正相关的两个因素，同时也制约着教师的职业幸福感，所谓专业发展空间是乡村教师作为专业人的自我提升①，是教师进行自我提升的环境以及途径。关于教师的发展共同体，在学习、在实践、在研究和在创新是教师发展共同体的重要特征。确立共同愿景、前瞻系统规划和持续不断学习是教师发展共同体建设的主要路径。真正实现共智、共享、共生、共育才是教师发展共同体建设的思考方向②。在本次调查中，针对发展空间问题，对于"您所在的学校中每位教师都有着平等的职称晋升机会"题项，有65.80%的教师认为符合这一情况，这表明大多数乡村教师对于自身专业发展空间保持较为积极的态度；对"学校的每位教师都有不同的发展平台"题项的回答和教师职业幸福感做相关分析，发现二者的相关性最高，而对这一题项做出肯定回答的教师占比为68.60%，说明大多数教师对于学校发展平台的态度较为积极，同时这也是影响教师职业幸福感的关键因素。

3. 工作强度是职业幸福感的削减因素

在工作环境层面，工作强度是对乡村教师职业幸福感影响最大的因素，且表现为显著的负向影响（$\beta=-0.11$，$t=-24.94$，$p<0.001$）。本次调查中针对工作强度所涉及的问题，有62.81%的乡村教师认为"没有足够的时间完成期望完成的工作"，54.95%的乡村教师认为对"各种非教学任务感到很厌倦"，54.79%的乡村教师认为"感到教学成绩的压力很大"。较大的工作强度和工作压力大大降低了乡村教师的职业幸福感。结合乡村学校的实际，乡村学校规模普遍较小、生源特殊，乡村教师工作多样复杂，存在工作总量大、工作时间长、工作结构不合理、非教育教学任务重、任务整合度低、工作面过广等问题，影响教师身心健康，有损教育教学质量，破坏学校教育生态③。要提高乡村教师的职业幸福感应为教师减负，保证乡村教师数量供给，厘清工作边界，回归教育教学本职工作。

4. 社会地位是职业幸福感的外围支撑

在社会环境层面，教师的社会地位一直是社会关注的焦点问题，数据分析结果显示，教师的社会地位与社会环境呈现出较为紧密的正相关关系（$r=0.90$，

---

① 任胜洪. 论乡村教师发展的多维空间及其实践向度. 内蒙古社会科学（汉文版），2019，40（6）：175-180.
② 刘宏业. 发展共同体：教师队伍建设的宁海视点. 江苏教育研究，2021（11）：32-36.
③ 朱秀红，刘善槐. 我国乡村教师工作负担的问题表征、不利影响与调适策略——基于全国18省35县的调查研究. 中国教育学刊，2020（1）：88-94.

$p<0.01$），教师社会地位是指教师在社会阶层结构中的相对位置，可以分为教师的客观社会地位和主观社会地位。教师的客观社会地位即站在他人的视角，以社会经济地位、职业声望、政治权利等作为衡量标准，将教师群体与社会阶层中其他职业群体进行比较分析，最终得出结论；主观社会地位即教师个人对教师职业群体的定位[①]。本次调查针对教师发放问卷，因此是教师个人对教师职业群体的定位，即主观社会地位，此次调查中对"教师在当前社会中享有很高的社会地位"的这一表述持肯定看法的教师占31.60%，只有7.20%的教师对这一问题持否定看法。据此可以看出教师的社会地位对教师的职业幸福感存在重要影响。

四、乡村教师职业幸福感的提升策略

针对乡村教师职业幸福感的提升，本次研究对乡村教师职业幸福感提升策略进行了排序，运用多重响应分析法对其进行频率分析，并根据数据对乡村教师职业幸福感提升进行策略分析。

本次调查结果显示，有44.80%的教师认为，提升乡村教师的职业幸福感首先要提高乡村教师的经济待遇，提高经济待遇应是提升乡村教师职业幸福感的重要举措。除此之外，有29.20%的教师认为优化办公环境是提升乡村教师职业幸福感不可或缺的举措；另外还有少部分教师认为保障教师的权益是提升乡村教师职业幸福感所应该关注的。因此，本次研究针对乡村教师职业幸福感的提升提出以下策略建议。

（一）提高综合待遇，丰实乡村教师经济资本

经济基础决定着乡村教师的生活质量及职业体验，对乡村教师的职业幸福感起决定性作用。因此要提高乡村教师的生活待遇，完善乡村教师待遇保障机制，确保其平均工资收入水平不低于或高于当地公务员平均工资收入水平。完善绩效工资政策，在核定绩效工资时，对乡村小规模学校、寄宿制学校、民族地区、艰苦边远地区学校给予适当倾斜；支持各地因地制宜调整绩效工资结构，合理确定奖励性绩效工资占比；加大课时量和教学实绩在考核评价和绩效工资分配中的权重，绩效工资分配向班主任、教学一线和教育教学效果突出的教师倾斜。全面落实集中连片特困地区乡村教师生活补助政策，依据学校艰苦边远程度实行差别化

---

① 刘钰，刘津池．新时代教师社会地位及提升策略研究．吉林省教育学院学报，2021，37（3）：153-156．

的补助标准。将符合条件的乡村学校教师纳入当地政府住房保障体系，鼓励各地采取多种形式对符合条件的乡村教师在城镇购买住房给予一定优惠。同时，通过改建、配建和新建等渠道建设好乡村教师周转宿舍①。

（二）营造和谐校园，丰富乡村教师精神世界

教师出现职业倦怠的一个重要原因是教师长期从事重复性的工作。因此，在不能定期改变教师工作岗位的情况下，学校要构建良好的文化环境，丰富教师校园生活。学校应倡导积极合作的校园文化，倡导教师之间合作共赢，缓解竞争带来的教师关系紧张；让教师参与学校管理及决策，激发教师的工作热情；鼓励教师参与学校的各项改革，充分吸收他们的建议，让他们在学校改革和发展过程中献计献策；开展各种有利于师生身心健康的活动，减少工作的机械性和重复性，提高教师的工作热情和积极性，从而降低倦怠感②。同时乡村学校可定期组织相关的教师娱乐活动，丰富教师的业余生活；此外，还可以发挥榜样模范的带头作用，使其成为精神领袖，让乡村教师找回属于教师的责任感和使命感，以更加积极饱满的热情投入到乡村教育中。

（三）发挥榜样作用，提高乡村教师职业认同

乡村教师长期坚守在乡村，相对于城市教师来说，其生存环境以及职业信仰的使得职业认同较为薄弱。而职业认同作为影响乡村教师不可或缺的重要因素，在提升教师职业幸福感的过程中是极其重要的，因此，作为学校来说，应该发挥榜样模范的示范作用，丰富教师的精神世界，增强教师的职业信仰。从马斯洛需要层次来说，自我实现是人所要追求的最高层次的需要，成就感与自我价值的体现是每个人所要追求的高级需要，学校应该帮助乡村教师认识到作为乡村教师的荣誉感与自我成就感，帮助乡村教师增强自我认同，坚定其扎根乡村的信念。

---

① 教育部网站.教育部等六部门关于加强新时代乡村教师队伍建设的意见.（2020-07-31）.http://www.moe.gov.cn/srcsite/A10/s3735/202009/t20200903_484941.html[2021-05-12].

② 邵忠祥,凌琳,范涌峰.民族地区农村小学教师职业倦怠现状及对策研究——基于贵州省黔东南民族地区的调查.教师教育论坛,2018,31（4）:71-73.

第三节　特岗教师职业幸福感调查报告

农村义务教育阶段学校教师特设岗位计划（简称"特岗计划"）始于2006年，由教育部、财政部、原人事部、中央编办联合启动实施，旨在提高农村教师队伍素质，引导和鼓励高校毕业生从事农村教育工作，为促进城乡义务教育均衡发展、办好人民满意的教育发挥了重要作用①。2019年，《中国教育现代化2035》发布，提出要"实现优质均衡的义务教育"②。教师是最重要的教育资源，习近平总书记强调，要把提升农村教师队伍整体素质"作为教育事业发展最重要的基础工作来抓"③。特岗教师是农村教师队伍群体的重要组成部分，调查并分析特岗教师的职业幸福感不仅能改善教师个体的积极体验和价值判断，对于政策的完善和国家教育的发展都具有重要的意义。④ 本节从健康幸福感、认知幸福感、主观幸福感、社会幸福感及其总体职业幸福感几个方面来考察特岗教师职业幸福感的现状，分析存在的主要问题，并提出对应的幸福感提升策略。

一、特岗教师职业幸福感基本内涵

（一）"特岗计划"的政策背景

21世纪初期，在全球化趋势继续加强的背景下，我国在市场经济体制、产业结构等方面均有较好的发展，但社会矛盾、城乡差异等问题依然突出。2005年，中国共产党十六届五中全会提出建设社会主义新农村的任务，大会通过了《中共中央关于制定国民经济和社会发展第十一个五年规划的建议》，为教育的发展指明了方向，在教育问题上，尤其强调要提高农村师资水平。同年，《中共中

---

① 教育部网站. 提升农村教育质量："特岗计划"实施十五年.（2020-09-04）. http://www.moe.gov.cn/fbh/live/2020/52439/sfcl/202009/t20200904_485101.html[2021-03-14].

② 教育部网站. 中共中央、国务院印发《中国教育现代化2035》.（2019-02-23）. http://www.moe.gov.cn/jyb_xwfb/s6052/moe_838/201902/t20190223_370857.html[2021-06-22].

③ 中国政府网. 正在乌兹别克斯坦访问的习近平向全国教师致慰问信.（2013-09-09）. http://www.gov.cn/ldhd/2013-09/09/content_2484494.htm[2021-08-27].

央 国务院关于推进社会主义新农村建设的若干意见》发布，明确指出要加强农村教师队伍建设，加大城镇教师支援农村教育的力度。21世纪初期，教育均衡发展逐渐成为关注的重点。农村教师队伍建设的举措也在这一时期不断出现，包括"大学生志愿服务西部计划"（2003年始）、"三支一扶"计划（2003年始）等，2006年开始实施的"农村义务教育阶段学校教师特设岗位计划"就是促进教育均衡发展、加强农村教师队伍建设的重要举措之一。

（二）特岗教师职业幸福感

"特岗计划"实施15年来，汇集了一大批投身农村教育事业的教师，本文所指"特岗教师"是由"特岗计划"招聘的教师，既包括中央"特岗计划"，也包括地方"特岗计划"，同时包含服务期内与服务期结束后转岗的教师，由于特岗教师招考要求规定招考者年龄不超过30周岁，故剔除了样本中年龄超过45岁的样本，获得有效样本1766人，占总样本的5.26%。特岗教师职业幸福感指特岗教师群体的职业幸福感，量表从主观幸福感、认知幸福感、健康幸福感、社会幸福感等维度对其进行了衡量，采用利克特5点计分，从1~5代表"完全不符合"到"完全符合"。

二、特岗教师职业幸福感基本现状

（一）特岗教师职业幸福感总体状况

1. 职业幸福感总体及各维度情况

特岗教师职业幸福感及其各维度均处于中等偏上水平，但幸福感水平整体水平不高。健康幸福感维度均值最低，为3.32，其余各维度均值在3.7左右，均未超过4，如图10-12所示。进一步考察各维度的二级指标情况可以发现，健康幸福感维度之下，身体健康状况和负面情绪是主要的影响因素（$M=3.23$、3.29）；而在认知幸福感维度中，主要受职业安全感和职业吸引力较低（$M=3.48$、3.59）影响；在主观幸福感维度中，其子维度工作满意度均值较低（$M=3.38$）；在社会幸福感维度中，同事关系和家校关系较均值较高，皆高于4。

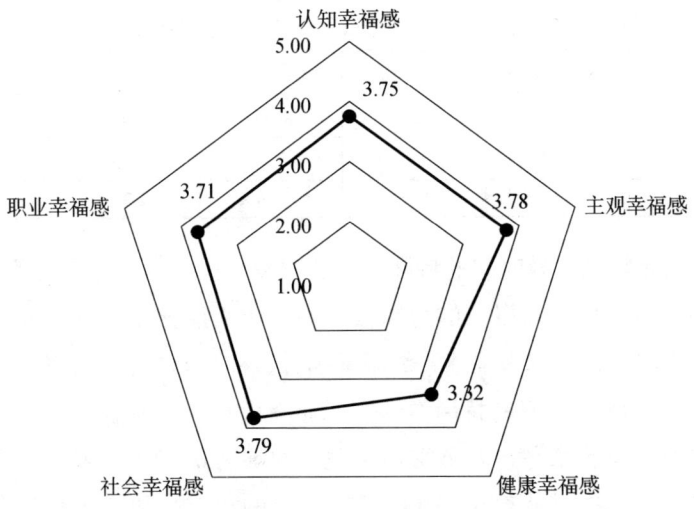

图10-12 特岗教师职业幸福感及各维度的均值情况

2. 特岗教师的职业幸福感差异

特岗教师的职业幸福感水平显著高于非特岗教师（$t=2.01$，$p<0.05$），主要反映在健康幸福感维度上，特岗教师和非特岗教师在健康幸福感上差异显著（$t=8.78$，$p<0.01$），而在认知幸福感、主观幸福感和社会幸福感维度上差异并不显著。进一步探究健康幸福感差异的来源可以发现，特岗教师在身体健康、正向感情、负向感情及健康预测4个子维度的t统计量均达到显著水平，$p<0.01$，表明特岗教师健康幸福感各方面的均值均显著高于非特岗教师。

（二）特岗教师职业幸福感差异状况

本次调查结果表明，特岗教师职业幸福感在人口学因素和区位因素上均存在差异，具体结果如下。

1. 人口统计学因素差异

本次研究主要从性别、年龄、教龄、学历这几方面检验特岗教师职业幸福感在人口统计学因素上的差异状况。

（1）女性特岗教师健康幸福感和社会幸福感水平较低。女性特岗教师职业幸福感水平显著低于男性，其差异具体表现在健康幸福感和社会幸福感两个维度上。女性特岗教师健康幸福感、社会幸福感均值显著低于男性。具体结果见表10-18。

表10-18 不同性别特岗教师的职业幸福感及各维度均值

性别	n	认知幸福感	主观幸福感	健康幸福感	社会幸福感	教师职业幸福感
男	269	3.81	3.82	3.44	3.88	3.78
女	1497	3.74	3.77	3.30	3.78	3.70
t		1.65	1.18	2.54**	2.20**	1.97**

（2）不同年龄和从教时间的特岗教师的职业幸福感水平存在显著差异，见表10-19和表10-20。30岁及以下的特岗教师的职业幸福感显著高于30岁以上的特岗教师，具体体现在主观幸福感、健康幸福感、社会幸福感三个维度上。在认知幸福感维度上，18~25岁的特岗教师的职业幸福感均值显著高于31~45岁的特岗教师。职业幸福感水平与教龄密切相关，教龄为0~2年的特岗教师的职业幸福感水平最高，其次是从教6~10年、3~5年的特岗教师，从教10年以上的特岗教师职业幸福感水平最低。

表10-19 各年龄段特岗教师的职业幸福感及各维度均值

年龄	n	认知幸福感	主观幸福感	健康幸福感	社会幸福感	教师职业幸福感
18~25岁	692	3.78	3.80	3.40	3.80	3.74
26~30岁	836	3.76	3.79	3.33	3.81	3.72
31~45岁	238	3.67	3.66	3.04	3.70	3.59
F		3.87**	4.85***	15.63***	2.68*	6.97***

表10-20 不同教龄特岗教师的职业幸福感及各维度均值

教龄	n	认知幸福感	主观幸福感	健康幸福感	社会幸福感	教师职业幸福感
0~2年	1196	3.81	3.85	3.46	3.85	3.78
3~5年	394	3.62	3.61	3.05	3.66	3.55
6~10年	140	3.74	3.75	3.08	3.78	3.66
10年以上	36	3.48	3.40	2.69	3.51	3.36
F		15.59***	17.43***	34.39***	10.35***	20.58***

（3）不同学历的特岗教师的职业幸福感水平存在显著差异，见表10-21。大学本科及以下学历的特岗教师幸福感水平显著高于研究生学历的特岗教师。政策规定，特岗教师的招聘以普通高校本科毕业生为主，鼓励本科师范专业毕业生应聘，特殊情况可适当招聘高等师范专科毕业生[①]。调查结果显示，大学本科及以

---

① 教育部网站. 教育部 财政部 人事部 中央编办关于实施农村义务教育阶段学校教师特设岗位计划的通知.（2009-02-23）. http://www.moe.gov.cn/jyb_xxgk/gk_gbgg/moe_0/moe_1133/moe_1338/tnull_19556 html［2021-03-14］.

下学历特岗教师的职业幸福感的总体均值及各维度均值均显著高于研究生学历特岗教师，呈现出学历越低教师职业幸福感水平越高的趋势。

表10-21 不同学历特岗教师的职业幸福感及各维度均值

学历	n	认知幸福感	主观幸福感	健康幸福感	社会幸福感	教师职业幸福感
大学专科及以下	320	3.83	3.87	3.42	3.83	3.78
大学本科	1423	3.74	3.76	3.30	3.79	3.70
硕士研究生及以上	23	3.43	3.44	2.98	3.48	3.38
F		11.50***	6.93***	6.41***	4.73**	9.26***

2. 区位因素差异

本次调查主要从区域、城乡两方面说明特岗教师职业幸福感的区位差异状况。

中部、东北地区特岗教师职业幸福感水平高于东部、西部地区特岗教师。从认知幸福感、主观幸福感、健康幸福感、社会幸福感及职业幸福感总体情况来看，不同区域特岗教师的职业幸福感均存在显著差异，见表10-22。中部、东北地区特岗教师的幸福感水平均显著高于东部地区和西部地区特岗教师。

表 10-22 四大区域特岗教师职业幸福感及各维度的均值情况

区域	n	认知幸福感	主观幸福感	健康幸福感	社会幸福感	教师职业幸福感
东部地区	16	3.29	3.20	2.35	3.44	3.18
中部地区	429	3.79	3.84	3.47	3.81	3.76
西部地区	421	3.54	3.54	3.02	3.56	3.47
东北地区	900	3.84	3.87	3.41	3.90	3.81
F		37.22***	31.58***	36.73***	30.08***	41.42***

乡镇地区特岗教师的职业幸福感水平显著高于其他地区的特岗教师。本部分样本中仅有1.42%的教师现工作学校位于城市，特岗教师服务期后留在县城及以下地区工作的比例较高。比较不同工作地区特岗教师职业幸福感的差异情况，显示教师职业幸福感及其各维度均存在显著差异，见表10-23。教师职业幸福感总体及各维度均值表明，乡镇地区特岗教师的幸福感水平显著高于其他地区特岗教师，城市地区特岗教师最低，其次是县城和乡村地区特岗教师。

表10-23　不同学校所在地特岗教师职业幸福感及各维度的均值情况

学校所在地	n	认知幸福感	主观幸福感	健康幸福感	社会幸福感	教师职业幸福感
城市	25	3.49	3.58	2.76	3.60	3.44
县城	122	3.68	3.68	3.07	3.69	3.60
乡镇	938	3.81	3.84	3.41	3.86	3.78
乡村	681	3.70	3.71	3.26	3.73	3.65
F		8.31***	7.07***	11.78***	6.58***	9.50***

三、特岗教师职业幸福感问题分析

（一）地区差异较大，政策落实不足

特岗教师职业幸福感水平在地区间存在较大差异，主要体现在以下两个方面。

第一，地区发展不平衡。从历史来看，20世纪80年代以来，基础教育的管理权属于地方，这有利于各地结合实际发展教育，但同时造成了地区间教育发展的不平衡。西部地区经济发展落后于其他地区，导致西部地区教育经费不足。本次调查中，西部地区特岗教师在个体层面、专业发展、工作环境、社会环境四个维度上的得分均显著低于其他地区的教师，而东部地区特岗教师职业幸福感的影响因素主要是个体层面因素。这是地方教育经费受限于地方经济发展水平的结果，表明西部地区存在财政投入不足、财政投入主体单一或财政支出效率不高等问题。

第二，城乡发展不平衡。伴随着城镇化的进行，乡镇更加丰富的教育资源吸引了大量农村学生流向乡镇。研究结果表明，乡镇地区在个体层面、专业发展、工作环境、社会环境4个维度上均有显著的优势。但在乡村地区，专业发展、工作环境和社会环境几方面都明显不足，这和已有的研究及人们的常识是相符的，乡村地区的特岗教师面临着生活、工作和专业发展上的多重困难[1][2][3]。与县城和乡镇地区教师相比，他们对于社会舆论的感受差异并不显著，但认为社会地位显著低于乡镇地区教师。此外，值得注意的是，与其他工作地的特岗教师相比，县城

---

[1] 蒲大勇，王丽君，杜永红. 农村特岗教师发展状况和生态机制建构——基于四川省的实证调查分析. 教育发展研究，2018，38（2）：35-47.
[2] 徐文娜，李潮海. "特岗计划"实施的现实困境与优化建议——基于辽宁省三个县区"特岗计划"实施情况的实地调研. 现代教育管理，2020（5）：87-92.
[3] 钟云华，张维. 民族农村地区新生代特岗教师职业压力来源的叙事分析. 教师教育研究，2020，32（1）：103-108.

地区特岗教师在专业发展上差异并不显著，其职业幸福感主要受个体层面、工作环境和社会环境因素的影响，这表明县城特岗教师享有较好的专业发展因素，但在工作环境上的感受并不佳，具体表现为对学校文化的认可缺乏，对工作条件有更高的需要，认为工作强度更大，对学校管理制度及其实施并不满意，认为政策支持尚且不足。可见，县城和乡村教师在这些层面上获得的支持力度不足。

面对地区间教师职业幸福感差异，政府需要增强对差异的理解和调控。政策正在推动对乡村教师进行差异性补偿，逐步形成"越往基层、越是艰苦，地位待遇越高"[①]的激励机制。但面对差异化的发展现状，对于应如何提供更加科学、有效的教育公共服务体系，我们还需要进行理论研究和实践尝试。

（二）发展潜能受限，专业支持不足

专业发展是教师职业生命力的源泉，是教师职业幸福感的重要保障。本次研究发现高学历特岗教师幸福感水平较低、不同发展阶段特岗教师发展均受制于专业支持不足。

高学历特岗教师较强的发展需求与较弱的发展支持之间存在矛盾。专业发展是引发不同学历特岗教师职业幸福感差异的重要原因，其子维度发展路径、发展空间、发展共同体和专业自主权在学历变量上均呈现出显著差异（$p<0.05$），研究生学历特岗教师的幸福感在4个子维度上均呈现出较低的水平，表明高学历特岗教师专业发展的支持严重不足。在乡村发展较为落后的现实困境下，"特岗计划"鼓励有志青年、吸引高素质人才到农村、边远地区为农村教育建功立业，但高职业内部动机和人生追求与低职业外在支持和专业发展形成了鲜明的冲突。高学历特岗教师的发展需求未能得到满足，这直接影响了"特岗计划"对高素质青年人才的吸引力，进一步影响了乡村教育的质量。调查发现，除薪酬、工作内容和工作量这两类教师职业幸福感的重大影响因素外，教师专业发展有限是幸福感缺失的第二个影响因素，仅位于社会地位，持这种看法的高学历特岗教师尤为多。

不同发展阶段教师在发展需求上的差异未得到足够的重视。调查结果显示，30岁以上的特岗教师的职业幸福感水平明显低于30岁及以下的特岗教师，结合教师教龄进行分析可知，不同教龄特岗教师的职业幸福感及各维度在0.01的水平

---

① 中国政府网. 关于印发乡村教师支持计划（2015—2020 年）的通知.（2015-06-01）. http://www.gov.cn/zhengce/content/2015-06/08/content_9833.htm［2021-07-20］.

上存在显著差异，进一步探究原因发现，不同教龄特岗教师在专业发展的各子维度上也呈现出显著差异（$p<0.01$）。由此可见，专业发展是其中重要的影响因素。30岁及以下特岗教师的专业发展路径和专业自主权得分显著高于30岁以上的教师。结合教师专业发展阶段理论[①]进一步对调查结果进行分析，0～2年教龄的新教师健康状况良好，工作专注度、自我效能感、工作价值感等都处于较高的水平，在专业发展路径、发展空间、发展共同体、专业自主权4个维度上的得分也高于其他教龄段的教师；等到从教3～5年，教师就容易步入迷茫期，面对工作和生活的挫折，易产生疲惫感，各维度幸福感水平骤降，在发展空间、发展共同体和专业自主权维度上明显不足。坚定地从教至第6～10年，教师在发展路径和发展共同体维度逐渐找回优势，教师幸福感又得到一定的提升，但健康幸福感仍然处于较低水平；从教10年时，教师健康幸福感处于一个更低的水平，工作的成就感和价值感降低，在工作场所中对与领导、同事、师生等的关系的感受水平也下降了，专业发展支持全面不足。

综上，特岗教师专业成长助力不足，对特岗教师的针对性培养欠缺，未能充分考虑学历的差异和发展阶段的差异。

(三) 社会和工作环境不佳，组织支持缺位

当地社会环境和网络是特岗教师生活的窗口，学校是特岗教师工作的主要阵地，从调查结果可知，组织对于社会和工作环境塑造的缺位是特岗教师职业幸福感水平较低的重要原因。

社会环境维度在各影响因素中均值最低（$M=3.36$），如图10-13所示。值得注意的是，在子维度中，生活环境均值最高（$M=3.60$），而社会舆论和社会地位均值较低（$M=3.17, 3.25$），体现出对于教师的社会舆论欠佳，尊师重教的氛围不足，教师的经济地位、社会地位还不高，这些都影响特岗教师对自身的认识，并影响着其幸福感水平。

工作环境维度在各影响因素中得分仅次于社会环境（$M=3.63$）。其中，工作强度子维度均值最低（$M=3.14$），进一步分析发现，工作强度与工作匹配度呈显著正相关（$r=0.06, p<0.05$），研究结果显示，所学专业与所教科目是否一致对健康幸福感的影响达到0.01的显著性水平，即所学专业与所教学科一致的特岗教

---

① 杨秀玉. 教师发展阶段论综述. 外国教育研究, 1999 (6): 36-41.

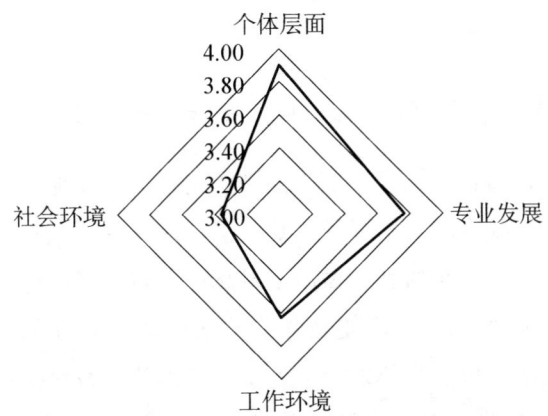

图 10-13　特岗教师职业幸福感影响因素各维度的均值情况

师健康幸福感均值（$M=3.38$）显著高于不一致的特岗教师（$M=3.27$）。特岗教师的到来有效缓解了乡村学校教师学科结构短缺的问题，但问题依旧存在，学科结构的调整仍是工作的重点。[①] 学校文化是工作环境的重要组成部分。绩效竞争和放任自流的学校文化氛围均不利于教师职业幸福感的提高，相反，合作共享和改革创新的学校文化氛围有助于提升教师的职业幸福感。不同学历的特岗教师对学校文化的感受不同，表现出教师学历越高对学校文化的认可度越低的趋势。高学历特岗教师同样对工作条件、管理制度和政策支持有着更高的期待和需求。不同人群对工作环境的需求和感知不同，女性特岗教师在工作中对情感的感知较为敏感，更容易产生不良的情绪体验。正向和负向情感均在性别变量上均存在显著的差异（$p<0.05$），女性的得分均值均显著低于男性，这也进一步使得女性特岗教师的健康幸福感水平显著低于男性，同样地，女性特岗教师在领导关系、师生关系以及社会声誉的感受上也显著低于男性（$p<0.05$），表明女性特岗教师在工作中更不易得到领导的欣赏和认可，更不易得到学生的关心和信任，对社会声誉的感受更消极，女性特岗教师更需要人文关怀。这反映出学校对工作环境的建设还未能从一般化走向个性化，对于不同学历、不同性别的特岗教师的差异化环境需求支持不足。

四、特岗教师职业幸福感提升策略

研究发现，特岗教师职业幸福感整体水平不高，且内部差异较大，主要原因有激励与补偿不合理、专业发展体系不完善、组织支持不到位等，据此，本报告

[①] 教育部网站. 教育部办公厅 财政部办公厅关于做好2021年农村义务教育阶段学校教师特设岗位计划实施工作的通知.（2021-03-08）. http://www.moe.gov.cn/srcsite/A10/s7151/202103/t20210331_523712.html [2021-05-08].

提出以下建议。

（一）政策支持：因地制宜落实好差异补偿政策

建议把握服务地特色，结合中部、西部、东部、东北地区不同发展情况，结合乡县的实际情况，找准制约发展的主要因素，提升教师职业幸福感。

特岗教师对于偏远、乡村教育做出了卓越的贡献，然而他们在不同地区、不同学校面临不同的困难，这就需要做好差异化和动态化的保障与支持。西部地区、偏远乡村在经济发展、文化发展上处于劣势地位，教育行政部门应当结合各地区的现实情况，对偏远程度做出层级划分，从教地点越偏远、生活条件越艰苦，给予特岗教师的相应待遇和保障应该越多，并应结合当地经济发展情况，做好中短期的及时动态调整。

对于西部地区全面支持不足的情况，要构建一套全面、科学、有效的教育公共服务体系，在资源上、经济上、政策上予以补偿和支持，划分好差异，向劣势的地区倾斜。要促进供给方式的多元化，保障特岗教师的待遇和工资。在政策上，要结合西部学校教学情况、学生情况，对特岗教师的管理方式进行调整，包括考核方式、人事制度、财政监督机制等。在文化上，要在挖掘当地文化资源的基础上，利用好互联网资源，为西部特岗教师提供丰富的养分。

面对乡镇地区特岗教师幸福感水平较高、县城和乡村特岗教师幸福感水平较低这种中间高两端低的局面，需要对症下药。在县城地区，一方面要提倡人文关怀，倾听教师心声，从教师主体性视角出发，增强教师的归属感和认同感；另一方面要落实好教师减负相关政策，为教师潜心教学提供制度保障，减轻其工作负担。而在乡村地区，待遇保障是特岗教师职业幸福感的基础，专业发展是特岗教师职业幸福感的源泉，同时这些都影响着特岗教师对社会地位的感受。关注特岗教师的专业发展情况，实现特岗教师的专业发展，是留下特岗教师的重要途径。

（二）发展支持：点面结合完善好专业发展体系

本次调查中，大学本科学历的特岗教师占特岗教师总体的80%以上，而他们的幸福感水平却并不高。因此，要完善特岗教师专业发展体系，建立横向、纵向交错的特岗教师专业发展网络。在横向上，形成并完善好岗位管理系统和教师培养体系，在纵向上把握不同专业发展阶段的特征。

完善科学、动态的特岗教师岗位管理系统。在拟定招聘计划时要做到结合实际、科学配岗，考量专业与岗位的配适性，精准到"点"。同时还要重视地方教育行政部门的调配和服务功能，根据过程中区域内师生变化情况，灵活到"点"。

形成独特的特岗教师培养体系。区别于普通教师的发展路线，特岗教师的发展路线既要有共性的主干线，又要有差异化的分支线。主干线就是所有特岗教师都需要发展的路线。要解决现阶段特岗教师低社会地位感知的问题，在认知上首先要让特岗教师了解乡村振兴背景下乡村教育的重要性，加深从教的信念，增强从教的价值感。随后，要培养乡村需要的教师，培养特岗教师的知识与能力。了解乡村教育的复杂性，专注乡村儿童的发展，协调好乡村地区的家校合作，这是从认知和知识能力培养的主干线。支线就是要考虑特岗教师学历、发展阶段等的差异，是可选择的路线。再有就是要充分发挥高学历特岗教师的才智。教育行政部门要保障好他们的专业发展自主权，可通过项目申请的方式，立足服务学校开展教育相关实践和研究。学校要形成民主的发展氛围，听取他们对于学校建设、教学改革的设想和建议，这样既可以增强他们的职业认同感，又可以为学校发展提供智力支持。另外，要激发不同发展阶段特岗教师的工作活力。面对从业3~5年的特岗教师，首先是要做好服务期满且考核合格教师的稳定工作。在人事关系、工资管理、服务后待遇等方面明确好负责主体，落到实处。对于从教时间更长的特岗教师，随着工作关注点的变化，应为教师提供教学提升、学校管理或科学研究等多条发展通道，以满足教师的发展需求。对于教龄10年以上的特岗教师，要结合采取保健和激励双重措施：一方面要更加关照中年教师的健康状况，可通过医疗保障、工作安排等途径进行调节；另一方面要提升和巩固中年教师的价值感和意义感，讲好乡村教学故事，同时还要为中年教师的教学提供技术支持，开展其迫切需要的相关培训，例如互联网信息的获取和筛选等，帮助他们与时俱进。还要搭建不同教师沟通交流的平台，建立共同学习体，使教师共同进步。

以科学灵活设岗为"点"，以畅通而丰富的发展路径为"线"，依托和谐的发展共同体组成"结"，创造开阔的专业发展空间，这样点、线、面结合，最终形成教师专业发展网。

（三）社会支持：多管齐下建设好尊师重教大环境

良好的社会环境对于每位教师的学习和生活都有潜移默化的影响。特岗教师职业幸福感的提升离不开他们工作和生活的社会环境的影响。

改善社会环境，就要塑造良好的社会舆论氛围。要在社会上塑造好乡村教师的高洁形象，普通却不寻常。调查结果显示，乡村特岗教师的社会地位较其他地区明显更低。应该加大特岗教师对乡村教育贡献的宣传，评选地区优秀的特岗教师，引导社会良好的舆论风向。家长也要理解并支持特岗教师的工作，关切孩子的成长和学习，由此，在社会上会逐渐增强尊师重道的风气。

作为上层建筑的文化建设依赖于经济的发展和制度的建设。特岗教师社会地位的树立有赖于待遇的保障和政策的引领。要巩固好特岗教师的社会地位，离不开地区对教育事业的重视。政府和教育行政部门要切实保障特岗教师待遇，解决好特岗教师生活中的实际困难。学校领导也要给予特岗教师支持，把握不同年龄段特岗教师的特点，帮助他们适应新的发展阶段，对特岗教师取得的成就给予肯定和认可，关心特岗教师的身心健康。

一方面，政府和教育行政部门的决策和行动影响着特岗教师地位的形塑，影响着社会的理解；另一方面，社会的理解和支持是相关政策得以实现的坚实基础。应多主体共同努力，进一步落实国家相关政策法规，不断完善公共教育服务体系，推进城乡义务教育均衡发展。

（四）学校支持：知人善任激发好教师活力与价值

学校是特岗教师发展最直接的助力，是教师职业幸福感最直接的影响主体。

首先，学校要树立政策执行、教师成长和学校发展三位一体的意识。要正确认识"特岗计划"的作用，将政策的执行和学校的发展统一起来，避免任务完成式的被动推进，避免因短期服务而不重视特岗教师培养的想法，这就需要将学校对特岗教师的支持纳入对学校的考核之中。在一致的目标和利益下，学校才能充分支持并依赖教师，实现学校、教师和学生的共赢。相互依赖的基础是合作共享的校园环境。学校管理层要树立服务意识，在学校制度建设和文化建设的过程中，要始终做到合作共享，在平等中尊重教师的声音，激发教师的活力，实现教育教学的改革创新。

其次，要了解学校内特岗教师的特质及需求。用人的前提是识人。了解特岗教师的个人及专业特质，有利于扬长避短，挖掘其潜在力量。着力解决特岗教师面临的由专业不一致带来的教学困境，不仅要调配合适的工作内容，还要把控好特岗教师的工作量，包括跨学科教学情况，针对小班教学情况以及学生能力的差异，调整教师的考评方式；重点发挥高学历特岗教师的智力优势。让特岗教师融入学校，不仅是参与教学，更要参与建设。要提高特岗教师在学校发展、学校管理等方面的话语权，尤其重视高学历特岗教师的意见和建议，以更高的参与水平提升特岗教师的认同感和价值感，职业幸福感也将随之提升。

最后，要以内在需求激发成就动机。识人不仅要把握人的特质，更要了解人的需求，要把握学校内特岗教师共性和差异性的需求，引导教师积极、高效地投入乡村教育事业。特岗教师群体具有年轻化的特征，最有生机的同时也有着更大的需求，如专业发展、同伴协作、自主创新等，就要求学校要引导青年教师专业发展和职业成长。同时，要发挥青年的力量，凝聚成专业发展共同体，同侪协作，在协商中共同进步。不仅如此，还要给以足够的空间，释放青年教师的创造性。面对性别差异，对女性特岗教师群体还要更加强调管理的艺术，注重人文关怀，以高水平的归属感保障特岗教师的职业幸福感。

第四节　公费师范生教师职业幸福感调查报告

公费师范生政策旨在培养一支专业知识扎实、素质结构合理、教育理念新颖的高水准基础教育教师队伍，并保障这支队伍能够"招进来"、"留得住"和"用得好"。2007年中央国务院发布并实施《教育部直属师范大学免费师范生免费教育实施办法（试行）》以来，已有近十届公费师范生毕业并投身于教育事业。2018年3月，教育部等五部门对教育部直属师范大学师范生免费教育政策做出了改进，将"免费师范生"改称为"公费师范生"，有关公费师范生的政策措施得到了进一步的调整和完善。但在现实情境下，公费师范生在职前职后仍面临诸多困境，公费师范生教师能否在入职后获得幸福感体验也引起了社会和学界的重视，对此，需要进一步探讨其职业幸福感现状。本节从认知幸福感、主观幸福感、健康幸福感和社会幸福感4个维度对公费师范生入职后的职业幸福感展开调查,根据调查数据和统计分析结果探讨阻碍公费师范生教师职业幸福感获得的现实困境,剖析背后原因,并有针对性地给出对策建议。

一、公费师范生基本内涵

为促进教育公平,鼓励更多优秀人才投身教育事业,国务院于2007年决定在教育部直属师范大学实行师范生免费教育,即培养公费师范生作为教师队伍的储备力量。"公费师范生"教师是在政策指引下组建的一支特殊的教师队伍,其在职业选择和职业发展的道路上有着一定的特殊性。[①] 具体表现在以下两方面。

首先,公费师范生可以享受优惠政策,如,国家免除其在校期间的学费、住宿费,并发放生活补贴;到中小学任教的每位公费师范生都有编有岗;国家为其继续深造提供平台,凡经考核符合要求的,学校可以录取他们为教育硕士研究生,在职学习专业课程;公费师范生在协议规定的服务期内可以在学校之间进行流动并且有到教育管理岗工作的机会。

其次,公费师范生需履行指定义务,如,公费师范生入学前与学校和生源所在地省级教育行政部门签订协议,承诺毕业后回生源地所在省份履行任教服务6年;到城镇学校工作的公费师范生应到农村义务教育学校服务至少1年;未按协议从事中小学教育工作的学生,须退还已享受的公费教育费用并缴纳违约金。

根据上述的公费师范生教师工作特点,公费师范生教师作为教师队伍中的特殊教师群体,除了与普通教师一样从事教育教学、班级管理工作,还被赋予了服务社会的崇高使命。同时,也是我国基础教育工作的中坚力量,其职后生活、工作状态如何,是否及在多大程度上体验到职业幸福感关乎其自身生活质量、专业发展、学生发展的水平,甚至影响我国的教育质量。因此,本节对公费师范生教师的职业幸福感进行了调查,通过了解当前公费师范生教师的职业幸福感现状,分析其在职业幸福感方面存在的主要问题,提出提升教师职业幸福感的相关建议,以期促进自身专业发展、提高教育质量。

---

① 王霄. 入职后公费师范生职业发展现状及对策研究. 重庆:西南大学,2020:3.

二、公费师范生教师职业幸福感基本现状

（一）总体状况分析

1. 职业幸福感总体及各维度情况

调查结果表明，公费师范生教师的职业幸福感总均值为3.64，各维度均值均未达到4，这说明公费师范生教师职业幸福感处于中等水平，其中，公费师范生教师的健康幸福感水平亟待提升，见表10-24。

表10-24　公费师范生教师职业幸福感及各维度均值

项目	认知幸福感	主观幸福感	健康幸福感	社会幸福感	教师职业幸福感
M	3.71	3.70	3.08	3.77	3.64
SD	0.54	0.69	0.82	0.65	0.58

2. 公费师范生教师身份的职业幸福感差异

本次研究将教师身份划分为公费师范生、普通师范生以及非师范生，本节将普通师范与非师范生统称为非公费师范生。公费师范生教师的职业幸福感及4个维度的均值均低于非公费师范生教师，如图10-14所示。

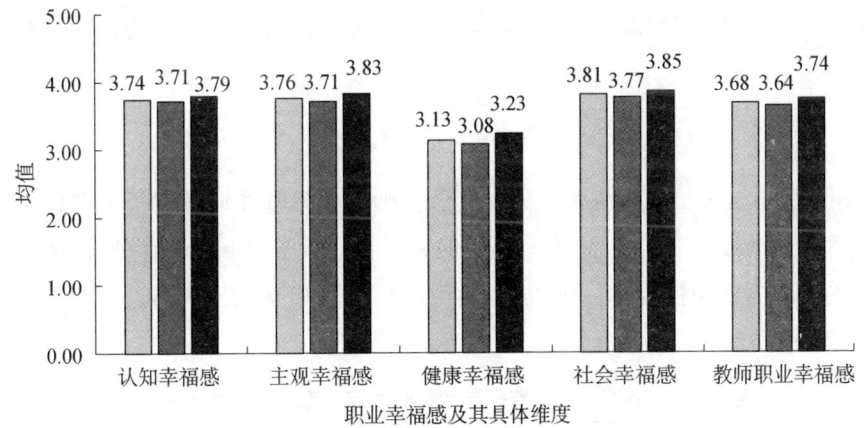

图10-14　公费师范生与非公费师范生教师职业幸福感及各维度均值

（二）具体状况分析

本部分从职业幸福感的4个具体维度和人口学变量因素对公费师范生教师职

业幸福感进行差异分析，进而对公费师范生教师职业幸福感进行多维比较。

1. 具体维度分析

（1）在认知幸福感方面，公费师范生教师有较强的胜任力，职业安全感不足。通过分析公费师范生教师认知幸福感的二级指标可知，教师胜任力均值最高（M=4.09），其次为自我效能感（M=3.92），而职业安全感均值较低（M=3.28）。

（2）在主观幸福感方面，公费师范生教师的工作价值感较高，工作满意度较低。通过分析公费师范生教师主观幸福感的二级指标可知，教师工作价值感均值最高（M=3.98），其次为自我成就感（M=3.95），而工作满意度均值相对较低（M=3.36），低于主观幸福感维度总均值。

（3）在健康幸福感方面，公费师范生教师健康预测状况较好，身体健康状况较差。通过分析公费师范生教师健康幸福感的二级指标可知，教师健康预测状况均值最高（M=3.36），其次为正向情感状况（M=3.24），而教师身体健康状况较差（M=2.28）。

（4）在社会幸福感方面，公费师范生教师家校关系、同事关系良好，然而社会声誉不高。通过分析公费师范生教师社会幸福感的二级指标可知，家校关系均值较高（M=4.10），其次为同事关系（M=4.00），而教师社会声誉均值较低（M=3.44），低于社会幸福感维度总均值，说明公费师范生教师的社会声誉还有待提高。

2. 性别差异分析

根据独立样本 t 检验结果，男、女公费师范生教师在职业幸福感总体水平与健康幸福感维度上不存在显著差异。但是，男、女公费师范生教师在认知幸福感、主观幸福感和社会幸福感维度上存在显著差异，见表10-25。公费师范生男教师的均值均低于女教师。

表10-25 不同性别公费师范生教师的职业幸福感及各维度均值

性别	n	认知幸福感	主观幸福感	健康幸福感	社会幸福感	教师职业幸福感
男	774	3.67	3.66	3.11	3.71	3.60
女	2626	3.72	3.72	3.07	3.78	3.65
	t	−2.22*	−2.30*	1.36	−2.47*	−1.90

3. 任教学段差异分析

不同任教学段公费师范生教师的职业幸福感存在显著差异，见表10-26。其中，小学公费师范生教师的职业幸福感均值显著高于初中、普通高中公费师范生教师。单因素方差分析结果表明，不同任教学段的公费师范生教师在认知幸福感、主观幸福感、健康幸福感、社会幸福感维度上也存在显著差异。小学教师的认知幸福感、主观幸福感、社会幸福感水平显著高于初中、普通高中公费师范生教师；小学公费师范生教师的健康幸福感水平显著高于初中公费师范生教师。

表10-26 不同任教学段公费师范生教师的职业幸福感及各维度均值

任教学段	n	认知幸福感	主观幸福感	健康幸福感	社会幸福感	教师职业幸福感
普通高中	364	3.65	3.65	3.08	3.67	3.58
初中	751	3.64	3.62	3.01	3.68	3.56
小学	2285	3.74	3.75	3.10	3.81	3.67
F		13.68***	11.12***	3.03*	16.16***	13.51***

4. 区域因素差异分析

对四大区域公费师范生教师职业幸福感及其具体维度进行单因素方差分析，结果表明：公费师范生教师职业幸福感总体水平存在区域差异，见表10-27。东北地区公费师范生教师的职业幸福感水平高于其他三个区域的公费师范生教师，特别是西部地区公费师范生教师。此外，四大区域公费师范生教师在认知幸福感、主观幸福感、健康幸福感、社会幸福感维度上均存在显著差异，且东部、东北地区公费师范生教师的认知幸福感、主观幸福感、健康幸福感、社会幸福感水平显著高于西部地区的公费师范生教师。

表10-27 不同区域公费师范生教师的职业幸福感及各维度均值

区域	n	认知幸福感	主观幸福感	健康幸福感	社会幸福感	教师职业幸福感
东部地区	380	3.74	3.75	3.14	3.79	3.67
中部地区	566	3.66	3.66	3.05	3.76	3.60
西部地区	859	3.58	3.57	2.97	3.62	3.50
东北地区	1595	3.79	3.79	3.13	3.84	3.71
F		31.94***	21.56***	7.94***	22.55***	26.34***

三、公费师范生教师职业幸福感问题分析

公费师范生政策实施至今，已有数以万计的师范生进入指定的教学岗位，成

为一线教师队伍中的一分子。但此次调查结果显示，公费师范生教师入职后的职业幸福感处于一般水平，明显低于毕业于普通师范及非师范专业的教师，在性别、任教学段、所在区域等方面也存在显著差异。只有对该教师群体在教育工作中遇到的现实难题进行准确定位，才能"对症下药"，从而有效提高公费师范生教师的职业幸福感。

（一）公费师范生教师的整体职业幸福感水平有待提高

调查结果表明，在公费师范生教师、非师范生教师和普通师范生教师三个群体中，公费师范生教师的职业幸福感得分显著低于其他两个群体，尤其体现在健康幸福感上。一方面，公费师范生教师相比其他教师要承担更大的社会期望，肩负更为崇高的使命，在职业生活中往往面临更大的压力，导致公费师范生教师在高强度的教学工作中很难享受劳逸结合的健康生活方式，很少有业余时间进行休闲娱乐和发展自己的兴趣特长。另一方面，公费师范生教师在职业发展方向上具有一定的局限性。所有公费师范生在毕业后需履行入学前签订的合约，从事农村基础教育工作，若干年后服从教育行政部门的分配，进入固定教学岗位，这在一定程度上限制了公费师范生的职业选择。对于那些因家庭、经济条件等原因非自愿选择公费的师范生来说，这样难以保证他们的职业认同感和工作积极性，更无法确保他们确立忠于教育事业的职业理想，因此这样的教师不易在教师职业中获得幸福感。丁道群和蒋珊珊也指出："对那些因父母意见或因家庭困难无奈选择的免费师范生来说，高校应该采取多种形式进行引导和教育，让他们体会到教育事业是一项崇高而伟大的事业。"[①]

（二）公费师范生教师的职业幸福感存在地区差异

区域环境是影响公费师范生职业幸福感的关键因素。本次调查分别对东部地区、东北地区、中部地区和西部地区的公费师范生教师职业幸福感进行了数据统计分析，结果显示，不同区域公费师范生教师的职业幸福感之间存在差异。按照目前我国的发展趋势，中西部地区的经济水平相对落后，教育资源和教育工作环境也相对较差，难以吸引高学历、高素质的优质人才，导致教育质量难以得到提

---

① 丁道群，蒋珊珊. 湖南地区高校免费师范生的教师职业认同感调查研究. 教师教育研究，2011，23（4）：63-67.

升。在这一背景下，在职教师只能接受较低的经济收入、不充足的专业发展资源和较差的工作环境。而东部的经济发展水平相比中西部要高，教师的薪酬待遇及个人发展空间都较为优越。除此之外，经济发达地区拥有较多的高等教育学府，能够为该地区提供优质人才，并为基础教育实践提供各种指导，这有助于教师在入职后获得较多的专业发展支持。因此，较好的个人发展空间和薪酬待遇等使得东部地区的公费师范生教师职业幸福感水平更高。对于东北地区的公费师范生教师来说，其职业幸福感水平较高的原因可能与该区域的基础教育发展水平相对较高、教师与其他行业的收入"落差"相对较小等因素有关。

（三）公费师范生教师的职业认同有待进一步巩固

教师职业认同是教师对其职业及个体内化的职业角色的积极的认知、体验和行为倾向的综合体，既指个体形成职业认同的过程，也指个体目前对于从事职业的认同程度。[①] 本次调查从教师的工作专注度、自我效能感、教师胜任力、职业安全感、职业吸引力五个方面对公费师范生教师的认知幸福感进行了调查分析，结果显示，在公费师范生教师群体中，教师职业安全感指数最低（$M=3.28$）。安全感是教师自身获得并发展领导力的重要情感来源，教师需要借助职业中的安全感来从个体、社会和国家等各个层面体验到幸福感、价值感和使命感。[②] 但目前很多学校缺乏具有共同价值取向的工作环境，难以营造利于教师发展的心理氛围和专业发展平台，未能建立公正科学的评价机制，导致教师难以在职业中获得充分的安全感，与外界交往与合作的倾向性也随之变弱，这无疑为职业幸福感的提升立起了一道"屏障"。此外，提高教师职业吸引力一直是我国教师队伍建设的重点任务，2018年发布的《中共中央 国务院关于全面深化新时代教师队伍建设改革的意见》明确指出要"吸引和稳定优秀人才从教"[③]。现阶段，我国中小学教师队伍建设主要面临性别结构失衡[④]、新入职教师与年轻教师流失率高、乡村教师职业吸引力弱[⑤]等困难，究其大致原因，一方面在于工资收入与工作条件不能满足教师

[①] 魏淑华, 宋广文, 张大均. 我国中小学教师职业认同的结构与量表. 教师教育研究, 2013（1）: 55-60.
[②] 刘希娅. 安全感·成就感·意义感: 基于情感获得的教师领导力提升. 中小学管理, 2020（9）: 12-15.
[③] 中共中央 国务院关于全面深化新时代教师队伍建设改革的意见. 人民日报, 2018-02-01（001）.
[④] 吴晶, 金志峰, 葛亮. 为什么教师职业对于女性更具吸引力——基于社会比较理论的视角. 教育发展研究, 2020, 40（2）: 59-68.
[⑤] 何树虎, 邬志辉. 乡村教师职业吸引力的实证研究——基于"离"与"留"强意愿的对比. 教师教育研究, 2021, 33（1）: 51-59.

的社会需求,另一方面在于教师的职业理想不足以支撑其从事教师事业。

(四)公费师范生教师的工作满意度有待进一步加强

教师的职业满意度和流动意愿不仅关系到教师自身的福祉,也与教育教学质量密切相关。当前学者多将影响教师工作满意度的因素划分为个人、学校、工作和其他四个层面。[①] 本次调查在统计分析公费师范生教师的主观幸福感时,发现教师工作满意度得分较低(M=3.36),低于主观幸福感维度总均值,并在性别和任教学段上存在显著差异。究其原因,首先在传统的社会观念中,男性往往相比女性要承担更多的家庭经济责任,因此对物质报偿、事业成就和晋升空间的追求更高,而教师这一职业恰恰在满足男性的这些要求方面不具备优势。其次,在男女教师比例失调的学校环境中,男教师在教学任务、学校管理、对外沟通与交流等方面承担着比女教师更加繁重的任务,面临更大的挑战和压力,这易使他们出现职业倦怠。在各学段教师中,小学教师职业幸福感水平最高。在工资收入水平相当的情况下,受中考和高考升学率的影响,高学段的教师可能要比低学段的教师承受更大的升学压力、更激烈的竞争、更艰巨和繁重的教学任务。再加上我国《中学教师专业标准》中对中学教师的学科知识素养要求更高,使其在更新与拓展学科知识、适应新教材、探索新教法等方面投入的精力更多。而小学教师所面临的升学压力相对较小,因而他们能够获得较轻松的工作环境和愉悦体验。除此之外,有研究证明,班额对教师教学行为与学生成绩、学习兴趣的关系具有负向调节作用。[②] 教师在大班额环境下会出现教学效能下降、教学压力增大,从而无法在教育工作中充分体验到成就感和价值感。在当前主张为教师减负的时代背景下,教师的工作负荷已引起社会各界的重视,然而仍然有多数教师身处工作时间远超出法定工作时间、非教学工作占时较长等困境。

(五)公费师范生教师的社会地位有待进一步改善

教师的社会地位是指教师职业在整个社会体系中所处的位置。[③] 本次调查从领导关系、同事关系、师生关系、家校关系、社会声誉5个指标入手,对公费师

[①] 北京师范大学教师劳动力市场研究课题组,关成华,邢春冰,陈超凡.中学教师的职业满意度与流动意愿及其影响因素研究——来自中国教育追踪调查数据(CEPS)的经验证据.北京社会科学,2021(3):84-102.

[②] 李勉,张平平,葛兴蕾,等.班额对教师教学行为与学生成绩、学习兴趣关系的调节——来自大样本研究的证据.教育学报,2020,16(6):108-116.

[③] 黄淑华,陈幼华.教师社会地位对师资队伍建设的影响.江西社会科学,2000(5):154-155.

范生教师的职业社会幸福感进行统计分析。结果显示，公费师范生教师在社会声誉方面得分较低（$M=3.44$），低于社会幸福感维度总均值。教师是一种专门职业，属于复杂劳动，所能创造的劳动价值会随着文化程度的提高而提高，尤其公费师范生在职前教育阶段便具备较高的素质和能力，对职后物质待遇的期望值要远高于一般教师。反观我国当前公费师范生的职后待遇，与普通师范教师相差无几，甚至低于部分非师范教师。与此同时，由于我国经济水平仍处于发展中阶段，教师这一职业的经济待遇较低，可见，提高教师队伍的社会地位仍任重而道远。同样影响教师社会声誉的因素还有教师的职业形象，当前社会正经历经济的快速发展和科技信息的全面覆盖，这一时期的教师应树立怎样的形象值得我们深入思考，只有明确教师应有的职业形象，才能搭好教师面向社会的桥梁。

四、公费师范生教师职业幸福感的提升策略

（一）根据公费师范生教师的专业基础和未来发展需求，设计个性化的专业发展计划

尽管公费师范生的招生标准较高，职前教育质量也较高，但这并不意味着他们走上工作岗位后就不需要专业发展了。为了促进他们的专业发展，学校应当在三个方面做出努力。其一，充分重视公费师范生教师的专业发展，并且要充分考虑他们的既有基础和未来发展需求，为他们设计不同于其他教师的个性化专业发展计划。其二，要为他们提供多样化的专业发展渠道，使其在专业成长的过程中累积专业知识，强化职业道德，提升自身专业素质，以此促进师生共同发展。并通过教师职业成就感和自豪感的满足来保障公费师范生教师对教学工作的积极性，使其最大限度地发挥才能与创造性，在专业水平提高的同时提升职业幸福感。其三，要构建有利的管理机制，为教师职业幸福感的获得提供制度保障。通过建立客观公正的教师评价制度为公费师范生教师提供优质的成长平台，以助于公费师范生教师在实现自我价值的过程中提高职业幸福感水平。此外，学校还应构建公平、公正的教师晋升机制，为公费师范生教师获得职业幸福感提供支撑。

（二）持续强化职业理想，促进公费师范生教师不断提升专业境界

公费师范生毕业后投身于农村基础教育是一项具有长远发展意义的事业，这

需要他们热爱教育，关注学生，将扎根农村教育视为理想和使命，以此增强对当前职业的认同感。尽管他们在大学期间已经接受了职业理想教育，但入职后仍需要得到此方面的强化教育，以确立坚定的职业信念和理想，立志成为"未来的教育家"。理论研究和实践都证明，专业成熟是教师理性应对职业压力的重要手段。首先，公费师范生教师要有追求终身专业发展的意识，不断提高专业能力，这是公费师范生教师职业幸福感的根基。其次，公费师范生教师要有强烈的责任意识和使命感，不忘初心，为国家和社会、学生、家长等主体提供优质的教育服务。除此之外，公费师范生教师还应积极追求自我发展，尤其是心理调适能力等的发展，以预防和缓解职业倦怠。

（三）创造条件，努力为公费师范生教师营造良好的工作环境

公费师范生教师能否被"招进来"、"留得住"和"用得好"与学校的管理方式和环境实施等因素都有关系。因此，学校应当关注并改善教师的生存状态，关心教师的身体健康，有针对性和实效性地开展教育，加强教师的职业意志，努力创造有利条件，以增强公费师范生教师的幸福感体验。由于公费师范生教师对于工作环境等的期望值相对较高，因此学校应尽可能为公费师范生教师创设令其满意的工作环境，努力做到以"环境留人"和"感情留人"。学校的软环境也至关重要，学校应当重视优良的学风和教风建设，以使公费师范生教师获得积极的心理体验。同时，在学校管理上，学校应该为公费师范生教师参与学校管理与决策创造有利条件，从而切实增强他们的归属感、成就感和职业幸福感。

（四）改善公费师范生教师的薪酬待遇，努力做到"待遇留人"

公费师范生在职前师范教育阶段享有政策优惠的同时也肩负回馈社会、促进教育公平等神圣使命，这种理想信念的树立需要内心的自觉和外力的约束。但本次调查结果显示，多数公费师范生教师在福利待遇、社会地位上未得到应有的保障，这对公费师范生确立切实履行协议的志向和决心带来了一定的现实挑战。那些在农村学校工作的公费师范生教师的情况更不乐观，因此，各级政府和学校应该合理提高公费师范生入职后的工资待遇，给这部分教师应有认可，提高其社会地位，在实现"待遇留人"的同时，切实提升公费师范生教师的职业幸福感。

（五）营造包容的社会氛围，减少公费师范生教师的外界压力

作为社会职业谱系中的一个要素，教师职业与其他职业一样有一定的共性，其中之一就是职业人在工作者都有可能存在过失。因此，有必要营造理性宽容的社会风气，提高公众对教师职业的包容度。故而，政府和学校要引导公众对教师这一职业形成正确的认知，合理定位教师的角色和专业职责。尤其对于公费师范生教师来说，他们被社会和公众寄予厚望，因此压力也更大。为此，应当为他们适当"松绑"，合理评价，以减少外界压力，使公费师范生教师在岗位上轻松工作，愉快生活，从而提升其职业幸福感。教育行政部门应进一步完善公费师范生的政策文本，建立相应的激励机制和政策监督机制，从多方入手，平衡多方利益，建立相应的问责与监督机制，制定公费师范生的利益表达机制，向农村公费师范生教师倾斜政策，使公费师范生政策更加合理。

第五节　高级职称教师职业幸福感调查报告

一、高级职称教师职业幸福感基本内涵

（一）高级职称教师的基本内涵

为完善教师职务体系，促进教育事业发展。根据义务教育法的相关规定，经国务院同意，我国开展了中小学教师职称制度改革，并于2015年发布了《关于深化中小学教师职称制度改革的指导意见》[①]。根据该意见的相关规定，高级职称教师（又称"高级教师"）是指：在我国现行教师职称（职务）制度中归属于"高级职务"一级，在职务名称上为高级和正高级的教师群体（实际调研中，由于正高级教师样本较少，故本次研究将高级教师和正高级教师统一归为"高级职称教师"，不对二者进行区分）。

---

① 教育部网站.关于深化中小学教师职称制度改革的指导意见.（2019-08-28）http://www.moe.gov.cn/jyb_xxgk/moe_1777/moe_1779/201509/t20150902_205165.html［2021-05-04］.

（二）高级职称教师职业幸福感的基本内涵

幸福感是个体心理功能和心理体验的一种理想状态。[1] 教师职业幸福感是指"教师对与其工作和职业相关的认知、主观、健康、社会等方面的反应"[2]。因此，本次研究将高级职称教师的职业幸福感定义为一种主观情感体验，主要由高级职称教师各维度的平衡感与舒适感所映射。

二、高级职称教师职业幸福感基本现状

本次高级职称教师幸福感测量采取利克特5点量表的计分形式（反向题目则反向计分），得分为1~5，得分越高说明幸福感水平越高。本节主要是对调查样本中的5596位高级职称教师（包含91位正高级教师）的数据进行提取，采用SPSS26.0进行分析，呈现我国中小学高级职称教师职业幸福感现状，并梳理形成高级职称教师职业幸福感调查报告。

（一）高级职称教师职业幸福感基本描述

1. 高级职称教师职业幸福感总体状况

本次调查发现，我国义务教育阶段高级职称教师职业幸福感水平总体较高（M=3.81）。从具体维度来看，高级职称教师在认知幸福感、主观幸福感、健康幸福感和社会幸福感维度均达到中等水平。其中，高级职称教师所感受到的最高幸福感是社会幸福感，最低是健康幸福感，居于中间的为主观幸福感和认知幸福感（图10-15）。

2. 高级职称教师认知幸福感现状

高级职称教师的认知幸福感水平总体较高（M=3.86）。本次研究中，高级职称教师认知幸福感主要通过工作专注度、自我效能感、教师胜任力、职业安全感和职业吸引力这5个维度进行观测。根据调查结果，教师胜任力的均值最高，然后依次是自我效能感、工作专注度、职业吸引力和职业安全感（图10-16）。

---

[1] Ryan R M, Deci E L. On happiness and human potentials: A review of research on hedonic and eudaimonic well-being. Annual Review of Psychology, 2001（1）：141-166.

[2] 霍姆斯. 教师的幸福感——关注教师的身心健康及职业发展. 闫慧敏译. 北京：中国轻工业出版社，2006：2-12.

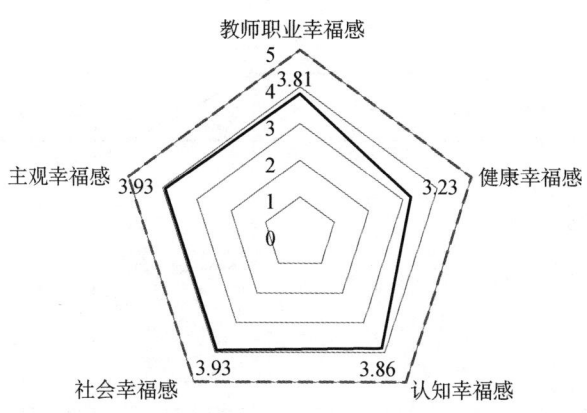

图 10-15　高级职称教师职业幸福感及各维度均值

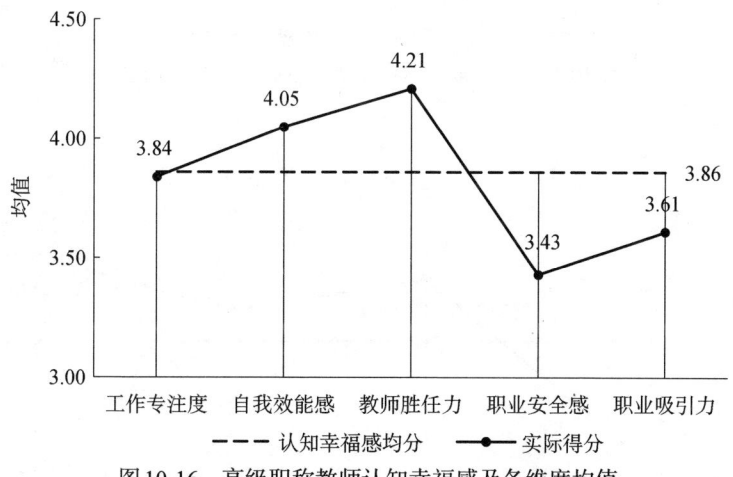

图 10-16　高级职称教师认知幸福感及各维度均值

3. 高级职称教师主观幸福感现状

高级职称教师主观幸福感均值为 3.93，表明高级职称教师的主观幸福感处于较高的水平。从主观幸福感各维度得分来看，工作价值感和自我成就感均值较高，其后为职业荣誉感和精神状态，工作满意度均值最低（图 10-17）。

4. 高级职称教师健康幸福感现状

相对而言，高级职称教师的健康幸福感水平总体较低（$M=3.23$）。就健康幸福感的各子维度数据来看，健康预测得分最高，其后依次为正向情感、负向情感和身体健康（图 10-18）。

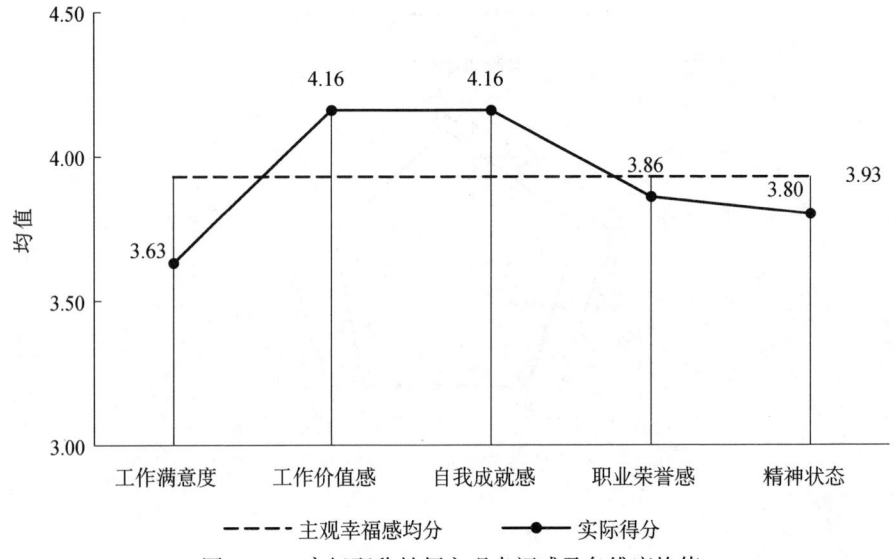

图10-17 高级职称教师主观幸福感及各维度均值

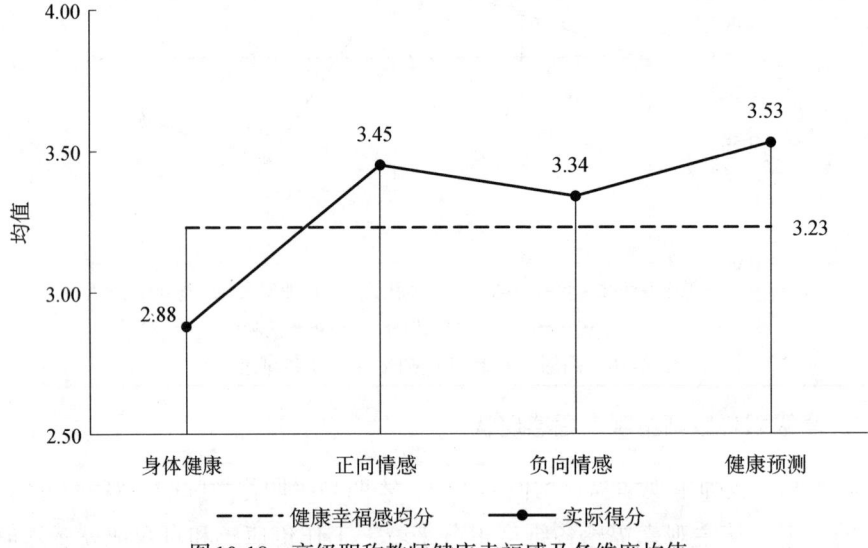

图10-18 高级职称教师健康幸福感及各维度均值

5. 高级职称教师社会幸福感现状

高级职称教师的社会幸福感均值为3.93，表明高级职称教师的社会幸福感处于较高水平。就社会幸福感各子维度数据来看，家校关系得分最高，其后依次为同事关系、师生关系、领导关系和社会声誉（图10-19）。

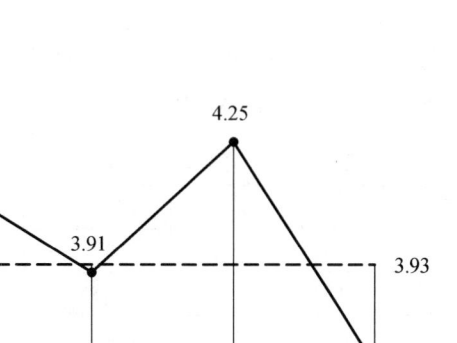

图 10-19　高级职称教师社会幸福感及各维度均值

（二）高级职称教师职业幸福感多维度差异分析

1. 高级职称教师职业幸福感的自然属性维度分析

1）不同性别的高级职称教师职业幸福感的比较分析

不同性别高级职称教师的职业幸福感存在差异，见表10-28。由于性别属于独立二分变量，因此对于不同性别的高级职称教师职业幸福感的差异主要通过独立样本 t 检验进行考察。从男、女高级职称教师的职业幸福感得分来看，在认知幸福感、主观幸福感、健康幸福感和社会幸福感四个方面均呈现为高级职称男教师的均值低于高级职称女教师，且独立样本 t 检验发现这种差异具有显著性。

表 10-28　不同性别高级职称教师的职业幸福感及各维度均值

性别	n	认知幸福感	主观幸福感	健康幸福感	社会幸福感	教师职业幸福感
男	1845	3.79	3.83	3.17	3.86	3.67
女	3751	3.89	3.97	3.26	3.97	3.77
t		−6.77***	−7.57***	−3.82***	−6.00***	−7.04***

2）不同年龄高级职称教师职业幸福感的比较分析

不同年龄高级职称教师的职业幸福感存在差异，见表10-29。根据调查，不同年龄段的高级职称教师所体验到的职业幸福感均值由高到低依次为51岁及以上、36～50岁、35岁及以下，且不同年龄段教师的职业幸福感状况存在一定差异，单因素方差分析显示这种差异具有显著性。在认知幸福感、主观幸福感、健康幸福感和社会幸福感四个方面，51岁及以上的教师积极体验最高，35岁及以下的教师体验最低，36~50岁教师的职业幸福感水平居中。

表10-29 不同年龄高级职称教师的职业幸福感及各维度均值

年龄	n	认知幸福感	主观幸福感	健康幸福感	社会幸福感	教师职业幸福感
35岁及以下	43	3.62	3.66	3.12	3.76	3.60
36~50岁	2686	3.80	3.83	3.13	3.86	3.73
51岁及以上	2867	3.92	4.02	3.33	4.00	3.89
F		36.87***	65.37***	41.64***	34.78***	57.06***

2. 高级职称教师职业幸福感的社会属性维度分析

1）不同学历高级职称教师的职业幸福感比较分析

不同学历高级职称教师的职业幸福感存在差异，见表10-30。根据调查数据，不同学历高级职称教师的职业幸福感水平由高到低依次为大学专科、中专/技校及以下、大学本科、研究生及以上学历教师。单因素方差分析和平均值相等性稳健检验结果显示：大学专科、大学本科和研究生及以上学历的高级职称教师在认知幸福感、主观幸福感、健康幸福感和社会幸福感四个方面的差异具有显著性。

表10-30 不同学历高级职称教师的职业幸福感及各维度均值

学历	n	认知幸福感	主观幸福感	健康幸福感	社会幸福感	教师职业幸福感
中专/技校及以下	52	3.89	3.97	3.28	3.99	3.85
大学专科	1800	3.94	4.04	3.34	4.04	3.91
大学本科	3616	3.82	3.87	3.18	3.88	3.76
硕士研究生及以上	128	3.80	3.81	3.20	3.83	3.72
F		19.96***	28.21***	15.59***	25.74***	28.71***

2）不同学历类型高级职称教师的职业幸福感比较分析

不同学历类型高级职称教师的职业幸福感存在一定差异，见表10-31。根据调查数据，不同学历类型的高级职称教师的职业幸福感水平由高到低依次为非师范生、普通师范生和公费生专业教师。由此看来，学历类型为非师范生的高级职称教师职业幸福感水平最高，学历类型为公费师范生的高级职称教师职业幸福感水平最低。从职业幸福感的各子维度来看，只在社会幸福感方面，学历类型为普通师范生的高级职称教师幸福感高于公费师范生教师。

表10-31 不同学历类型高级职称教师的职业幸福感及各维度均值

学历类型	n	认知幸福感	主观幸福感	健康幸福感	社会幸福感	教师职业幸福感
普通师范生	3897	3.86	3.92	3.22	3.94	3.81
公费师范生	928	3.81	3.87	3.20	3.86	3.76
非师范生	771	3.92	4.01	3.31	4.00	3.88
F		8.39***	10.28***	4.68***	9.89***	10.33***

3. 高级职称教师职业幸福感的地域属性维度分析

1）城乡高级职称教师职业幸福感的比较分析

城乡高级职称教师职业幸福感状况存在一定的差异，见表10-32。根据调查数据，城乡高级职称教师职业幸福感水平由高到低依次为乡村、乡镇、县城、城市高级职称教师。从具体维度来看，乡镇高级职称教师的职业幸福感水平高于县城和城市高级职称教师，乡村高级职称教师职业幸福感水平高于乡镇、县城和城市高级职称教师，且单因素方差分析结果显示差异显著。

表10-32 不同学校所在地高级职称教师的职业幸福感及各维度均值

学校所在地	n	认知幸福感	主观幸福感	健康幸福感	社会幸福感	教师职业幸福感
城市	1422	3.79	3.83	3.15	3.84	3.73
县城	1335	3.81	3.85	3.16	3.86	3.74
乡镇	1862	3.89	3.99	3.29	3.99	3.86
乡村	977	3.97	4.06	3.35	4.07	3.93
F		26.71***	33.11***	16.84***	35.62***	36.03***

2）不同地区高级职称教师职业幸福感的比较分析

我国不同地区高级职称教师的职业幸福感存在差异，见表10-33。根据调查结果，不同地区高级职称教师的职业幸福感水平由高到低依次为东北地区、西部地区、东部地区和中部地区教师。单因素方差分析结果显示，不同地区高级职称教师的职业幸福感差异显著。具体体现为：在健康和认知幸福感方面，东部和西部地区高级职称教师的均值均高于中部地区教师，且东北地区高级职称教师的幸福感水平最高；在主观幸福感方面，西部地区高级职称教师高于东部和中部地区高级职称教师；在社会幸福感方面，西部地区高级职称教师的均值高于中部地区高级职称教师。

表 10-33　不同区域高级职称教师的职业幸福感及各维度均值

区域	n	认知幸福感	主观幸福感	健康幸福感	社会幸福感	教师职业幸福感
东部地区	518	3.83	3.84	3.24	3.87	3.76
中部地区	851	3.74	3.74	3.01	3.82	3.68
西部地区	2199	3.83	3.83	3.21	3.91	3.79
东北地区	2028	3.94	4.02	3.33	4.03	3.90
F		36.25***	31.67***	23.60***	27.51***	37.40***

三、高级职称教师职业幸福感问题分析

（一）高级职称教师职业幸福感的现实困境

调查数据表明，相对于中小学其他教师群体，高级职称教师的职业幸福感总体情况较好。然而，倘若我们将目光仅仅聚焦于高级职称教师，则会发现其各子维度下职业幸福感的现实样态并不如我们所期，具体表现为认知幸福感不足、主观幸福感低沉、健康幸福感欠佳和社会幸福感失衡。

1. 认知幸福感不足

采用SPSS26.0进行皮尔逊相关分析，结果显示职业安全感与认知幸福感呈显著正相关（$r=0.60$，$p<0.001$）。高级职称教师的认知幸福感（$M=3.86$）整体处于较高水平，其分维度下的"职业安全感"和"职业吸引力"尤为不足（$M=3.43$，$M=3.61$），可以看出，高级职称教师对其自身职业表现出日益突出的"危机感"。具体表现为：第一，对工资待遇保障缺乏安全感，当要求评价"您觉得教师工作比较稳定，待遇上有保障"时，仅有27.7%的高级职称教师表示认可。第二，对日常的教学管理缺乏安全感。调查中有69.5%的高级职称教师将"学生难管"选为幸福感缺失的首要原因。60.8%的高级职称教师表示"学生管理中的各种问题，让我觉得教师职业成为高危职业"。第三，对学校支持缺乏安全感。当问及"面对各种问题，学校能否为教师说话，提供强大支持"时，17.2%的高级职称教师给予了否定回答。在开放性问题回答中，有高级职称教师表示："我认为现在教育的最大问题是老师不敢管学生了。一旦管学生，体罚和变相体罚的帽子一准扣上。"职业安全感低落在一定程度上加剧了职业吸引力的下滑，使得高级职称教师的认知幸福感日益低垂。

2. 主观幸福感低沉

调查发现高级职称教师的主观幸福感处于较高水平（$M=3.93$），但其维度下的教师工作满意度、职业荣誉感和精神状态（分别为$M=3.63$，$M=3.83$，$M=3.80$，皆低于主观幸福感均值）方面均呈现低沉态势。具体表现为：在工作满意度方面，教师薪资和福利待遇均值较低（$M=3.19$），远远低于平均值（$M=3.64$），此外，有9.3%的高级职称教师表示对目前的职业生活不满意，23.8%的高级职称教师表示"如果有机会，会换一所学校"；在职业荣誉感方面，尽管75.8%的高级职称教师表示"做教师是一件倍感荣誉的事"，但仍有15.8%的高级职称教师不愿意与别人提及自己的职业；在精神状态方面，当被要求评价"早上起来面对一天的工作，您会感觉很累"时，有37.1%的高级职称教师认为与自身符合。此外，在日常工作中，有7.9%的高级职称教师很难感到"心情愉快"，5.3%的高级职称教师很难通过自我调节来保持好心情，表明部分高级职称教师的整体精神状态不佳，难以保持持久的工作热情与活力。综上，三方面共同呈现了高级职称教师主观幸福感低落的倾向。

3. 健康幸福感欠佳

健康是人类生存的基本需求。马斯洛指出，人类的需求可以划分为高低不同的层次。若低层次的需要无法满足，那么一般说来，人们很难感受到归属感、尊重感，更难以满足自我实现等高层次的需要。[①] 由此可见，拥有健康的身心状态和对自身健康充满安心和幸福的感受对于提升高级职称教师的幸福感具有十分重要的意义。调查发现：在高级职称教师职业幸福感的四个维度中，健康幸福感水平最低（$M=3.23$），其主要体现为：在身体层面，有48.4%的高级职称教师经常失眠，50.7%的高级职称教师感受到身体出现明显的不适感，健康出现了问题，41.4%的高级职称教师经常出现头疼和胃疼的情况；在心理层面，有20.1%的高级职称教师反映自己会经常因情绪失控而发脾气，24.7%的高级职称教师感觉到工作枯燥乏味，很难产生兴致，40.3%的高级职称教师在工作中感到焦虑和疲惫。快乐首先在于有健康的身体。面对如此状态，我们难免不会心生担忧，如果起模范带头作用的教师群体对健康幸福感的体验度如此之低，如何带来更好的教

---

① 亚伯拉罕·马斯洛. 动机与人格. 许金声, 等译. 北京：中国人民大学出版社，2007：70-77.

育效果呢？又如何激起其他教师努力的斗志呢？

4. 社会幸福感失衡

调查发现，高级职称教师社会幸福感内部呈现"两极分化"的现象。其中，既存在得分很高（M>4）的"同事关系（M=4.14）"和"家校关系（M=4.25）"维度，也存在得分很低的"领导关系（M=3.71）"和"社会声誉（M=3.67）"维度，社会幸福感整体陷入一种"失衡"状态。探究其问题，主要体现为：其一，高级职称教师的领导关系不够理想。调研中有72.9%的高级职称教师能够得到领导的肯定与认可；69.5%的高级职称教师能够感受到上级对自身能力的欣赏；当要求评价"学校领导让您感到在学校很受欢迎"时，7.4%的高级职称教师选择"完全不符合"，30.6%的高级职称教师选择了"不确定"；此外，还有24.0%的高级职称教师反映常常感觉自己好像被领导遗忘了。其二，高级职称教师的社会声誉仍然很弱。尽管有超过六成的高级教师认为未来社会对教师职业的评价会越来越好，但仍有11.4%的高级职称教师表示"近年来感受不到教师社会声誉的提升"，16.0%的高级职称教师感觉不到社会各行各业对教师职业的尊重。总之，尽管社会幸福感总体得分较高，但这种"失衡"的社会幸福感会逐渐削弱教师对职业幸福的积极体验，进而导致职业幸福感总体下滑。

（二）高级职称教师职业幸福感问题的缘起追溯

1. 影响因素之"外在生存境遇"

（1）繁杂庞大的非教学任务加剧了高级职称教师的"身心俱疲"状况。调查发现，50.9%的高级职称教师表示工作量过大，身心俱疲日益成为工作常态。究其原因，工作强度不仅受制于教学任务，而更多地来源于非教学任务。59.7%的高级职称教师表示各种非教学任务让其感觉十分疲惫。13.7%的高级教师指出"由于非教学任务耗费了大量的精力，自己没有足够的时间投入教学，导致自己很疲惫，教学成绩又会受损"；56.1%的高级职称教师反映教学成绩的压力让他们感觉更疲惫。疲惫的身体和过重的心理负担让教师失去了朝气与斗志，严重降低了职业幸福感。有教师在问卷中留言表示："请减少各种迎接检查、不必要的会议、无效的培训、留痕等工作，把时间归还给教育教学，为教师教书育人和学生健康成长保留一片净土。"韩愈言："师者，所以传道受业解惑也"（《师说》）。尽管时代变迁，教书育人仍是教师的主要职责，繁杂且庞大的非教学任务及其带来的巨大压力已成为影响教师身心幸福的重要因素。

（2）合法权益保障不善引发了高级职称教师的"职业危机感"。调查发现，高级职称教师的职业危机感日渐增强。究其原因，主要来源于教师个体自身合法权益难以得到有力的保障，具体原因可归结为以下三点：其一，国家政策在执行过程中未完全落实对教师合法权益的保障，有59.0%的高级职称教师反映"国家出台的相关政策，地方很难落实到位"。其二，学校在制定和实施管理制度的过程中忽视了教师的权益保障。调查中有32.7%的学校在管理制度制定和实施上不征求教师意见；有40.9%的高级职称教师表示自己所在学校管理制度在实施过程中太过刚烈、缺乏人性化，缺少对教师权益的尊重。其三，教师的教育教学权受损。有教师表示：政策明确规定禁止教师体罚或变相体罚学生，这种提倡尊重和赏识的教育在现实中逐渐被放大，并导致教师批评教育权的缺失。一旦出现家校纠纷，教师的批评和教育就极有可能被认为是体罚，其结果就是教师被停课或离职。而在这种情况下，仅有不足一半的学校能够保护教师，更多教师为了自保而不敢管学生，变得越来越软弱。有教师在问卷中表示：一面是不敢管学生的现实，另一面是提高教学成绩的理想，这让我们感受到了更多的无奈与无力感。

（3）相对不足的薪酬待遇削弱了高级职称教师的"正向感受"。薪酬待遇偏低是教师们反映得最普遍的问题。高级职称教师幸福感不足主要体现为"相对不足"的薪酬待遇，具体为：与教师工作量相比，薪酬待遇相对不足。除了教育教学，教师还需处理大量的非教学任务；与教师工作时长相比，薪酬待遇"相对不足"。数据显示：工作时长为7~8小时的高级职称教师占41.0%，9~10小时的占25%，10小时以上的占14.1%；与同等资历要求的公务员职业相比，高级职称教师薪酬待遇"相对不足"。目前仅有16.3%的教师的薪酬能够与公务员持平。从不同地区来看，19.8%的县镇高级职称教师表示其薪酬待遇"相对不足"，他们表示："与城市和城镇相比，我们没有他们那样优越的环境；与乡村相比，我们的工资待遇又不如他们。"尽管社会一直强调教师是教书育人的高尚职业，但工资待遇不足让他们很难感受到这份神圣职业所带给自己的幸福感受。这种相对不足的薪酬待遇削弱了高级职称教师对自身职业的"正向感受"。

（4）略显薄弱的尊师氛围降低了高级职称教师的社会地位。皮尔逊相关分析结果显示，社会地位与教师职业幸福感呈高度正相关（$r=0.72$，$p<0.001$）。调查发现我国中小学高级职称教师的社会地位仍处于较低水平。究其原因，有近六成的高级职称教师表示"当前社会上尊师重教的氛围严重不足"。其中，主要因素

是网络和媒体的舆论，有56.1%高级职称教师表示"媒体或公众对教师职业的舆论降低了我的职业幸福感"。还有教师在问卷中留言：其实工作岗位上的大部分教师兢兢业业，但网络媒体弱化了对其正面形象的宣传，而对一些负面事件却专注报道，这种行为极容易导致社会对教师职业的误解和偏见，从而导致整个社会对教师尊重感不足。较为薄弱的尊师重教氛围使教师失去了社会的精神支持，影响了教师职业的吸引力。还有教师表示："管学生，出了问题是老师的责任；不管学生，又难以提升教学质量。"对此，90.7%的高级职称教师认为"中小学教师是一个要求越来越高的职业"。由此可见，略显不足的尊师氛围和教师职业的"高要求""低地位"冲突是阻碍高级职称教师职业幸福感获得的一大藩篱。

2. 影响因素之"内在生命状态"

（1）积极心理品质不足，难以奠定幸福感形成的心理基础。积极心理学的创始人马丁·塞里格曼（Martin Seligman）、谢尔顿（Sheldon）和劳拉·金（Laura King）主张研究人类的积极品质，充分挖掘人固有的、潜在的、具有建设性的力量，并进一步指出积极的心理品质对于个人和社会的发展有着巨大的促进价值，能使人类走向幸福。孟万金认为：从根本出发，只有学校中的教师感受到了幸福和积极才能令学生更好地更幸福积极地成长与发展。[1] 由此，积极的心理品质是幸福感形成的心理基础。根据调查数据，部分教师缺乏积极的心理品质。数据表明：有71.2%的高级职称教师拒绝墨守成规，能够时常创造新花样；有29.7%的高级职称教师表示"在工作中很容易感到失落"，其积极心理状态有待进一步增强。对于高级教师来说，积极的心理品质不仅是工作中的必备品质，也是其人生道路上一笔宝贵的财富。高级职称教师需要从内在积极地提升自我，以更充分、更深刻地体会教师职业所带给自我的幸福体验。

（2）成熟职业人格欠缺，难以激发幸福感维系的内生动力。美国学者罗伯特·埃蒙斯研究表明，在众多影响教师幸福感的因素中，人格因素是影响主观幸福感最可靠、最有力的因素之一。《国家中长期教育改革和发展规划纲要（2010—2020）年》指出，"教师要关爱学生，自尊自律，以人格魅力和学识魅力教育感染学生"[2]。由此可见，成熟的职业人格不仅关乎着教学效果，更与学生的健康

---

[1] 孟万金. 积极向心力健康教育奏响幸福主旋律——先让学校幸福起来. 中国特殊教育，2011（9）：5-7.
[2] 教育部网站. 国家中长期教育改革和发展规划纲要（2010—2020）年.（2010-07-29）http://www.moe.gov.cn/srcsite/A01/s7048/201007/t20100729_171904.html［2021-05-10］.

成长和教师的职业幸福息息相关。根据连榕教授"职业人格与职业生涯阶段呈正相关"的观点[①]，高级职称教师在教师群体中属于专家型教师，理应具备成熟的职业人格，尽管"应然"状态确须如此，但"实然"样态并不乐观。调查数据显示：大部分高级职称教师缺乏职业的有恒性，有92.0%的高级职称教师对教育教学缺乏反思行为；有29.0%的高级职称教师将学生难管视为工作压力的主要来源；在人际协调上，教师缺乏技巧产生了不良的结果，其中，24.0%的高级职称教师表示"似乎被领导遗忘"；14.6%高级职称教师难以得到学生家长的支持。这需要高级职称教师不断提升自我，以锻造更加匹配的职业人格，这样才能体认到更高水平的幸福感。

（3）真挚教育情怀贫乏，难以提供幸福感持久的活力源泉。教育情怀，集中展现了高级职称教师对其所从事的教育事业的执着与热爱。满怀真挚情怀的教师，能够发自内心地对教育寄予敬畏之心与殷切之爱；能够义不容辞地肩负教书责任与育人使命；能够守护育人净土，辛勤耕耘，点亮生命，以静待花开的心境享受教书育人的乐趣。[②] 由此，教师的教育情怀孕育并展现着教师的幸福体验，是教育职业幸福感持久的活力之源。然而，并不是所有的教师都能对教育永葆一腔热血，数据显示：有14.3%的高级职称教师不能做到将"做一名学生喜欢的老师"视为职业理想，17.2%的高级职称教师在工作遇到困难时难以做到勇敢坚持。毋庸置疑，只有内心充满真挚教育情怀的老师，才能够在默默的耕耘中不辞辛苦，不忘初心，为"花朵"的成长提供源源不断的阳光和雨露，并在他们的成长中收获满满的成就感和人生价值。而这个漫长奋斗过程中的点点滴滴，正是其职业幸福感形成的星星之火。

四、高级教师职业幸福感提升策略

（一）强化教师政策的引领：教师职业幸福感形成的战略基础

其一，在政策的制定方面，要眷注教师职业幸福的国家意志和战略意义，注重聆听教师的内在诉求，满足教师对于物质和精神方面的合理需要，以保障教师的合法权益。如，在育人方面，完善和细化教师惩戒制度，优化其可操作性，使

---

① 谢姗姗，林荣茂，连榕. 新手—熟手—专家型教师职业人格与倦怠关系. 宁波大学学报（教育科学版），2019，41（3）：52-58.
② 韩延伦，刘若谷. 教育情怀：教师德性自觉与职业坚守. 教育研究，2018，39（5）：83-92.

教师行为有法可依；在薪酬待遇方面，要逐步提升教师的工资水平，改善教师的生存状态。此外，要注重建构教师付出与回报相平衡的薪酬机制，构建更加科学合理的薪酬体系。在教学方面，应合理确定教师的工作量，减轻教师不必要的非教学任务，为教育教学创造优质条件。

其二，要关注政策的落实。为确保政策不打"折扣"地落实到位，首先需要执行者坚持科学严谨的工作态度，确保对政策意志的理解足够到位，并将其精神全面切实贯彻。此外，政策的执行是一个横向和纵向相互连通的"网络"，需要政策的相关执行单位建立"合作共同体"，共同维护教师的合法权益。最后，要建立完善相应的问责机制，这样才能从根本上保障政策的"初衷"切实落地。

（二）增进社会的支持：教师职业幸福感提升的外部力量

教育，作为一项全社会的事业，尚需教师守住教育的一片"宁静"，全社会要给予教师足够的理解、尊重和认可。首先，创建尊师重教的社会风尚，激发高级职称教师的教育情怀。在思想层面，要能够认识到教育并不仅仅是学校和教师的责任，而是全社会的事业。在实践层面，积极营造尊师重教的良好社会风气，不断提升教师的社会地位，以带给教师更多的自豪感和被尊重感。其次，重塑人们心中的教师形象。尽管教师职业被奉为太阳底下最光辉的职业，但也要认识到教师也只是平凡的社会人，无法契合人们心中的圣人形象，对此不能对教师进行"道德绑架"。在新媒体时代，特别需要规范媒体的运行，弘扬正能量，让教师收获到更多的认可和信任，从而激发教师更真挚的教育热情。

（三）扩展学校的人文关怀：教师职业幸福感增长的关键因素

学校作为高级职称教师生存的主要场域，承担着促进高级职称教师职业幸福感提升的责任。学校要对高级职称教师施以温暖的关怀，具体包含以下三方面。第一，关心高级职称教师的"身心健康"：①提升教师的健康意识，如可通过开展健康方面的讲座等增进其对健康的重视。②为教师提供运动的时间、空间和条件，如减轻教师的非教学任务、为教师提供运动设施等。第二，积极回应高级职称教师的成长需求：①关注每一位教师，帮助教师制定发展图景。②搭建发展平台，提供有针对性的培训。③建立教师发展反馈机制，追踪教师发展中的问题，并提供相应的支持。第三，实行基于服务意识的"人本管理"：①树立"教师第一"的思想,制定管理条例时要倾听教师的心声。②要不断完善各种具体政策,如教师激励机制、考评体系、管理制度等,增强其灵活性。③管理过程要适度柔性化,给予教师更多的宽容和理解,让教师感受到更多的理解和温暖。

(四)加强个体的主体自觉:教师职业幸福感持续的内在动力

幸福感的形成离不开主体积极主动的建构。因此,高级职称教师要认识到自我是幸福感生成的主体,从而拥有自育自建幸福感的主体自觉,担负起建构自身职业幸福的主体责任。首先,基于教育实践,培育积极的心理品质,是高级职称教师自育自建职业幸福感的始发点。教师工作的核心无外乎"教书"和"育人",作为一门实践性极强的工作,教师要立足于一线的教育教学实践,将积极心理品质的培育与自身课堂教学、专业发展、人才教育相结合,深入挖掘教师职业所需的积极心理品质,自我培育和提升。其次,积极地自我反思,锻造成熟的职业人格,是高级职称教师自育自建职业幸福感的支撑点。积极的自我反思要求高级职称教师发挥自主性,进行自我提升。如,通过向名师或有经验者学习或听取同行对自身的工作评价,抑或开展学术研究等方式不断提升自我反思能力。最后,挖掘教育本质,涵育真挚的教育情怀,是高级职称教师职业幸福感建构的落脚点。德国哲学家雅斯贝尔斯说:"教育本质是一棵树摇动另一棵树,一朵云推动另一朵云,一个灵魂唤醒另一个灵魂。"① 敦实教育情怀,需要高级职称教师深度挖掘教育的本质,在言传身教中感受职业的崇高,在培育生命中感受职业的神圣,不断开创教书育人的新境界。

---

① 卡尔·雅斯贝尔斯. 什么是教育. 邹进译. 北京: 生活·读书·新知三联书店: 1991: 88-97.

第十一章

教师职业幸福感影响因素

第一节　教师职业幸福感影响因素的逻辑理路

教师一直被认为是与学生的学业成就相关的最重要的因素之一。[1][2][3]然而与对学习者的研究相比，对教师的生活、需求和心理的研究在数量上相对较少，在研究范围上相对狭窄。其中，研究者比较关注教师的教学方法以及他们在课堂上的角色是如何影响学习者的，而很少将教师们作为独特而复杂的人来看待。鉴于教师在学习和教学过程中的核心地位，理解到底是什么帮助他们获得了专业上的发展，从而使他们得以发挥自己的能力有效地开展教学，具有至关重要的理论意义。

教师的职业幸福感是影响教师效能的重要因素之一。研究表明，具有较高工作满意度和较高幸福感水平的教师不仅在教学方面更有效、师生关系更加和谐、班级纪律更好，而且学习者的成绩会更高、学业会更成功。[4][5][6]因此，了解到底是什么使教师在其职业角色中蓬勃发展，哪些挑战会阻碍他们的职业幸福感提升，不仅具有至关重要的理论意义，还有着极为重要的实践意义。这些影响因素能够为政策的制定提供参考，助力教师成为最好的教育者。

一、教师职业幸福感影响因素的概念框架

基于不同的研究目的和研究背景，国内外学者对影响教师幸福感的因素有多种划分方式。Day等确定了影响教师幸福感的三组因素：情境因素、专业因素和

---

[1] Darling-Hammond L. Teacher Quality and Student Achievement: A Review of State Policy Evidence. Education Policy Analysis Archives, 2000（8）：1.

[2] Konstantopoulos S. Trends of school effects on student achievement: Evidence from NLS：72，HSB：82，and NELS：92，Teachers College Record，2006.

[3] OECD. TALIS 2013 Results：An International Perspective on Teaching and Learning TALIS，OECD Publishing，Paris. 2014.

[4] Tschannen-Moran M, Woolfolk Hoy A. Teacher efficacy：Capturing an elusive construct. Teaching and Teacher Education，2001，7：783-805.

[5] Tschannen-Moran M, Barr M. Fostering student learning：The relationship of collective teacher efficacy and student achievement. Leadership and Policy in Schools，2004，3：187-207.

[6] Skaalvik E M, Skaalvik S. Dimensions of teacher self-efficacy and relations with strain factors, perceived collective teacher efficacy, and teacher burnout. Journal of Educational Psychology，2007，3：611-625.

个人因素。情境因素由那些与特定情境相关的元素组成；专业因素则与塑造教学职业的期望和标准有关；个人因素涉及教师在工作外生活的因素。[1] Acton 和 Glasgow 在对影响教师幸福感的因素讨论中区分了个人情绪因素、人际关系因素和外部环境因素。个人情绪因素包括教师在工作中表现出的情商的高低、态度的积极与消极、自我效能感的强弱等；人际关系因素包括教师在工作中与学生、同事及领导的沟通交往方式、职业发展模式等；外部环境因素包括政治环境、社会文化、政策导向等。[2] Price 和 McCallum 基于生态系统发展模型[3]，将影响教师幸福感的因素划分为5个系统：微观系统（microsystem）由教师个人与课堂和学校环境的关系以及影响他们的诸多因素构成；中间系统（mesosystem）由教师的家庭、朋友及其他人际关系网络构成；外部系统（exosystem）由组织、系统、社会、环境和文化背景构成；宏观系统（macrosystem）由制度和社会信仰、价值观和立法等构成；时序系统（chronosystem）由事件、决策和行动的时间构成。[4]

本次研究对教师职业幸福感影响因素的类型划分基于对文献的专题分析（thematic analysis）和一项对400名中小学教师的调查研究。基于"Web of Science"、"SCOPUS"和"Eric"三个英文数据库，以"teacher well-being"为主题进行文献搜索。同时基于中国知网中的"CSSCI"和"北大核心"两个中文数据库，以"教师"和"幸福感"为主题进行文献搜索。通过对国内外文献的专题分析，将影响教师职业幸福感的因素主要划分为三类：背景因素、个体因素和环境因素（图11-1）。另外，通过对中小学教师的调查研究，我们进一步确定了本次研究要调查的教师职业幸福感影响因素的具体内容。

（一）背景因素

为了更好地理解不同地域、不同学校以及不同教师的教师职业幸福感与工作特征之间的关系，OECD指出要特别考虑"学校特征"和"教师特征"两种背景

---

[1] Day C, Sammons P, Stobart G, et al. Teachers matter: Connecting work, lives and effectiveness. Open University Press, Berkshire, England, 2007.

[2] Acton R, Glasgow P. Teacher wellbeing in neoliberal contexts: A review of the literature. Australian Journal of Teacher Education, 2015, (8).

[3] Brooks-Gunn J, Bronfenbrenner U. The ecology of human development: Experiments by nature and design. Cambridge: Harvard University Press, 1979.

[4] Price D, McCallum F. Ecological influences on teachers' wellbeing and "fitness". Asia-Pacific Journal of Teacher Education, 2015, 43 (3): 195-209.

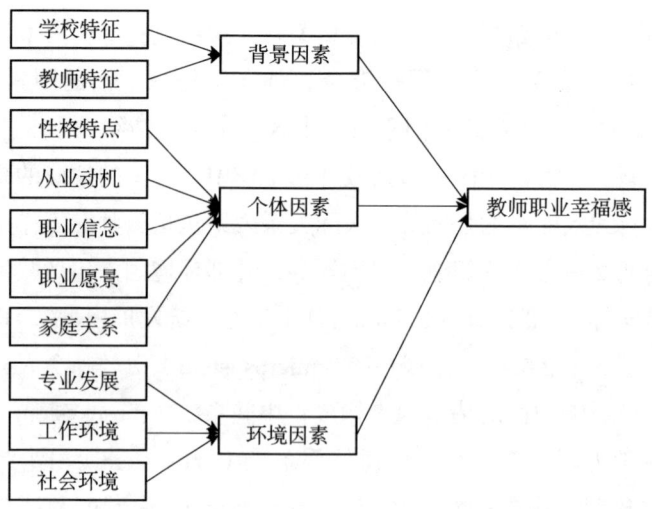

图 11-1　教师职业幸福感影响因素的概念框架

因素。[①]学校的特征，如生源和师资构成、教学和行政管理制度等，能够在一定程度上反映教师工作的条件。教师职业幸福感也可能因教师的专业经验、受教育程度、资历或其他个人属性而有所不同。此外，这些因素也可能有助于分析幸福感是否或在多大程度上与教学有关。

在本研究中，学校特征指标包括学校的类型、规模、办学层次、校长领导类型、学校文化氛围、所处地理位置和周边生活环境等；教师特征指标则包括教师的性别、年龄、教学经验、职称等。

（二）个体因素

文献中涉及的影响教师职业幸福感的个体因素多从心理学的理论视角出发，关注教师的内在特征对其职业幸福感的影响。目前关注较多的有人格特征（personality）、信念（belief）、情绪智能（emotional intelligence）、自我调节（self-regulation）、自我效能感（self-efficacy）和心理韧性（resilience）等。例如，控制点与教师幸福感之间存在显著的正相关关系，拥有内控人格特征的教师一般具有较高的幸福感。[②]拥有成长型思维的教师，当面临困难和失败时会运用

[①] OECD. Teachers' well-being: A framework for data collection and analysis.（2020-01-30）. https://dx.doi.org/10.1787/19939019 [2020-02-01].

[②] Devin H F, Ghahramanlou F, Fooladian A, et al. The relationship between locus of control (internal-external) and happiness in pre-elementary teachers in Iran. Procedia-Social and Behavioral Sciences, 2012, 46 (Complete): 4169-4173.

掌握的方法关注问题和原因，以便它们可以在未来得到改进，从而在工作中获得较高的幸福感。[1] 教师的自我正义信念越强，即认为世界是正义的，自己的生活也是充满正义的，就越能将生活中的一些消极影响转化为积极影响，其幸福感水平也就越高。[2] 集中的情绪智能训练可以对教师心理幸福感相关变量产生积极的影响，教师的效能、心理韧性、压力管理能力以及处理多变环境的能力都可以伴随情绪智能训练而提高。[3] 教师可以通过自我调节合理规划时间，缓解情绪耗竭，进而提高工作满意度和幸福感。[4] 创造自我效能感（creativity self-efficacy）水平较高、拥有创造性人格的教师会拥有较高的幸福感水平[5]，而教师幸福感同时也会影响教师的创造性，二者是相互促进的关系。[6] 教师心理韧性可以预测教师的幸福感水平。[7]

而本次研究认为，除了性格特点能够影响教师对幸福的感知方式、教师个人职业信念和职业愿景能够影响教师职业幸福感的体会外，从教师个人角度来说，教师的家庭关系也对教师的幸福感有影响。

因此，在本次研究中，影响教师职业幸福感的个体因素包含性格特点、从业动机、职业信念、职业愿景和家庭关系5个维度。性格特点，指教师的个性特征，包括在性格上是否热情开朗、是否喜欢新鲜事物等；从业动机，指从事教师职业的原因，包括对教师这份职业的热爱、被教师职业性质所吸引等；职业信念，是教师教育教学工作的行动指南，在任何情况下都会毫不动摇地为之奋斗、执着追求的意向动机，包含职业价值认同、职业意愿、职业耐挫力及职业动机；职业愿景，指对自己发展的期待和规划，包含对自己发展之路的憧憬和提升意愿等；家庭关系，指家庭成员对自己的关注情况和家庭氛围。

---

[1] Zeng G, Chen X, Cheung H Y, et al. Teachers' growth mindset and work engagement in the Chinese educational context: Well-being and perseverance of effort as mediators. Front. Psychol. 2019, 10: 839.

[2] Dzuka J, Dalbert C. Student violence against teachers. European Psychologist, 2007, 12 (4): 253-260.

[3] Vesely A K, Saklofskea D H, Nordstokkeb D W. EI training and pre-service teacher wellbeing. Personality and Individual Differences, 2014, 65: 81-85.

[4] Mattern J, Bauer J. Does teachers' cognitive self-regulation increase their occupational well-being? The structure and role of self-regulation in the teaching context. Teaching and Teacher Education, 2014, 43: 58-68.

[5] Tan A G, Majid D. Teachers' perceptions of creativity and happiness: A perspective from Singapore. Procedia-Social and Behavioral Sciences, 2011, 15 (1): 173-180.

[6] Jennings P A. Early childhood teachers' well-being, mindfulness, and self-compassion in relation to classroom quality and attitudes towards challenging students. Mindfulness, 2014.

[7] Pretsch J, Flunger B, Heckmann N, et al. Done in 60s? Inferring teachers' subjective well-being from thin slices of nonverbal behavior. Social Psychology of Education, 2013, 16 (3): 421-434.

(三) 环境因素

OECD认为影响教师职业幸福感的工作环境因素主要来源于两个层面：一是国家层面的教育政策及教育体制；二是学校层面的工作要求与工作资源。国家教育政策对教师职业幸福感的影响主要包括物质条件、质量标准、配置政策与职业发展。而在学校层面，OECD提出六个方面的工作需求，包含物理环境、工作负荷、多重角色、班级结构、纪律氛围和绩效评估，以及两种类型的工作资源，一种为工作自主权和学习机会，另一种为工作中的社会支持。理论上来说，来自国家层面的教育政策会影响学校层面的工作要求与工作资源，从而对教师的职业幸福感产生影响。然而，对于国家层面的影响因素，我们很难从教师的自我报告数据中一窥究竟。即便是OECD开展的大规模调查也无法解决这个问题。[①] 那么与其从对自我报告数据的分析中得到一个模糊甚至似是而非的结论，不如立足当下，完全从教师的视角出发去探求环境因素对教师职业幸福感的影响。

本次研究依据对中外研究的梳理和400名中小学教师的开放式问卷调查，得出教师认为最有可能影响他们职业幸福感的三类环境因素：专业发展环境因素、工作环境因素和社会环境因素。

1. 专业发展环境因素

在本次研究中，专业发展环境因素主要指学校为教师的专业发展所提供的各种支持，具体包括发展路径、发展空间、发展共同体建设和专业自主权保障。发展路径，指学校为教师专业发展所提供的发展途径，例如，学校为教师提供的培训和学习机会等。发展空间，指学校提供的发展机会和平台。发展共同体，指教师专业发展过程中建立起来的、具有相同的目标、共同参与专业发展的计划、实施和反思的智力团体。专业自主权，指教师依照自己的专业知识做最佳的判断与决定，是教师关于教育教学、学生管理等方面的自主权，包括教育教学自主权、学生管理自主权、学术研究自主权、参与决策自主权、专业成长自主权。

2. 工作环境因素

在本次研究中，工作环境因素主要指教师对学校的物质设施、环境条件等方面的感知。工作环境具体包括学校文化、工作条件、工作强度、管理制度、政策

---

① OECD. Teachers' well-being: A framework for data collection and analysis. (2020-01-30). https://dx.doi.org/10.1787/19939019 [2021-10-25].

支持。学校文化，指学校的办学理念和对教科研文化的重视等。工作条件，指学校的硬性条件，比如办公条件、活动空间的使用情况等。工作强度，指工作任务的多少。管理制度，指国家有关部门针对教师群体制定的一系列管理制度，包含教师聘用制度、教师评价制度、教师交流制度、教师荣誉制度等。政策支持，指国家有关部门在教师队伍建设及教师发展需要上制定、部署的相关支持性政策，包含政策完备程度、需求重视程度、政策支持力度及政策作用实效，是国家有关部门关于教师队伍建设的政策出台和落实情况。

3. 社会环境因素

社会环境因素指教师生存及活动的大社会背景的社会物质、精神条件的总和，包含当地经济状况、社会公平、教育重视程度及教育改革状况。社会环境具体包含社会舆论、社会地位和生活环境。社会舆论，指公众基于社会媒体对教师群体中有争议的事物和现象所表达的、富有情感色彩的一致意见和倾向态度，这里包括舆论导向、舆论影响及教师对社会舆论的评价。社会地位，指教师这份职业在社会中的地位高低情况。生活环境，包括生态环境、教育环境和经济环境等。

二、影响教师职业幸福感的各因素之间的关系

（一）专业发展环境因素与工作环境因素

在工作特征与职业幸福感关系的研究中，工作需求-资源模型（如图11-2所示）是应用范围最广的模型之一。该模型描述了两类工作特征，即工作需求（job demands）和工作资源（job resources），并提出了两个并行的能够预测员工幸福感体验的过程：导致职业倦怠和幸福感降低的损耗过程和促进工作投入、幸福感提升的激励过程。工作需求指需要付出持续的身体或心理上的努力的工作特征，它可以是认知上的，也可以是情感上的，通常包括工作压力、工作超负荷、角色歧义、角色冲突、情感需求、人际冲突和工作安全。工作资源指的是可以减少工作需求及其相关的生理和心理成本，在工作目标实现方面能够发挥作用，可以刺激个人成长、学习和发展的工作特征。工作资源通常包括自主权、工作控制及来自同事的社会支持。工作需求主要与情绪疲惫或职业倦怠相关，而工作资源与工作投入相关。在损耗过程中，较高的工作需求可能会通过耗尽员工的精力和

体力而导致职业倦怠,从而降低职业幸福感。而在激励过程中,工作资源可以提高工作投入,使员工的表现更加出色,从而增强职业承诺并促进工作目标的实现。①

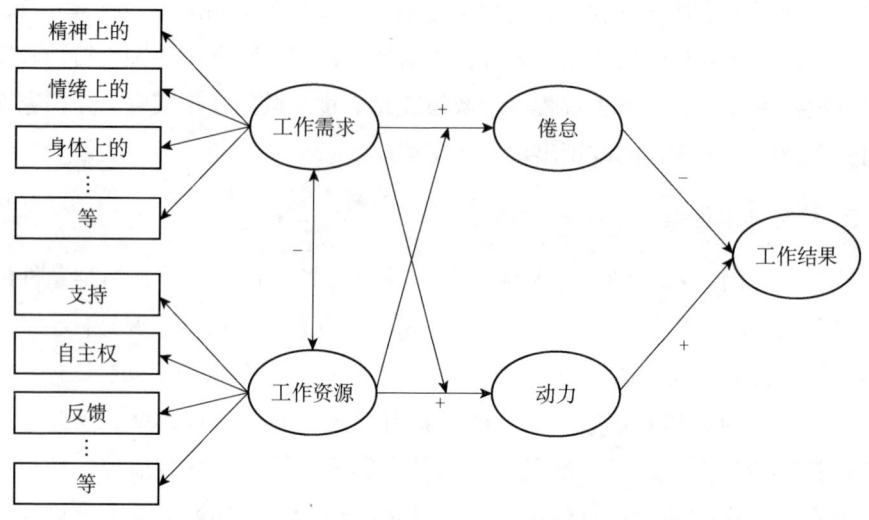

图11-2 工作需求-资源模型

在本次研究中,专业发展因素主要考察学校对教师专业发展所提供的各类支持,工作环境因素考察国家和学校为教师提供的物质环境支持和政策支持,这些与工作需求-资源模型中工作资源的构念相一致。同时,在工作环境因素中,我们也考察教师日常工作中的压力、负荷及多重角色等问题,这些与工作要求的构念相一致。因此,我们提出如下假设:专业发展支持可以缓冲工作环境压力对教师职业幸福感的负面影响。

(二)个人因素与工作特征

研究表明,个人因素与环境因素均对职业幸福感产生影响②③,但它们彼此之

---

① Bakker A B, Demerouti E. Job demands-resources theory: Taking stock and looking forward. Journal of Occupational Health Psychology, 2017, 22 (3): 273-285.

② Hendrix W H, Summers T P, Leap T L, et al. Antecedents and organizational effectiveness outcomes of employee stress and health. In: Rick Crandall, Pamela L. Perrewe ed. Occupational Stress A Handbook. New Jersey: Prentice Hall, 1995: 75-86.

③ Summers T P, DeCotis T A, DeNisi A S. A Field study of some antecedents and consequences of felt job stress. In: Rick Crandall, Pamela L Perrewe (Eds.). Occupational Stress: A Handbook. New Jersey: Prentice Hall, 1995: 38-47.

间不是孤立的关系，而是交互的、融合的关系①②。其中，个体-环境匹配理论（person-environment fit theory）和交互理论（transactional theory）则专门讨论了个人因素与工作环境因素之间的关系。个体-环境匹配理论认为，比起环境因素或个人因素对职业幸福感的预测能力，"个人和环境的匹配程度"是更有效的预测指标；当个人属性（如经验、能力、价值观）和环境属性（工作资源、工作要求、社会价值观）相匹配时，能够产生积极的工作参与和优质的成果产出；而个人属性与环境属性的不匹配则会导致工作参与度的降低和工作成果的减少。③ 交互理论认为，我们不能仅仅从人或环境本身的角度来考虑工作压力产生的原因，也要从个人和环境关系的视角来理解。个人与环境的积极关系会产生工作动力，从而提升职业幸福感，而二者之间的消极关系则会产生压力，降低职业幸福感。但无论是动力还是压力，它们既不是个人特征的产物，也不是环境特征的产物，其产生是在特定环境下个别或特殊人群对自身面对的情况进行风险评估的结果。④

在本次研究中，我们考察的个人因素包括教师的个人性格特征、工作动机、职业信念和职业愿景等。而工作特征是我们重点考察的环境因素，包括专业发展路径和空间、专业发展共同体建设、专业自主权、学校文化、管理制度、政策支持等因素。因此，除了个人因素和工作特征将对教师专业幸福感产生不同程度的影响外，个人因素也很有可能会与工作特征产生交互作用（如图11-3所示），如工作动机、职业信念和职业愿景是否会在工作特征与教师职业幸福感之间发挥中介作用；或工作特征可能在个人因素与教师职业幸福感之间发挥中介作用。

（三）社会环境因素与个人因素

经验研究表明，制度和社会信仰、价值观和立法对教师职业幸福感的影响越来越大。社会对教师职业的信仰和观点能够影响教师的自我价值，从而影响教师的职业幸福感。而教师感知到的这种其自身社会地位的下降则可能削弱社会对

---

① French J R P Jr, Caplan R D, Van Harrison R. The mechanisms of job stress and strain. Chichester, England: Wiley, 1982: 5-11.

② Parkes K R, Styles E A, Broadbent D E. Work preferences as moderators of the effects of paced and unpaced work on mood and cognitive performance: A laboratory simulation of mechanized letter sorting Human Factors, 1990, 32: 197-216.

③ Schneider B. The people make the place. Pers. Psychol, 1987, 40: 437-453.

④ Lazarus R S, Folkman S. Transactional theory and research on emotions and coping. European Journal of Personality, 1987, 1（3）.

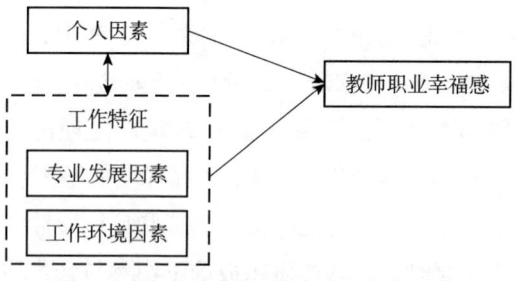

图 11-3　个人因素与工作特征的交互作用

教师职业的认同。社会评论虽然不能如实反映教师的身份，却能形成对教师的刻板印象，与健康、形象和行为相关的刻板印象能够影响教师的工作热情和归属感。①②

在本次研究中，教师的工作动机、职业信念和职业愿景被视为影响教师职业幸福感的个人因素，而教师对其职业社会地位的认知则作为社会环境因素被重点考察（图11-4）。

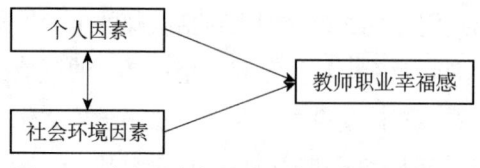

图 11-4　个人因素与社会环境因素的交互作用

第二节　教师职业幸福感影响因素的模型结构

中小学教师职业幸福感影响中小学教师队伍的发展，中小学教师职业幸福感水平高会对中小学教师队伍稳定性具有正向影响，并对高质量中小学教师队伍建设具有重要意义。那么，对于如何提高中小学教师职业幸福感，我们需要重视中小学教师职业幸福感的影响因素，其中，首先需要侧重关注这些影响因素中的核心因素。经文献梳理，我们发现在中小学教师职业幸福感影响因素研究中，学者

---

① Price D, McCallum F. Ecological influences on teachers' wellbeing and "fitness". Asia-Pacific Journal of Teacher Education，2015，43（3）：195-209.

② Yong Z, Yue Y. Causes for burnout among secondary and elementary school teachers and preventive strategies. Chinese Education and Society，2007，40（5）：78-85.

的研究范围较为分散，有研究小学教师职业幸福感影响因素的，有研究初中教师职业幸福感影响因素的，也有研究中小学教师职业幸福感影响因素的，并且他们多以某一个市为调查范围。此外，还有研究某一学科教师职业幸福感影响因素的，这样的研究范围相对更小。在中小学教师职业幸福感影响因素包括从业动机、职业承诺、社会支持、人格特征、教学自主权、工资待遇、学校领导管理等。比如有学者在小学教师职业幸福感研究中得出工资待遇、工作压力、专业自主发展以及社会支持等因素对教师职业幸福感具有重要影响[1]；有学者研究发现，教学自主权和教学自主性对中小学教师职业幸福感具有重要影响[2]。也有学者将影响中小学教师职业幸福感的因素分为导致幸福感增益和导致幸福感衰减的因素[3]。在研究方法上，有学者侧重从质性研究中总结提炼出中小学教师职业幸福感影响因素，也有学者侧重通过问卷调查数据的统计分析得出结论。

总的来看，以往中小学教师职业幸福感影响因素研究在调查范围以及影响因素研究广度、深度上存在不足，还需加强进一步的实证研究，尤其在影响因素模型结构研究数量少，且尚处于起步阶段。基于此，本次研究侧重通过实证数据分析、探讨、研究中小学教师职业幸福感影响因素，并通过模型建构进行验证，最后根据研究结论提出相应建议。

一、研究工具与数据统计说明

借鉴国内外学者关于教师职业幸福感影响因素的相关研究，本次研究主要从个体因素、专业发展、工作环境和社会环境4个层面对教师职业幸福感影响因素以及影响因素间相关关系展开研究。其中，个体因素包括性格特点、从业动机、职业信念、职业愿景和家庭关系5个维度；专业发展包括发展路径、发展空间、发展共同体和专业自主权4个维度；工作环境包括学校文化、工作条件、工作强度、管理制度和政策支持5个维度；社会环境包括社会舆论、社会地位和生活环境3个维度。此外，本次研究将性别、年龄、教龄等人口学变量也纳入教师职业幸福感影响因素进行分析。

使用SPSS25.0和AMOS统计软件进行数据分析，重点关注中小学教师职业

---

[1] 王梅. 小学教师职业幸福感研究——以上海泰州地区为例. 上海：华东师范大学, 2007.
[2] 汪文娟. 中小学教师职业幸福感：结构及影响因素. 杭州：浙江师范大学, 2019.
[3] 童富勇, 金优尤. 影响教师职业幸福感要素的调查与分析——以杭州市中小学为例. 杭州师范大学学报（社会科学版）, 2009, 31（6）：105-109.

幸福感的重要影响因素以及影响机制。首先，对教师职业幸福感影响因素进行描述统计和相关分析。其次，基于前期文献梳理和初步分析结果，运用多元回归分析验证各影响因素对中小学教师职业幸福感的影响，探索影响中小学教师职业幸福感的关键因素及关键因素之间的关系。最后，基于中小学教师职业幸福感的关键影响因素探讨，通过建立回归模型和结构方程模型，检验个体因素以及社会环境因素对中小学教师职业幸福感的预测力。

二、影响因素的描述性统计、相关分析与差异检验

中小学教师职业幸福感影响因素量表中，个体层面因素主要考察性格特点、从业动机、职业愿景等；专业发展层面主要考察学校给予教师的发展路径、发展空间以及教师发展共同体、发展自主权；工作环境层面侧重考察学校文化建设、学校管理制度、教师办公条件、工作量以及国家政策支持；社会环境层面主要考察教师对教师职业社会舆论、社会上的尊师重教氛围、教师社会地位的感知，以及教师所在地区生态环境状态和经济发展、教育发展情况。

中小学教师职业幸福感影响因素各维度统计结果表明：①个体层面，中小学教师群体总体上性格开朗、热爱教师工作、有职业发展目标（M=3.92）。②专业发展层面，中小学教师对学校在教师专业发展方面给予的支持评价偏低（M=3.75）。③工作环境层面，中小学教师对学校的环境建设以及教育教学工作量等方面评价偏低（M=3.55）。④社会环境层面，中小学教师对教师的社会地位评价以及对所处社会环境评价偏低（M=3.26）。相关分析结果表明，中小学教师职业幸福感与其影响因素，以及影响因素各变量之间均达到0.01水平上的显著相关，其中个体因素和教师职业幸福感的相关性最强（r=0.81，p<0.01），工作环境和教师健康幸福感的相关性也很强（r=0.57，p<0.01）。

为进一步了解各影响因素之间的关系，下面分别对个体层面、专业发展、工作环境以及社会环境四个分量表进行变量间相关分析，结果如表10-1至表10-5所示。

（一）个体层面因素

本次调查发现，中小学教师群体在性格、从教动机、职业信念等方面总体上较为积极，尤其在职业信念方面表现良好（M=4.03）。此外，在家庭关系方面，

中小学教师群体总体上与家人相处融洽（M=4.15）。相关分析结果表明，职业信念和教师职业幸福感、主观幸福感的相关性均较强（r=0.72，p<0.01）。个体层面因素变量描述统计和与教师职业幸福感各维度的相关分析结果如表 11-1 所示。

表 11-1　个体层面因素变量描述统计和与教师职业幸福感各维度的相关分析结果

项目	M	SD	性格特点	从业动机	职业信念	职业愿景	家庭关系
性格特点	3.77	0.60	1.00				
从业动机	3.72	0.85	0.40**	1.00			
职业信念	4.03	0.66	0.67**	0.45**	1.00		
职业愿景	3.93	0.75	0.62**	0.50**	0.62**	1.00	
家庭关系	4.15	0.75	0.56**	0.40**	0.59**	0.58**	1.00
教师职业幸福感	3.68	0.58	0.69**	0.54**	0.72**	0.66**	0.56**
健康幸福感	3.14	0.84	0.43**	0.27**	0.42**	0.33**	0.26**
认知幸福感	3.74	0.54	0.66**	0.49**	0.69**	0.62**	0.54**
主观幸福感	3.76	0.68	0.65**	0.53**	0.72**	0.64**	0.54**
社会幸福感	3.81	0.65	0.68**	0.55**	0.67**	0.67**	0.59**

注：**p<0.01，下同

（二）专业发展层面

调查数据表明，中小学教师群体对学校在教师职业发展上的支持度评价总体偏低，对学校开展教师培训、教学教研活动等发展路径的评价偏低（M=3.67）；对学校提供职称晋升、发展平台以及工作前景等发展空间的评价偏低（M=3.71）；对学科团队、教研团队等教师职业发展共同体建设评价偏低（M=3.70）。与前三者相比，在专业自主权方面，中小学教师群体对学校下放教学自主权的评价总体上较高（M=3.92）。相关分析结果表明，教师职业发展共同体建设和教师职业幸福感存在较强的相关性（r=0.74，p<0.01）；教师专业自主权和教师社会幸福感的相关性也较强（r=0.73，p<0.01）。专业发展变量的描述统计和与教师职业幸福感各维度的相关分析结果如表 11-2 所示。

表 11-2　专业发展变量描述统计和与教师职业幸福感各维度的相关分析结果

项目	M	SD	发展路径	发展空间	发展共同体	专业自主权
发展路径	3.67	0.73	1.00			
发展空间	3.72	0.89	0.71**	1.00		
发展共同体	3.70	0.78	0.75**	0.80**	1.00	
专业自主权	3.92	0.75	0.65**	0.71**	0.72**	1.00

续表

项目	M	SD	发展路径	发展空间	发展共同体	专业自主权
教师职业幸福感	3.68	0.58	0.68**	0.70**	0.74**	0.71**
健康幸福感	3.14	0.84	0.44**	0.43**	0.46**	0.38**
认知幸福感	3.74	0.54	0.62**	0.63**	0.67**	0.66**
主观幸福感	3.76	0.68	0.64**	0.68**	0.71**	0.68**
社会幸福感	3.81	0.65	0.66**	0.70**	0.73**	0.73**

（三）工作环境层面

调查数据表明，中小学教师群体对学校办学理念、校风校训以及教科研文化建设等学校文化建设的评价相对较高（$M=3.99$），但对工作条件、工作强度以及管理制度的评价较低。此外，在政策支持方面，中小学教师群体对国家出台的教师相关政策支持评价较低（$M=3.49$）。相关分析结果表明，学校文化和教师社会幸福感相关值较高（$r=0.72$，$p<0.01$），学校文化和教师职业幸福感的相关性以及政策支持和教师职业幸福感的相关性均较强（$r=0.71$，$p<0.01$）。工作环境变量的描述统计和与教师职业幸福感各维度的相关分析结果如表11-3所示。

表11-3 工作环境变量描述统计和与教师职业幸福感各维度的相关分析结果

项目	M	SD	学校文化	工作条件	工作强度	管理制度	政策支持
学校文化	3.99	0.78	1.00				
工作条件	3.64	0.95	0.66**	1.00			
工作强度	2.93	0.89	0.33**	0.45**	1.00		
管理制度	3.57	0.82	0.72**	0.69**	0.51**	1.00	
政策支持	3.49	0.76	0.61**	0.60**	0.50**	0.70**	1.00
教师职业幸福感	3.68	0.58	0.71**	0.60**	0.55**	0.70**	0.71**
健康幸福感	3.14	0.84	0.38**	0.40**	0.58**	0.49**	0.50**
认知幸福感	3.74	0.54	0.67**	0.54**	0.49**	0.63**	0.64**
主观幸福感	3.76	0.68	0.69**	0.57**	0.50**	0.66**	0.69**
社会幸福感	3.81	0.65	0.72**	0.60**	0.43**	0.66**	0.66**

（四）社会环境层面

调查发现，中小学教师群体对教师所处社会环境的总体评价偏低。中小学教师群体对教师职业社会舆论的评价具有不确定性（$M=3.02$），对教师社会地位的感知也相对不确定（$M=3.08$）。此外，在生活环境方面，中小学教师群体对所处地区经济发展、教育发展的评价相对偏低（$M=3.60$）。相关分析结果表明，生活环境和教师职业幸福感的相关性较强（$r=0.66$，$p<0.01$）。社会环境变量的描述统计和与教师职业幸福感各维度的相关分析结果如表11-4所示。

表11-4 社会环境变量描述统计和与教师职业幸福感各维度的相关分析结果

项目	M	SD	社会舆论	社会地位	生活环境
社会舆论	3.02	0.85	1.00		
社会地位	3.08	0.81	0.69**	1.00	
生活环境	3.60	0.91	0.45**	0.62**	1.00
教师职业幸福感	3.68	0.58	0.53**	0.62**	0.66**
健康幸福感	3.14	0.84	0.46**	0.48**	0.42**
认知幸福感	3.74	0.54	0.48**	0.55**	0.59**
主观幸福感	3.76	0.68	0.50**	0.58**	0.63**
社会幸福感	3.81	0.65	0.47**	0.57**	0.65**

基于表11-1至表11-4，本次研究对各影响因素和教师职业幸福感各维度之间的相关度进行检验、比较，以寻求与教师职业幸福感各维度相关性最强的影响因素，结果见表11-5。发展共同体和教师职业幸福感的相关性最强（$r=0.74$，$p<0.01$）；工作强度和教师健康幸福感的相关性最强（$r=0.58$，$p<0.01$）；职业信念与教师认知幸福感和主观幸福感的相关性均较强（$r=0.69$，$p<0.01$；$r=0.72$，$p<0.01$）；专业自主权和社会幸福感的相关性最强（$r=0.73$，$p<0.01$）。

总的来看，职业信念、性格特点、发展共同体、专业自主权、学校文化、工作强度、生活环境和社会地位8个因素和教师职业幸福感的相关性较强。其中，职业信念、发展共同体和学校文化与教师职业幸福感的相关性较为突出。

为进一步了解上述影响因素对教师职业幸福感的影响程度，本次研究对这些因素进行相关分析，以考虑是否进行逐步多元回归分析以及阶层回归模型建构。相关分析结果如表11-6所示。性格特点、职业信念、发展共同体、专业自主权、学校文化、工作强度、社会地位以及生活环境这些变量间均存在0.01水平上的显著相关。其中，发展共同体、专业自主权和学校文化三者间相关性较强，相关系数均大于0.70。

表 11-5　与教师职业幸福感各维度相关性较强的影响因素

项目	个体层面	专业发展	工作环境	社会环境
教师职业幸福感	职业信念 0.72**	发展共同体 0.74**	学校文化 0.71**	生活环境 0.66**
健康幸福感	性格特点 0.43**	发展共同体 0.46**	工作强度 0.58**	社会地位 0.48**
认知幸福感	职业信念 0.69**	发展共同体 0.67**	学校文化 0.67**	生活环境 0.59**
主观幸福感	职业信念 0.72**	发展共同体 0.71**	学校文化 0.69**	生活环境 0.63**
社会幸福感	性格特点 0.68**	专业自主权 0.73**	学校文化 0.72**	生活环境 0.65**

表 11-6　教师职业幸福感影响因素相关分析

项目	性格特点	职业信念	发展共同体	专业自主权	学校文化	工作强度	社会地位	生活环境
性格特点	1.00							
职业信念	0.67**	1.00						
发展共同体	0.52**	0.57**	1.00					
专业自主权	0.54**	0.57**	0.72**	1.00				
学校文化	0.54**	0.60**	0.79**	0.78**	1.00			
工作强度	0.35**	0.32**	0.46**	0.34**	0.33**	1.00		
社会地位	0.32**	0.32**	0.49**	0.43**	0.43**	0.52**	1.00	
生活环境	0.41**	0.41**	0.63**	0.60**	0.63**	0.41**	0.62**	1.00

（五）人口学变量差异检验

为了解不同中小学教师群体在健康幸福感、认知幸福感、主观幸福感以及社会幸福感方面的差异，本次研究对中小学教师职业幸福感进行人口学变量上的差异性检验，结果如表 11-7 所示。

表 11-7　教师职业幸福感在人口学变量上的差异

项目	类别	健康幸福感	认知幸福感	主观幸福感	社会幸福感	教师职业幸福感
性别	男	3.16±0.84	3.73±0.57	3.74±0.71	3.80±0.69	3.67±0.61
	女	3.14±0.84	3.75±0.53	3.77±0.67	3.81±0.64	3.69±0.58
	t	2.00**	-2.87**	-3.81**	-2.14**	-2.36**

续表

项目	类别	健康幸福感	认知幸福感	主观幸福感	社会幸福感	教师职业幸福感
年龄	35岁及以下	3.18±0.86	3.69±0.54	3.71±0.66	3.76±0.64	3.65±0.58
	36～50岁	3.07±0.83	3.73±0.53	3.73±0.68	3.79±0.65	3.66±0.58
	51岁及以上	3.28±0.82	3.89±0.56	3.97±0.67	3.98±0.67	3.85±0.59
	F	147.73**	252.50**	321.41**	229.20**	275.64**
教龄	5年及以下	3.26±0.85	3.72±0.55	3.75±0.66	3.78±0.65	3.68±0.58
	6～15年	3.05±0.84	3.67±0.53	3.66±0.67	3.73±0.64	3.59±0.57
	16～30年	3.07±0.82	3.74±0.53	3.75±0.68	3.81±0.65	3.67±0.58
	31年及以上	3.29±0.82	3.90±0.56	3.99±0.67	4.00±0.66	3.87±0.59
	F	164.26**	192.30**	244.52**	184.08**	222.18**
城乡	城市	3.08±0.84	3.71±0.53	3.71±0.68	3.78±0.64	3.64±0.57
	县城	3.09±0.83	3.70±0.53	3.70±0.68	3.75±0.63	3.63±0.57
	乡镇	3.19±0.85	3.77±0.56	3.81±0.68	3.84±0.66	3.72±0.59
	乡村	3.22±0.83	3.80±0.55	3.83±0.67	3.87±0.67	3.75±0.59
	F	63.15**	65.03**	72.70**	56.56**	79.80**
学历	大学专科及以下	3.23±0.84	3.83±0.57	3.87±0.69	3.91±0.68	3.78±0.60
	大学本科	3.12±0.84	3.72±0.52	3.74±0.67	3.78±0.65	3.66±0.58
	硕士研究生	3.09±0.83	3.65±0.53	3.64±0.67	3.73±0.60	3.59±0.58
	博士研究生	3.15±0.91	3.90±0.46	3.91±0.60	3.94±0.60	3.81±0.61
	F	36.87**	84.20**	98.20**	78.39**	95.50**

表11-7结果显示，总体上，中小学教师群体中，男教师的职业幸福感水平显著低于女教师。具体来看，男教师的身心健康状态好于女教师，男教师的健康幸福感水平显著高于女教师；男教师的认知幸福感、主观幸福感以及社会幸福感得分显著低于女教师。

统计分析结果表明，中小学教师职业幸福感在年龄上存在显著差异（$p<0.05$）。总体来看，51岁及以上教师的职业幸福感均值最高，其次为36～50岁的教师，35岁及以下的教师职业幸福感均值最低。多重比较结果表明，51岁及以上教师的职业幸福感均值显著高于36～50岁和35岁及以下的教师。从具体维度来看，51岁及以上教师的认知幸福感、主观幸福感以及社会幸福感均值最高；35岁及以下教师的认知幸福感、主观幸福感以及社会幸福感均值最低；51岁及以上教师的健康幸福感均值最高，36～50岁教师的均值最低，35岁及以下教师的均值

居中。

中小学教师职业幸福感在教龄上也存在显著差异（$p<0.05$）。具有31年及以上教龄的教师职业幸福感水平较高，并且显著高于教龄为5年及以下、6～15年和16～30年的教师。从各维度来看，教龄31年及以上的教师的认知幸福感和社会幸福感得分均显著高于其他三个教龄段的教师，教龄6～15年的教师的认知幸福感和社会幸福感得分均最低。在健康幸福感方面，教龄在5年及以下和31年及以上的教师得分显著高于教龄在6～15年和16～30年的教师。在主观幸福感方面，教龄在31年及以上的教师得分显著高于其他三个教龄段的教师（$p<0.05$）。

同时，城乡教师职业幸福感差异显著（$p<0.05$）。总的来看，乡村教师职业幸福感得分显著高于城市、县城和乡镇教师；乡镇教师职业幸福感得分显著低于乡村教师，但显著高于城市和县城教师。从具体维度来看，在健康幸福感和认知幸福感方面，城市和县城教师得分显著低于乡镇和乡村教师，乡镇教师得分显著低于乡村教师；在主观幸福感方面，城市和县城教师得分显著低于乡镇和乡村教师；在社会幸福感方面，城市教师得分显著高于县城教师，但城市和县城教师得分均显著低于乡镇和乡村教师，乡村教师得分显著高于乡镇教师。

另外，不同学历的中小学教师的职业幸福感存在显著差异（$p<0.05$）。大学专科及以下学历教师的职业幸福感得分显著高于本科学历和硕士研究生学历教师，大学本科学历教师职业幸福感得分显著高于硕士研究生学历教师。在具体维度上，大学专科及以下学历教师健康幸福感显著高于本科学历和硕士研究生学历教师；在认知幸福感、社会幸福感和主观幸福感方面，大学专科及以下学历教师得分均显著高于本科学历和硕士研究生学历教师；博士研究生学历教师的认知幸福感和主观幸福感得分均显著高于硕士研究生学历教师；大学本科学历教师的社会幸福感得分显著高于硕士研究生学历教师。

三、中小学教师职业幸福感影响因素分析

（一）逐步多元回归分析

先前研究者对中小学教师职业幸福感影响因素的研究相对分散，且许多研究尚处于初步探究阶段，缺乏对中小学教师职业幸福感影响因素及内在影响机制的深入分析。本部分在进行中小学教师职业幸福感影响因素研究时，先采用逐步多元回归分析，找寻各自变量中对因变量最具预测力的变量，依据相关文献和逐步

多元回归分析结果,根据各自变量对因变量的预测力高低,来决定阶层回归分析时自变量进入回归模型的顺序。在进行回归分析之前,首先判断各研究变量间的相关关系。由前文变量间相关分析结果可知,各研究变量间相关系数均小于0.7,再对各因子进行多重共线性诊断,诊断结果显示,容忍度均大于0.3,方差膨胀因子均小于3,但多个因子条件指标值大于15,表明各研究变量间存在一定的共线性。但从方差比例来看,未有两个变量同时在某一个特征值上的方差比例高于0.7,表示自变量间的线性重合并不严重。此外,逐步多元回归分析可用来校正变量间多元共线性问题,因此,在逐步回归分析时可不必考虑多元共线性问题。回归分析结果见表11-8至表11-11,R^2增量数值越大,表示对因变量或被解释变量的预测力越强。

表11-8 个体层面因素对教师职业幸福感的逐步多元回归分析结果

投入变量顺序	多元相关系数	决定系数R^2	R^2增量	F	F改变	B	Beta
截距(常数)						0.407	
1. 职业信念	0.720	0.519	0.519	36 237.665	36 237.665	0.286	0.323
2. 性格特点	0.780	0.600	0.081	25 200.447	6 813.408	0.265	0.274
3. 从业动机	0.800	0.638	0.038	19 711.352	3 493.016	0.119	0.173
4. 职业愿景	0.810	0.655	0.017	15 909.987	1 632.808	0.132	0.170
5. 家庭关系	0.810	0.656	0.001	12 810.186	142.623	0.040	0.051

表11-9 专业发展因素对教师职业幸福感的逐步多元回归分析结果

投入变量顺序	多元相关系数	决定系数R^2	R^2增量	F	F改变	B	Beta
截距(常数)						1.146	
1. 发展共同体	0.740	0.540	0.540	39 473.681	39 473.681	0.206	0.275
2. 专业自主权	0.710	0.607	0.067	25 990.512	5 750.431	0.228	0.292
3. 发展路径	0.680	0.625	0.018	18 678.013	1 591.489	0.139	0.173
4. 发展空间	0.700	0.632	0.007	14 445.110	655.786	0.100	0.152

表11-10 工作环境因素对教师职业幸福感的逐步多元回归分析结果

投入变量顺序	多元相关系数	决定系数R^2	R^2增量	F	F改变	B	Beta
截距(常数)						1.059	
1. 学校文化	0.710	0.508	0.508	34 614.651	34 614.651	0.293	0.389
2. 政策支持	0.710	0.626	0.119	28 129.653	10 659.928	0.220	0.286

续表

投入变量顺序	多元相关系数	决定系数 R^2	R^2 增量	F	F 改变	B	Beta
3. 工作强度	0.550	0.670	0.044	22 704.391	4 431.924	0.146	0.221
4. 管理制度	0.700	0.673	0.003	17 285.889	340.952	0.067	0.095
5. 工作条件	0.600	0.673	0.000	13 830.918	4.281	0.006	0.010

表 11-11 社会环境因素对教师职业幸福感的逐步多元回归分析结果

投入变量顺序	多元相关系数	决定系数 R^2	R^2 增量	F	F 改变	B	Beta
截距（常数）						1.800	
1. 生活环境	0.660	0.434	0.434	25 744.589	25 44.589	0.283	0.441
2. 社会地位	0.710	0.504	0.070	17 088.445	4 773.934	0.154	0.214
3. 社会舆论	0.720	0.523	0.018	12 255.807	1 284.496	0.129	0.187

为了解影响教师职业幸福感的关键因素，本次研究对上述与教师职业幸福感相关度较高、预测力较强的因素再进行逐步多元回归分析，结果如表 11-12 所示。

表 11-12 职业幸福感重要影响因素逐步多元回归分析结果

投入变量顺序	多元相关系数	决定系数 R^2	R^2 增量	F	F 改变	B	Beta
截距（常数）						0.179	
1. 发展共同体	0.740	0.540	0.540	39 473.681	39 473.681	0.081	0.108
2. 职业信念	0.720	0.677	0.137	35 191.291	14 210.016	0.220	0.249
3. 社会地位	0.620	0.751	0.074	33 745.346	9 967.775	0.120	0.167
4. 性格特点	0.690	0.782	0.031	30 156.434	4 830.988	0.197	0.204
5. 专业自主权	0.710	0.793	0.011	25 686.679	1 701.184	0.091	0.117
6. 工作强度	0.550	0.804	0.012	23 008.595	1 994.510	0.082	0.125
7. 生活环境	0.660	0.810	0.006	20 487.826	1 050.201	0.057	0.088
8. 政策支持	0.710	0.813	0.003	18 295.638	560.581	0.067	0.087
9. 学校文化	0.710	0.814	0.001	16 348.017	143.957	0.042	0.056

由表 11-12 可知，"发展共同体"对"教师职业幸福感"的预测力强高，其次为"职业信念"和"社会地位"，解释变异量分别为 54.0%、13.7% 和 7.4%，三者共可有效解释"教师职业幸福感"75.1%的变异量。"生活环境"、"政策支持"和"学校文化"对"教师职业幸福感"的预测力较低，解释变异量分别为 0.6%、0.3%和 0.1%。综合前文相关分析和回归分析结果可知，发展共同体和职业信念

相比其他因素对教师职业幸福感的影响度更大。

(二)阶层回归分析

阶层多元回归法应用于探究不同区组的自变量对因变量的影响,以了解不同区组自变量和因变量间的关系。阶层回归分析需要着重考虑自变量的进入顺序,不同的变量进入顺序会导致不同的回归模型,对因变量的解释力也会不同。由于先前研究者对教师职业幸福感影响因素阶层回归法应用和分析较少,本次研究依据前文分析结果,尝试将个体层面因素和社会环境层面变量放入阶层回归模型,以探讨个体因素和社会环境因素对教师职业幸福感的影响,以及对教师职业幸福感是否有显著的解释力。回归模型如表11-13所示。

表11-13 个体层面和社会环境层面对教师职业幸福感的回归模型

阶层变量	预测变量	模型1		模型2		模型3	
		β	t	β	t	β	t
控制变量	性别	0.046	8.251**	0.006	1.761	0.001	0.227
	年龄	0.120	10.712**	0.054	8.114**	0.040	7.535**
	教龄	−0.033	−2.980**	−0.039	−6.019**	−0.008	−1.464
	学历	−0.044	−7.338**	−0.035	−9.823**	−0.017	−5.855**
	学校所在地	0.064	11.298**	0.029	8.573**	0.016	6.069**
个体层面	性格特点			0.271	58.510**	0.215	57.796**
	从业动机			0.174	45.661**	0.056	17.685**
	职业信念			0.315	65.303**	0.277	71.500**
	职业愿景			0.177	37.708**	0.097	25.425**
	家庭关系			0.050	11.673**	0.057	16.615**
社会环境	社会舆论					0.106	29.590**
	社会地位					0.190	46.650**
	生活环境					0.197	55.265**
模型统计量	F	130.021**		6 511.439**		9 366.116**	
	R^2	0.019		0.660		0.784	
	F值增量	130.021**		12 648.040**		6 424.888**	
	R^2增量	0.019		0.641		0.124	

根据表11-13数据可知,模型1、模型2和模型3的总体R^2为0.784,表明变量的总体解释变异量达78.4%,解释能力相对较强。三个模型均通过了0.05水平

上的显著性检验，表示三个模型整体解释变异量均达到显著水平。如果未放入"社会环境"这一层面的三个自变量，人口统计学变量和个体层面变量共可解释"教师职业幸福感"66.0%的变异量，并且多元线性回归整体检验F值达到0.05的显著性水平。其中，个体层面因素各变量的β值均为正数，表明这些变量对教师职业幸福感的影响均为正向，即外向开朗性格的教师、热爱教师行业的教师、有着坚定职业信念和职业发展愿景的教师以及家庭关系和谐的教师往往有更高的教师职业幸福感。放入"社会环境"这一层面中"社会舆论"、"社会地位"和"生活环境"三个变量，模型整体解释变异量仅增加12.4%，达到0.05的显著性水平，表明"社会舆论"、"社会地位"和"生活环境"三个自变量对"教师职业幸福感"有显著的影响，并且这三个自变量的β值均为正，表明它们对教师职业幸福感具有正向影响，即教师社会地位愈高、社会舆论导向愈好以及生活环境越好，教师的职业幸福感水平越高。模型3整体检验F值达到0.05显著性水平，表明人口学控制变量、个体层面变量和社会环境变量对教师职业幸福感具有显著解释力。

（三）结构方程模型及影响路径分析

为进一步了解个体层面和社会环境变量对中小学教师职业幸福感的影响机制，本文运用结构方程模型对变量间影响关系进行检验。根据修正指标修正后的个体层面和社会环境因素对中小学教师职业幸福感的影响路径（图11-5），$\chi^2/df=$193.387，RMSEA=0.076，CFI=0.971，TLI=0.956，模型除χ^2/df外，其余指标均满足模型拟合优度条件。由于χ^2受样本量影响较大，而本次研究样本数过万，因此，对χ^2/df无须强求，以其余模型适配度指标为参考即可。总体来看，模型拟合度良好。

研究结果表明，教师从业动机、职业信念等个体因素与社会环境存在显著的正相关关系（$r=0.444$，$p<0.001$），积极的社会舆论以及较高的教师社会地位对教师的从业动机和职业信念具有积极影响。路径系数分析表明，个体因素对教师职业幸福感存在直接正向影响（$\beta=0.735$，$p<0.001$）；社会环境对教师职业幸福感也存在直接正向影响（$\beta=0.349$，$p<0.001$）。教师个体因素和社会环境可以联合解释教师职业幸福感88.9%的变异量，这表明教师个体因素和社会环境因素的共同作用对教师职业幸福感存在较强的影响。

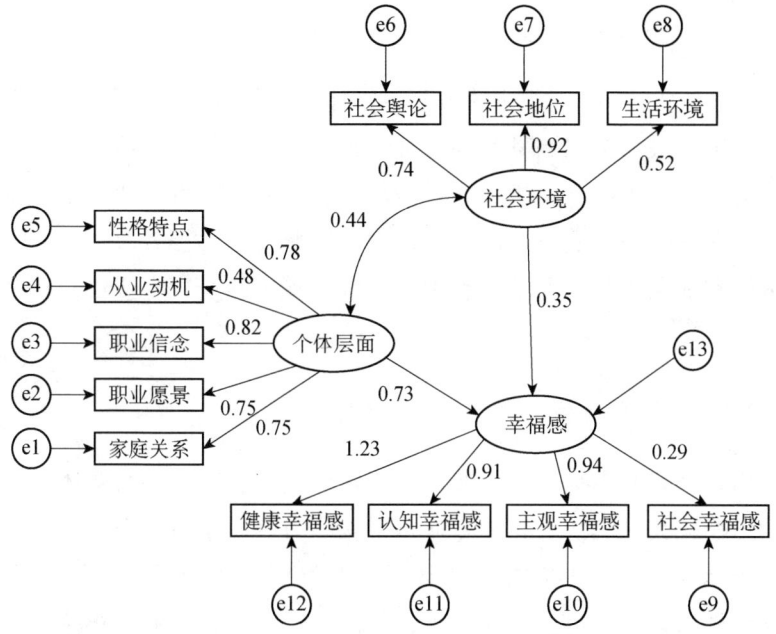

图11-5 个体层面和社会环境对教师职业幸福感的影响路径

四、结论

本次研究通过建立逐步多元回归模型和阶层回归模型,揭示了影响中小学教师职业幸福感的重要因素,构建了个体层面和社会环境因素作用于教师职业幸福感的结构方程模型,并揭示了其影响机制。研究结果表明,个体层面因素和社会环境因素对教师职业幸福感具有直接正向影响。

(一)教师职业幸福感的关键影响因素在个人

教师职业幸福感是教师对其职业和教育工作中产生的主体持续的快乐体验,是个体的主观感受。本次研究结果表明,总体来看,影响教师职业幸福感的四种因素中,个体层面因素对教师职业幸福感的贡献度大于专业发展、工作环境以及社会环境这三个层面因素的贡献度。路径系数分析结果表明,教师个体因素对职业幸福感的直接正向影响较社会环境对职业幸福感的直接影响更大。这表明,提升教师职业幸福感首先需要从教师入手,关注教师这一专业角色,以人为本。

(二)教师个体层面因素的关键在职业信念

研究表明,在影响教师职业幸福感的个体因素方面,职业信念对教师职业幸福感的积极影响最为突出,其次为教师性格特点。教师职业信念是影响教师职业幸福感的关键个人因素。教师职业信念是教师坚守教育事业,不畏困难与阻碍,怀揣职业理想坚定走下去的内在动力,因此,若要提升教师职业幸福感,可以从巩固和加强教师职业信念着手,让教师深切感受到专业价值,增强教师的专业自信。

(三)教师发展共同体具有重要保障作用

在影响教师职业幸福感的专业发展因素方面,教师发展共同体对教师职业幸福感的影响较大,其次为教师专业自主权。教育教学不是个体工作,而是团队合作,融入学科组或教研组,在团队中发挥自己的价值,在团队中获得发展,能增强教师自身价值感和成就感,有助于教师获得职业幸福感。注重教师发展共同体建设,给予教师专业发展的基本保障,是提升教师职业幸福感的重要着力点。

(四)教师社会地位发挥重要影响作用

教师社会地位是影响教师职业幸福感的重要因素。在社会环境因素上,生活环境对教师职业幸福感的影响较大,教师社会地位对教师职业幸福感的积极影响相对较小,但教师社会地位属于影响教师职业幸福感的社会环境因素,社会环境因素和教师个体因素存在显著相关关系,社会环境因素和教师个体因素的共同作用对教师职业幸福感存在较大程度的正向影响,因此,提高教师社会地位能正向影响教师的职业幸福感。

此外,性别、年龄、教龄、学历等人口学变量对教师职业幸福感也具有显著影响。关注不同性别、不同年龄、不同教龄以及不同学历的教师群体,基于不同教师群体的不同特征,有针对性地提出提高教师职业幸福感的建议举措,保障不同教师群体在各自发展阶段都能获得相应的支持和帮助,这些对提高教师职业幸福感具有重要意义。同时,基于我国教育发展的基本国情和现实问题,注重缩小城乡教师职业幸福感差异是提升教师队伍整体职业幸福感、促进城乡教育均衡发展的一个关键落脚点。

第三节　教师职业幸福感影响因素的动态流变

关于幸福的研究可以上溯至古希腊时期的德谟克利特、中国古代的庄子等，时至今日，人们对于幸福感的追求与研究依旧没有停下脚步，幸福感研究的领域也在日渐扩大，幸福感渗透至各个领域，如伦理学、社会学、心理学、教育学等。有关教育行业中教师幸福感的研究可以说始于心理学，是由心理学转至教育领域的，而教师职业幸福感相关影响因素也呈现着动态变化。

自20世纪60年代开始，心理学界对于劳动生产率的研究逐渐减弱，随之而来的是对劳动者及员工的职业满意度、职业压力以及工作生活质量的关注不断深化加强，其中工作生活质量包括收入、工作满意、人际关系等方面，也就是在此背景之下研究延伸至教育行业之中的教师工作质量。人们对于教师工作质量曾有这样的界定："教师工作质量是指对工作的满意程度和对工作能满意其需要程度的一种概括，它不仅包括教师对其职业的积极感受，也包括对其职业的消极感受。"[1] 20世纪60年代，对于教师职业幸福感影响因素的研究特点是关注的影响因素多从个体因素出发，探讨教师工作质量以及职业幸福感。20世纪60—80年代，随着新一轮课程改革在全球范围内的展开，学术界中对于教师工作生活质量、职业幸福感的研究角度发生变化，探讨课程改革对于教师工作生活质量的影响成为新一轮的热点，研究也更加关注组织因素对于教师工作生活质量、教师职业幸福感的影响。进入21世纪，对于教师职业幸福感的关注和研究进一步加深，持续推进教师的职业幸福感提升一直是我国及世界范围内教育研究的重点话题。教师职业幸福感逐渐走进关注重心，社会对于教师的关注愈加全面，对于教师的工作生活质量、教师的职业幸福感的因素考量也愈加综合及科学。2020年1月，OECD发布《教师职业幸福感：数据收集与分析框架》报告，首次将教师职业幸福感测评作为PISA2021的重要内容，并对教师职业幸福感测评的建构背景、概念框架以及案例题项等进行了全面阐释[2]，其中对于教师职业幸福感的影响因素也做了详细的划分与解读。综合来看，21世纪至今关于教师职业幸福感

---

[1] 杨冬化, 时勘. 教育工作生活质量的心理学研究. 社会心理研究, 2001（4）: 61-64.

[2] OECD. Teachers' well-being: A framework for data collection and analysis. (2020-01-30) https//dx.doi.org/10.1787/19939019[2021-10-25].

及其影响因素的探索走向科学化、综合化。可见，随着社会的发展以及生活的丰富，教师职业幸福感的影响因素呈现出动态变化的特点，影响因素由较为单一的个体因素逐渐丰富至多维度、多角度。

一、个体因素奠定教师职业幸福

在教师职业幸福感进入研究领域之初，关于影响因素的研究大多数是基于人口统计学而进行的，侧重于性别、年龄、收支平衡等方面，即主要关注教师个体因素的影响，对影响因素的考量较为单一，这也正是教师职业幸福感研究之初的一大特点。个体因素对于教师职业幸福感起着基础奠定作用，它是教师职业幸福感获得的必要因素，与教师的职业幸福紧密相关。

（一）物质层面

物质层面的个体影响因素包括教师的薪资待遇、身心健康状况等。根据马斯洛需求层次理论，基本的生存需要是首要的。教师作为职业人，也具有其必要的物质需求和生存需求，例如教师的薪资待遇，教师的薪资待遇与教师职业幸福息息相关。教师作为一种谋生的职业，同时也兼具为社会培养人的重要任务，当教师的薪资待遇与其付出出现不成正比、存在落差的情况时，教师在精神层面的幸福感就会下降，合适的薪酬待遇对于教师的职业幸福感具有正向影响作用。另外，教师的身心健康也是教师职业幸福感产生的基础保障。良好的身心状态是教师开展教育教学工作的必要前提。教育事业越来越受到大众社会的关注，这也给教师带来越来越重的心理压力和负担，在一定程度上造成了教师职业倦怠问题。

（二）精神层面

教师的幸福不仅来自物质方面，更是一种精神层面上的满足。学校是教师的小型社会，教师在其中就必然少不了人际交往，人际关系是教师职业中不可或缺的部分。已有研究指出，良好的人际关系能够更好地调动教师的工作热情，是教师职业幸福感的重要增益因素。[1] 教师需要处理的人际关系复杂多样，既包括教师之间的人际关系，也包括师生之间的关系、教师与家长之间的关系。除教学工

---

[1] 童富勇，金优尤.影响教师职业幸福感要素的调查与分析——以杭州市中小学为例.杭州师范大学学报（社会科学版），2009（11）：105-109.

作之外，教师的人际关系处理也会占据教师工作的一部分时间。人际关系处理是否得当关系到教师工作的方方面面，当教师出现人际关系失调时，就会影响工作的内在心理动力，使教师对工作产生厌恶、烦躁情绪，影响教师工作的积极性，导致教师产生低落情绪和焦虑心理，不利于教师的发展和教学工作的进行。和谐的人际关系氛围的形成是教师营造良好工作环境与教学氛围的重要因素，也是教师体验职业幸福感的重要途径。当教师身处良好的人际关系氛围时，教师的工作积极性被带动起来，可以以更加积极乐观的态度、情绪开展教学工作。

（三）专业层面

教师的专业化水平是影响教师职业幸福感的重要因素，专业水平会影响教师的职业发展、职业幸福，而教师的专业素养决定了教师进行教育教学工作的效率以及教师职业幸福感的产生。教师职业幸福感需要教师通过提升自身专业能力与素养来实现提升。当教师具有较高的专业素养，其在教育教学中不仅可以胜任工作，甚至可以做到游刃有余，体会到工作的轻松愉悦，而且在教师的专业水平达到一定程度时，教师会形成自身的教学风格、教学特色，教师在教学中获得的幸福感也会随之提升。反之，当专业水平不足时，教师会感到疲惫、力不从心，甚至焦虑沮丧。俄国学者 Rnbina 对俄罗斯教师进行了职业幸福感的相关调查，结果显示：教师个体自我评价和教师个体工作成就感两个因素与教师职业幸福感呈正相关，即教师的自我成就评价越高，其幸福感水平则越高。[①] 另外，教师的专业水平影响着教学的方方面面，例如班级管理、师生关系以及课堂教学中的教学呈现方式等。课堂教学是教师职业生涯中的主要阵地，而源于专业教学的幸福感是教师工作的不竭动力，也是教师职业幸福感获得的重要起点。

二、组织因素影响教师职业幸福

伴随着社会、经济、教育等的快速发展，影响教师职业幸福感的因素也更加多元、复杂。时至 20 世纪 60—80 年代，研究者除了考量教师个体因素外，还增加了对组织因素的考量，主要包括学校资源、学校管理和教育行政部门配置等。综合学校的硬件、软件各方面资源配置，结合学校教学管理制度等因素，可以有

---

① Rubina L. Teachers' sense of professional and social well-being. Russian Education and Society，1997，39（5）：25-49.

效、全面考量教师职业幸福感的来源、现状以及教师职业幸福感缺失的根本原因，清晰、全面地评价教师职业幸福感。

（一）学校资源

学校是学生学习的主要场所，也是教师工作的重要环境，学校资源的配备对于学生学习和教师教学工作的顺利进行有着"润物无声"的影响，能为教师工作提供基础保障。学校资源可分为硬件和软件两方面，硬件包括良好的校园环境，较为完备的教学设备配置等，软件则包括学校能为教师专业成长、职业发展所提供的平台和机会。良好的校园环境使得教师能够获得良好的职业发展空间，在合适的范围内发挥自身能力实现自我价值。良好的校园环境直接影响着身处这一环境之中的教师的幸福感体验，教师身处于和谐、积极向上的校园氛围中，可以有效提高工作效率。干净、整洁以及富有学校特色文化气息的校园环境规划也会使得教师获得归属感，影响教师的职业幸福感体验。在教学工作中，完备的教学设施配备更是有效促进教师教学工作顺利且高效开展的保障，它影响着学生的学习体验，也体现在教师的教学体验之中。另外，学校作为教师进行教学工作的场所，同时也是教师自身发展的平台，在这里教师的专业能力在教学中不断得以磨炼、提升。Silvia等的研究结果显示，工作资源对教师幸福感有正向预测作用，即教师如果能在工作中体会到充足的工作资源，那么就会产生高工作投入，进而提高职业幸福感。[1]学校作为教师自我实现的平台，也扮演着教师成长引路人的角色，为教师提供专业成长土壤，例如教师专业培训、职业发展规划等，给予教师充分的职业发展空间，为教师实现专业提升起到引领和助推作用。无论是硬件条件还是软件配置，学校资源环境对于教师职业幸福感都具有重要影响。

（二）学校管理

学校管理可以为教师工作提供有效辅助，同时也起到监督作用，是教育教学工作得以顺利、高质量开展的监督者。学校管理制度的制定、施行都会影响到教师这个学校中的主要工作角色，教学工作的安排、科研任务的分配等关系到教师工作的方方面面，合理的工作安排和适量的科研任务不仅可以使得教学工作更为

---

[1] Silvia S, Chiara P, Dina G, et al. Teachers' well-being and effectiveness: The role of the interplay between job demands and job resources. Procedia-Social and Behavioral Sciences, 2012, 69（79）: 729-738.

高效、高质，也会促进教师专业进步以及教师职业幸福感的产生。科学合理的评价机制被认为是教师职业幸福感的积极因素，与之相对应的，学校不能正确评价教师的付出则对教师职业幸福感有明显的消极影响。[①] 不合理的教学安排和教学制度会使得教师出现畏惧、疲惫状态，大大降低教学工作质量。学校管理层面需要真切地听取一线教师的声音，从民主、科学的立场出发，制定学校管理制度以及教师工作考核标准等。例如在评价制度上，学校对于教师的评价不能简单、片面地以"学生成绩或升学率论英雄"，这样的评价体系容易导致教师过度关注成绩，花费较少精力关注学生成长，背离教育教学的初衷，忽视学生发展的重要环节，局限于机械化的成绩操练，产生工作倦怠感，因此在评价体制方面注重从多维、多主体角度建立一个科学评价体系十分重要。学校应该面向未来，关注学生成长，将重心放在学生的发展而非成绩上，增强对教师的发展性评价。教师在工作中实现培养学生的目标的同时，也是在不断实现自我。教师作为个体，也需要鼓励和支持，此时学校的管理就发挥着尤为重要的作用。学校管理层面制定合理、民主的管理制度和评价标准可以促进教师的职业积极性以及教师参与学校工作的热情，充分发现、发挥、发扬教师潜能，使教师在辛苦工作的同时感受到学校在制度上的人文关怀，在轻松愉快的学校氛围中开展教育教学工作，并收获个人进步。

（三）教育行政部门

经济时代的到来以及课程改革的进行对教育提出了更高的要求，教育行政部门也随着社会、经济的发展，不断革新教育教学的相关制度以及管理策略，在教学发展与教育资源的配置方面加大力度。教育行政部门是教育工作与教师发展的领导者，教育政策的制定是否合理、教学资源的分配是否均衡，都关系着教师工作的效率与质量，影响着教师的职业幸福感体验。教育领域对于教师的知识结构、学历层次的要求在不断提高，在教育改革过程中，教学能力以及教师的教学方式等都需要不断更新，这就要求教师在正常的教育教学工作之余不断学习提升专业能力和增加知识储备，以应对教育革新提出的新标准和新要求，但这在一定程度上给教师带来了压力。教育行政部门在教育发展的过程中，要关注教师需要，为教师提供适合的发展空间及条件，助力教师职业发展与职业幸福感的获

[①] 肖杰. 小学教师职业幸福感的调查与思考——以大庆小学教师为例. 上海：华东师范大学，2004.

得。另外，教师职称评聘一直是导致教师职业幸福感水平不高的重要因素。职称是教师教育教学及科研能力总体水平的重要标志，但是教师职称评聘和相关政策仍然存在不足之处，给教师带来影响，例如名额较少、评聘条件不够灵活等。除此之外，教育行政部门的决策、资源分配以及为教师提供的专业培训等都密切影响着教师工作和教师幸福感。

三、综合因素决定教师职业幸福

进入 21 世纪，教师职业幸福感这一主题越来越受到各方重视。檀传宝在《论教师的幸福》一文中写到教师幸福具有"精神性、无限性、集体性、关系性"这四个特点，他还提出，教师的职业幸福感与教师的荣誉感、教师和学生间的交流、教学集体、学生发展和社会发展息息相关，密不可分。① 走进教师的世界，真正了解教师职业现状、切实提高教师职业幸福感成为这个时代的议题。与此同时，教师职业幸福感的影响因素也变得更为综合，这充分体现为教师职业幸福感影响因素的完善与丰富，由原来的单一个体因素逐渐发展为丰富、综合、科学的多种因素。

（一）教师职业

教师这一职业具有特殊性，教师的职业幸福源于多方面，也受到多方因素的影响。从教师工作角度出发，教师的职业价值观直接影响着教师职业幸福感的强弱。职业价值观是指个体对于自身职业的基本认知，是有关于职业的持久态度与信念，具有动机功能，对行动和态度具有指导性、规范性。教师的职业价值观对其职业幸福感具有一定程度的影响，Perrewe 曾指出，职业价值观在工作满意度中起缓冲作用。教师需要能够感受到职业幸福感的所在，首先要明确自己对于教师职业的定位，明确了职业定位，才会对自身职业产生认同感，才能在教育教学工作中获得前进动力。教师还需要具有坚定的职业理想和崇高的职业道德，这是教师立足于社会的坚实基础，也是教师实现职业幸福的阶梯。在发展自我与培养学生的动力驱使下，教师将会投入更多的时间和精力于其热爱的教育教学事业之中，默默耕耘。当教师看到学生发展进步时，便感受到自身的辛苦付出获得了回报，自身价值得以实现，教师的职业幸福感就会被激发出来。因此，教师在明确

---

① 檀传宝. 论教师的幸福. 教育科学，2002（1）：39-43.

自我价值、坚守职业理想、不懈追求自我提升后，就能够在实现自我、发展自我的道路之上体会幸福并且收获自身进步，这是教师收获职业幸福感的重要影响因素之一。

（二）家长支持

伴随着经济发展以及教育的不断革新，家长对于学生的关注也在发生着变化。现如今，家长对于孩子教育的重视度正在急速提高，家长在关注孩子教育的同时，也将一大部分目光聚焦于陪伴孩子成长学习的教师身上。家长作为社会代言人之一，关注着教师的一言一行，家长的声音成为教师工作的监督者、促进者。究其根本，家长和教师都有着共同的目标，就是希望孩子能够学习进步、获得发展，这也是教师工作的根本目标。教师工作的顺利开展需要家长的配合与支持，多方合作以取得共赢，使教师在工作中获得支持与力量，产生工作热情和动力，以更加积极的态度投入到教育教学工作之中，引领学生成长。除此之外，教师与家长的有效沟通也是必要的，这一方面有利于学生的健康成长，另一方面也有利于教师发现问题、解决教学问题，为教学工作奠定基础。但家长的身份不仅能够促进教师工作，一定情况下也可能阻碍教师工作，例如，家长与教师的教育观念差异、家长对于教师工作的理解程度等，都时刻影响着教师工作的顺利开展，故教师要在工作中不断探索与家长的相处模式，科学地听取家长的建议，赢得家长的支持、信任和理解，以更好地做到家校共育，感受学生成长带来的职业幸福感。

（三）社会影响

目前，社会高速发展，竞争日益激烈，各个国家都把教育放在首要战略地位，教师作为教育的一线人员，则成为教育成败的直接影响因素。在这种社会背景之下，社会及大众理所应当地把国家强盛、民族兴衰、地区经济发展，乃至个人的家庭幸福和孩子未来都系于教育、学校和教师的身上。[1]影响教师职业幸福感的因素中包含社会层面的因素，社会因素指社会对教师职业的要求和期待、家长对教师工作的评价等，综合表现为教师的社会地位[2]，是影响教师职业幸福感

---

[1] 刘强. 论我国高校教学质量保障体系价值理念与行为模式的重构. 江苏高教，2018（2）：12-17.
[2] 郑孝玲. 国内教师职业幸福感研究文献综述. 教书育人，2011（12）：67-69.

的关键要素。教师的付出不言而喻,但是社会大众对于教师的要求和期待仍在逐步提高,甚至有些人将人才培养、学生成长完全归于教师之任,这就容易给教师带来一定程度的职业焦虑感,严重阻碍教师职业幸福感的获得。无论是对于教育强国人才培养,还是国家文化软实力建设,社会都应该给予教师充分的尊重和理解。得到社会的重视和尊重,更有利于教师发挥主观能动性,提高工作效率。国家及社会要切实保障每一名教师的合法权益,做人民教师的坚实后盾和支持者。

第十二章
教师职业幸福感提升策略

第一节　提升专业胜任力：教师职业幸福感提升的永恒动力

专业胜任力是指专业人员为胜任岗位职责并完成工作目标而必须具备的某范围的专业知识、技能和态度，教师专业胜任水平关系到课堂教学质量、师生情感互动和教学体验幸福程度。完善专业知识体系，明晰专业发展意识，形成专业生活方式，主动积极地享受工作，实现自我价值，是提升教师职业幸福感的内在动力。

一、在读书中积淀理论，建构专业知识体系

教师专业发展来源于教师不断完善专业知识、提升专业水平的过程，大量理论书籍的阅读会培养一线工作者丰富的理论底蕴、广阔的学术视野以及独到的研究视角，这是教师教学的必要储备。理论提升会使教师从关注每节课的具体教法转向关注整体单元或学期的设计；理论提升会使教师从单一的教材教法视角转向学科功能、课程标准、教材教法、学生学法和学科评价的全学科视角。当教师能站在理论高度看待问题时，课堂教学就不再是就实践谈实践的日常化干瘪说辞，而是上升到哲学高度的一种思维艺术。提升专业知识体系的最好途径便是读书，读书涉及"读什么"和"怎么读"的问题。

（一）做原著阅读者——从间接到直接

大数据时代信息膨胀，人们容易忘记追本溯源的原则，而教师作为专业研究者的基本素养就是阅读原著，拒绝以讹传讹，回归第一手资料，按图索骥地寻找作者本身想表明的观点。教师可以结合自身情况适当训练专业英语能力，它是解开西方思想之门的一把钥匙。教师需要主动拒绝过度装饰的观点，还原本真原著的模样。写作者不能只是综述别人的"综述"，阅读一篇综述不等于清晰了解整段历史；写作者转引了别人提及名家的某句话，并不能够完全代表特定语境下名家真正的观点；写作者摘录综述名家的一句话，无法直接把名家的整本书作为参

考文献写到自己的论文里。每一位教师都应有起码的学术底线，回归原典，直接与作者对话，不做间接的"二传手"。教师阅读原著书籍不是对文献进行简单罗列，而是真正精读或泛读原著，读出其中的原汁原味，除了涵盖课程与教学方向的书籍外，还可包括教育学原理、教育研究方法和教育政策文件，也包括哲学层面的书籍。广泛阅读原著可以提升教师的理论视野，借鉴背后的思维方式，拓宽看待问题的广度，提高认识世界的深度，形成认识现象和问题的独特观点。

（二）做体系重构者——从吸收到创新

理论书籍相对晦涩艰深，文字缺乏情节性，很多时候即使我们硬着头皮读完，可能不到一个月不翻看，内容基本会忘记，因此，阅读理论书籍需要方法。教师可以把理论书籍阅读分为四步：第一步"概览"，了解全书的梗概；第二步，"摘要"，择取其中的精华；第三步，"梳理"，用类似思维导图或框架图表的方式呈现，用几个关键词概括全书的核心观点并探究背后思维方式；第四步，"重构"，以理论为支架，建立起其中的逻辑联系，重构自己的理论体系。这四个步骤中以"梳理"和"重构"最为重要。读书不只是复制别人的观点，教师要在阅读中进行反思和批判，重新建立自己的理论体系，这是阅读高效的根本所在。"梳理"不仅是概括文章大意，而是透过现象看本质，梳理作者在文字背后的思维方式。教师不仅应关注书中"是什么"的事实型问题，还要追问"怎么得出"的思维型问题，也即作者是从什么逻辑前提出发、基于怎样的视角来阐述自己的观点。"重构"指很多理论书籍的观点并不是平行的，它们存在交叉点。教师应利用自己重构的理论体系思考并解决教育实践中存在的问题，在遇到新的问题情境后重新审视自身知识体系，使重构的理论体系再次发生变化。

因而，教师在理论方面不一定要有原创性贡献，但需要具有一定的理论运用能力，善于汲取各个理论中的关键部分，经过本土化的过滤加工，为我所用，综合各理论的优点，并与原有知识结合起来，重构自身专业知识体系，提升自身专业素质。

二、在实践中聚焦问题，确立专业发展意识

教师的教学实践以问题导向性为特点。教师以实际教学中产生的困惑为出发点，拥有积极的专业发展态度，才能够真正提高在实践中解决问题的能力。主动

的专业发展意识是教师专业成长的内在动力源,它能激发教师潜能。实践问题是研究的起点,当教师具有敏锐的问题意识时,会发现自身在教学改革中的重要价值,提高专业发展意识。学贵有疑,教师要善于在教育的基本理论中追踪问题,在具体教学情境中洞察问题,提高自身的责任感和使命感。

(一)发现问题——从宏观到微观

理论不能控制实践,理论是实践反思的结果,教师的教育实践始终是第一位的。教育不是宏大的叙事,"教育是一种掌握种种细节的需要耐心的过程,一分钟,一个小时,日复一日地循环"[①]。教师研究的"土壤"在课堂,教师研究需要"走向田野"。教学实践是问题的源泉,对教学实践的观察反思是找准问题的关键环节。教师在实践中需要确立强烈的专业敏感度,带着一双探索发现的眼睛,对教学实践经历反复进行扫描,发现背后的问题。

(二)探究问题——从表象到本质

除了在教学实践中发现问题以外,教师还需要逐层剥离次要因素,限定问题范围,将问题聚焦并简化,使其更具针对性,达到"小题大做""专题深做"的效果。"这是一个从表现问题向实质问题转化的过程,也是一个从感性到理性的抽象过程,更是一个从经验到理论的升华过程,需要多视角下的灵感迸发。"[②]教师的研究以一个原初问题为主干,层层扩展,延伸出新的拓展问题作为枝叶,建立问题研究的立体结构体系。基于上述问题转化过程,研究的逻辑框架得以进一步明晰。

因此,教师的研究不求理论的高深性和原创性,更应注重创造性地运用理论解决教学实践中复杂问题的能力,修正自己的教育信念,调整专业角色定位,意识到自身专业素养对教学质量的关键性作用,善于从实践中发现问题,研究来源于一线而又回归一线,从宏观的理论视角找到并尝试解决微观的现实问题,从表象问题再上升到本质问题层面,提高专业素养,为胜任后续课堂教学打好基础。

---

① 怀特海. 教育的目的. 徐汝舟译. 2002. 北京:生活·读书·新知三联书店:11.
② 钟凯凯. 我是怎样写出优秀学位论文的. 学位与研究生教育,2014,(11):21.

三、在研究中反思行动，形成专业生活方式

优秀的教师往往能够在理论与实践中进行持续对话，把学习、工作与研究结合起来，不断建构并发展理论与实践间的关系，在自我反思中实现专业持续发展，这是优秀教师特有的专业生活方式。

（一）理论改进实践

理论话语的介入为教师实践的改进提供契机。教师应有意识地促进自身实践与理论的相遇和交锋，这会大大提升实际课堂驾驭能力。教师不应人云亦云地践行抽象出来的规律和理论，不应生搬硬套现有的观点和理论模式。教师设计的教学案例不是统一口径的理论附和，不是某理论的牵强翻版，而是对不同观念融合之后的再生，把某几个理论中最重要的观点进行综合后的体系重构，是将理论与实践更好地结合起来，为教学实践提供更具针对性的指导。理论积累不是一劳永逸的，教师需要时刻把握时代的脉搏，持续更新自己的理论体系，不断将个人教学经验带入反思过程中，加深自身理论体系和教育实践的链接能力。正如国内学者翻译外国文献一样，教师对理论书籍的阅读也是一种"翻译"，一种富于转变性的翻译，梳理一本书的大意，让它由厚变薄，如何搭建理论和实践的桥梁，让它由薄到厚，这是教师专业发展中亟须努力的方向。

（二）实践反观理论

课堂教学是教师研究的土壤，研究不能是"无土培植"的纯理论探讨，研究土壤的贫瘠势必会带来教师成长的困难。教师应在理论与实践间持续展开多重对话，把相关理论运用到实践中去，用自身实践反观理论，在具体课堂情境中做出自动的决策反应，这种"固守实践阵地"的原则是对教师专业性研究的一种"回归"。20世纪80年代，舍恩提出教师应成为"反思性实践者"的理论，教师的实践反思不是一个孤立的事件，而是一个连续发展的过程，它贯穿在教师的所有日常活动中，专业研究型教师与教书匠的差别在于在教学实践中是否具备批判和反思理论的能力。教师通过读书提升理论，用于指导实践，同时通过实践践行并反思理论，促进自身专业持续发展，教师应形成反思意识，让研究成为工作乃至生活的方式。

（三）建立理论与实践的循环路径

教师的教育研究不是理论的简单应用，而是一种行动研究。行动研究"强调教学行为与科学研究的结合、行动过程与研究过程的结合"①。教师需要搭建理论与实践间的桥梁，把割裂的理论与实践融通，做到"知行合一"。教师应明确以行动为价值取向的学习理念，以行动获取经验，以经验为基础进行反思，在反思中获得对问题的认识，以新的认识改进行动。行动学习是一个不断反复的循环过程，即"教学实践—理论提升—实践反思—改进实践"，对实践反思，在实践中反思，为实践而反思，具体包括：教师通过实践获得教学经验，但它往往是默会的、个体化的、模糊的；通过与理论对话，教师可以获得更广阔的学科视野，带着问题取向的意识回归实践；在与具体教学情境相遇时，教师头脑中的理论被激活，获得显性的实践智慧；教师结合不同情境重构理论与实践的关系，依托理论促进教学实践的发展。

综上所述，教师是教育教学活动的研究者、设计者、实施者和反思者，这样的几重身份使教师对实际教学情境有丰富的经验，能够深入心智地思考，提出贴切的应用策略。这种教研相长的方式会促使教师在最短时间内取得最佳的教学效果和增强科研能力，促进专业发展。

第二节　塑造专业尊严：教师职业幸福感提升的专业价值性

"凡学之道，严师为难；师严然后道尊，道尊然后民知敬学"（《礼记·学记》），"道"是万事万物的规律，是知识。周公以前，"道"的承担者是圣君贤相。周公以后，"道"转化为一种知识与价值，儒者成为这一知识与价值的载体。②因此，教师尊严在古代得到重视，是因为民众对"道"的尊重。

当代的教师尊严，主要从两方面进行解读。一方面是心理学视角的解读，主

---

① 孙友莲. 实践中的质量保证：教育博士"专业性". 教师教育研究，2014，(5)：5-6.
② 张翔. 教师何以尊严——基于工具理性的师道分析. 上海教育科研，2013 (11)：25-28.

要是指向"人与自己"的关系,即教师自尊意识的确立与强化。尊严落实到教师个体身上就是"自尊感"。[①]另一方面是社会学视角的解读,主要是指向"人与他人"的关系,即教师作为"个体我",在与他人建立的社会关系中获得价值承认和尊重,并由此形成人们心目中那种令人尊敬、敬仰的地位或身份,亦可称之为教师的社会尊严。[②]教师的社会尊严中包含对教师社会角色的期待。教师尊严,既离不开教师作为个体自尊意识的确立,又离不开教师作为"社会人"所扮演的职业角色。因此在本次研究中,教师尊严指教师个体因契合社会角色期望而得到的尊重,以及由此感到的"自尊感"。

一切有价值的东西都被其他东西所代替,这是等价。与此相反,超越于一切价值之上,没有等价物可代替,才是尊严。[③]因此,教师想契合社会期望,得到尊重和珍惜,必须具有自身价值。且这一价值必须具有"独特性"和"不可替代"性。教师的这种"独特性"和"不可替代性",只有在教师专业化过程中才能实现。因此,教师专业尊严的重塑必须依赖专业化。专业尊严来自教师的专业自信、专业自能和专业自我。[④]因此,塑造教师专业尊严,发挥教师专业价值,要提高教师专业自信,加强教师专业自能,实现教师专业自我。

一、专业自信

教师专业自信是指教师对自身专业发展的坚定信念。教师专业自信是塑造教师专业尊严的基础。而专业自信的确定和提升需要以教师专业素质为保障。"教师专业素质"是指经过系统的师范教育,并在长期的教育实践中逐渐发展而成的,具有专门性、指向性和不可替代性的素质。[⑤]教师专业素质的内容主要包括专业知识、专业道德和专业精神。

(一)专业知识

教育专业知识是教师在教师教育和教育实践中获得的、直接作用于教育过程

---

① 肖丹. 教师尊严的内涵及性征厘定. 天津师范大学学报(基础教育版), 2009, 10(3): 21-25.
② 肖丹. 教师尊严的内涵及性征厘定. 天津师范大学学报(基础教育版), 2009, 10(3): 21-25.
③ 伊曼努尔·康德. 道德形而上学原理. 苗力田译. 2005. 上海: 上海世纪出版集团: 55.
④ 窦桂梅. 做一名有专业尊严的教师. 天津教育, 2006(2): 1.
⑤ 王卓, 杨建云. 教师专业素质内涵新诠释. 教育科学, 2004(5): 51-53.

的实用性知识。① 首先，教师需要具有一定的人文素养知识，这是教师掌握专业知识的基础。在此基础上，教师必须具备一定的专业知识。1986年，Shulman提出学科教学知识（pedagogical content knowledge，PCK）的概念。1987年，他对学科教学知识进行了进一步拓展，指出学科教学知识包括内容知识、一般的教学知识、课程知识、对学习者及其特点的了解、教育背景的知识、教育结果、目的和价值及其哲学和历史依据的知识。② 而后，格罗斯曼主要通过教师发展阶段的角度，探究教师学科教学法知识在不同阶段的发展。③ Cochran提出学科教学知识（pedagogical content knowing，PCKg）动态发展模型。④ Veal对学科教学知识进行进一步分类。⑤

2008年，Park提出学科教学知识主要由科学教学取向、科学课程知识、学生对科学的理解知识、科学学习评价的知识和科学教学策略知识五大部分组成。⑥ Park对学科教师知识的建构主要用于科学学科。剔除学科取向，可以将学科教学知识归纳为"教学取向知识、课程知识、学生对学科理解的知识、学习评价的知识和教学策略知识"五部分，既包括教师需具备的静态知识，也包括教师在教学过程中表现出的动态知识。学科教学知识是教师作为专业者所具备的具有独特性的知识，也是教师的专业知识。

（二）专业道德

教师专业道德是教师在从事教育教学这一专业工作时所遵循的能体现教师专业特性、教师道德价值以及教师人格品质的道德规范和行为准则。⑦ 伴随着国家对教师教育的重视，教师专业化成为当前的发展趋势。但是，教师专业化应是教

---

① 王卓，杨建云. 教师专业素质内涵新诠释. 教育科学，2004（5）：51-53.
② Shulman L S. Knowledge and teaching: Foundations of the new reform. Harvard Educational Review，1987（2）：1-23.
③ 帕梅拉·格罗斯曼. 专业化的教师是怎样炼成的. 李广平，何晓芳，等译. 北京：人民教育出版社，2012：5.
④ Cochran K F, DeRuiter J A, King R A. Pedagogical content knowing: An integrative model for teacher preparation. Journal of Teacher Education，1993，44（4）：263-272.
⑤ Veal W R, Driel J V, Hulshof H. PCK: How Teachers Transform Subject Matter Knowledge. International Journal of Leadership in Education，2001，4.
⑥ Park S, Oliver J S. National Board Certification（NBC）as a catalyst for teachers' learning about teaching: The effects of the NBC process on candidate teachers' PCK development. Journal of Research in Science Teaching，2008：812-834.
⑦ 张凌洋，易连云. 专业化视域下的教师专业道德建设. 教育研究，2014，35（4）：116-121.

师全面的专业化。当我们力求学生德智体美劳全面发展时，需明确教师的专业化不仅包括教师在知识技能水平上的专业化，亦包括教师在道德上的专业化。教师专业化发展对于教师的道德规约，已经从"教师职业道德"转向"教师专业道德"。

教师专业道德要求教师要具有专业责任和道德品性。专业责任包括对教育专业的责任以及对学生的责任，对专业的承诺以及义务的履行。道德品性是教师作为个体对道德所做出的理解与诠释。[①] 教师工作具有特殊性，教师的教育行为具有一定的影响性，教师专业道德也因此而更具特殊性。有学者指出，教师专业道德具有不可替性、示范性和影响深远性。[②]

教师专业道德不仅引领教师的专业发展，同时也对学生的发展影响深远。对于教师专业道德的规约，是教师专业化发展的保障。

（三）专业精神

教师专业精神是教师在教育场域内所传递出的对职业一致而平稳的认同感、责任感、奉献意识、积极专业意识的价值追求，是教师对教育行为所秉承的一致、连贯、自觉的行为。[③] 教师的专业精神主要体现在教师的教育理念和专业态度上。

教育理念是指教师在对教育工作本质理解基础上形成的关于教育的观念和理性信念。教育理念主要包括教育观、学生观和教育活动观。[④] 教育观主要指教师对于教育目的、教育意义和教育价值的理解和认识。学生观指教师对于人的发展、学生的学习以及师生关系的正确理解。教育活动观指教师对于教育活动过程所持有的观念。教育理念不仅为教师的教学提供了理念指引，也为其具体教学方法提供了价值引领。

专业态度是教师对其职业所持有的基本态度[⑤]，一方面指教师在认知上对于教学的态度，教师要具有成为一个成熟的教育教学专业工作者的向往与追求的专业理想，具有对教育教学工作带有理智性价值评价的情感体验的专业情操。[⑥] 同

---

① 黎琼锋. 从规约到自律：教师专业道德的建构. 教育发展研究, 2007（1）: 35-38.
② 张凌洋, 易连云. 专业化视域下的教师专业道德建设. 教育研究, 2014, 35（4）: 116-121.
③ 吴思孝. 教师专业精神：内涵、价值与培养. 教育理论与实践, 2013, 33（34）: 39-43.
④ 叶澜. 新世纪教师专业素养初探. 教育研究与实验, 1998（1）: 41-46, 72.
⑤ 王卓, 杨建云. 教师专业素质内涵新诠释. 教育科学, 2004（5）: 51-53.
⑥ 童富勇, 黄文芳. 试论教师专业素质及其发展. 教育评论, 2004（5）: 54-57.

时，教师要热爱对自身的教育教学岗位。另一方面，其指教师在教学行动中表现出的专业态度。即教师在教学与专业发展过程中，能够积极进行自我学习和提升，同时能够积极投入教学工作，具有教师的责任心、荣誉感和奉献精神。

专业知识为教师专业素质提高奠定了坚实基础；专业道德为教师专业素质提高指引前进方向；专业精神为教师专业素质提高提供了思想保障。教师专业素质的提高有赖于三者的有机融合。专业知识、专业道德和专业精神的合力作用有利于教师进一步提高专业自信，为塑造教师专业尊严提供基础保障。

二、专业自能

专业自能即教师专业能力，是指作为专业技术人员的教师在从事教育教学活动中能利用教育理性和教育经验，灵活地应对教育情景，做出敏捷的教育行为反应，以促使学生全面、主动、活泼发展所必需的教育技能。[1] 由于教学活动的复杂性、教师个体的差异性，教师专业能力具有个体差异性、情境性和发展性。教师专业能力包括教学实践能力、教学反思能力和教育研究能力。教师专业能力的发展不仅有利于教师的专业化发展，更有利于学生的成长进步。

（一）教学实践能力

教学实践能力指教师在教学过程中，能够根据学生的发展，合理设计、实施和评价教学的能力。在教学设计阶段，教师要能够根据课程标准和学校的需求进行课程开发；根据教学的需求和学生的发展对教材进行合适的处理；在教学实施前，能够进行合理的教学设计，明确课堂教学目标，明晰教学重难点，进行合理的课堂预设。

在教学实施过程中，第一，教师需要具备良好的课堂管理能力，能够对课堂纪律及教学进程进行合理的掌控和管理；第二，教师要具备调动学生积极性的能力，能够激发学生学习兴趣，带动课堂教学氛围；第三，教师要具备捕捉学生迷思的能力，能够及时发现学生在课堂上的困难，并采取相应的措施，解决学生的迷思概念；第四，教师要具备良好的应变能力，能够根据学生在真实课堂中的表现，及时调整教学策略；第五，教师要具有良好的课堂教学生成能力，能依据学生的发现和探索，因势利导，从而促成有效的课堂生成。

---

[1] 郝林晓，折延东. 教师专业能力结构及其成长模式探析. 教育理论与实践, 2004（14）: 30-33.

在教学评价过程中，教师要注重评价的标准性、多元性、发展性。首先，教师要明确评价的标准，以规范、科学的标准来评价学生的表现，这既有利于评价的客观公正，又能为学生的后续发展提供明确方向。其次，教师要进行多元评价。教学评价不能只拘泥于学生的成绩，要从德智体美劳等多个方面进行评价，通过评价促进学生全面发展。最后，教学评价要立足于"以人为本"，立足于学生的发展，以促进学生发展为评价的根本目标。

（二）教学反思能力

教学反思指教师为了实现有效的教育、教学，在教师教学反思倾向的支持下，对已经发生或正在发生的教育、教学活动以及这些活动背后的理论、假设，进行积极、持续、周密、深入、自我调节性的思考，而且在思考过程中，能够发现、清晰表征所遇到的教育、教学问题，并积极寻求多种方法来解决问题的过程。[1] 教师教学反思，一方面是对教学实践的反思，另一方面是对教师"自我"的反思。教学反思既是对教师工作绩效提高的要求，亦是教师教育职业化倾向和教师培训理性化的要求。[2] 因此，教师教学反思能力的提升，对于教师教学水平提高和教师专业化发展具有重要意义。

在培养教师教学反思能力的过程中，首先要培养教师的反思意识，反思意识是进行教学反思的前提和基础。在面对教学中的现象及问题时，教师要具有反思意识，并逐渐养成反思习惯。其次，教师要运用多种反思策略进行教学反思。可运用自我提问策略与问题单、行为记录反思策略与反思教案，交流反思策略与反思札记[3]，进行多范畴的自我反思。最后，要注重理论水平的提升，不能拘泥于经验的反思，应在反思中寻求理论的支撑，从前反思水平步入准反思水平，最终达到反思水平。

（三）教育研究能力

教师专业化发展要求教师不能仅仅局限于"知识传递者"的身份，还需明确自身亦是教育教学研究者。教师的研究是根植于教育过程中，结合教育实践活动而进行的一种特定的"教育教学研究"，是教师对自己教育工作的思考与

---

[1] 申继亮，刘加霞. 论教师的教学反思. 华东师范大学学报（教育科学版），2004（3）：44-49.
[2] 王映学，赵兴奎. 教学反思：概念、意义及其途径. 教育理论与实践，2006（3）：53-56.
[3] 吴卫东，骆伯巍. 教师的反思能力结构及其培养研究. 教育评论，2001（1）：33-35.

探究。[①] 教育研究能力是教师专业能力发展的不竭动力，是教师从"教书匠"走向"教育家"的必经途径。

首先，教师要有问题意识和发现问题的能力，能够在教育教学实践和身边教学现象中发现问题，以实践为生发点，发现实践中亟待解决的问题。其次，教师要具有分析问题的能力，能够在实践问题的基础上，以专家学者的视角分析问题的成因。再次，教师要具有解决问题的能力，通过行动研究法等方式，对已有问题进行干预和解决。最后，教师需具备理论萃取的能力，这也是很多教师欠缺的能力。很多教师对教学的研究局限于实践层面，在发现实践中的问题后，多依据已有经验，对实践中的问题进行简单的分析，提出宽泛的解决策略。这不能被称为真正的研究者。研究者一方面要扎根实践，另一方面要依托理论，面对实践中的问题，去寻求相应的理论依据，对其进行分析解释，教育研究不仅立足于解决实践中的问题，更要立足于丰富现有理论成果。

教学实践能力是教师专业能力的基础能力，教学反思能力是教师发展性能力，教育研究能力是教师潜在性能力。教师作为个体，应该在基础教学实践能力基础上，向"反思者""研究者"转化，从而实现真正意义上的教师专业发展，提高教师专业尊严。

三、专业自我

根据利伍思德对教师发展阶段的划分[②]，教师作为行为个体，应在具备一定的专业素质和专业能力的基础上，从简单地坚持原则、相信权威的教师，逐步发展为有主见、尊重课堂、从多角度分析课堂情境的教师。因此，教师专业自我是影响教师专业发展的重要因素，亦是塑造教师专业尊严的保障。

（一）专业自我内涵

教师专业自我（professional self）最初由库姆斯提出，库姆斯在20世纪60年代出版的《教师的专业教育》一书就提出，一个好的教师首先是一个人，是一个有独特的人格的人，是一个知道运用"自我"作为有效的工具进行教学的人。而后凯尔克特曼则进一步用"专业自我"概念来说明教师的专业素质。他指出专业自

[①] 陈琴, 庞丽娟, 许晓晖. 论教师专业化. 教育理论与实践, 2002（1）: 38-42.
[②] 转引自: 陈淑萍, 颜秀红. 专业自我：教师专业发展的原动力. 当代教育科学, 2008（21）: 32-33.

我包括自我意象、自我尊重、工作动机、工作满意感、任务知觉、未来前景。[1]

对于专业自我的内涵，有学者指出，专业自我是在确立专业意识后自觉、系统、深入地寻求专业发展过程中获得的自我概念。[2]也有学者认为，教师的"专业自我"是指教师在职业生涯中获得、保持以及发展自己身份的"自我感觉"。[3]本报告认为，教师的专业自我是教师个体对自我从事教学工作的感受、接纳和肯定的心理倾向，这种倾向将显著地影响教师的教学行为和教学工作效果。[4]

教师的专业自我主要包含两个阶段：第一阶段为教师的专业自我意识，教师在面对教育教学时，不是一味地学习和模仿，而是具有自己独特的想法，具有创新性；第二阶段为教师的专业自我行为。教师在专业自我意识的基础上，在新的理念指导下，在教学上能够根据具体的教学情境，采取有针对性的解决措施。

教师的专业自我是一种自主导向性的学习和发展，对于激发和保持专业发展的积极性、适应专业发展的个性化需求、建构个人实践知识、提高教师参与专业发展的可能性和增强教师专业发展活动的实效性具有重要意义[5]，是教师专业发展的最终诉求，也是重塑教师尊严的核心。

（二）专业自我缺失

现代主义认识论将教师专业发展"企业化"，教师是进行知识传递的"工具人"，忽略了教师作为行为个体，在个体特征、成长环境、教育经历等多因素作用下，每名教师都有自己的独立意识和人格。同时，专业化进程存在误区，认为个体专业发展就是将优秀和骨干教师身上带有经验性、典型性的"特征"传递给师范生或新任教师的过程。[6]这一观念忽略了优秀教师的经验是否具有普适性以及教师专业知识的"缄默性"，认为青年教师往往是在学习名师的经验后，顺理成章地成为又一名"名师"，这种结果反映在教学实践中，便是课堂教学过程的"复写化"。[7]受如上理念的影响，教师专业自我出现缺失。教师对自己的能力缺

---

[1] 转引自：教育部师范教育司. 教师专业化的理论与实践（修订版）. 北京：人民教育出版社，2003：66.
[2] 唐志强. 教师专业自我解析. 教育评论，2010（1）：78-80.
[3] 杨玲. 论教师"专业自我"的失落与回归. 思想·理论·教育，2006（Z2）：111-113.
[4] 教师专业化的理论与实践（修订版）. 教育部师范教育司组织编写. 北京：人民教育出版社，2003：66.
[5] 李广平，于杨，宫勋. 自我导向性学习与教师专业发展. 外国教育研究，2005（6）：42-46.
[6] 韩冬云. 教师专业发展的内涵、问题与趋向. 辽宁教育研究，2005（3）：65-67.
[7] 黎平辉. 唤醒"自我"：论教师专业发展中的教师教学个性. 全球教育展望，2010，39（2）：70-74，92.

乏信心，对改善教育活动缺乏应有的期待。①

教师作为"人"，具有独立的意识和人格。在教育教学活动、教改探索、科学研究以及促进学生发展的各个方面，不甘于机械单调地重复，不断学习、研究、创造，自我完善、自我超越，在促进学生成长的同时，提升个人的自我价值，满足自我的高层次需要。②教师专业发展不是被动、机械的，而是立足于教师个体，积极、主动建构的过程，亦是教师彰显自我个性的过程、寻求专业自我的过程。因此，教师在成长过程中必须提高专业自我意识，采取专业自我行为。

教师专业尊严的塑造必须依赖教师的专业价值性。专业价值性的实现必须依托于专业自信、专业能力和专业自我。以专业自信为基础，提升重塑专业尊严的信心；以专业能力为保障，增强重塑专业尊严的可行性；以专业自我为目标，明确重塑专业尊严的方向。

第三节 给予专业保障：教师职业幸福感提升的人文性关怀

教师是以教育为生的职业，教师是从事教育职业的专业人员。充满人文性的工作环境可以为教师提供和谐的工作氛围、完善的管理制度和服务。充满人文关怀的工作环境会增强教师的归属感和责任感，因此，我们要致力于营造充满人文关怀的工作环境，以保障教师的专业发展。

一、创建环境，营造和谐工作氛围

民主管理方式、建设校园文化和搭建交流平台是营造和谐工作氛围的有效途径。民主的管理方式可以让教师乐于表达，和谐的校园文化可以让教师想表达，平等的交流平台可以让教师敢于表达。

---

① 陈淑萍，颜秀红. 专业自我：教师专业发展的原动力. 当代教育科学，2008（21）：32-33.
② 李骏骑，李春燕，李峻巍. 关于教师专业发展中的主体性思考. 教育理论与实践，2005（18）：33-34.

(一)民主管理方式

学校管理与企业管理不同,学校培养的是人,企业生产的是产品。产品有固定的规格和标准,人却没有统一的模型。教育的对象是人,是一个独立的个体,因此学校无法用统一的模具去约束千差万别的个体,办学就要寻求一种科学、动态的管理。管理是一个寻求平衡的过程,要在个性与共性、科学与人文中寻找平衡。学校管理者应该梳理与时代接轨的新理念,学校的领导者必须站在教育改革的前沿,转变旧的管理观念,树立现代学校的管理理念,以教师和学术的全面发展为主,创造性地开展各项工作。①

学校管理缺乏人文性关怀是造成教师职业幸福感缺失的重要因素之一。学校的评价指标通常是以学生的成绩作为第一要素,成绩好就一切都好的评价体系给了教师错误的评价导向。在这样的背景下,有些教师过多关注学生的成绩,而忘记了自身和学生的健康发展这一重要问题,而这种模式很容易让教师产生职业倦怠。评价目标应重点关注师生的发展,而不是学生的成绩。因此要进行科学、民主、多元的管理,在评价主体上实行上级评价、同级评价和学生评价多主体评价模式,同时为了保障评价质量,学校要注重全员评价能力的培养和提高,并注意优化评价环节,以保障评价结果的可靠性,真正达到发展性评价的目的。同时要增强对教师的全方位评价。科学合理的评价制度有助于教师清晰自己的定位和价值,积极参与公平竞争,以更积极的心态参与工作。学校的评价制度是否民主对教师职业幸福感的获得有直接影响。学校在落实公平公正公开的管理制度时,要建立合理的评价指标,并充分考虑学科和学段差异,这样才能有效提高教师教学的积极性。

评价制度的改革可以使学校的管理更加充满人文性。学校要充分考量教师的意见,让教师真正参与到管理之中,给教师话语权,让教师体会到自己对于学校的价值。学校是教师学习和工作的主要场所,如果学校的管理是科学的、民主的,便能有效提高教师职业幸福感水平。②

(二)建设校园文化

学校的各类设施也是校园文化建设的一部分,它可以给教师以熏陶和启

---

① 袁安顺. 校长要不断提升个人魅力 提高学校管理水平. 贵州教育,2012(1):15-16.
② 梁宇. 教师专业化发展中的生活体验价值与职业幸福感构建. 中国成人教育,2017(17):155-157.

迪。学校的校园文化建设不仅要突出教育的特点，而且要因地制宜，拥有本校的特色。比如校训、校旗和校徽等设施都是校园文化建设的直接手段。当然学校的环境是否整洁、是否拥有良好的治安环境也是校园文化建设的另一个重要领域。

校园文化可以指导教师的教育观念和教学行为，如果学校文化是积极创新的，就可以提高教师对新课程理念的适应程度，并且教师也会自觉对知识进行更新，增强职业认同感。学校可以通过加强环境文化的力量营造良好的校园舆论氛围，通过愉悦的校园文化环境潜移默化地影响教师。

除了以上的软环境，校园文化还包括硬环境，也就是校园的基础设备是否健全，是否有丰富教师和学生精神生活的图书馆，是否有能体现学校文化的人文景观等，这些设施都会对教师起到潜移默化的熏陶作用。环境舒适、氛围和谐的校园环境能让教师拥有轻松愉快的心情，从而进行学习和工作。如果办公条件不佳，教师所需要的教学资料缺乏，多媒体设施不完善，会导致教师的发展受限，长此以往，就会让教师对教学缺少热情，职业幸福感下降。

（三）搭建交流平台

学校要搭建平台供教师交流和成长。学校的领导层要积极主动地与教师交流，在民主的氛围中，让教师和领导形成双向的交流机制。学校应为教师搭建双向的交流平台，组织形成学习共同体。共同体是一种专业性的团体，是在学校推动下或在教师自发组织下，基于教师共同的目标和兴趣自愿形成的，旨在通过合作对话与分享性活动促进教师专业成长的教师团体。在共同体中，同侪之间可以交流教学经验、管理方法、资源共享。领导们可以听取教师的意见，以此作为完善相关制度的基础。也可以借助现代化网络，让不同学校、不同类型的教师通过交流解决专业问题、提升专业能力。

学校需要积极构建教师学习共同体，因为教师应该始终是学习者，而学习共同体就是教师不断进步和学习的途径之一。通过共同讨论和研究这种学习方式可以使教师形成自己的理论，并且提高自身的专业素养。建立教师学习共同体，无论对于整个教师群体还是教师个人都有着十分必要的意义。具体手段包括校务公开、网络座谈、匿名信箱等，这些都是有效沟通的途径和手段，学校管理者应主动深入了解教师的生活和工作，了解他们的心声和期许，帮助他们解决生活和工作中的具体困难。①

二、完善管理，为教师的发展服务

学校是教师发展的主要场所，构建培训模式、谋求教师福利、创设宽松教学环境可以更好地为教师发展服务。改革培训模式是教师发展的关键，保障教师福利是教师发展的基础，宽松的教学环境是教师发展的保障。

（一）构建培训模式

在网络普及、信息爆炸的今天，时代对教师的能力提出了新的要求，教师终身学习是适应时代、适应学生的必然要求。终身学习是当代教师自身发展和职业适应的必经之路，这是时代的呼唤，也是教育发展的必然要求。②

教师是从事教育教学活动的专业人员，具有专业性，和其他职业一样，教师也是需要终身学习、不断参与培训的。随着时代的进步和发展，培训对于教师的专业化发展已越来越重要，全面提高教师的专业素养，为教师提供多种多样的培训方式和内容成为教师培训工作的重要内容。教师要培养的是符合整个时代的人才，持续的学习能力是促进教师专业发展的重要途径，因此教师要通过接受全面具体的培训，来完善知识储备、提高教学技能、调整职业心态等。教师的专业水平取决于教师对所教学科的熟练程度，因此教师自身要有发展的需求，学校也要为其发展提供平台和保障。

学校为教师提供的培训要分层，也就是说，面对不同学段、不同学科甚至不同需求的教师要提供不同的培训内容。教师的职业发展是一个动态过程，每个阶段的教师都有不同的发展目标和任务，学校要为不同的教师提供不同的培训内容，促进其可持续发展。切不可只要有培训就硬性要求全员教师参与，靠点名来维持出勤率。培训的内容要具有时效性和实践性，如果培训内容与教师相关经验不符合，教师就很难做到理论与实践的完美结合。

专业发展是教师获得职业幸福感的内在动力。学校要提供多种机会和平台帮助教师走出去，或者邀请专家来学校进行专业培训，拓展教师的视野，提升教师的教学技能、科研意识和能力，使教师增强工作的自信心和积极性。能与教师认

---

① 包兴先. 提升高校青年教师的职业幸福感. 科技导报，2015, 33 (4): 128-128.
② 魏丹丹，邱乐兴. 论信息化环境下职业院校教师自主专业发展. 中国教育技术装备，2012 (30): 15-17.

知产生共鸣的培训内容可以提高教师的专业技能，让教师在理论和实践上都获得提升。

（二）谋求教师福利

幸福不是单纯的精神感受，也不是纯粹的物质富足，而是精神和物质的和谐统一。在物质上满足教师的需求是让教师获得职业幸福感的前提条件和根本保障。教师在课堂上是一心付出的讲师，在课堂下和其他人一样，也是普通大众的一员，物质需求也是教师的第一需求。学校要满足教师的合理物质需求，保障教师的回报和付出相匹配，工资按时发放，在重要节日时为教师谋求一定的福利，只有基本的物质需求得到满足，才会促进教师对精神需求的探索。因此，学校要加强和改善教师的物质生活条件，满足教师的合理需求。①通过削减教师由于经济问题带来的压力来调动教师工作的积极性，让教师安心地从事教育教学工作，在教学中享受快乐。

（三）创设宽松教学环境

宽松的教学环境意味着学校给予教师自主发展的空间和保障。②学校为教师创建宽松的环境的同时，要在管理上体现人文性，落实在教学管理上就是不能通过扣工资、扣绩效等手段去管理教师。教师在日常教学中要面临很多压力，学校的硬性指标很多，学校的管理体系严格，这些都使教师背负了很大压力，妨碍了职业幸福感的获得。作为学校的管理者，要充分考虑到相关政策和要求的适切性，根据本校特点制定合理的规章制度，给教师提供空间，给教师构建轻松、公平的工作环境，减少教学之外的压力，保障教师在其专业发展过程中能够拥有自主权，实现自我的发展和提升，保障教师职业幸福感的获得。

三、尊重教师，增强教师的归属感

构建和谐的人际关系、维护教师心理健康、切实满足教师需求可以增强教师的归属感和责任感。和谐的人际关系可以舒缓工作压力，良好的心理素质可以增

---

① 王玮, 何芳. 高校英语教师职业幸福感的影响因素分析. 山西师范大学学报（社会科学版），2014（s4）：41-43.
② 张建华. 论中小学教师职业幸福感的提升. 教学与管理，2013（10）：13-15.

强抗压能力，满足教师的需求可以提高其工作的积极性。

（一）构建和谐人际关系

教师是一个需要与人沟通的职业，学校要在教师之间营造良好的工作氛围，尽可能消除不利因素，让同侪之间互相学习、团队合作，营造一种和谐的人际关系氛围。人际关系对教师的工作态度会产生很重要的影响。如果教师在校内拥有良好的人际关系，就会舒缓由工作带来的压力。和谐的人际关系不仅有利于个体的成长，而且能促进教师之间形成合力，有利于组织的稳定。

学校的领导、教师和学生之间如果有良好的人际关系，每天都生活在轻松自在的工作环境中，就会减少工作压力，体会到教育工作带给自己的快乐。

（二）维护教师心理健康

教师的工作和生活情况需要得到学校管理者的关心。学校管理者要为教师提供舒适的环境以开展健康娱乐活动。学校也要定期为教师开展心理健康培训，将心理健康作为培训内容之一，通过培训让教师建立正确的幸福观，掌握有关心理健康的知识，提高自我调节能力。

阳光的心理状态是教师拥有职业幸福感的保障。如果教师积极乐观、自信愉快地去学习和工作，遇到困难时，他们会想尽办法来处理问题。学校可以通过定期举办联谊会和沙龙等活动，让教师体会到归属感，让教师的心灵得到满足、职业幸福感得以提升。[1] 学校也可以为教师提供相应的心理建设讲座，为教师提供心理疏导途径，让教师以健康的心理状态投身于教育事业。

教师这份工作是需要情感作为支撑的，管理者要注重对教师心理健康的培养，加强对教师情绪管理能力的培养。当教师可以合理调控不良情绪时，就会拥有更好的控制力去面对压力和解决问题。应培养教师积极向上的心态，使其理性看待生活和工作中的矛盾与挫折，提高抗压能力和调节能力，积极面对突发状况。

（三）切实满足教师需求

人类做出的行为是由其动机支配的，而引发动机的因素是"需求"。让教师

---

[1] 张金. 小学教师职业幸福感的影响因素及其提升策略. 当代教育科学，2019（7）：52-54，60.

在职业上有归属感的关键因素是满足其合理需求。有需求才有发展，如果教师的需求得不到满足，那么他们的心理压力就会增加、产生职业倦怠，也会造成教师队伍的人员流失问题，这影响着教师的工作态度和教学效能。教师的需求包括物质需求和精神需求两个方面，满足教师精神层面的需要可以提高教师工作的积极性、增强教学动力。教师的精神需要的满足离不开全社会的共同努力，并需保持尊师重道的优良传统。

了解教师的需求、从满足教师内在动力出发可以让教师在轻松的氛围下愉快工作。教师成长的需要才是教师真正的幸福需要。[①]对于刚入职的教师，学校要实行师徒制，让其尽快熟悉学校环境和工作节奏；对于有家庭的教师，学校要对其工作有合理的安排，保障教师在从事教学工作的同时不影响自身的生活，并能得到教师全家的认可。学校要根据教师需求，科学地对教师进行分配，科学配置可以减少重复劳动，实现资源共享。可以根据教师的兴趣爱好组织非制度性的学习团体，并在经费上给予保障，比如，男教师可以组建篮球队，女教师可以组建排球队，老教师可以组建养生协会，年轻教师可以组建美食分享小组等。满足教师合理需求，让教师拥有职业归属感，不仅可以提高教师工作积极性，而且会促进学生的发展和进步。

学校可以通过创建环境、营造和谐工作氛围、完善管理、为教师的发展服务，尊重教师、增强教师的归属感三个层面增强人文性建设，以达到提高教师职业幸福感的目的。

第四节　加强专业规约：教师职业幸福感提升的内外一致性

当前，随着教师专业化进程的不断推进，对教师进行专业规约成为教师幸福感提升的重要举措，一方面要从内部加强对教师自身专业道德的规约，另一方面，要从外部加强对教师的专业规范，使外部的要求与教师自身发展需要相契

---

① 袁惠珍. 提升幸福指数：教师学习共同体构建的价值取向. 教学与管理，2013（10）：3-5.

合，促进教师职业幸福感的提升。然而，外在制度规约下的教师专业道德常常处于失语状态。教师在"制度"的刚性要求和"道德"的内在动机之间矛盾挣扎，部分道德感较强的教师则可能陷入无章可依或有章难循的处境。制度规范是一种管理教师行为活动的规则，具有强制性和普适性。而教师道德在具体的教育情境中具有灵活性，制度的强制性和确定性与教师道德的自发性和灵活性既互相支撑，又彼此对抗。当外部的制度规范和教师内在的道德准则发生冲突时，要通过对教师专业进行规约帮助教师走出道德模糊地带，从外在规范和内在道德的张力中思考教师幸福感提升的路径，调动教师工作的积极性，促进教师职业幸福感的提升。

一、内化专业道德

在教师专业化的大潮中，专业发展是提升教师幸福感的必然选择。教师专业化昭示着教师在当代社会将面临更多的职责挑战，教师在塑造人的过程中承担的重要责任揭示教师道德建设刻不容缓。教师职业本身被社会赋予了众多道德责任，相应地也要求教师遵从一定的道德规范。教师专业道德是教师在从事教育教学这一专业工作时所遵循的能体现教师专业特性、教师道德价值以及教师人格品质的道德规范和行为准则。[①] 对教师专业道德的规约是将外部的规范内化为教师内部的心理需要，使教师对自身严格要求，继而体现于外部行为之中，这一过程对于提升教师的个体素质，营造良好的师德风范和育人环境，提升教师职业幸福感具有重要意义。

（一）从规范走向自律

我国在教师专业道德建设中，往往是对教师的行为进行外在的约束，并在思想观念上对教师进行道德教育，这种强制性的规约使教师专业道德具有一定的被动性，由此可能导致部分教师的道德认知与道德行为脱节。教师专业道德的形成并不仅是外铄所致，教师对专业道德的理解、领悟和追求，决定了教师专业道德的深度以及付诸实践的强度。推动教师专业道德建设，不能仅仅止于外部规范，应激发教师内心主动自我约束的欲望。教师专业道德应成为教师内在的生命力，而不应成为其外在的约束力。因此，在教师专业道德建设中，道德内化应成为教

[①] 张凌洋，易连云. 专业化视域下的教师专业道德建设. 教育研究，2014，35（4）：116-121.

师专业道德发展的核心。为了使教师的专业道德实践和认识与承担的权力、责任合理地统一，就必须确立教师的主体地位，充分发挥其主体性作用，而不能让教师仅仅成为专业道德所规范的对象。确立教师的个人主体地位，不仅能使其自觉形成自立能力、自律能力，也能激发其产生自我教育、自我发展的内在动力。确立教师的主体地位，加强其道德意识和道德品质的自我培养、自我磨炼和自我教育，能促使教师养成道德修养的自觉性，把外在的专业道德要求内化为自我的道德需要，从而实现教师专业道德从他律向自律的升华。能否使教师真正认同专业道德，不仅取决于我们所倡导的师德观本身是否具有合理性，也取决于教师个体的道德需要。教师的道德需要是教师在对专业道德的价值性认识的基础上产生的遵守专业道德原则和规范的心理倾向，它反映了作为道德主体的教师和专业道德之间的一种内在联系。教师的道德需要是教师认可、接纳教师专业道德规范并能自觉遵守这些规范的直接动力和源泉。唯有激发教师的道德需要，才能真正促进教师对专业道德规范的认同，从而将其内化，发自内心地去实现其道德目标，达到内外一致性。

（二）从理想走向现实

社会对教师有着很高的期望和标准，然而教师专业道德的建设需要打破对教师的"神化"，从对教师的理想状态中回归到现实。树立正确的义利观是教师专业道德建设回归现实的首要任务。排斥教师利益的道德本身毫无道德可言。我们要承认教师追求物质需求的合理性，允许他们去正当地追求自身利益，并克服传统教师评价中的"泛道德论"倾向，更大限度地促进教师道德行为的发生。社会上一些要求教师为了他人和仅仅为了他人的行为过于苛刻，让教师处于"生存"和"发展"之间的两难境地。但是，如果教师完全从功利出发，追求物质享受，就难以把握自身专业发展的尺度，仅仅把教学活动变成一种单纯的职业生存方式，以至于最终无法体验这种负有价值使命和教化职责的教学工作的价值及其所带来的幸福感。因此，在教师专业道德的建设中，要坚持的应是奉献精神与功利精神的统一。一方面，教师实现自我价值及其社会价值的基础与前提是功利。从个人利益的角度来看，功利的本质就是个人利益的追求与获取；从人的自我价值和社会价值的关系上看，个体满足他人需求的首要及必要条件也是先满足自身的生存和发展需求。而人满足自身生存和发展需要则是通过自主的、创造性的劳动以追求物质利益而实现。由此可以认为，某种意义上的人的社会价值得以实现，先决条件是人的自我价值的实现。如果教师连正当的个人利益都无法获得满足，那就更谈不上有积极性和创造性地为社会利益而奋斗。另一方面，教师的社会价值应充分体现出奉献，这也是教师所必须具有的精神。教师追求自我价值固然合理也必要，但如果极度获取个人的自我实现，势必会导致狭隘的唯利主义和过度功利主义。我们应引导教师自觉地超越功利，以奉献来制约和规范功利。教师唯有实现自身的社会价值，其个人自我价值的实现才会真正具有意义。[①]

二、细化专业标准

（一）建立分级教师专业标准

结合我国专业发展历史和现状，本次研究提出建议性想法，在职后将教师发展分为四个阶段：新手教师、成熟教师、卓越教师、专家教师。至于如何严格界定这4个概念并非本次研究范围，我们可以理解的是这是一组逐步提升的概念。建议性地提出这组概念是为了消解此前概念内涵相互交融而导致的理解误区，为教师专业化的推进和教师专业标准的制定提供清晰的结构框架。职后教师4个发展阶段如果被确立，各阶段的教师专业标准也必然成为研究的主题被高度重视。建立各阶段的教师专业标准，让教师专业标准与教师专业发展的各个阶段相匹配才是教师专业发展的有效路径。

缺少专业标准是教师专业发展的理论障碍，目前我国已经建立起合格教师专业标准，从理论和实践的逻辑上看，建立职后教师专业标准是顺理成章的事情。确立教师职后专业发展的标准有利于进一步推进教师教育职前、职后一体化建设，它是对职前教师专业标准的一个提升。职前教师专业标准是一种合格标准，职后教师专业标准则是在此基础上的更高标准。合格教师专业标准主要是基础知识和基本技能。职后教师专业标准涉及更多的是情感态度价值观，对这些方面的考查很难通过书面测试进行，更多需要是通过间接或者成果等多样方式进行考查。建立职后教师专业标准是建立完整教师专业标准体系的重要举措。

基于我国现实的教师专业发展体系和结构、目前的教师专业化发展现状，以及我国现行的职称评定制度，应逐步确立新手教师、成熟教师和专家教师的基本

---

① 张凌洋，易连云. 专业化视域下的教师专业道德建设. 教育研究，2014, 35（4）：116-121.

要求，同时要确立卓越教师的规范和标准。确立卓越教师及其标准，是依据国家提出的卓越教师培养计划，结合国内外经验而提出的。卓越教师培养计划 2.0 指出，培养目标为"培养教育情怀深厚，专业基础扎实，勇于创新教学，善于综合育人，教育终身学习能力的高素质专业化教师"，这一要求高于新手教师和成熟教师，而尚不能称为专家。很显然，"卓越教师"一词的含义与我们建议使用的职后四阶段中的第三发展阶段高度相符。设立卓越教师作为建设职后教师专业发展的初建目标，逐步依次目标制定相应教师专业标准，可以使职后教师评价体系更为完善，评价有"标"可依。目前我国仍然没有职后教师资格认定制度，对教师的考核评价主要依赖于职称评定系统，以此单一的模式为动力系统推进教师专业发展，呈现出动力不足的问题，本次研究建议逐步依据卓越教师专业标准开展资格认定，让教师专业标准在不断完善的同时带动资格认定。建设"卓越教师"专业标准，可以让卓越教师发挥引领作用，激发成熟教师向卓越教师发展的积极性，让卓越教师发挥基础储备作用，为专家教师提供来源保证，从而能够逐步建立起完备的职后教师专业发展体系和路径，最终实现职前教师专业标准与职后教师发展专业标准合并成为教师专业标准体系中，从而实现职前、职后教师培养的一体化。

（二）动态更新专业标准内容

教师专业标准的制定与颁发是在 2012 年，至今已经走过了 9 年，其作为专业标准的作用得到了较为充分的发挥。然而作为一项制度，其制定之初总是在其特定的历史条件之下，其功能的发挥也是基于历史条件的。9 年之中世界教师教育发展迅速，特别是我国在这 9 年中社会发展迅猛，时代特性不断变化，技术水平、制度水平大幅度提升，新时代对教师专业化素质能力结构要求也发生了很多变化。为了适应时代的要求，教师专业标准作为一项制度需要动态、持续更新。这些教师标准多是在我国现行教师专业标准制定之后提出的，带有鲜明的时代特征。教育培养的学生是面向未来的，教师的专业能力和素质等必须具有时代性和前沿性，近十年的变化中虽然有相关政策支撑这些素质和能力的发展，但是这些标准是非系统地散落在各个文件中的，不利于成为教师专业化的抓手。因此，教师专业标准不应该是一份文件，而应该是一套动态变化的系统。

三、规范专业政策

（一）政策制定重视与教师的对话

教师是教育实践的建构者和主人，也可以是教师教育政策的执行者和研究者。教师教育政策在制定和执行的过程中都要重视与教师进行对话，提高教师教育政策的科学化、民主化水平。对话是决策者与教师沟通的重要形式，决策者重视与教师的对话，实质上是将教师纳入到政策制定者的体系中来。对话的实质不仅仅是对话双方在意义层面上进行交流，而且是对话各方通过互动进行意义重构。[1] 教师对于行政要求有选择地服从是教师自由意志的表现。而合理的政策应该在设计和执行环节增强人文性、推进民主化和公平性。为了弥补政策的缺陷，首先应该以"人本性"作为政策设计的原则，重视教师主体性、维护教师尊严，政策应该体现出社会和教育行政部门对教师的价值期待。人性的政策、公平地执行，才能为教师在职业幸福感提升的道路上保驾护航，赋予政策一定的人本性更能调动教师工作的积极性和主动性。教育政策和制度规定了教师的权利和义务，规范着教师的行为，在教育制度中贯彻"人本性"的原则，更有利于发挥政策的引领、激励和凝聚作用。制度目标与教师的个体目标进行整合，更能增强制度决策的有效性，并且使政策和制度与教师需求相契合，提升教师的职业幸福感。同时，教师也要有强烈的对话意识，要有足够的信心和勇气提出问题，充分表达自己的思想和意愿。

（二）注重对教师政策的评价与监控

我国进行教师教育政策评价的主体大部分是教育行政管理人员，他们又经常参与政策的制定与执行过程，既是评价者，又是被评价者，难以做到充分的客观、公允；会在评价过程中重视对政策执行后的评价，忽视对执行前和执行中的评价，从而不能很好地对政策进行前瞻性分析，做出应有的预测和适时的调控；并且评价标准不统一、不稳定，从而导致评价出现失范现象。为规范我国的教师教育政策评价，首先，应建立由教育政策专家组成的中介性的、非政府的评价机构，最大限度地避免行政权力的非法干预，保证评价的公平、公正、客观。其次，要综合运用政策的执行前评价、执行评价与执行后评价。在实际操作过程

---

[1] 陈向明. 质的研究方法与社会科学研究. 北京：教育科学出版社，2000：383.

中，这三种评价方式不是孤立地发生作用，而是环环相扣，协同发挥政策评价的整体功效。最后，评价时要遵循发展性标准、效益标准、效率标准、政策回应度标准等，为政策的修订与完善提供依据。

教师教育政策监控是教师教育政策监督与控制的合称，它是指教师教育政策监控主体，依据一定的教师教育法规或制度，对教师教育政策的制定、执行、评价及终结活动进行监督、调整和控制的过程。[1]对教师教育政策强有力的监控会使教师教育政策的制定、执行、评价及终结更加严肃和认真，保证政策规定和要求得到真正落实，这样就可以避免一些不该发生的问题发生。要加强教师教育政策监控，一是要进一步理顺各种监控主体之间的关系，强化监控机制；二是要进一步加大国家权力机关对教师教育政策的监控力度，增强监控实效；三是要进一步发挥好社会监督的作用，保障新闻舆论和人民群众这两种监督主体在教师教育政策监控方面监督权的有效行使，减少、避免行政权力的非法干预。

第五节 提高专业地位：教师职业幸福感提升的文化引领性

如果说教师专业所表达的一个最基本内涵是对教师的专业人员身份的认同，那么教师专业地位所蕴含的一个最基本诉求即对教师专业的正视。1990年教师专业化理论被引入我国以来，"教师作为一种专业"的观念逐渐被人们所接受。我国于1993年颁布的《中华人民共和国教师法》中第三条明确规定："教师是履行教育教学职责的专业人员。"这是我国首次以法律的形式确认了教师的专业地位。《中国教育现代化2035》提出建设高素质专业化创新型教师队伍，将师德师风作为评价教师素质的第一标准，推动师德建设长效化、制度化，提高教师社会地位，完善教师待遇等系列重要举措。2018年12月，习近平总书记在庆祝改革开放40周年大会上讲话中提出"努力实现更高质量、更有效率、更加公平、更可持续发展"[2]。而实现教育"更加公平、更有质量"发展的前提是必须有一支

---

[1] 张乐天. 教育政策法规的理论与实践. 上海：华东师范大学出版社，2002：101.
[2] 新华网. 习近平在庆祝改革开放40周年大会上发表重要讲话.（2018-12-18）. https://xinhuanet.com/politics/ggkf40/index.htm[2019-11-15].

更有质量的教师队伍。《荀子·大略》有言:"国将兴,必贵师而重傅;贵师而重傅,则法度存。"百年大计,教育为本;教育大计,教师为本。

建设高质量的教师队伍必须提高教师的专业地位。教师职业幸福感的高低不仅影响教师自身的状态,更影响着学生的发展,关乎国家未来人才的培养。专业地位是衡量教师社会地位的重要指标,因此提高教师的专业地位便成为提升教师职业幸福感的重要举措。

教师的专业地位包括发展共同体、专业自主权和发展空间,在发展过程中表现为参与专业发展的计划、实施和反思;依照自己的专业知识做出最佳的判断与决定;协调个人内在需求和学校长远目标需求,实现个人和学校的共同成长和发展,三者是缺一不可的。本次调查数据显示,教师对自身专业地位的评价不高,其中发展共同体均值为3.70,发展空间均值为3.72,专业自主权均值为3.91,相对高一些,但整体仍不容乐观。而教师的专业地位与教师职业幸福感相关性较高,因此提升教师职业幸福感必须提高教师的专业地位。[①] 可见,若想提升教师职业幸福感、增强教师职业魅力,国家和社会要营造"尊师重教"、提高教师专业地位的文化氛围,保障教师权益,使教师真切体验到深受社会重视的存在感、获得感与荣誉感。

一、"经济"的文化引领:给予优厚的待遇条件

"专业影响力是提升教师专业地位的重要内涵"[②],教师职业作为一门专业应该拥有社会分层的向上流动机会以及相应的社会资源,比如教师的工作环境、工资待遇、进修机会、职业声望等。《中国教育现代化2035》明确提出要"努力提高教师政治地位、社会地位、职业地位"[③]。虽然国家正稳步推进中小学教师支持体系的相关举措,但目前教师经济待遇整体不高,难以吸引优秀人才从事教育工作。为尽快扭转此局面,政府需要切实提高教师的经济待遇,吸引优秀人才充实到教师队伍中,使教师在薪酬待遇上产生自豪感、荣誉感,更加认同教师职业,职业幸福感水平得以提升。

---

① 中国政府网. 中共中央 国务院关于全面深化新时代教师队伍建设改革的意见.(2018-01-31). http://www.gov.cn/zhengce/2018-01/31/content_5262659.htm[2018-01-20].
② 姜勇,郑富兴. 论教师的专业影响力:知识、场域与实践智慧. 中国教育学刊,2006(10):72.
③ 教育部网站. 中国教育现代化2035.(2019-02-23). http://www.moe.gov.cn/jyb_xwfb/s6052/moe_838/201902/t20190223_370857.html[2019-02-13].

待遇的高低常常被人们视为社会地位的一个标准,在我国,并非因为教师的待遇高而使教师的社会地位高,而是教师待遇高凸显政府行为,使教师这个职业更具有认可性,进而提高教师的自我认同,促进教师职业幸福感的提升。教师待遇偏低不仅难以吸引有高文化水平、有渊博学识的青年从事教师职业,而且严重影响了现有教师队伍的稳定和教师教育才能的发挥。我国教师待遇偏低和社会地位的实际低下,使教师职业很难吸引优秀人才从教,导致教师队伍整体素质不高,现有教师职业幸福感水平偏低。

为此,可以说教师专业地位的确立具有很大的人为性。因此,政府通过提高教师的待遇,从而可以提高教师的职业声望,使教师职业成为人人羡慕的职业,成为职业幸福感水平高的职业。这样通过人为提高教师实际的社会地位和经济待遇来创设良好的客观环境,可以吸引具备教师必备能力的大批优秀人才从教。

二、"依法治校"的文化引领:弘扬宪法精神

在我国传统文化中,教师具有较高的社会地位。不过这种社会保障还主要依赖于传统权威,而非教师的专业权威。随着教师专业化程度的提高与教师队伍质量的逐步提升,教师作为教育教学的主要实施者,是对教育教学情况最为清楚的群体。从政策制定的科学性来说,倾听并采纳教师的意见非常重要。随着公共治理理念的兴起,民主化和管理层级扁平化是教育行政管理模式的必然趋势。"教师的专业地位不能用基于权力的责任机制制造出来,它必须被某个具有权威性的职业小组承认。"[1] 劳凯声教授认为教师专业地位问题可以理解为法律视角下的教师专业问题[2],这为我们思考教师专业地位的内涵提供了一个重要补充:教师专业地位依赖于法律的保障。我国于1994年实施的《中华人民共和国教师法》中第三条明确规定了教师是教育教学职责的专业人员,这是我国首次以法律的形式确认教师的专业地位。目前有一种观点认为教师职业不是专业化职业,至多只能算半专业或准专业,其依据是教师的专业自主权缺乏[3],没有达到完全的专业水准。长期以来,教师极难确立自己的专业自主权,进而提升专业地位,由于教师争取对职业的控制权和建立专业自主权是不可能的,因此,人们并没有把教师

---

[1] 谭斌,郭楠.教育系统中的权力关系与教育松绑.教育科学研究,2009(10):5-9.
[2] 劳凯声.教师职业的专业性和教师的专业权力.教育研究,2008(2):7-14.
[3] 顾明远,孟繁华.国际教育新理念.海口:海南出版社,2001:152.

看为具有专业化的职业。

20世纪80年代以来，教师专业化已成为国际教育改革的一个重要趋势，也是教育理论和教育实践首先需要解决的问题之一。教师专业自主权是提高教师职业幸福感的重要前提，也是改革师范教育体系、提高师资队伍素质的重大问题。加强教师专业自主权，不仅可以改变教师对职业的传统看法，也可以提高教师的专业地位，可以真正把教师和教学密切、有效地联系在一起，这不仅仅是认识上的重大变化。教师是更了解教育现状的人，他们对教育问题、教育措施等的看法会对教育实践产生有效的影响。教师在职业生涯中，通过多方面的专业训练，专业知识技能和专业情意得到提升，专业自主权逐步增强，进而会成为一个良好的专业工作者。

三、"自强"的文化引领：推动教师的自我完善

要提升教师专业地位，教师自身的努力非常关键。"教师的专业地位被社会承认，最大动力是靠教师自己，所有教师都应找出方法去把他的专业工作做到最高标准，以符合学生、家长、校长及社会人士的厚望。"[1]苏红、邵吉友指出，教师专业地位的真正实现，不仅要靠政府和第三部门的强力推动和条件保障，更需要广大教育工作者具有专业自觉意识，需要每位教师在其整个职业生涯过程中都能够通过自身持续不断地努力。

多年来，人们努力提高教师的任职要求和教育标准，加强教师专业性训练，用较高的专业水平换取较高的社会地位，从而提高教师的职业声望，以取得社会成员对教师职业的积极肯定和较高的社会评价，提高教师的职业幸福感。简而言之，营造尊师重教的社会风气固然重要，但教师的专业地位不能仅仅靠传统权威，而应当向专业权威转型。在这一转变中，扩大教师在教育治理中获得参与权和话语权，可以使其发挥在教育教学中的专业自主权，并承担相应的专业责任。与此同时，随着学校教育事业的不断发展与完善，教师要想紧跟时代的步伐，提高自身的理论基础，还必须具有广博的知识。除了要具有扎实、系统的专业知识外，还应具备科研能力方面的基本知识，只有这样，才能不断开阔视野，拓展科研领域，更好地为学校的教育教学服务。

学校可以营造学习氛围，增强教师专业发展的内驱力。可以通过一些比赛和

---

[1] 陈永昌. 教师的专业地位. 华东师范大学学报（教育科学版），1998（1）：52-60.

活动，丰富教师的业余生活；也可以强化校本培训，增大教师发展的影响力，教师还可以通过撰写教育教学日记、撰写教学反思，督促个人教学的进步；优化专业发展模式，增强教师之间的竞争力，注重各层次教师的培养工作，让优秀教师脱颖而出，让青年教师更加优秀；注重科研引领，促使教师增强自身科研能力；注重教学研究，增强教师的授课能力，促进教师教育观念更新和专业水平提升。

通过相应举措，可以提高教师队伍的专业化水平，使教育教学真正成为一门真正的专业。一旦教师这个职业的专业性被社会成员所认可和接受，则自然带来教师地位的提高，形成良性循环，使教师职业如同医生和律师职业一样，成为当代人心中最好和最优秀人才的首选职业，同时使教师成为幸福感水平高的岗位。

四、"以人为本"的文化引领：创建"教师为本"的评价机制

"以人为本"是现代学校文化建设的重要指导思想，也是学校文化建设的核心。它区别于人文主义，既重视人的自然本质的一面，也重视人的社会本质的一面。学校坚持以人为本，就要树立科学的人才观，尊重知识、尊重人才、尊重教师的需求和主体地位；在学校的各项事务中，坚持公平、公正、公开的原则，充分考虑教师的正当利益和合理需求，以满足教师的正当利益和合理需求，满足教师的学习、工作、生活、发展等各方面的利益为出发点，努力使教师群体形成相互尊重、彼此关爱、密切合作、融洽相处的良好氛围，让他们具有学校意识、自主意识、参与精神，全心全意为学生发展服务。

学校应推进校务公开，实施民主管理、积极公正和充满活力的考核、评价、奖惩、聘任机制鼓励争先。在聘任中坚持尊崇个人意愿，优先一线岗位，质优教师先行的方针。教师的评价机制不能以成绩作为衡量标准，应革新教师评价机制。传统的评价机制具有片面性和单一性，不能准确地说明教师存在的漏洞，也会造成办公室关系紧张局面。而且缺乏全面性和客观性，难以发挥评价的激励功能，会使学校缺乏人文气息、封闭保守。因此，对教师的评价要从评价主体、评价内容、评价方式上进行革新。评价要基于教师的专业发展，从提高教师专业地位角度出发，体现主体性、民主性和参与性。从政府角度出发，应出台相关政策，建立健全教师保障体系，加快完善教师职称评定制度、表彰奖励制度等，完善各项措施，增强教师队伍建设，保障教师的合法权益。

五、"子贡尊师"的文化引领：重塑"尊师重教"的地位

改革开放 40 多年以来，通过全国各族人民的共同奋斗，国家的综合实力大大提高，人们的物质文化生活水平有了质的飞跃，在建设社会主义现代化强国的新时代重申了"尊师重教"，并传承和创新了尊师重教这个永恒的主题。党的十八大以来，以习近平同志为核心的党中央高度重视教育和教师队伍建设的问题，在不同场合多次强调教育和教师工作的重要性。教师专业地位的提升与"尊师重教"这一文化引领是分不开的，"尊师重教"是提高教师队伍建设的关键。

中国自古就有尊师重教的传统，"为学莫重于尊师"，尊师重教是中华文明的德道精髓之一。历史上有"弟子三千，圣贤七十二"的流芳圣贤，也有"程门立雪""子贡尊师"的千古佳话。"国将兴，必贵师而重傅"，在社会环境日趋复杂的今天，随着一些不良价值导向的影响，出现了教师师德制度落实不到位、管理松懈以及个别教师素质不高的道德失范行为。这些现象虽是个案，却屡有发生，致使社会舆论对教师队伍做出了一些负面评价。同时，学生及社会对教师身份和专业权威不断地质疑，在追求平等自由的教育环境下，无论是课堂教学还是班级管理，教师的地位受到了前所未有的挑战，学生顶撞、殴打教师，以及家长否定、辱骂教师的事件时有发生，甚至一度出现了"教师是高危职业"的说法。教师合法权益难以得到保障，教师不能安心于课堂和教学，这些问题都在消解尊师重教的传统和理念。

要想在全社会重构"尊师重教"的新风尚，维护"师道尊严"对学生进行有意义的"师道尊严"的教育，学校、家庭和社会都有不可推卸的责任。"尊师重教"需要全社会理解教师。社会、学校和家长赋予了教师多重角色，使其承担了很多无形的压力，付出了难以衡量的劳动。他们不仅是师者，是学者，也是一个普通的人、一名平凡的劳动者。社会赋予教师要求和期望，同样教师也需要社会的理解和关心，全社会应怀有"尊师重教"的态度，发自内心地关心、关怀和感恩教师。

新时代对教师队伍建设提出了更高的要求，习近平总书记的"四有好教师""四个引路人"都对教师的专业素质和角色定位做出了明确要求。"尊师重教"新风尚的重构是落实教师队伍建设战略的重要部署，其在舆论上为教师队伍整体素质的提升奠定了良好的社会基础。"尊师重教"不仅会提升教师的专业地位，也会增强教师的职业认同与幸福感，这不仅需要全社会的共同努力，使教师的形象和地位得到全社会的维护和支持，更需要教师自身的自重、自尊、自爱。

第十三章
教师职业幸福感发展预测分析

第一节　教师职业幸福感预测的价值取向

《左传》有言："居安思危，思则有备，有备无患。"忧患意识厚植于中华优秀传统文化，贯穿于中华民族整个文明发展的历程中，凝聚在我国社会主义现代化进程中，表现为对发展与安全关系的理论关切和实践探索中。面对世界百年未有之大变局，立足社会主要矛盾发生重大转变的现实国情，为应对新发展阶段更加艰巨的发展任务，防范后疫情时代的冲击与挑战，统筹发展与安全是适应国内外复杂形势变化的战略选择。

自党的十九届五中全会部署"统筹发展与安全"以来，党中央关于发展与安全的认识提升到新的高度，发展与安全相辅相成，互为条件，互相统一，共同构成社会主义现代化过程的两面一体。在对发展与安全辩证统一关系达成共识的基础上，我们意识到，发展与安全本质都是以人民为中心，力求满足人民的美好生活需要和安全需要。教师作为人民群众的个体组成，是推动国家高质量发展、维系国家总体安全的重要人才支撑，其职业幸福感既是教育高质量发展的重要方面，又关涉人民安全、政治安全、文化安全、信息安全等总体国家安全观的多个侧面，教师幸福感以职业安全需要为前提，是国家层面发展与安全关系在教育领域的充分表现，也是统筹发展与安全贯穿国家发展具体领域的重要表征。针对教师职业幸福感进行科学预估，是教师实现个人全面发展的主体诉求，也是统筹发展与安全过程中以人民为中心的行动自觉和内在追求，有助于在风险防控中占据制高点和掌握主动权，从而促进我国伟大事业朝着科学有序、安全健康的方向发展。

一、统筹发展与安全是适应国内外形势变化的战略选择

统筹发展与安全的关系是中国共产党治国理政的重要原则，贯穿于中华人民共和国成立以来社会发展进程的始终。[①] 适应社会主义建设的不同阶段及其目标，党中央对两者的关注和侧重有所不同，对发展与安全关系的认识和处理经历

---

① 刘同舫. 实现宏伟目标必须统筹好发展与安全的关系. 思想理论教育导刊，2021（1）：10-16.

了安全主导—发展主导—统筹发展和安全关系的三个阶段。① 随着我国向新发展阶段的历史跃进，统筹发展与安全两件大事，建设更高水平的平安中国逐渐成为我国"十四五"规划和2035年远景目标纲要的重要内容②，该战略内容是由我国当下所面临的国际形势、国内环境以及发展阶段定位所决定的，对于适应国内外形势变化发展、全面防范各种风险挑战、筑牢国家安全屏障具有深远的现实意义。

一是统筹发展与安全是应对世界百年未有之大变局的战略部署。习近平总书记指出，"当前中国处于近代以来最好的发展时期，世界处于百年未有之大变局，两者同步交织、相互激荡"③。对于我国来说，"两个一百年"奋斗目标历史交汇节点是实现中华民族伟大复兴前所未有的历史机遇，然而种种危险、挑战和机遇并存，发展中的不稳定因素仍然蠢蠢欲动；从世界角度来说，目前国际秩序和全球治理体系正经历着大变革、大调整，经济、政治格局正在发生重大变化，全球化进程深化加强国家、区域之间的关联，国际社会的博弈充斥着不稳定性和不确定性，因此，更需警惕来自外部的风险与危机的蔓延与滋生。

二是统筹发展与安全是实现高质量发展远景目标的积极选择。中国特色社会主义进入新时代后，我国经济迫切要求实现高速增长向高质量发展的转型，构建新发展格局成为经济社会高质量发展的必然要求。伴随高质量发展远景目标的高站位，人民对于美好生活的向往也日益向高质量、深层次、多样化增长，社会主要矛盾发生新的转变。面对经济等社会各领域更高质量和效益的发展追求，"实现更高质量、更有效率、更加公平、更可持续、更为安全的发展"，"实现发展规模、速度、质量、结构、效益、安全相统一"④，做好发展与安全的统筹工作，积极防范和化解潜在的不安隐患是形势所需。

三是统筹发展与安全是防范后疫情时代风险挑战的现实要求。新冠疫情全球范围内的大流行、大传播，不仅激化了国际社会的潜在矛盾与风险，也同样对我国安全态势造成一定冲击。"十四五"期间，随着疫情防控逐渐常态化，我国基

---

① 刘同舫. 实现宏伟目标必须统筹好发展与安全的关系. 思想理论教育导，2021（1）：10-16.
② 中国政府网. 中华人民共和国国民经济和社会发展第十四个五年规划和2035年远景目标纲要.（2021-03-13）. http://www.gov.cn/xinwen/2021/03/13/content_5592681.htm[2021-04-22].
③ 习近平. 坚持以新时代中国特色社会主义外交思想为指导 努力开创中国特色大国外交新局面. 人民日报，2018-06-24（001）.
④ 中国政府网. 中共中央关于制定国民经济和社会发展第十四个五年规划和二〇三五年远景目标的建议.（2020-11-03）. http://www.gov.cn/zhengce/2020-11/03/content_5556991.htm[2021-04-22].

于新冠肺炎疫情暴发前期积累的生物安全风险防范经验，已经建立并健全了针对新冠疫情较为成熟的风险防控机制，但是仍然不可掉以轻心，不可以为维护安全故步自封而忽视发展的需求，因此，习近平总书记进一步提出"统筹推进新冠肺炎疫情防控和经济社会发展、统筹做好经济社会发展各项工作"①的"双统筹"思想，是统筹发展与安全应对疫情这种极端情况下的具体化工作思路与方法，有利于缓解内外部的冲击，保证国家社会大局的稳定运行与发展。

面向未来，我国国内外环境和客观形势发生着深刻复杂的变化，实现中华民族伟大复兴任务艰难繁重，这就要求我们树立前瞻性思维，提前预见、积极防范迎面而来的困难与挑战，发展与安全两手抓，既要把控国家整体、系统的安全格局，也要关注不同领域、不同层面的安全要素，把安全发展贯穿国家发展各领域和全过程，这是我国现代化进程行稳致远的关键所在。

二、发展与安全是相辅相成、互相支持、辩证统一的关系

改革开放以来，中国共产党引领我国处理发展与安全问题，实现"安全型发展"向"发展型安全"②的关系转向，前一阶段侧重于以安全促发展，后者侧重于以发展保安全。进入新发展阶段，统筹发展与安全成为维护国家安全、推动高质量发展的根本遵循，习近平总书记明确指出"安全是发展的保障，发展是安全的目的"③，这是我们党基于自身执政规律、社会主义建设规律、人类社会发展规律的认识做出的理性研判，表明社会各界已经就发展与安全辩证统一的关系取得了基本共识。

一方面，安全是发展的保障，安全为发展创造环境条件。"推动创新发展、协调发展、绿色发展、开放发展、共享发展，前提都是国家安全、社会稳定。没有安全和稳定，一切都无从谈起。"④由此可见，贯彻落实这些新发展理念、构建新发展格局，必须以社会安定有序、国家长治久安为前提条件。鸦片战争以后，我国在内忧外患的背景下，一度陷入积贫积弱的发展境地，历史经验告诉我

---

① 习近平. 在统筹推进新冠肺炎疫情防控和经济社会发展工作部署会议上的讲话. 人民日报, 2020-02-24（002）.
② 刘同舫. 实现宏伟目标必须统筹好发展与安全的关系. 思想理论教育导刊, 2021（1）: 10-16.
③ 新华网. 习近平在第二届世界互联网大会开幕式上的讲话.（2015-12-16）. http://www.xinhuanet.com/politics/2015-12/16/c_1117481089.htm [2021-08-10].
④ 习近平. 在省部级主要领导干部学习贯彻党的十八届五中全会精神专题研讨班上的讲话. 2016. 北京: 人民出版社: 39-40.

们，只有保证外部形势安全，才能确保国家领土和主权不受侵犯；只有保证内部环境稳定，才能实现经济社会的真正发展。

另一方面，发展是安全的目的，发展为安全提供物质基础。改革开放以来，中国共产党一直以发展为治国安邦、执政兴国的第一要务，强调发展才是硬道理。党的十一届三中全会后，以邓小平为首的党中央对内以经济建设为中心，对外实行开放战略，在重视经济社会发展的同时，把国家安全放在突出位置，以经济社会的快速发展为依靠，积极推动我国国家领土完整进程，有力促进香港、澳门的回归。进入新时代，面对突如其来的新冠肺炎疫情重大卫生安全事件，党中央迅速做出疫情防控的工作指示，调动各种社会资源支持抗疫，借助我国发展成果推进防御和抵抗风险的能力不断提升，进一步夯实维系国家安全、社会稳定的物质基础。与此同时，随着国内疫情趋于稳定，我国经济社会发展持续健康发展，充分的发展也为持久安全提供牢固的保障。

发展与安全是统一的，科学统筹发展与安全要从系统出发。发展与安全是社会主义现代化建设的一体两面，两者之间你中有我、我中有你，相辅相成、不可分割，其内部涉及社会诸多领域、诸多层面的诸多要素。习近平总书记在阐述其总体国家安全观时强调，"以人民安全为宗旨，以政治安全为根本，以经济安全为基础，以军事、文化、社会安全为保障，以促进国际安全为依托，走出一条中国特色国家安全道路"[①]。

统筹国家的发展与安全是一项长期的、持续的、动态的系统性工程，其基本内涵与外延伴随时代特征的变化不断更新、拓展，立足于世界百年未有之大变局和我国经济社会步入高质量发展阶段的现实形势，风险因素、不安隐患明显增多且不少是难以预见的，发展与安全的内涵与外延也随之愈加丰富而复杂，但是安全问题与发展问题总是相伴而生的，无论风险与机遇如何，也要把握发展与安全相辅相成、互相统一的辩证关系，在社会主义现代化进程中牢牢抓住发展与安全的主线，这是科学统筹国家发展与安全、筑牢国家发展的安全屏障的根本所在。

三、教师幸福感是以人民为中心的发展与安全的重要表征

进入新时代以来，人才和创新作为把握时代变局的决定性因素，成为我国统

[①] 新华网. 习近平：坚持总体国家安全观 走中国特色国家安全道路.（2014-04-15）. http://www.xinhuanet.com/politics/2014-04/15/c_1110253910.htm［2021-08-10］.

筹发展与安全的重要抓手。教师是培养人的人，对于经济社会发展发挥重要的服务功能和引领作用，教师职业幸福感的问题关乎社会主义教育事业教师队伍的建设，关乎全社会各类人才的培养质量，进而影响到国家高质量发展和国家总体安全的整体效果，这些影响表现为以下方面。

其一，教师队伍是推动国家发展、维系国家安全的重要人才支撑。人才和创新是推动经济社会发展的核心动力，人才的培养和科技的创新依靠教育事业的蓬勃发展，教师队伍质量直接关系到人才培养质量和科技创新质量，并关系国家的整体发展质量，因此，教师是推动国家高质量发展的关键人才。同样，"立德树人"视阈下，教师承担着"以德育人，以文化人"的社会责任，对社会基本道德风尚具有规范、引导作用，要从根本上保障国家长治久安，除了需要贯彻实施科教兴国、人才强国、创新驱动发展等战略，以发展质量效能力促安全建设，还需要教师坚守育人的初心和使命，积极推动社会主义道德生态的良性发展。

其二，提升教师幸福感是以人民为中心统筹发展与安全的自觉追求。发展依靠人民，发展为了人民，发展成果由人民共享历来是我国、我们党致力发展的核心价值理念，人民是一切发展的服务对象和根本归宿。此外，习近平总书记在布局总体国家安全时特别指出"以人民安全为宗旨"，"人民安全是国家安全的宗旨，政治安全是国家安全的根本，国家利益至上是国家安全的准则"。[①]人民是维系国家安全的不竭动力，民心所向是国家长治久安的重要保证。由此可知，无论是在国家发展还是国家安全格局中，人民都处于绝对的中心位置，统筹发展与安全，首要前提就是要做到以人民为中心。教师作为人民群众的组成部分，其幸福感水平的提升是人民群众幸福获得感、美好生活满足感的重要体现，一定程度上揭示了发展与安全的实际效能。因此，提升教师幸福感是统筹发展与安全过程中以人民为中心的行动自觉和内在追求。

其三，在发展与安全的统筹过程中，教师安全感是教师幸福感获得的关键来源。人民的幸福感来源于美好生活的需要得到满足，教师的幸福感来源于职业生活中自我实现需求得到满足。根据马斯洛的需求理论，主体的自我实现必须建立在更为基础的安全需要之上，因此，人民的幸福感提升以安全需要满足为前提，教师的幸福感提升要以教师的职业安全需要满足为基础。借鉴马斯洛安全需求相关理论，可以将教师的职业安全感理解为教师在职业生活中获得的自信、安全、

---

① 孙东方. 习近平总体国家安全观核心要义与实践要求. 理论视野，2019（12）：29-34.

自由的感觉，教师的物质保障、社会地位、工作环境、人际关系、专业尊严等都可能影响教师职业安全感的获得。教师职业安全感与教师幸福感的关联是发展与安全辩证统一关系在职业领域的具体化表现，不断提升广大人民群众的获得感、幸福感、安全感是统筹发展与安全的价值旨归。

教师职业幸福感作为教育高质量发展的重要方面，直接或间接关系着人民安全、政治安全、文化安全、信息安全等总体国家安全观的多个层面。将安全发展贯穿于国家发展各领域和全过程，重在启示我们在新发展阶段将忧患意识、底线思维贯彻到社会主义各项事业、各个领域。因此，秉持发展与安全辩证统一的理念，针对教师职业幸福感开展有效预测，积极防控教育事业系统性风险，不仅是教师实现专业成长的职业需要，也是忧患意识、底线思维在教育领域的高度表征，充分展现了以人民为中心的统筹发展与安全的核心要义，有助于国家层面统筹发展与安全重大战略落到实处。

如何统筹发展和安全的问题，事关国家发展的各领域和全过程，事关国家和人民群众的根本利益[①]。因此，教师职业幸福感预测的发展与安全并重的价值取向，可以给我们如下几点思考：一是要正确把握社会发展规律，认识发展与安全辩证统一的关系。这是新发展时期统揽发展与安全一切问题的基本线索。二是要坚持以人民为中心，充分调动人民推动发展、维系安全的积极性和创造性。这是社会主义现代化进程中兼顾发展与安全的最广泛的群众基础和根本力量。三是建立健全风险预估机制，主动应对、化解潜在安全隐患。这是安全发展战略落地生根的基本实践路径。随着国内外环境逐渐趋于复杂多变，安全风险不断消失出现、更新变化，统筹发展与安全不是一朝一夕的工程建设，它将成为我国较长一段时间的理论指南和行动纲领，最终实现经济的可持续发展和国家的持久性安全将是更高水平、更为长远的目标愿景。

---

① 政武经. 关于统筹发展和安全问题的思考. 人民论坛，2020（33）：24-25.

第二节　教师职业幸福感预测的基本依据

一、基于预测科学的视角

预测是人类认识活动的组成部分。人类的认识活动，不是仅仅简单地复制周围世界的表象，还要通过积极的、主动的思维活动去揭示事物的本质，去揭示事物发展的客观规律，去推测事物未来发展的可能性。人类根据对事物发展客观规律的认识去推测、判断事物未来发展的可能性的活动就是预测。人类正是由于具有预测未来的能力，才能预先确定未来行为的目标、方式和步骤，使自己的行为成为有目的、有计划的创造性活动。教育是关乎人类未来的事业，教师是教育的第一生产力，其职业幸福感水平的高低能够对教育活动的开展以及教育成果的产出产生重要影响。因此，预测教师职业幸福感对未来教育发展有着重要意义。

教育预测是人类预测活动的一个分支，是根据对教育发展客观规律的认识去预测和判断未来教育发展的可能性的活动。教育预测伴随社会、经济和教育规划的发展而产生。第二次世界大战后，科学技术的迅速发展对世界各国的社会、经济发展产生了重大影响。产业结构的变化对劳动者的质量提出了更高的要求，受过良好教育的科学技术人才成为生产力的重要因素，发展教育事业成为促进经济发展的关键。在这种形势下，教育被认为是实现社会进步和经济发展的强有力的工具，受到了世界各国的普遍重视。世界各国都面临着怎样使教育的发展与经济的发展协调一致的问题，由此产生了进行教育预测、制定教育规划的迫切需要。联合国教科文组织充分意识到教育预测和教育规划的重要性，于20世纪50—60年代组织举行了一系列会议和培训活动，出版了多种教育规划和教育预测的书籍文献，还成立了专门的教育规划组织机构，推动了教育预测和教育规划活动在世界范围内的开展。

教育预测的研究对象是未来教育的发展。任何事物的发展总是通过量与质的变化表现出来，这些变化随着时间的推移，形成发展的过程。教育的发展同世间一切事物的发展一样，是一个沿着时间的推移而呈现的量与质的变化过程。这是一个从历史走到现在，又从现在走向未来的过程。未来是历史与现实的延续，是整个发展过程的组成部分。然而，它又不同于历史和现实，因为它是发展过程中尚未到来的部分。教育预测不可能离开教育发展的历史，不可能离开教育的现实。但是，教育预测又不同于一般的关于教育发展过程的研究，因为它是指向这个发展过程的未来部分，是对尚未发生的事件进行推测和判断，它只能是指出未来教育发展的某种可能性。因此，教育预测不仅要研究未来教育发展、变化的性质、范围和程度，还必须推测、判断这些变化发生的时间和可能性。可以说，教育预测就是要回答这样一系列问题：①在未来一定时间里，教育领域中将要发生哪些变化，为什么会发生这些变化，这些变化具有怎样的性质？②这些变化将达到何种程度和范围？③这些变化大致将在何时发生？④发生这些变化的可能性有多大？

教育预测是一个内容极其丰富的研究领域。概略地说，教育预测主要有以下几项内容：①关于教育发展的总体预测，这主要是指对未来教育制度、教育观念和教育思想等方面的发展、变化所做的预测。②关于教育结构的预测，这主要是指对社会教育体系各组成部分、各种不同类型的教育形式和机构在联结顺序和构成比例等方面的发展、变化所做的预测。③关于教育社会功能的预测，这主要是指对未来社会中教育对社会、经济、文化的发展，对社会成员的成长及其社会活动的影响所做的预测。④关于未来教育形式的预测，这主要是指对未来社会中实施教育的组织形式、教育技术和方法以及教育体的发展、变化所做的预测。

教育预测的主要意义是为制定教育发展决策提供科学的依据。教育是复杂的社会现象。它受社会生活诸方面因素的影响，牵涉千家万户、千百万人的利益，关系国家、民族的前途和命运。对于未来教育发展战略和政策的决策是否得当，将对社会发生重大的影响。如果没有科学的教育预测，对于未来教育的发展缺乏清醒的认识，任由教育盲目地发展，那么一旦产生决策的失误，其影响将流传久远，造成一代人甚至几代人不可挽回的损失。教育预测能够研究和制定教育发展战略、政策提供科学的依据，提供可行的决策方案，这就有可能避免决策的失误，使教育有计划、有目的、合乎规律地发展。

二、理论基础

教育预测学是教育科学和预测科学相结合的一门交叉学科，以研究教育这一社会现象发展、变化的客观规律为目标，通过定性分析与定量分析相结合的方法来揭示教育这一复杂社会现象的本质联系。同时，教育预测学又是一门总结教育预测的经验、研究教育预测的理论和方法的新兴学科，人们对于教育预测的认识正在不断地丰富和深化，它的理论体系尚在形成过程之中。但是，任何一门学科都是建立在一定的理论基础之上的。现代科学的理论体系可以分为三个基本层次，即作为普遍适用的方法论的哲学，作为一般科学方法论的系统科学和数学，以及作为各个不同学科专门的具体的学科知识的本学科的科学认识。本部分尝试按照这一线索，从哲学、系统科学和数学这些普遍的和一般科学的方法论探讨教育预测的理论基础。

（一）马克思主义哲学

马克思主义哲学认为，世界是物质的，物质按照自身固有的规律不断地运动和发展。教育预测活动是预见未来教育运动、变化和发展状况的活动，亦建立在辩证唯物主义基础之上，也就是说，教育预测活动的教育预测对象是客观存在的事物，不以教育预测活动是否进行而转移，同时作为教育预测对象的事物亦会根据自身固有的内部矛盾去运动和发展。我们认识了客观世界和事物发展的规律，就可以预测未来。

辩证唯物主义为教育预测提供了方法论基础。对立统一规律是唯物辩证法的最根本规律，这条规律揭示了世界上的事物都是一分为二的，是对立的统一。对立统一规律为教育预测活动提供了矛盾分析的方法，使我们可以通过分析教育预测对象的发展动力来了解教育预测对象的发展趋势，并掌握教育预测对象变化的本质。

质量互变规律告诉我们，任何事物的发展变化都存在量和质互相转化的过程，总是从量变到质变并开始新的量变。这条规律对我们认识教育预测对象未来的发展变化，做好教育预测工作有重要的指导意义。量变和质变是教育预测对象未来发展变化运动的两种状态。教育预测对象的量变是数量变化、不显著的变化，并不改变教育预测对象的性质。教育预测对象的质变是性质变化，是教育预测对象的突变或质的飞跃。在教育预测对象未来发展过程中，量变为质变做准备，而它的质变则总是量变的必然结果。因此，可以说任何教育预测对象都是一定的量与质的统一。这条规律奠定了对教育预测对象进行定量分析和定性分析的方法论基础。

否定之否定规律揭示了事物不断由低级到高级、由简单到复杂的螺旋式上升的发展过程，表明新事物必然代替或否定旧事物。事物正是通过这种不断的否定过程向更高阶段发展。教育预测对象的未来发展过程，也是一种否定之否定的不断连续的过程。这条规律为教育预测活动提供了辩证否定的分析方法。教育预测对象在一定的条件下，将要向它的反面转化。现存的肯定的教育预测对象都包含否定自身的因素。教育预测对象由旧变新的过程，是一种"扬弃"过程，即克服原先被肯定的教育预测对象的消极、阻碍发展的因素，同时又保存其中的积极因素。对教育预测对象的否定采取何种形式取决于该对象发展过程本身所具有的特殊性。从某种意义上说，教育预测就是预先研究未来教育将以何种形式否定现存事物的过程。

（二）系统科学理论

控制论、信息论、系统论三种现代科学理论，既是现代科学技术革命的产物，又是总结现代科学技术发展规律的三种科学的方法论，它们对现代科学技术的发展具有普遍的方法论上的指导意义。同样，对教育预测活动也具有方法论上的指导意义。控制论，信息论、系统论在教育预测中的应用主要表现在两个方面：一方面它们为教育预测学提供了现代科学的理论依据；另一方面它们为教育预测学提供了方法论依据。

控制论是研究控制系统的构成及其活动规律的科学，它是从信息与控制这个横断面，着重研究特定系统（人、动物和机器）及其行为和功能的科学。控制论所研究的系统是依靠因果关系联系在一起的因素的集合。元素之间这种因果关系被称为耦合。通常也把控制论称作对耦合运行系统进行控制和管理的科学。预测的可控性原理是控制论的思想和理论在预测科学中的应用。预测的目的在于确定事物发展的理想目标和实现目标的合理或最佳途径。预测在选择事物的发展目标时起控制作用，在设计和调整实现目标的方案和途径时也起控制作用。同样，教育预测活动是一种有控制的活动。教育预测活动目标的选择、成果的取得，都是在一定的控制作用下实现的；而一切教育预测活动也都是在一定的控制作用下进行的。比如，教育预测活动的设计，调整实现教育预测目标的方案和途径等，都需要通过控制去实现。

信息是控制的基础，信息论是控制论的基础。信息论是研究信息的传递、处理、储存的规律和技术的科学。在现代的预测活动中，信息论得到了广泛的运用。比如，用信息论的观点解释预测事物的发展趋势和事物的未来的重要意义。随着科学技术的进步，社会发展变化加速，人类面临着愈加复杂的问题。如果人们只了解有关事物过去和现在的信息，是不能处理和解决复杂问题的。因而必须掌握和补充有关事物发展趋势和未来可能性的未来信息或预测信息。如果用信息论观点分析预测活动的过程就可以看出，预测活动实际上就是一个收集信息，输入信息，经过预测技术的处理、分析和加工，然后输出预测信息的过程。同样，由于教育事业的发展受多种因素的制约，诸如一定社会的政治经济制度、生产力发展水平、科学技术发展水平、人口等，如果人们只了解教育事业过去和现在的信息，不掌握教育活动的发展趋势或教育预测信息，就不能更好地使教育事业与经济和社会发展相适应。

系统论是一门基于逻辑的科学。它运用完整性、集中化、等级结构等概念，意在确立适用于系统的一般原则，探索适用于一切综合系统或子系统结构-功能优化的模式、原则和系统运动规律。系统论对预测科学渗透的结果，形成了预测科学的系统性原理。这个原理把预测对象看作是一个完整的系统，看作是一个从过去发展到现在，从现在再发展到未来的动态整体。要预测一个系统的未来，必须了解整个系统的过去和现在，了解整个系统的特征和运动规律。这个原理强调，组成系统整体的各子系统之间或各个要素之间的相互作用、相互影响对整个系统未来发展所具有的意义。预测科学的系统性原理也适用于教育预测活动。教育本身是一个大系统，或者是教育系统工程，它是由若干子系统构成的。要预测教育系统的未来，必须了解教育系统的过去和现在，了解教育系统的特征和运动规律。教育系统中的各子系统或各个要素之间是相互联系、相互作用的，同时影响教育系统的未来发展。

（三）统计规律

马克思主义哲学指明了教育发展的客观规律。系统科学提供了以系统的形式研究教育发展的具体模式和方法，但要根据教育发展的客观规律以系统的形式研究教育的发展，实现科学的教育预测，还需要以数学工具从量的规定上把握教育发展的规律，把握教育发展过程中各个阶段、各个方面的各种联系。

教育是复杂的社会现象，教育的发展在受到必然的客观规律的制约和决定作用的同时，还受到众多的非确定性因素的作用和影响。因此，教育的发展带有一定的随机性质，它表现为遵循必然的前进方向而又动荡起伏、曲折前进的过程。教育的发展无论是在空间区域内还是在时间进程中，都表现出大量的偶然性所造成的波动性和曲折性；而教育发展的规律性、必然性是隐藏在大量的偶然性之中的。要从量的规定上把握教育发展的规律和教育发展过程中的各种联系，需要运用统计的方法，通过对有关教育发展的大量统计数据进行归纳、整理和分析，舍弃那些由于偶然性造成的起伏波动，概括出反映教育发展的本质联系的统计规律。

统计规律是存在于随机现象的多次试验或大量观察中的客观规律。随机现象每次出现的结果具有偶然性，是不确定的，但是在大量的重复中往往出现必然的结果。由于大量随机因素的综合作用，随机现象的偶然性相互抵消，从而表现出与偶然性无关的稳定结果。大数法则是表现随机现象的本质和必然趋势的形式法则，是研究随机现象的重要定律。它告诉我们，通过大量观察可以发现隐藏在大量的偶然性背后的必然性。大量观察的方法是统计学的基本方法，随机现象的统计规律是通过大量观察得到的。教育发展过程中存在错综复杂的数量关系，这些数量关系以一系列教育统计指标和有关的社会、经济统计指标概括为统计数据，这些统计数据的产生是教育发展中必然的确定性因素和偶然的非确定因素共同作用的结果，是教育发展过程的数量表现。通过大量的观察，可以发现这些统计数据的有规律的分布，从中探索教育发展的统计规律。

统计规律作为规律，具有一般规律所具有的客观性质，它是在反映客观事物运动、发展过程的统计数据的基础上产生的，是反映客观物质世界运动的一般规律的表现形式。统计规律之所以是客观的，是因为它所表现的是实实在在的客观存在的规律，而不是以数学和统计学方法炮制的主观臆造。同时，它又具有自己作为统计规律的特别属性。它是在统计的基础上产生的，可以近似地反映客观事物运动的总体趋势。它只能在统计总体的范围内根据大数法则来确定，并且只能在统计总体的意义上起作用。统计规律一般可以用数学模型来表示，数学模型以简洁的数学语言表述统计规律，规定了统计规律的变量关系和运算方法，是定量地把握随机现象运动和发展规律的主要手段。教育发展的统计规律为在教育预测中进行科学的推理和判断开辟了道路，是帮助我们把对教育发展的感性认识上升到理性认识的工具，是教育预测过程中进行科学的思维活动的重要环节。认识教育发展的统计规律，建立教育发展的有关规律和联系的统计模型，并不意味着预测的完成，这只是预测的起点。前面我们曾指出教育预测将经历从表象具体到思维的抽象再到思维的具体的辩证思维过程，认识教育发展的统计规律是从表象具体到思维抽象的上升。同时，从多方面探讨教育发展的统计规律，从更丰富的细节上定量地把握教育发展的规律和联系，有助于我们把关于教育发展的单一的、片断的、局部的本质认识有机地综合起来，向思维的具体逼近。运用数学和统计的方法，通过对大量统计数据的分析，认识教育发展的统计规律是教育预测中普遍采用的对教育的发展过程进行定量分析的重要方法，是建立各种教育预测模型的重要的基础条件。分析和掌握教育发展的统计规律，对于实现科学的教育预测具有重要的意义。

第三节 教师职业幸福感预测的模型建构

幸福感作为一种正向积极的主观体验，必定包含愉悦、快乐、满意等具体表现，但是快乐等表现是一种短暂和强刺激的感受，可以说，快乐等表现是在获得幸福感受过程中必经的即时性体验，而幸福感的获得是过程性的，是一种持续和稳定的心理体验。既然幸福感具有持续性，那么在对教师职业幸福感进行研究时，也不能仅仅止于把握教师现在的职业幸福感感知，还可以结合个人发展，追溯过去的幸福感，把握现在的幸福感，关键的是预测未来的幸福感，帮助判断教师职业幸福感的未来发展状况。

一、获得"幸福能力"的可能

赵汀阳将幸福看作是一种能力，一种能够敏感到幸福存在的能力。[1] 扈中平认为在我们的生活中不缺乏导致人产生幸福感的条件，许多人之所以缺乏幸福的感受，最主要的原因是人们感知幸福的能力低下，缺少发现、捕捉、感受和享用幸福的能力。也可以将"幸福能力"理解为人追求幸福的意识和发现、捕捉、选择、创造与品味幸福的智慧，以及引导幸福走向幸福观所构成的一种综合素养。[2] 幸福感不是期望得到满足而产生的即时性快感，而是意义的实现所给予主体的精

---

[1] 赵汀阳. 论可能生活——一种关于幸福与公正的理论. 北京：中国人民大学出版社，2004：143，152.
[2] 扈中平. 教育何以能关涉人的幸福. 教育研究，2008（11）：30-37.

神性满足，是个体的一种发展和自我超越，幸福的感知不止关注当前的满足，还包含着对未来的希望。

对教师职业幸福感的总体状况进行测量和分析，首要目的是考察从过去到现在教师在职业中感知幸福的能力水平，更是希望通过一些带有预测性质的因素，对教师职业幸福感的发展有一个把握，从可预测的维度入手，提供一些能够持续有效地提升教师职业幸福感的策略，形成一种立足当下、志在未来的心态，帮助教师培养一幸福能力。

培养"幸福能力"，从另一个侧面表明承认幸福具有可教性，认为幸福能力的获得一定会帮助实现幸福感的形成与提升，而幸福感一旦获得，便具有了延续性和稳定性，将会在一定期限内发挥作用。基于这样的幸福感特点，除了对教师职业幸福感的现状进行把握外，更有必要对教师职业幸福感进行预测，立足于教师现有职业状态和体验，识别和培养其感知幸福的能力，帮助他们认识和控制未来的不确定性，以抵抗未来职业生涯中可能出现的危机与困境，提早帮助教师搭建走向幸福和自我完善的路径，最终实现黄炎培所倡导的"使有业者乐业"的职业教育理想。对教师个体而言，能够让每一位教师真正从职业中收获幸福感，提升价值；对整个教师队伍而言，教师职业的吸引力将会得到大大提升。

二、获得"幸福能力"的因素结构

测量教师幸福感的维度并不统一，但多数涵盖了个人维度、社会维度和家庭维度，结合已有对教师幸福感的测量和分析维度，为了全面把握教师幸福感的现状和发展，不仅在测量时要采用多元角度，还要从多个角度进行合理预测，这样对教师幸福感的有效提升才更具操作价值。

本次调查借鉴了国内外关于幸福感及教师职业幸福感的相关问卷以及经济合作与发展组织2020年发布的《教师职业幸福感：数据收集与分析框架》，形成了包括教师幸福感、幸福感影响因素和学生幸福感三大部分的模型结构。现有模型结构包含可对未来1~3年教师幸福感的发展进行预测的相关测题，基于这些具体测题，我们可以建构对教师职业幸福感的预测模型。

三、获得"幸福能力"的路径

2014年教师节前夕，习近平总书记在北京师范大学考察时，勉励广大教师做"有理想信念""有道德情操""有扎实学识""有仁爱之心"的好老师。[①] 自古以来,中华民族就有尊师重教的优良传统,一个民族若能源源不断地涌现一批又一批的优秀教师,那便充满了希望。虽然幸福感是一种心理感受,与个人感受密切相关,但幸福感的获得并不完全是一种利己行为。教师若能够在其职业生涯中获得职业幸福感,那么就能更加热爱自己的职业、更加认同自己的职业,不仅能够实现个人价值,其带来的影响更对国家和民族的发展起到强有力的助推作用。从当今社会和未来社会的发展方向来看,无论社会发展到什么程度,教育和教师的作用只增不减,教师对其自身发展和贡献能力会随着社会的需求而有所更新,同样,教师的职业幸福感水平和需求也会有所变化,因此,教师职业幸福感的提升也要与时俱进,更具发展性。

因此,在预测教师职业幸福感的提升路径时,既要考虑到教师个人发展的因素,更要考虑社会层面的因素。如图13-1所示,对于教师职业幸福感的预测可以从教师特征、职业价值、工作环境和关系满足四个方面开展,这些因素对于教师职业幸福感的产生和发展具有直接的预测性,阐明这些因素的作用有利于我们帮助教师群体建立获得幸福能力的路径。

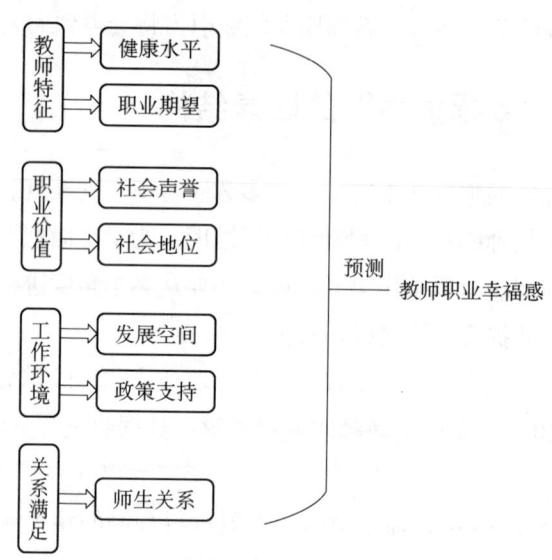

图13-1 教师职业幸福感结构

[①] 中国政府网. 习近平:做党和人民满意的好老师——同北京师范大学师生代表座谈时的讲话.(2014-09-10)http://www.gov.cn/xinwen/2014-09/10/content_2747765.htm[2020-02-01].

（一）教师特征

1. 健康水平

许多研究表明，健康是幸福的良好预测指标。身体健康反映的是人的生理健康，即身体不会有明显的不适感，不会被严重的疾病所困扰，拥有良好的卫生习惯，有强健的体质等；心理健康反映的是心理的各个方面与活动过程没有异常，拥有积极的心理状态，精力充沛，性格健全，情绪稳定等。身心健康是人幸福的根本，幸福感产生的首要前提是要有健康的身心状态，人们只有在身心都健康时才能够更好地去感受幸福并创造幸福。

教师这个职业具有特殊性。与其他职业相比，教师的工作对象是不断变化的人，为了应对这样的变化，教师会面对更多的未知与挑战，因此，相比之下，教师的职业压力更大。另外，随着社会各界对教育的重视程度的提高，对教师群体的期待值也随之升高。无论是职业性质带来的压力还是社会期待带来的压力，都对教师的身心健康状态带来极大的挑战，工作压力会对教师的身心健康造成负性影响，身心的不良状态最终会影响到教师的健康幸福感。因此身心健康作为教师体验幸福的基本保障，成为预测教师幸福感未来发展的重要指标。

2. 职业期望

对照魏淑华提出的教师职业认同的六因素[①]，自我效能感和自我成就感是教师对于自己能否在职业活动中取得成就、能否发展为优秀教师的期望，即一种职业期望。教师胜任力相当于教师对于自己的知识和能力等方面高低水平的感知，即对自身职业技能的认同。当教师在职业中有追求的目标时，可使其感受到职业的意义，并产生自我效能感，而且这种效能期望能够促进教师对自己的行为能力进行推测或判断，提高在工作中的"自信程度"，与此同时会相应提高认知幸福感水平。自我成就感是当目标达成后对成就的满足体验，幸福感源于需要的满足和目标的实现，从塞利格曼的成就先于幸福的原理可知，任何人想要实现自己的幸福，必先觉知到成就，成就就是幸福诞生的现实依据。当人想要通过工作来追求人生成就时，就会投入到自己的工作中，并在成就达成时感受到积极情绪。因此教师对于幸福感的追求离不开努力获得工作中的成就，只有先知成就，才可感知幸福。

---

① 魏淑华. 教师职业认同研究. 重庆：西南大学，2008.

有研究发现，中小学教师的职业认同与工作满意度之间存在显著的正相关关系，职业认同可以正向预测工作满意度。[①] 教师的职业认同是影响教师幸福感获得的内部因素，在一定程度上对职业幸福感具有预测作用，教师对自己的职业认同感越高，越会促进职业幸福感的提升。那么由此可推断，职业认同中的职业期望一旦达成，就会产生积极情绪，而目标的达成和需要的满足可以产生幸福感，因此职业期望的达成对于教师职业幸福感也有直接的预测作用。

（二）职业价值

1. 社会声誉

许多研究都表明，虽然教师的职业幸福需要以一定的物质条件为基础，但是物质条件对职业幸福感的影响是有限的，职业幸福感的获得更多需要精神性的满足，即对职业价值的追求。职业吸引力和职业荣誉感是教师对所从事职业要达到什么样的"目的"的追求，即对职业价值的追求。社会公众对教师职业的评价会成为他们衡量个体社会价值是否得到实现的一个参照标准，正向的外在社会声誉可以提高教师自身对职业的期待和荣誉感，从而使其感受到职业带来的幸福感，进而增强教师职业的吸引力。价值取向决定人的幸福感，价值的实现有助于幸福的达成。

2. 社会地位

对教师来说，获得较高的社会地位意味着其个体的社会价值得到了肯定与实现，可以说，社会地位是个体社会价值得以实现的体现，社会地位的高低能够反映个体的自我实现情况。个体幸福感的源泉之一就是能在工作中体现并实现自己的价值，这能促使教师更加积极地投入工作中并能享受工作，从而提高幸福感水平。

（三）工作环境

1. 发展空间

发展空间的保障可以预测幸福感，发展空间的保障即平衡教师个人的职业发

[①] 魏淑华，宋广文. 教师职业认同与离职意向：工作满意度的中介作用. 心理学探新，2012，32（6）：564-569.

展需求与工作环境所能提供给教师的资源之间的矛盾。幸福的人是有发展能力和发展需要的人。不同的教师群体有不同的发展空间需求。根据马斯洛的需要层次理论，当人们的生理需求、安全需求、归属与爱的需求和尊重等基本需求都得到满足后，人们不可避免地会去追求自我实现的高级追求。也就是当教师在其工作环境中，满足了工资待遇、人际交往、社会评价等基本需求之后，便会有自我提升的高级需求，而对教师自我提升需求的满足，帮助其提供发展的资源与平台，便会大大提升其幸福感水平，这也就是为什么名师的幸福感水平要普遍高于普通教师。

OECD 在其工作环境质量框架中提出了工作资源的分类，分别是工作自主权、学习机会、评估反馈和工作中的社会支持[①]，这些都能够直接促进工作满意度的提升，影响职业幸福感的提高。

2. 政策支持

OECD 在工作环境质量框架中列出国家教育政策影响教师幸福感的四个方面，分别是物质条件、质量标准、配置政策与职业发展。物质条件虽然只在某种程度对教师职业幸福感起作用，但是职业幸福感获得的基础条件，因此政策支持的首要保障是保障教师对物质条件需求的满足。除此以外，教师质量达到标准的制定、教师资源的合理配置和教师职业发展的可能性，都需要国家教育政策的支持与保障才能有效实现。当教师处于良好的政策场域，才能对教师职业的发展前景怀有希望，产生并持续维持教学动机与热情，将当下的满足与未来的意义结合起来，这样的实践活动必然使教师感受到幸福。

（四）关系满足

个体与他人关系的协调程度对幸福感具有较强的预测能力，也就是说，人际关系的质量可以预测幸福感。人际关系指人们在与他人交往互动的过程中结成的心理关系和形成的心理距离，反映了互动双方需要的满足程度。积极的人际关系对幸福具有明显的正向影响，促进幸福感的获得。也就是说，人际关系和谐的人更容易感受到幸福，幸福的人往往会有较和谐的人际关系。

教师的幸福感和其在工作中的人际交往有着很大的关系。对教师来说，在其

---

① OECD. Teachers' well-being：A framework for data collection and analysis. (2020-01-30). https://dx.doi.org/10.1787/19939019[2020-02-01].

工作范围内首要的交往对象是学生，频繁面对的交往对象也是学生，因此，对教师来说，和谐的师生关系对其幸福感的产生尤为重要。

在教育教学过程中，教师与学生的交往不仅是语言上的交流，还有心灵上的沟通，积极的师生关系是师生通过交往而建立起的稳定的、可持续的关系，并通过积极交往给彼此带来积极的影响和促进作用。学生的幸福感水平会影响到教师的幸福感水平，当学生能够乐学时，其在教学过程中也会对教师的教学高度配合，这样教师的教学热情就会增强，长此以往，其职业幸福感水平便会提高。相应的，如果教师的幸福感水平较高，那么这种职业幸福感受会在课堂教学中展现出来，学生受到教师的熏陶与感染，学习幸福感也会提升，以此达到一个良性的循环，师生双方都能在工作和学习中享用幸福。

第四节　教师职业幸福感预测分析的维度

肖川曾将教师的幸福感总结为心中有盼头、身边有亲友、手中有事做和家中有积蓄。这"四有"从个人层面、家庭层面和社会层面讲述了影响教师幸福感的不同因素，因此，教师职业幸福感预测分析要从多角度、多层面进行，将不同维度有机整合，以增强结果的科学性、准确性与合理性。

一、内容维度

通过分析33 590份有效问卷，研究者得知主体差异、区域差异和时间差异是影响教师职业幸福感的重要因素。

（一）主体差异

本次调查结果显示，不同教师主体间的职业幸福感存在较大差异。分析问卷数据可知，在不同职称的教师职业幸福感调查中，正高级教师的幸福感水平显著高于其他职称教师；小学教师职业幸福感水平要高于普通高中教师；比较班主任与非班主任教师在幸福感各维度上的差异后发现，班主任教师的幸福感水平明显低于非班主任教师、女教师的幸福感水平要高于男教师。除此之外，学历、年龄、教龄、任教学科等都对教师职业幸福感产生一定影响。因此，在对教师职业幸福感进行预测分析时要关注教师的主体间差异。例如，在预测某位教授高中思想政治学科且为男性、班主任的教师的职业幸福感时，为了使结果更具有合理性与价值性，应注意分析此学科教师的理想职业地位与实际职业地位的差距大小、学校对此学科教学及科研活动的重视程度以及所提供的教学环境如何、高中学段的教师职业幸福感均值、男教师职业幸福感总体偏低的实际情况，以及班主任的职业幸福感普遍低于非班主任群体的事实等不同方面，通过分析该教师与其他主体间存在的差异及自身所具有的特殊性，来较为合理地预测其职业幸福感。

（二）区域差异

通过分析不同区域教师的调查数据发现，不同区域的教师职业幸福感存在显著差别。从地区来看，东北地区教师职业幸福感水平显著高于其他地区教师，而西部地区教师职业幸福感水平最低，总体上呈现出东北地区>东部地区>中部地区>西部地区的趋势；从省份来看，内蒙古地区教师职业幸福感的总体状况要显著好于湖南、广西、云南、甘肃、宁夏和新疆等地区。同时，对城乡教师幸福感的各个维度及其总体进行分析检验，发现城乡教师的职业幸福感存在显著差异，乡村的教师职业幸福感水平明显高于城市、县城和乡镇教师，呈现出乡村>乡镇>城市>县城的趋势。

综上所述，不同地区、省份、城乡的普通中小学教师职业幸福感都存在较大差异。不同区域的经济发展、社会发展、文化发展、生态文明发展影响着该区域内教育事业的发展，是教师职业幸福感预测分析的重要维度。例如，西部地区经济发展相对落后，地区可支付教育投资处于一个相对较低的水平，这可能会导致学校设施相对不完善，教师工资待遇相对较低、教师社会性需求得不到充分的满足等，从而降低教师的职业幸福感；城市地区虽然经济较为发达、基础设施较为完善，但是高昂的房价、拥堵的交通、巨大的竞争压力也会降低教师的体验感，而农村地区良好的生态环境、国家政策的倾斜、较低的生活成本等会增加教师的幸福感。除此之外，国家对乡村教师的重视与政策倾斜，也会提升乡村教师的职业幸福感，例如，《国务院办公厅关于印发乡村教师支持计划（2015—2020年）的通知》中指出要优先发展乡村教师队伍，国家也通过"特岗计划"等途径对乡村教师进行多方面的补贴与倾斜。因此，在预测教师职业幸福感时要通过问卷、访谈、政策解读等方式充分分析其所在教学区域情况对教师职业幸福感的影响，从而做出合理的判断。

（三）时间差异

从统计数据来看，教师在刚入职、一年前、现阶段和未来三年的职业幸福感均值分别为 7.73、6.58、6.63 和 6.92，工作满意度均值分别为 7.39、7.13、7.17 和 7.35，总体呈上升趋势。由此可知，教师群体在刚任教时对未来职业幸福感与工作满意度有一个较高的期望值，在经历了一年工作之后，其职业幸福感和工作满意度会因种种现实因素而降低，但是随着时间的推移与工作年限的增加，幸福感和满意度又会有所上升，且对未来的预期仍具有较好的期望。所以在进行预测时要通过对时间维度的因素分析来增强预测结果的可信度。例如，在预测一位新手教师未来一年的职业幸福感时，应考虑该教师在初入职场后由于心理承受能力、孤独感、专业能力不匹配等因素的影响，职业幸福感会略低于任教初期，所以对该教师的未来预测数值应低于现阶段数值；而在预测一位教龄一年的教师未来三年的职业幸福感时，则要充分考虑他在工作中随着各项能力的增长而带来的情感变化，如适应能力增强、专业能力提升等因素都会增加该教师的幸福感。因此，在对教师职业幸福感进行预测分析时要遵循发展性与辩证性原则，充分把握随着时间的推移教师幸福感的动态发展变化趋势，做出具有发展性的分析，提高预测的合理性。

二、原因维度

分析 33 590 名教师职业幸福感获得和缺失的第一位原因的调查数据可知，影响教师职业幸福感的因素包括个体层面因素、专业发展因素、工作环境因素和社会环境因素这四个方面。

（一）个体层面因素

影响教师职业幸福感的个体层面因素主要包括教师的性格特点、从业动机、职业信念、职业愿景和家庭关系。调查显示，在教师获得幸福感的首要原因排序中，"喜欢当教师"（37.80%）排名第一，这说明从业动机，也就是个体层面因素对教师的职业幸福感有着重要影响。教育家夏丏尊先生曾经说过，教育之没有情感,没有爱,如同池塘没有水一样,没有水,就不成其池塘,没有爱就没有教育。职业热爱是教师获得幸福感的内驱动力,推动着教师树立强大的职业信念、建立美好的职业愿景,从而提升其幸福感,比如对自己的发展有明确的目标和方向,并有较强的自主发展和提升意愿的教师会在工作中更加努力,在持续性的蓄力中这些教师各方面的能力都会得到质的提升,优秀的工作表现会使其获得更多发展机会,从而提升其职业幸福感。

个人的性格特点和家庭关系影响教师职业幸福感的获得。例如,热情开朗、善于与人相处的教师在与学生沟通交流时更易感到幸福;不喜欢墨守成规、总会在课堂上有些新花样的教师更容易获得学生的喜爱,从而有更高水平的职业幸福感;家庭关系和睦、亲子关系和谐的教师更容易在生活和工作中感到幸福。而家庭成员间经常发生矛盾的教师可能经常产生负向情感和情绪波动,所以其获得职业幸福感的难度也会加大;经常感到失落的教师在教学中也会经常产生失落感与无力感,从而降低幸福感。因此,在预测分析时可以使用访谈、问卷调查等手段,充分分析其性格特点、从业动机、职业信念、职业愿景和家庭关系等个体层面的实际情况,以便对教师职业幸福感有更为合理、准确的预测。

(二)专业发展因素

在调查中,有2696位教师(8.03%)认为"有专业发展空间和平台"是获得幸福感的第一原因,597位教师(1.78%)认为"发展机会有限"是幸福感缺失的首要原因,由此可见,包括发展路径、发展空间和专业自主权等在内的专业发展因素会影响教师的职业幸福获得感与缺失感。如果某教师所在学校的教学工作一般是单打独斗进行,那么该教师可能产生强烈的孤独感与无所适从感,这会降低其职业幸福感;反之,如果学校经常开展教研活动,为不同发展阶段的教师提供不同的发展路径,该教师能够在教研或学术活动中充分表达意见,让其能够经常感觉到价值感,或者学科组经常对其进行教学反馈,让其有成就感和方向感,那么该教师的职业幸福感就会随之提升;除此之外,学校会尊重教师管理学生的方式与意见,并支持教师进行教学改进的实验和研究,这些都是教师在专业发展上获得职业幸福感的重要因素。因此,在预测教师职业幸福感时要通过问卷调查、结构化访谈、实地调研等方式,充分了解教师是否具有专业自主权、发展路径是否多样、是否有专业发展的空间和平台等具体情况,以便为预测分析提供专业发展维度上的重要条件支撑。

（三）工作环境因素

在"教师认为提高幸福感最重要的措施"调查中，有9023位教师（26.86%）选择了"优化办公环境"；在"教师幸福感缺失的首要原因"排序中，7632位教师（22.72%）选择了"工作量大且烦琐"，5165位教师（15.38%）选择了"学生难管"；在"获得幸福感原因排序"调查中，9337位教师（27.80%）选择了"学生的成长进步与成就"，并有4600位教师（13.69%）选择了"工作稳定安全"，由此可见，工作环境是对教师职业幸福感预测分析的重要维度之一。如果教师所在学校的办公条件完全能满足工作需要，学校领导也十分关注教职工健康，定期组织教职工体检，还为教师放松身心提供一定的活动空间，那么该校教师在工作时所体验到的职业幸福感就会随之提升；反之，如果某学校给教师过多的非教学任务，各项管理制度的实施太过刚性、缺乏人性化，同时又给教师过多的教学成绩压力，那么其职业幸福感就会随之下降。另外，学校的校风校训、办学理念等都能对师生的凝聚力、理想信念、教学态度等产生影响，从而对教师职业幸福感产生或提升或降低的影响。所以在预测时应关注学校文化、工作条件、工作强度、管理制度、政策支持等工作环境方面的因素，并加以深入研究，来适当调整预测结果。

（四）社会环境因素

调查中显示，有653位教师（1.94%）认为"社会地位低且要求高"是职业幸福感缺失的首要因素，同时有818位教师（2.44%）认为"提高社会地位"是提高幸福感最重要的措施之一。所以，包括社会舆论、社会地位、生活环境、人际关系等方面在内的社会因素，对教师职业幸福感的获得也具有一定的影响。也就是说，如果教师在当前社会中享有很高的社会地位，社会上尊师重教的氛围较为浓厚，那么教师的职业幸福感也会提高。但是就现阶段状况而言，"天津某教师歧视学生及家长""章丘教师聂某体罚学生""宁夏回族自治区教师吴某教学方式不当""河北省某中学教师开办校外培训班、诱导学生参加有偿补课"等事件层出不穷。虽然教育部门对违反教师职业行为准则的典型问题进行了公开曝光和处理，但关于教师形象的社会舆论并不乐观，所以当前媒体或公众对教师职业的负面报道会不断降低教师的职业幸福感。因此，要想对教师职业幸福感的未来发展趋势有更加准确、科学的预测，就必须对教师群体当前的社会舆论状况、社会地位等进行深入的调查与研究。除此之外，还应关注教师的生活环境及人际关系情况，通过实地考察了解其所在地的生态环境、经济发展形势、重视教育程度，并与相关人员进行访谈，从而了解教师与学生家长、单位同事的关系状况等，以此作为预测的重要依据，提高预测的准确度。

三、策略维度

习近平总书记在全国教育大会上指出："教育是民族振兴、社会进步的重要基石。"[1] 教师则是教育事业发展的基础、是关乎民族振兴的大事，因此近年来，国家在相关政策中不断强调，要促进教师队伍的建设与发展。国务院在2018年提出，随着新时代教师队伍建设改革的进行，到2035年社会上要形成"尊师重教蔚然成风的景象"，让"广大教师在岗位上有幸福感、事业上有成就感、社会上有荣誉感，使教师成为让人羡慕的职业"。[2] 2019年，教育部将"提高教师社会地位，完善教师待遇保障制度"作为教育面向现代化的重要战略之一[3]。2021年5月，教育部研究制定了《中学教育专业师范生教师职业能力标准（试行）》等五个文件以深化教师队伍建设改革。国家在政策及策略层面对教师职业的重视与规范，对教师职业幸福感的提升具有重要意义。本部分将从教师的职前政策、准入政策和职后政策三个层面对策略维度的预测影响因素进行分析。

（一）教师职前培养政策对预测分析的影响

师范教育是教师职前培养的重要渠道，在2019年全国教育工作会议上，陈宝生部长讲道："要完善师范生公费教育制度，加快形成高水平师范人才培养体系。"[4] 近年来，国家出台多项关于教师职前培养的政策，如《教师教育振兴行动计划（2018—2022年）》《教育部关于实施卓越教师培养计划2.0的意见》等

---

[1] 教育部网站. 中共教育部党组关于认真学习贯彻全国教育大会精神的通知.（2018-09-14）. http://www.moe.gov.cn/srcsite/A27/zhggs_other/201809/t20180914_348818.html［2021-08-27］.

[2] 教育部网站. 中共中央 国务院关于全面深化新时代教师队伍建设改革的意见.（2018-01-31）. http://www.moe.gov.cn/jyb_xwfb/moe_1946/fj_2018/201801/t20180131_326148［2021-07-31］.

[3] 教育部网站. 中共中央国务院印发《中国教育现代化2035》.（2019-02-23）. http://www.moe.gov.cn/jyb_xwfb/s6052/moe_838/201902/t20190223_370857.Html［2019-02-23］.

[4] 教育部网站. 落实 落实 再落实——在2019年全国教育工作会议上的讲话.（2019-01-30）. http://www.moe.gov.cn/jyb_xwfb/moe_176/201901/t20190129_368518.html［2021-07-30］.

文件都提及了师范院校建设、师范生的专业发展等内容，尤其是最新颁布的《中学教育专业师范生教师职业能力标准（试行）》等五个文件从师德践行能力、教学实践能力和综合育人能力三个方面为切入点，全面推进师范生教育教学能力考核制度的建立。[①] 这些政策的出台促进了我国师范教育的高质量发展、吸引了更多优秀人才投身教育事业。对教师职前培养的重视有助于教师良好师风师德的建设并引导师范生形成正确的职业观、对职业幸福感树立正确的认识，同时对师范生的政策倾斜还有利于提升准教师群体的幸福感。综上所述，教师职前培养政策是影响教师职业幸福感的重要因素之一，因此，在进行预测分析时要充分关注并深度解读国家关于此方面的政策，对教师职业幸福感进行合理的预判。

（二）教师资格制度对预测分析的影响

《中华人民共和国教师法》全面规定了各级各类教师的资格条件及考核制度，2013年起，国家不断对具体执行方案进行细化与改革，2018年，国家又对教师资格的学历要求做出了更改。教师资格制度的改革与教师群体的职业幸福感息息相关，例如，就师范类毕业生教师资格的获得的相关政策而言，政策的变动对师范专业毕业的教师职业幸福感的变动呈现出较强的相关性。2015年，我国全面实施中小学教师资格考试与定期注册制度，师范毕业生不再直接被认定教师资格[②]，这项政策的出台导致部分师范类学生降低了对未来的职业期望值；2020年起，实施免试认定改革的高等学校的教育类研究生、公费师范生经考核后可免考国家中小学教师资格考试部分或全部科目[③]，这也相应地提高了部分准教师群体对未来的职业期待值，从而对未来的职业幸福感有一个更好的预期。因此，对教师资格制度动态发展的全面把握以及深度解读是预测教师职业幸福感的重要维度。

---

① 教育部网站.教育部办公厅关于印发《中学教育专业师范生教师职业能力标准（试行）》等五个文件的通知.（2021-04-12）.http://www.moe.gov.cn/srcsite/A10/s6991/202104/t20210412_525943.html [2021-05-06].

② 教育部网站.教育部办公厅关于进一步扩大中小学教师资格考试与定期注册制度改革试点的通知.（2015-07-20）.http://www.moe.gov.cn/srcsite/A10/s7151/201507/t20150731_197045.html [2021-07-30].

③ 教育部网站.教育部关于印发《教育类研究生和公费师范生免试认定中小学教师资格改革实施方案》的通知.（2020-09-08）.http://www.moe.gov.cn/srcsite/A10/s7011/202009/t20200907_486052.html [2021-07-30].

（三）教师职后相关政策对预测分析的影响

1. 教师职后培训的相关政策对预测分析的影响

针对教师素质和入职后各方面能力的提升，国家出台了一系列政策文件，推动各级各类教师职后培训的进行。例如，随着大数据时代的发展，教育部主张要"推动人工智能、智慧学习环境等与教师教育课程融合；推动高等学校与中小学师资互聘，建立健全高校与中小学等双向交流长效机制"[1]。此类政策的出台为教师的专业发展提供了空间和平台，有助于促进教师职业幸福感的提升；同时教育部也对特殊群体——乡村教师给予了一定的政策照顾，明确提出"国培计划要优先支持贫困县乡村教师校长培训；要切实提高农村教师信息素养，强化信息技术应用能力，转变教育教学方式"[2]。国家对乡村教师的职后培训政策倾斜能够帮助乡村教师获得更好的发展资源，有效提升职业幸福感。因此，只有深入地掌握与分析国家关于教师职后培训的相关政策文件、规划、指南等，才能使预测结果更具可信性与科学性。

2. 教师工资待遇的相关政策对预测分析的影响

为完善教师的工资待遇与管理制度，国家出台了一系列政策，对各级各类教师的权益做出了保障，例如，2018年，国务院强调要"因地制宜稳步扩大集中连片特困地区乡村教师生活补助政策的实施范围，鼓励有条件的地方提高补助标准，并依据学校艰苦偏远程度实行差别化补助"[3]。同年5月，提出要"加强督促检查，确保中小学教师平均工资收入水平不低于或高于当地公务员平均工资收入水平"[4]；2019年，再次明确要"提高教师社会地位，完善教师待遇保障制度，健全中小学教师工资长效联动机制，全面落实集中连片特困地区生活补助政策"[5]。调查显示，有1570位教师（4.67%）认为"工资福利待遇好"是获得职

---

[1] 教育部网站. 教育部关于实施卓越教师培养计划2.0的意见.（2018-09-17）. http://www.moe.gov.cn/srcsite/A10/s7011/201810/t20181010_350998.html[2018-10-10].

[2] 教育部网站. 教育部等六部门关于印发《教育脱贫攻坚"十三五"规划》的通知.（2016-12-29）. http://www.moe.gov.cn/srcsite/A03/moe_1892/moe_630/201612/t20161229_293351.html[2016-12-16].

[3] 中国政府网. 中共中央 国务院关于全面深化新时代教师队伍建设改革的意见.（2018-01-31）. http://www.gov.cn/zhengce/2018-01/31/content_5262659.htm[2021-07-30].

[4] 中国政府网. 国务院办公厅关于全面加强乡村小规模学校和乡镇寄宿制学校建设的指导意见.（2018-04-25）. http://www.gov.cn/zhengce/content/2018-05/02/content_5287465.htm[2021-07-30].

[5] 教育部网站. 中共中央、国务院印发《中国教育现代化2035》.（2019-02-23）. http://www.moe.gov.cn/jyb_xwfb/s6052/moe_838/201902/t20190223_370857.html[2021-07-30].

业幸福感的首要原因；有 15 386 位教师（45.81%）认为"薪酬和付出不相称"是职业幸福感缺失的首要原因；同时，分别有 15 904 位（47.35%）和 3771 位（11.23%）教师认为"提高经济待遇"和"保障教师权益"是提高幸福感最重要的措施。由此可见，提高教师工资待遇，教师的职业幸福感与尊严才能有效提升，如果国家不重视对教师的经济权益进行保障，那么教师的职业幸福感也可能出现下降。因此，教师工资待遇是影响预测分析的一个重要维度，预测者必须全方位把握相关政策法规，才能对教师职业幸福感有一个更加合理准确的预测。

3. 教师管理制度的相关政策对预测分析的影响

除了工资待遇，教师管理制度也是影响职业幸福感的一个重要维度。为深化教师队伍建设改革，国务院提出要"合理核定教职工编制，盘活事业编制存量，优化编制结构，向教师队伍倾斜，采取多种形式增加教师总量，优先保障教育发展需要"①。随后，为了进一步完善教师管理制度，《国务院办公厅关于进一步调整优化结构提高教育经费使用效益的意见》发布，以推动落实城乡统一的中小学教职工编制标准，该意见中指出各地要严格规范教师编制管理，对符合条件的非在编教师要加快入编，并实行同工同酬。②调查数据显示，1914 位教师（5.70%）认为"改革职称评定机制"是提升幸福感最重要的举措，所以国家对教师管理制度的重视尤其是职称评定机制的规范与改革能够有效提升教师职业幸福感。但是，现阶段我国教师的职称评定出现了一些如"河南焦作姚老师"等社会舆论的热点事件，此类事情的发生也从侧面反映了现行的职称评定机制是需要进一步改革与细化的。因此如果国家对教师管理制度能够继续推进改革与具体化，那么教师的职业幸福感水平可能会随之提升，如果国家在政策层面对此方面的态度是模棱两可的，那么相应地也会降低教师的职业幸福感水平。所以，在进行预测分析时，应关注国家对教师管理制度在政策、文件、条例上的规范与引导，只有充分把握国家的政策导向，才能对教师职业幸福感的动态发展趋势做出更加准确的预判。

---

① 中共中央国务院关于全面深化新时代教师队伍建设改革的意见.（2018-01-31）. http://www.gov.cn/zhengce/2018-01/31/content_5262659.htm[2021-07-30].

② 国务院办公厅关于进一步调整优化结构提高教育经费使用效益的意见.（2018-08-17）. http://www.gov.cn/zhengce/content/2018-08/27/content_5316874.htm[2021-07-30].

后 记

党的十八大以来，以习近平同志为核心的党中央高度重视教育工作，把教育作为国之大计、党之大计，切实摆在优先发展的战略地位。习近平总书记就教育改革发展发表重要讲话，做出重要指示批示，提出一系列新理念新思想新观点，形成了习近平总书记关于教育的重要论述，为加快推进教育现代化、建设教育强国、办好人民满意的教育提供了根本遵循和行动指南。习近平总书记强调指出，"'两个一百年'奋斗目标的实现、中华民族伟大复兴中国梦的实现，归根到底靠人才、靠教育"[①]。"两个一百年"奋斗目标的历史交汇点，需要加快推进新时代教育强国建设步伐。《中共中央 国务院关于全面深化新时代教师队伍建设改革的意见》中指出：到2035年，尊师重教蔚然成风，广大教师在岗位上有幸福感、事业上有成就感、社会上有荣誉感，教师成为让人羡慕的职业。该意见指出，要明确教师的特殊身份和地位，重点突出教师职业的特殊属性，教师担任国家工作教育职业的服务意识也需要不断加强。国家要确保义务教育阶段教师的基本权利和基本义务，完善相关政策保障与管理制度，提高教师的社会地位、专业地位和政治地位。教师职业幸福感影响着教师群体乃至整个教育组织的发展与进步，因而持续推进教师的职业幸福感提升一直是教育研究的重点话题。

东北师范大学教师教育研究院代表学校统筹负责教师教育学科的规划与建设，承担教师教育学科领域"人才培养""科学研究""团队建设"三位一体的建设职责，开展与教师教育相关的学术交流与社会服务。研究院以"立足高等教育，研究教师教育，服务基础教育"为宗旨，以东北师范大学教师教育学科群为

---

① 习近平.做党和人民满意的好老师——同北京师范大学师生代表座谈时的讲话.中国高等教育，2014（18）：4-7.

支撑，致力于探索一条教师培养、教育研究和社会服务三者有机结合、相互促进的可持续发展之路。为深入贯彻落实习近平总书记关于教育的重要论述以及全国大会精神，延续贯彻《教师教育振兴行动计划（2018—2022年）》等政策宗旨，东北师范大学教师教育研究院联合教师教育、基础教育、农村教育等学科，继《中国教师发展报告2019：中小学教师队伍建设的成就、挑战与举措》后，以中国教师职业幸福感为切入点，深入挖掘教师职业发展现状与困境，旨在把握我国教师发展的最新动态，持续为我国教师发展研究注入新鲜血液，为我国教师发展的政策研制提供事实基础、数据支撑、理论指导与价值引领。

本书撰写分工如下：前言，柳海民、李广、盖阔；第一章（绪论），李广、柳海民、盖阔；第二章，柳海民、徐小丽；第三章，李广、秦占民、王奥轩、苑昌昊、辛盛；第四章，李广、梁红梅、秦占民、林琳、韩鸣、毋锶锶、朱红月；第五章，李广、柳海民、刘畅、秦占民、盖阔、李沐洋、朱红月；第六章，梁红梅、高梦解、毋锶锶；第七章，杨进、刘路瑶、吴月娥；第八章，林丹、沈晓冬、张璇、马婕、宋精玲、李苗、陶丹；第九章，邓涛、邵一笛、叶梦新；第十章，梁红梅、张聪、赵岚、杨进、邓涛、冯静瑶、白淋微、苏顶顶、毋锶锶、陈钰洁、许泽能、李燕、伊秀云；第十一章，李广、柳海民、梁红梅、秦占民、张明威、何丹、毋锶锶、王美琦；第十二章，李广、柳海民、梁红梅、秦占民、刘倩、韩鸣、林琳、李沐洋、梁晟瑞；第十三章，李广、柳海民、魏薇、秦占民、盖阔、张明威、杨新叶；后记，李广、柳海民、盖阔。全书由李广、秦占民和朱红月负责统稿。

本书在调研过程中得到了各省（自治区、直辖市）、市、县教育行政部门及中小学校的鼎力配合与协同落实；在调研资料整理过程中，得到了东北师范大学教育学部、教师教育研究院等部门单位的研究生的专业帮助与智力投入；在出版过程中，得到了科学出版社的全力相助与专业指导，在此一并表示感谢！

尽管我们本着严谨、认真、负责、专业的态度投入本书的撰写工作，但因时间所限，加之任务量巨大，报告中不足之处在所难免，恳请方家批评指正为盼！